中國學術思想 研究輯刊

三四編

林慶彰 主編

第 1 冊

《三四編》總目

編 輯 部 編

毛《傳》、鄭《箋》訓詁中的經學建構與文本意識（上）

王 誠 御 著

花木蘭文化事業有限公司

國家圖書館出版品預行編目資料

毛《傳》、鄭《箋》訓詁中的經學建構與文本意識（上）／
王誠御 著 -- 初版 -- 新北市：花木蘭文化事業有限公司，
2021〔民110〕
目 6+258 面；19×26 公分
（中國學術思想研究輯刊 三四編；第 1 冊）
ISBN 978-986-518-484-1（精裝）
1. 詩經 2. 訓詁學 3. 經學
030.8   110010871

ISBN-978-986-518-484-1

9 789865 184841

中國學術思想研究輯刊
三四編 第 一 冊   ISBN：978-986-518-484-1

毛《傳》、鄭《箋》訓詁中的
經學建構與文本意識（上）

作　　者　王誠御
主　　編　林慶彰
總 編 輯　杜潔祥
副總編輯　楊嘉樂
編　　輯　許郁翎、張雅淋、潘玟靜　美術編輯　陳逸婷
出　　版　花木蘭文化事業有限公司
發 行 人　高小娟
聯絡地址　235 新北市中和區中安街七二號十三樓
　　　　　電話：02-2923-1455／傳真：02-2923-1452
網　　址　http://www.huamulan.tw 信箱 service@huamulans.com
印　　刷　普羅文化出版廣告事業
封面設計　劉開工作室
初　　版　2021 年 9 月
全書字數　561576 字
定　　價　三四編 14 冊（精裝）新台幣 36,000 元

《三四編》總目

編輯部 編

《中國學術思想研究輯刊》三四編 書目

《中國學術思想研究輯刊》三四編
各書作者簡介・提要・目次

第一、二冊　毛《傳》、鄭《箋》訓詁中的經學建構與文本意識

作者簡介

王誠御，男，1993 年生，臺灣高雄人。國立中山大學中國文學系畢業，國立臺灣師範大學國文系碩士班畢業，現就讀國立臺灣大學中國文學系博士班。著有《毛《傳》、鄭《箋》訓詁中的經學建構與文本意識》及單篇論文若干。研究方向為《詩經》、訓詁學、經學史。

提　要

本文旨在研究《傳》、《箋》如何藉由解釋《詩經》而建構其經學思想？其建構的經學思想之整體面貌又為何？《傳》、《箋》是否只注重發揮經學思想，而罔顧文本？如果其並非全然罔顧文本，則在其建構經學思想的同時，發現並論述了《詩經》的哪些文本特質？其所認識的文本特質對其訓詁又有何影響？亦即：本文藉由現存唯一部完整的漢代《詩經》注解，來展示《詩》如何被漢代訓詁學家建構成「經」，而在《詩》被建構成「經」的同時，又開啟了哪些可能性？綜括而言，可供反思者乃是：經說的建立、修正，與文本之間存在什麼樣的複雜關係或歷程？

針對上述問題，本文嘗試提出《傳》與《箋》的訓詁中，其實存在兩個相輔相成的觀念與方法：「經學建構」、「文本意識」，這兩個概念是後設地建

立在以下觀點而提出的：首先，應該重視訓詁中蘊含思想此一命題，並藉此重新觀察學術、思想史。其次，不合文義或錯誤的訓詁並非一無意義，反而可藉此探究訓詁學家不惜違牾文義也要闡發的經學思想。

故「經學建構」意味「經」作為「經」的「經義」往往是有待發現的、甚至是有待於建構的，因此，嚴格地區分《傳》、《箋》之訓詁是否合於文本義，凡不合之處，大多可以視為《傳》、《箋》的「經學建構」；而合於文本的部分，也可以分辨出《傳》、《箋》所新增的經學觀念，據此，便可描寫出《傳》、《箋》藉由解釋《詩經》所建構之經學思想的整體面貌。而「文本意識」則旨在描述相較於《傳》、《箋》建構經義時，種種違背文本意義的建構之外，或指認《詩經》文本性質的論述，或根據文本的性質來闡發《詩》義的自覺。並且進一步將此二概念加以推衍，也可以作為重新觀察中國經學史消長演替的一個視角：時代越晚，經學家的「文本意識」就愈發強烈，於是如何合理的在文本結構中闡發、傳承既有的深刻經學義理，便成為後來者任重道遠的新問題。

本文除緒論、結論以外，共分五章，前三章依次從經學、訓詁學與文獻學等方面，對《詩序》、《傳》、《箋》進行討論，嘗試較完整地理解其成書歷程、體例對其訓詁、解經觀念的影響，奠定後二章重新論證其「經學建構」與「文本意識」的基礎。第四章，討論《傳》、《箋》訓詁中的經學建構，主體部分以疏解訓詁例證組成，並全面展示了《傳》、《箋》藉由訓詁所建構的經學思想之面貌。第五章，討論《傳》、《箋》訓詁中的「文本意識」，主要亦由訓詁例證的疏解組成，探討《傳》、《箋》在訓詁中，對《詩經》文本特質的論述，以及「文本意識」對其訓詁的影響。

目　次

上　冊

稱引書籍略例

第三冊　孔廣森《禮學卮言》研究

作者簡介

　　王元臣（1969.3～），男，山東萊蕪人，文學博士，泰山學院教師教育學院副教授。目前主要從事傳統文化教學與儒家文獻整理研究工作。

提　要

　　孔廣森是清代乾嘉時期著名經學家，他精通三禮和公羊學，堪稱經學天才。《禮學卮言》是其三禮學代表著作。《禮學卮言》考證翔實，精奧博通，用力頗深。該書涉及禮學問題廣泛，銳見勝解多出，解決了禮學史上許多疑難問題。梁啟超、孫詒讓、李慈銘、張舜徽等人對《禮學卮言》的禮學成就皆讚譽有加。本書首先考察和分析了孔廣森身世生平以及《禮學卮言》產生的時代背景，然後具體梳理和評價了孔廣森《禮學卮言》關於廟寢宮室、明堂、禘郊、禮服以及三禮中其他眾多名物制度的考證成就，探討了《禮學卮言》訓詁釋禮、以經證經、以史證禮等治禮方法以及其輔翼鄭學、實事求是的學術宗旨。在此基礎上對《禮學卮言》精奧博通，多出勝解的學術特色也進行了系統闡發和呈現。最後本書結合清代三大禮學著作《儀禮正義》《周禮正義》《禮書通故》等對該書的徵引與評價，分析和總結了孔廣森《禮學卮言》的學術影響與貢獻，並對孔廣森《禮學卮言》的學術地位做了評估。

目　次

第四、五、六冊　劉牧《易》學研究

作者簡介

作者：盧秀仁字顯德　籍貫：四川安岳　生日：1964 年 12 月 18 日

學歷：國立中山大學文學博士　任教：國立高雄大學兼任助理教授

提　要

　　北宋・吳祕於慶曆初（1041）獻劉牧《易》學相關著作於朝，致宋代學者對其《新注周易》解《易》之法，衍生諸多批判。是以本研究審酌篇幅，則從蒐羅 249 則《新注周易》佚文中，各依上、下《經》，摘掇 38 條釋例進行分析與探索，儼然發現其注《易》之法，皆以「十翼」之〈繫辭〉、〈說卦〉、〈彖〉、〈象〉、〈文言〉、〈序卦〉義旨為基，兼採以卦解卦、以爻釋爻，偶協漢儒、唐《易》之論，並摭《尚書》、《詩經》、《禮記》、《大戴禮記》、《春秋》、《左傳》、《穀梁傳》、《論語》、《史記》、《漢書》、《晉書》、《孔子家語》、《揚子法言》、《黃

帝內經》、《京氏易傳》、《文子》、《呂氏春秋》、《淮南鴻烈解》、《易緯乾坤鑿度》、《易緯乾鑿度》、《尚書考靈曜》、《春秋元命苞》、「孟喜十二月卦」諸文獻，分別綜合融會，若此形成以「史事」、「天文地理」及「經傳」詮註《易》旨之特性，內容純然以儒理要義為核心，全然契合人事訓解之規範，未有絲毫象數之穿鑿，更無任何沿蹈抄襲之痕跡，洵然依循孔聖夫子之理，不類北宋眾儒諸訾議，確然可證劉牧，不啻居於宋初義理《易》學之肇端，占有宋代史事解《易》之承先啟後席位，更且有功於宋初儒學勃興之發軔。洎北宋・李淑《書目》，記錄《易數鉤隱圖》一卷以降，歷來即存一卷、二卷、三卷之說者；迄南宋・晁公武載記《遺論九事》之并入始，各家輯錄，均將《遺論九事》，視如劉牧之作；四庫館臣猶然因循，合聚彙編而成今日傳本，致使兩者詮釋、圖示混雜為一；且《易數鉤隱圖》之圖數，歷代尚有四十八、五十五、六十四圖之論，眾說紛紜，莫知孰是，令人無以為適。況《遺論九事》「陰陽律呂」，未見有人提出任何卓識，若然本研究為求釐正《遺論九事》與《易數鉤隱圖》錯綜之糾葛，還原確切之圖數，故採按圖分析、比較、檢覈、參校之方式，進行審究、泅泝，以尋玩彼此思想之根由與異同，從而確立劉牧「象數《易》學」，獨特創見之學術依仗。審驗得知《易數鉤隱圖》凡有七圖之數重複，晁公武所稱三卷，四十八圖，殆指五十五圖扣除七數之餘，其時總數，猶如今本五十五，無有差異。且證李淑《書目》載記《易數鉤隱圖》一卷始，迄今三卷之諸般變異，泅然總圖之數並無增減。尚且《遺論九事》及歐陽修序文之并入，當在李淑《書目》之後，至遲應在李衡增刪《周易義海》之時。且《遺論九事》全書咸非劉牧所著，更不知作者為何。劉牧河、洛之說，不源於北宋・陳摶、范諤昌一脈，師承終將成謎。「河圖」先天、「洛書」後天本為劉牧首創，圖書宗派定位必須修正，若此綜括省覽劉牧思想，已然匯集義理、史事、科學、象數，兼容並蓄之《易學》涵養，誠然不失一代巨儒之格局與風範。

目　次

上　冊

第七冊　異端的儒學——李贄《九正易因》研究論文集

作者簡介

　　袁光儀，1970 年生，國立臺灣師範大學國文學系學士、碩士、博士。曾任國中教師，現任國立臺北大學中文系教授。著有《晚明之儒家道德哲學與世俗道德範例研究——劉蕺山《人譜》與《了凡四訓》、《菜根譚》之比較》、《李卓吾新論》、《彼我同為聖賢——耿定向與李卓吾之學術論爭新探》等書，與有關李贄、耿定向，以及晚明儒學相關議題之論文多篇。

提　要

　　本書收錄有關李贄《九正易因》一書之研究論著，包括專書一部、論文兩篇。

　　李贄向被視為反傳統的異端，然《九正易因》作為李贄生平最後一部著作，實代表李贄對儒學之正面表詮，故筆者以《異端的儒學——李贄《九正易因》闡論》一書作一申發。全書共分五章，第一章以「一條擴展李贄與儒學研究的新路徑」衡定其書研究之價值。第二章申明其書以文王孔子之神聖為法的基本態度，則知其所謂「反傳統」，乃據儒者聖王之理想，批判專制現實之悖離，面對此理想與現實相違的狀況，李贄之易學詮釋，亦著重闡釋文王「深於憂患」之智慧。其下三章則首先以「仁者以天地萬物為一體」為題，闡釋《九正易因》所展現之真道學精神，又細分三節作申述：仁者襟懷之具體表現、萬物一體之精神境界與仁者修養之反求諸己。第四章則題為「蒙以養正——藉《九正易因》之〈蒙卦〉解重探〈童心說〉之真諦」，藉由〈童心說〉與李贄解《易》之義理融貫，使「童心」即「人之正性」一義得以充分彰明。由於李贄於〈乾〉申揚聖凡之平等，於〈坤〉又強調「君尊臣卑之正道」，故第五章再由此兩種看似相反的形象談起，反思李贄與儒學在專制時代之矛盾困境及其價值重估。

〈從李贄對蘇軾學術之評價考察其思想之建樹——以《九正易因》對《東坡易傳》之徵引討論為核心〉一篇，旨在申明李贄特加看重蘇軾易學，其背後所隱含的意義。可謂乃以「萬物一體」之精神，既能掌握洛學言道德性命之精微，且更尊重、吸納蜀學之優長，故能消融洛、蜀二派之對立，展現「君子和而不同」之修養與胸襟。

〈從《易因》到《九正易因》——論李贄易學詮釋之發展與完成〉一篇，由李贄從《易因》之撰作至《九正易因》之改訂，觀察其易學詮釋之演進，可知其中許多重要主張，在《易因》中已然大備，然其時仍有較多的看法依循前儒之說，並廣納朋友之見；而至《九正易因》之定稿，則重在闡明個人獨特的見解並勇於提出體例之創新，自二書內容之變與不變中，李贄易學詮釋之特殊內涵及其意義於茲見焉。

目　次

第八冊　先秦至南北朝家訓研究

作者簡介

張麗萍，1986 年生，山西省文水縣人，畢業於西北大學中國思想文化研究所，博士，講師。現就職於太原師範學院，主要研究中國古代思想史。

提　要

家訓是中國古代傳統文化的重要部分，也是中國古代教育的重要形式之一。其中，先秦至南北朝家訓是家訓史上的重要時期，經歷了形成、發展和成型的過程。中國古代家國一體的社會結構決定了古代家訓重視家庭、家族的傳承與發展，將修身、齊家與治國、平天下視為一體。由於訓誡者的修養不同、家族的家風不同，訓誡內容也有差異。這一時期的家訓主要集中於王室或皇室、士人階層。中國古代的學術思想，作為社會的上層建築，對中國古代家訓的發展有著重要的理論指導作用。其中，儒學在家訓發展史上佔有主導地位。同時，中國古代家訓的傳承與發展對傳統文化的發展也起到一定作用。

先秦家訓分為四個階段：西周之前、西周時期、春秋時期、戰國時期。

西周之前的家訓材料可靠性成疑，故本文只作簡單追溯。西周時期以周公家訓為代表的王室家訓主要是從政治意義上訓誡族人，注意到個人行為對於家族發展的意義。春秋戰國時期的士人家訓主要圍繞治家之道與為政之道展開，重視個人的德行，重視孝道與禮制，重視家風，具有零散性、簡明性的特點。通過分析儒、道、法、墨為代表的諸子思想與家訓發展的關係，本文認為二者是相互作用的，並且由於儒家思想本身重視家庭、家族，它更適合家訓的需要。

秦代家訓由於時代與材料所限，本文只作了簡要勾勒。兩漢家訓分為皇室家訓、士人家訓和女訓三個部分。這一時期的家訓重視子孫的社會性發展，強調以德立身，學以入仕，依禮踐行；重視女子對男子的依附性教育；重視士人氣節。從社會史角度，本文分析了士人與家訓的關係，認為家訓的形成與士人所處的時代、自身的修養、家族的家風密切聯繫。從思想史角度，分析了這一時期的儒學、道家、法家對家訓的影響，認為儒學的影響是主要的。

魏晉南北朝家訓主要分為魏晉和南北朝兩個時期，具有綜合性、細緻性、普遍性特點。這一時期的家訓要求子孫兼修儒道佛玄，讀書入仕，孝悌於家，遵守家禮，謹慎言行，保身免禍；要求女子主修四德，兼修才藝。在思想上，本文主要分析了這一時期的家訓與儒學、玄學、道家、道教、佛教的關係，認為儒學仍然是家訓的主導思想。從家族發展的角度，分析了家族與家訓的關係，認為家族的家風不同，家訓也不同，但他們都重視儒學思想的薰陶。這主要從三國時期與南朝時期皇室家訓，以琅邪王氏家族與陳郡謝氏家族為代表的高門士族家訓，以嵇康、阮籍為代表的玄學家的家訓三個方面分析。並且，本文以顏氏家族為代表分析了顏氏家訓對家族傳承與發展的作用。

由於傳統社會家庭、家族結構的穩定性與延續性，先秦至南北朝家訓作為一個整體，具有重視血緣親情，重視讀書治學，重視孝悌禮儀，重視仕途，重視家族傳承的特點。今天我們借鑒古代家訓，結合時代要求，吸取其中的精華，繼承並發揚家訓中的人文精神，並與我們全面建設小康社會的實踐相結合是十分有意義的。

目　次

第九冊　魏晉玄佛二家對傳統儒家教育之批評及影響

作者簡介

曾美雲

最高學歷：國立臺灣大學中國文學研究所博士

現　　職：國立清華大學華文文學研究所助理教授

研究領域：六朝學術文化、魏晉玄學、中國古代性別思想、先秦經子

教授課程：世說新語、列女傳、魏晉玄學、性別文學、古代蒙學專題研究、古代性別思想專題、魏晉思想專題、詩經、史記專題研究、中國思想史、口語表達等

提　要

本文主題在於探討魏晉玄佛二家之教育觀及其對儒家教育之影響，經由筆者一番探討，結果如下：

1.「尊儒重學」仍為國家主要文教方針，然由於「選士失公、得人非才」，「品課不彰、師資粗疏」，「祖述玄虛、擯避儒典」，「國家多故、訓業不終」等原因，魏晉官學難以振揚，也造成兩漢以來憑藉官學而昌盛的儒家教育，聲勢減弱不少。

2. 魏晉的儒家教育，大約循著－官學、私學、家學、游學四大途徑，或顯或隱的傳承下去；而魏晉人也經由這四種途徑去完成教育。

3. 與兩漢相較，玄佛影響下的魏晉教育，其特徵有六：（一）教育自主性增強，私學、家學發達；（二）才能德性分離，尚智人才觀形成；（三）分科教育確立，儒玄佛並列教材；（四）教、學新法提出，強調性分、頓悟；（五）人才培養與人才選拔分途；（六）學校社教功能動搖，玄佛後來居上。

4. 就教育內在特徵看，魏晉教育對於兩漢教育採取一種批判性的繼承：（一）教育目標方面，由祿利之圖轉為魏晉教育的「清」──玄虛超脫，不經世務的人生觀；（二）教育內容方面，由神學讖緯的兩漢經學，轉為魏晉教育的「通」──儒道佛融和，博學兼綜；（三）治學方法方面，由墨守師法轉為魏晉教育的「要」──崇尚理致、直觀體悟；（四）教育方法方面，由繁瑣章句轉為魏晉教育的「簡」──得意忘言、否定之道。

5. 整體而言，魏晉儒家教育雖在聲勢上不如兩漢繁盛，但在實質上卻有長足的進展。

6. 魏晉玄學教育的歷史意義在於「承先」「立新」與「啟後」。一方面對漢代經學提出反面承繼——反省檢討，獨創思辨哲學、從事社會名教的改革批判，並開啟後世隋唐、宋代學術之先路。

7. 佛教的流行對為魏晉南北朝時期教育內容的影響，相較於玄學，並不明顯。然在後世教育原則和方法的發展上具有重大意義。

8. 魏晉玄佛二家的教育理論與實際，除了在教育史上，開發出一塊與傳統教育相異的園地，加深了中國教育理論的深度，影響後世教育策略、教育方法甚鉅，更可作為現代教育文化整合的借鑑。

目　次

第十、十一冊　六朝女教問題研究——以才性、南北、妒教爲中心

作者簡介

曾美雲

最高學歷：國立臺灣大學中國文學研究所博士

現　　職：國立清華大學華文文學研究所助理教授

研究領域：六朝學術文化、魏晉玄學、中國古代性別思想、先秦經子

教授課程：世說新語、列女傳、魏晉玄學、性別文學、古代蒙學專題研究、古代性別思想專題、魏晉思想專題、詩經、史記專題研究、中國思想史、口語表達等

提　要

　　本文撰作肇因於對六朝婦女「多才」、「多面」形象之興趣，期望藉由女教角度之切入，各類材料之廣泛爬梳，探尋才女養成及各色女子形塑之源頭。第一章「濟濟女才與六朝女教」，總述六朝女才與女教實況，依次探討「家庭」、「宮閨」、「寺治」三類教育之「施教目的」、「施教者」、「教育內容」及「教育方式」，提示女才與女教之間的初步關涉。第二章「六朝女子才性觀」，研討六朝女教思想中涉及「受教主體質性」及「才能施用預期」的相關見解，採由「男女兩性」與「玄佛道儒」二徑，進行論析，得見此代女教觀念之開通新異；第三章「南北女教之異同」探索南北女教所以有別原因，特殊時空所形成的多元文化背景乃其異同主因。第四章「妒教現象中的情權之爭」，擇取六朝女教特殊現象加以剖析，尋繹部份家族以妒為教的原委，經由妒教「情權爭衡」本質的發現，窺見門第權力對女教的操控介入及對女子形塑之建構過程，反映門第家族涉入女教之深重。末章「六朝女教之歷史意義」，解釋多才多面婦女之產生緣由，提挈影響女教之主要因素，勾勒六朝女教之歷史意義及對現代女教之啟示。

　　研究結果顯示：六朝多才多面女子，出自多元女教之格局；多元女教格局，則始於多元文化之激盪及門第制度之需求。多元文化因素包括思潮、地域二種面向：思潮方面有玄佛道儒之交融並興，諸說中關於女子才性及女教思想之新義，移轉緩解傳統女教對女子才性之貶抑及女子受教權利之約制；地域方面則有南北習尚之異與胡漢風俗之別，進而促成南北女教內容之多樣及對傳統女教範疇之跨越。至於六朝門第「興家榮族」之特殊需求，「各有家風」之文化脈絡，助長六朝門第教女之風氣，並在教育內容上自出新意，尚文讀史修玄習武，言語術藝宗教外事，已然超越傳統女教領域。總之，特殊的文化氛圍與社會制度，刺激六朝女教之新變，造就才藝出眾、形象多元之婦女；而六朝女教「超越儒家女教範式」、「拓展多元女教格局」之成績，業已開創中國女教新局，彰顯其獨特的歷史意義。

目　次

第十二冊　唐君毅之哲學治療學

作者簡介

　　李欣霖，畢業於國立彰化師範大學國文研究所博士班，已有雙碩士、雙博士的資歷，實為好學勤勉的典範。作者在學期間，積極求實，篤志勤學，術業有專攻，可謂是模範學生。作者治學嚴謹而不拘泥，思辨敏捷而不逾越；加之有豐碩的國學基礎與西方哲學的邏輯思考概念，所為論文，除能參酌本

國古今碩學論著外,更能融入西方學術思維,故能屢見創新,發前人之所未發。中國儒學、老莊思想以及民間宗教思想等範疇都是作者的學術專攻,並在這方面著述了多篇學術論文和專書,這些著作都獲得了學界的肯定與讚賞。

提 要

當代新儒家核心人物之一的唐君毅先生,是一名儒學義理體現者,也是一名生命哲學的療癒者。他的生命體察從少年即「志於道」走向真實的人生之路,一生相關方面的著作頗多,其著作博大精深而「淵淵其淵」,其為人悲感至深而「肫肫其仁」,不依世俗感官之情,不超離憂悲之性,即上即下而圓融一氣,故被定位為「仁者型」的生命形態。從少年到壯老,他的人生之路,不斷開展出儒家賢者的理想,能將一路上隨生命而浮起的煩惱苦痛,一一加以釐清與疏解。然而,煩惱是從四面八方而起,現象也是千差萬別,為了對治它們,他必須反求其一體之仁,故有時直取天心、有時迂迴曲折、有時反省辯證,順其勢而乘其力,然後察清症候,最後能對症下藥、化解煩惱與苦痛。唐君毅認為,道德不僅是主宰人生理想與方向的要素,而且也是人文世界能夠成立的根據。當道德自我異化,就會形成疾病,疾病的影響小則個人身心、大則家國天下。從身病到心病都是一種生命分裂的現象,身病來自於心靈的紊亂,此即生活世界的道德自我失序,進而導致生命的分裂,此時只有回歸道德自我,時時自覺此道德自我的靈明覺知,以戒慎恐懼的心好好存養,方得身心安頓而明善復初。唐君毅的哲學治療思想,能引起後人生命的共鳴與迴盪,其悲憫至情一方面對自己或現實世間的人,產生一體之仁,消除人的罪惡感與失敗感;另一方面,又不勝其虔敬禮讚,對己群的敬意油然而生,在在顯示其對生命療癒方面的工夫。

本論文力求其思想體系的掌握,並反省辯證其治療思想上的立論及方法進路。故以第一章緒論開始,論述研究上的各種說明。第二章介紹唐君毅的哲學學問及生命的體察工夫;第三章探討唐先生哲學架構,其哲學療癒思想與方法;第四章說明其哲學療癒思想與現代學術接軌與互動的關係。從基源的問題探討到工夫實踐乃至生命理境的發揚,期能以這一套唐先生的思想,幫助讀者去體驗生命的普遍艱難處,產生與培養對生命真實存在意義的體證,進而瞭解生活世界的我與你及我與他之間的依存關係,並生啟奮發的心,成己成人成物,臻至世界大同之境。

目　次

第十三冊　中越儒學傳統現代轉化與價值路向之比較研究：以梁漱溟和陳仲金爲例

作者簡介

　　阮壽德（Nguyễn Thọ Đức），越南河內人，1978 年生。2000 年畢業於越南河內國家大學所屬社會科學與人文大學文學系漢喃專業，2002 年畢業於河內外語大學（今河內大學）中文系，2005 年在臺灣國立雲林科技大學漢學資料整理

研究所獲得碩士學位，2008 年繼入臺灣國立成功大學中國文學系攻讀博士班，2013 年獲得博士學位。現任越南河內國家大學所屬社會科學與人文大學東方學系講師，兼任中國研究中心主任。主要研究方向為近現代時期越南儒學思想史及其與中國儒學思想的比較研究。近年來先後發表學術論文十餘篇。

提　要

　　在過去，中國和越南是兩個在思想與文化上有著密切關係的儒教專制君主國家。在其發展過程當中，中國儒學學術思想的任何轉變幾乎都對越南儒學學術思想發生過影響。19 世紀末 20 世紀初，西方各國的大量軍事的進攻與強烈文化的侵入已經使曾經作為中國和越南長達千年正統思想體系的儒教學說陷入前所未有的全面與嚴厲的危機。20 世紀初期，在中越兩個儒教專制國家被推翻和解體之後，兩國之間原有悠久與密切的儒學學術思想的正統官方交流和接觸關係也由此斷裂。在儒教專制國家被推翻和解體不久之後，中國發生了一股由現代新儒家發動的振興儒學思潮，越南也形成肯定、提高、恢復及振興儒教的傳統趨向。

　　所要提出的問題是，在這種情況下，中國現代新儒學思潮與越南振興儒學趨向之間是否存在一個非官方的學術思想交流與接觸？若有的話，彼此之間的思想交流和接觸會怎樣進行？他們思想接觸與交流的具體內容如何？換言之，這時期越南儒學思想的運動與發展如何？它跟中國現代新儒學思潮有無聯繫？這時期越南儒學思想的特質與中國現代新儒學思想特質之間的異同如何？對這些學術問題進行研究並作出解答，是一個頗有科學意義的研究項目。可惜，從來這些問題幾乎未曾被中越學界所關心和研究。

　　為了解答上述問題，筆者以《中越儒學傳統現代轉化與價值路向之比較研究：以梁漱溟和陳仲金為例》當作本書的研究題目，旨在對梁漱溟在《東西文化及其哲學》和陳仲金在《儒教》的儒學思想現代轉化歷程的操作與內容進行考察、分析和論述。在此基礎上，本書把陳仲金在《儒教》的儒學思想現代轉化歷程放在中國現代新儒學思潮的運動與發展背景中來看待，進而再把梁漱溟和陳仲金的儒學思想現代轉化歷程的操作和內容進行對照和比較，並指出他們思想之間的異同及其彼此之間的思想關係。基於這樣的做法，本書已經發現中國現代新儒家思潮與越南振興儒學趨向之間的思想接觸與關係的具體線索，　即陳仲金曾經接受梁漱溟儒學思想的影響。

目　次

第十四冊 華嚴發菩提心思想研究

作者簡介

　　田健（釋德安），畢業於中國科學院大學，理學博士，蘇州大學政治與公共管理學院中國哲學專業博士後，宗教研究所助理研究員；蘇州戒幢佛學研究所研究部副主任。研究領域：華嚴宗與佛教的中國化。迄今公開發表學術論文和會議論文 20 餘篇，總影響因子超過 20，他引 15 次，撰寫英文圖書章節一章。主持或作為主要成員參與完成項目 6 項，其中參與 973 子課題項目 1 項、國家社科重大項目 1 項。

提　要

　　本書站在隋唐時期佛教中國化的角度上，以佛教華嚴宗有關發菩提心的思想為研究對象，通過疏理《華嚴經》和華嚴家智儼、法藏、李通玄、澄觀、宗密和裴休等人的相關著述，系統論述華嚴發菩提心思想的發展歷程，深入考察中國佛教從佛性論向心性論的轉變，深刻揭示「華嚴發菩提心」的豐富內涵以及其在佛教理論詮釋和修行實踐上的重要價值和意義。這一轉變過程主要包括：由智儼開創了一乘菩提心詮釋框架，經由法藏的全面完善，形成了以「三心三十義」為核心的華嚴發菩提心的教理要義以及以華嚴法界三觀為修證原理，以「色空十門止觀」、「理事圓融義」為踐行指南的華嚴發菩提心實踐體系。這一體系與李通玄注重「初心成佛」和「取象表法」相得益彰，進一步由澄觀和宗密構建了基於真心的華嚴發菩提心思想，呈現了圓融與實踐的旨趣。本書還論述了華嚴發菩提心思想從佛性論向心性論轉變的過程中，對唐代以後佛教的融合化進程以及對日本、朝鮮半島佛教的影響，以及在近代與「仁」學結合等方面的內容，餘論中還就同時作為哲學範疇、實踐目標和詮釋方法意義上的華嚴發菩提心的歷史經驗及其當代價值進行探討，從而為佛教在當代的健康發展尋找一種有意義的借鑒。

目　次

毛《傳》、鄭《箋》訓詁中的經學建構與文本意識（上）

王誠御　著

作者簡介

王誠御，男，1993 年生，臺灣高雄人。國立中山大學中國文學系畢業，國立臺灣師範大學國文系碩士班畢業，現就讀國立臺灣大學中國文學系博士班。著有《毛《傳》、鄭《箋》訓詁中的經學建構與文本意識》及單篇論文若干。研究方向為《詩經》、訓詁學、經學史。

提　要

　　本文旨在研究《傳》、《箋》如何藉由解釋《詩經》而建構其經學思想？其建構的經學思想之整體面貌又為何？《傳》、《箋》是否只注重發揮經學思想，而罔顧文本？如果其並非全然罔顧文本，則在其建構經學思想的同時，發現並論述了《詩經》的哪些文本特質？其所認識的文本特質對其訓詁又有何影響？亦即：本文藉由現存唯一部完整的漢代《詩經》注解，來展示《詩》如何被漢代訓詁學家建構成「經」，而在《詩》被建構成「經」的同時，又開啟了哪些可能性？綜括而言，可供反思者乃是：經說的建立、修正，與文本之間存在什麼樣的複雜關係或歷程？

　　針對上述問題，本文嘗試提出《傳》與《箋》的訓詁中，其實存在兩個相輔相成的觀念與方法：「經學建構」、「文本意識」，這兩個概念是後設地建立在以下觀點而提出的：首先，應該重視訓詁中蘊含思想此一命題，並藉此重新觀察學術、思想史。其次，不合文義或錯誤的訓詁並非一無意義，反而可藉此探究訓詁學家不惜違悖文義也要闡發的經學思想。

　　故「經學建構」意味「經」作為「經」的「經義」往往是有待發現的、甚至是有待於建構的，因此，嚴格地區分《傳》、《箋》之訓詁是否合於文本義，凡不合之處，大多可以視為《傳》、《箋》的「經學建構」；而合於文本的部分，也可以分辨出《傳》、《箋》所新增的經學觀念，據此，便可描寫出《傳》、《箋》藉由解釋《詩經》所建構之經學思想的整體面貌。而「文本意識」則旨在描述相較於《傳》、《箋》建構經義時，種種違背文本意義的建構之外，或指認《詩經》文本性質的論述，或根據文本的性質來闡發《詩》義的自覺。並且進一步將此二概念加以推衍，也可以作為重新觀察中國經學史消長演替的一個視角：時代越晚，經學家的「文本意識」就愈發強烈，於是如何合理的在文本結構中闡發、傳承既有的深刻經學義理，便成為後來者任重道遠的新問題。

　　本文除緒論、結論以外，共分五章，前三章依次從經學、訓詁學與文獻學等方面，對《詩序》、《傳》、《箋》進行討論，嘗試較完整地理解其成書歷程、體例對其訓詁、解經觀念的影響，奠定後二章重新論證其「經學建構」與「文本意識」的基礎。第四章，討論《傳》、《箋》訓詁中的經學建構，主體部分以疏解訓詁例證組成，並全面展示了《傳》、《箋》藉由訓詁所建構的經學思想之面貌。第五章，討論《傳》、《箋》訓詁中的「文本意識」，主要亦由訓詁例證的疏解組成，探討《傳》、《箋》在訓詁中，對《詩經》文本特質的論述，以及「文本意識」對其訓詁的影響。

稱引書籍略例

　　關於《詩》、毛《詩》、《詩經》、《詩序》、毛《傳》、鄭《箋》、《毛詩正義》、《毛詩注疏》這幾個名稱，學者所施的標點方式與實際指稱的內容頗不一致；因此謹不避辭費，將本書的標點方式與標準寫出，以供討論：

　　1.「詩經」連文，漢代傳世文獻與出土文獻均已出現，洪湛侯則認為「詩經」連文始見《史記》，《詩經學史》，北京：中華書局，2002 年 5 月，頁 106，可是洪氏以為此亦是書名中最早題作「詩經」者，非，因為行文稱「經」與書名刊行時題「經」仍有差異，而《漢書·藝文志》《詩》類之「經」字不與「《詩》」字連讀，說詳王鳴盛：《蛾術編》（上海：上海書店，2012 年 12 月），卷一，頁 9、張舜徽：《漢書藝文志通釋》（湖北：湖北教育出版社，1990 年 3 月），頁 34。出土文獻如〈執金吾丞武榮碑〉：「治《魯詩經》韋君《章句》」，亦「詩經」連文，徐玉立主編：《漢碑全集》，鄭州：河南美術出版社，2006 年 8 月，第 4 冊，頁 1145。

　　至於《詩》類著作書名題「經」，屈萬里指出「詩經」作為書名並不甚古，似〔宋〕廖剛《詩經講義》最早，《詩經詮釋》，臺北：聯經，1990 年 10 月，頁 1～3，然屈氏或據《經義考》立說，〔清〕朱彝尊云：「廖氏（自注：『剛』）詩經講義，二卷，存（自注：『載《高峯集》』）」，《經義考》，北京：中華書局，1998 年 11 月，卷 105，頁 568；然程元敏云：「第余檢本《高峯集》，作《詩講義》，不知朱彝尊所據何本」，《先秦經學史》，臺北：臺灣商務印書館，2013 年 11 月，下冊，頁 936。程說是，《高峯集》各版本所收《詩講義》皆無「經」字，朱氏蓋偶加「經」字，非別有所據，證之明清人提及前代《詩》學著作，多逕補「經」字，如彼時或稱朱熹《詩集傳》為「詩經集傳」，即其證；而筆

者疑應晚自元代《詩》類著作之書名始有題為「詩經」者，一方面因為如〔隋〕劉炫《孝經述議》所說：「但《詩》、《書》之名，其名各自成義，不須『經』配」，〔日〕林秀一著，喬秀岩等譯：《孝經述議復原研究》，武漢：崇文書局，2016 年 6 月，頁 71、339，一方面又與彼時新「詩『經』」典範的形成恐不無關係，擬另文別詳。然為便理解，下文姑仍稱《詩經》。

　　2. 本書對《詩序》一律標以書名號，不用篇名號，也不標點為一般習用的〈伐柯·序〉，理由是《詩序》本來就是單行的完整著作，不能標以篇名號，而「〈伐柯·序〉」等稱法則隱然是說「序」是〈伐柯〉的一部分，也與事實不符；如果必須要用此一格式，毋寧稱作《序·伐柯》，但「如此之類，改便驚俗」（《經典釋文·條例》），故折衷取「〈伐柯〉《序》」或「〈伐柯〉之《序》」的用法。

　　3. 《毛詩故訓傳》省稱為「毛傳」時，應當標點為《毛傳》或毛《傳》？尋《漢書·藝文志》著錄時，已題為「毛詩故訓傳」，又《經典釋文》云：「『詩』是此書之名，『毛』者，傳《詩》人姓，既有齊、魯、韓三家，故題姓以別之。或云：『小毛公加毛詩二字』，又云：『河閒獻王所加，故大題在下』」、《毛詩正義》云：「『毛』字漢世加之……是獻王始加『毛』也」、「毛氏為傳，亦應自載『毛』字，但不必冠『詩』上耳」，推究《正義》之意，蓋以為毛公書名的原始形式仍題為《詩》，只是在題下或如鄭《箋》加「鄭氏箋」一般，加：「毛氏傳」，使可識別而已，至獻王始題書名為「毛詩」；姑不論其說確否，這顯示前人也將「毛」字視為其書名的一部分，故「毛」字可以連在書名號中稱為毛《詩》，這與鄭《箋》之「鄭」從未被當作書名是不同的情況。但是為了方便與整齊，本書還是權宜稱作：毛《傳》、鄭《箋》；準此，四家《詩》亦應稱作：齊《詩》、魯《詩》、韓《詩》、毛《詩》。

　　4. 《毛詩正義》原單行，今已經、《傳》、《箋》、《詩譜》、《正義》、《釋文》、《校勘記》合刻，故引據版本與卷數時稱「注疏」為當，詳張寶三：〈論標點本《十三經注疏·毛詩正義》中的幾個問題〉，《東亞《詩經》學論集》，臺北：臺大出版中心，2009 年 7 月，頁 49～58、呂友仁：〈四種整理本《毛詩注疏》平議〉，《讀經識小錄》，上海：上海古籍出版社，2017 年 9 月，上冊，頁 141。

　　而目前「所見的最早的經傳合一的寫本」，是吐魯番出土的北朝麴氏高昌義熙年間的《毛詩箋》〈小雅〉部分殘卷，胡平生：〈吐魯番出土義熙寫本毛詩

鄭箋《小雅》殘卷的復原與考證〉，《第二屆詩經國際學術研討會論文集》，北京：語文出版社，1996 年 8 月，頁 423。惟海昏侯墓出土《詩經》亦附《傳》與訓詁，部份內容見朱鳳瀚：〈西漢海昏侯劉賀墓出土竹簡《詩》初探〉，《文物》2020 年第 6 期，雖其《傳》文雖自稱「傳曰」，是否《詩經》之注解仍不無可疑，故其是否應視為經注本也尚待討論。

而附《經典釋文》於經、《傳》、《箋》中，其實不始於宋人，至少今日所能見的唐人毛《詩》殘卷，已經有此傾向，如斯 5705〈毛詩周頌〉，許建平云：「殘卷有讀者旁注音十一個，與《經典釋文・毛詩音義》相合，當是讀者據《釋文》而加」，張金泉、許建平：《敦煌音義匯考》，杭州：杭州大學出版社，1996 年 12 月，頁 206，又如東京國立博物館藏唐人〈毛詩並毛詩正義大雅殘卷〉亦附《釋文》，詳程蘇東：〈東京國立博物館藏唐人〈毛詩並毛詩正義大雅殘卷〉正名及考論〉，《中央研究院歷史語言研究所集刊》第 88 本第 2分（2017 年 6 月），頁 205～244。

故本文引據《毛詩正義》疏文時則稱《毛詩正義》，引《傳》、《箋》及注明卷數與《毛詩正義》所據版本時均稱《毛詩注疏》，稱「五經正義」之其它《正義》時亦準此。

全書稱引略例如此，至於引文不齊處如其所是，僅視情況加注說明；但行文繁蕪，檢校恐有疏漏，不克盡善，尚希讀者以此略例為準。

緒　論

第一節　問題意識之形成與本書的範圍

一、檢討歷代對《傳》、《箋》訓詁的基本理解

　　如果系統地回顧歷代對《傳》、《箋》訓詁的種種論述，讀者可以發現，前人已經意識到關於《傳》、《箋》訓詁，有兩個最關鍵的問題：一是《傳》、《箋》的訓詁中是否具有經學思想？二是《傳》、《箋》是否完全忽略《詩經》的文本特質？茲先條述如下：

　　1. 《傳》、《箋》訓詁是否有經學思想

　　（1）認為《傳》、《箋》訓詁中無思想，亦即：《傳》、《箋》只是解釋字義而已，如：

　　歐陽脩云：「毛《傳》〈新臺〉訓詁而已，其言既簡，不知其意如何」，又：「毛於〈斯干〉詁訓而已。」〔註1〕

　　范處義云：「毛氏《詩》謂之《詁訓傳》，故於詁訓則詳，於文義則略。」〔註2〕

〔註1〕〔宋〕歐陽脩：《詩本義》，（臺北：臺灣商務印書館，1975 年 9 月，《四部叢刊三編》景印吳縣潘氏滂憙齋藏宋刊本），頁 1912、1935。關於《詩本義》對毛《傳》、鄭《箋》的態度，詳〔日〕種村和史：《宋代《詩經》學的繼承與演變》（上海：上海古籍出版社，2017 年 10 月），頁 83～84。

〔註2〕〔宋〕范處義《《詩補傳》序》，中國詩經學會編：《詩經要籍集成》（北京：學苑出版社，2003 年 10 月），第 5 冊，頁 3。

《宋史・儒林傳・周堯卿傳》：「毛之《傳》欲簡，或寡於義理，非『一言以蔽之』也。」〔註3〕

朱鶴齡云：「《序》之文既最古，毛《傳》復稱簡略，無所發明。」〔註4〕

姚際恆云：「毛《傳》古矣，惟事訓詁，與《爾雅》略同，〔註5〕無關經旨，雖有得失，可備觀而弗論。」〔註6〕

劉逢祿云：「然毛公詳詁訓而略微言……。」〔註7〕

鄭獻甫云：「毛《傳》謹為訓詁，不著議論，可謂簡易之至。」〔註8〕

劉光蕡云：「毛《傳》盛行，《詩》流為訓詁，興、觀、群、怨之旨隱矣。」〔註9〕

葛蘭言云：「他（鄭玄）還給我們揭示了一個事實，即研究《詩經》時最重要的方法：在細節上，注釋者的訓詁學是獨立於他們的道德原理的。」〔註10〕

黃侃云：「詳章句之體，毛公最為簡潔，其於經文，但舉訓故，又義旨已具《序》中，自非委曲隱約者，不更敷暢其詞。」〔註11〕

呂思勉云：「《白虎通義》一編，尤為末係本明之作。斷非……毛公之《詩》，

〔註3〕〔元〕脫脫等撰：《宋史》（臺北：藝文印書館，1996 年，景印清乾隆武英殿刊本），卷四三二〈儒林傳二〉，頁 5261。

〔註4〕〔清〕朱鶴齡：《詩經通義》序，蘭文龍：《清人詩經序跋精萃》（北京：中國書籍出版社，2015 年 3 月），頁 93，這句話雖然主要是針對毛不傳《序》而言，但也基本代表了朱氏對毛《傳》的態度。

〔註5〕按：就《爾雅》來說，姚氏這句話也有待斟酌，關於《爾雅》思想的闡發，參〔日〕內藤湖南著，江俠庵譯：〈爾雅新研究〉，收在江俠編譯：《先秦經籍考》（臺北：河洛出版社，1975 年 5 月），中冊，頁 170～172、181～182（每冊頁碼另起）。

〔註6〕〔清〕姚際恆：《詩經通論》（臺北：廣文書局，1971 年 12 月），〈自序〉，頁 2。

〔註7〕〔清〕劉逢祿：《春秋公羊釋例後錄》（上海：上海古籍出版社，2013 年 9 月），頁 292。

〔註8〕〔清〕鄭獻甫：《愚一錄》，卷三，《叢書集成續編》（臺北：新文豐，1989 年 6 月），第 13 冊，頁 45。

〔註9〕〔清〕劉光蕡：《前漢書藝文志注》，收在《二十五史藝文經籍志考補萃編》（北京：清華大學出版社，2012 年 1 月），第五卷，頁 8。

〔註10〕〔法〕葛蘭言（Marcel Granet）著，趙丙祥、張宏明譯：《中國古代的節慶與歌謠》（桂林：廣西師範大學出版社，2005 年 11 月），頁 13，此為葛蘭言藉由檢討「樂子之無知」的「知」字訓詁時指出的原則。

〔註11〕黃侃：《文心雕龍札記》（北京：中華書局，2007 年 8 月），頁 158，按：黃侃另有它說，詳下文。

徒傳訓詁者比也」，〔註 12〕又：「毛《詩》只講名物訓詁，不講義理，故亦稱《詁訓傳》（自注：「傳」本應講經之義理，此《傳》獨在例外）。」〔註 13〕

　　姜亮夫云：「注詩莫早於毛公，但求訓詁，不言大義。」〔註 14〕

　　陳戍國云：「毛《傳》重訓詁，於《詩》三百義理之說解并未十分深入，這是毛《傳》質略的重要原因。」〔註 15〕

　　（2）前述《傳》、《箋》訓詁中無思想之說的另一種表達方式，就是認為《傳》、《箋》的重要性在於訓詁方面；雖然這並未錯誤，但容易使讀者認為其內容與價值只限於訓詁方面，如：

　　孫毓云：「毛公大儒，明於詁訓。」〔註 16〕

　　劉勰云：「若毛公之訓《詩》、安國之傳《書》……要約明暢，可為式矣。」〔註 17〕

　　林恕云：「訓詁之詳無如毛、鄭及孔《疏》；發明經義無勝於朱《傳》。」〔註 18〕

　　臧琳云：「十三經中惟《毛詩傳》最古而最完好，其詁訓能委曲順經，不拘章句」，又：「蓋《詩》四家，毛為最；然三家各有傳授，其足互相考正者不少，但存乎好學深思之士耳。」〔註 19〕

　　孫志祖云：「西漢經訓之存於今者，惟《詩毛傳》最可寶貴。」〔註 20〕

〔註 12〕呂思勉：《章句論》（上海：商務印書館，1926 年 6 月），頁 11。

〔註 13〕呂思勉：《群經概要》，收在《中國文化思想史九種》（上海：上海古籍出版社，2009 年 4 月），頁 77～78，按：呂氏說《毛詩故訓傳》書名之取義非是，詳本書第三章第二節〈釋《毛詩故訓傳》書名的經學意義〉。

〔註 14〕姜亮夫：〈詞選箋注自序〉，《姜亮夫文錄》（昆明：雲南人民出版社，1999 年），頁 60。

〔註 15〕陳戍國：〈論三家詩勝義及四家詩盛衰〉，《詩經芻議》（長沙：岳麓書社，1997 年 4 月），頁 55，標點略有修訂。

〔註 16〕〔舊題漢〕毛公傳，〔漢〕鄭玄箋，〔漢〕鄭玄詩譜，〔唐〕陸德明音釋，〔唐〕孔穎達等正義，〔舊題清〕阮元校勘：《毛詩注疏》（臺北：新文豐，1977 年 1 月，影印影印嘉慶二十年江西南昌府學本），卷十二之二，頁 405。

〔註 17〕詹鍈：《文心雕龍義證》（上海：上海古籍出版社，1989 年 8 月），中冊，頁 705。

〔註 18〕〔日〕林恕：《詩經別考·跋》，轉引自張小敏：〈日本《詩經》準漢籍要籍提要〉，《中國經學》第 15 輯（桂林：廣西師範大學出版社，2015 年 3 月），頁 84。

〔註 19〕分見〔清〕臧琳：《經義雜記》，《皇清經解諸經總義類彙編（一）》（臺北：藝文印書館，1986 年），頁 484，頁 495、484。

〔註 20〕〔清〕孫志祖：《讀書脞錄續編》，《皇清經解諸經總義類彙編（二）》，頁 2327。

黃丕烈云：「唯毛氏為能解《詩》，得其故訓，故《詩》必繫以毛也。」〔註21〕

胡承珙云：「竊謂毛公詳於故訓」，〔註22〕又：「《爾雅》通釋諸經，其有釋《詩》者，則撮舉《詩》詞為訓，使人瞭然於作詩之大旨而已；毛公就《詩》為《傳》，必當依文切義，斯為確詁」，又：「諸經傳注為毛《詩》最古，數千年來三家皆亡，而毛《傳》獨存，豈非源流既真，義訓尤卓之故？」〔註23〕又：「蓋毛公秦人，去周甚近，其語言文字名物訓詁，已有後漢人所不能盡通者。」〔註24〕又陳奐引胡承珙云：「諸經傳注，唯毛《詩》最古……源流既真，義訓尤卓……毛氏之學，文簡而義贍，體略而用周。」〔註25〕

胡培翬云：「培翬嚮讀毛《傳》，歎其精博，不獨訓詁為諸家所祖，即古訓藉以留存者亦不少。」〔註26〕

方大湜云：「其（毛《詩》）源流也遠矣，其師承也真矣，其訓詁也確矣。」〔註27〕

沈欽韓引包世榮云：「毛公恪遵《雅》訓，義最優；簡質難曉，故鄭氏時出別義以輔之，非好學深思，莫能猝通。」〔註28〕

劉咸炘云：「毛《詩》……其訓詁簡遠，誠西漢說也。」〔註29〕

〔註21〕〔清〕黃丕烈：《蕘圃藏書題識》，卷一，《國家圖書館藏古籍題跋叢刊》（北京：北京圖書館出版社，2002年5月），第7冊，頁147。

〔註22〕〔清〕胡承珙：〈答陳碩甫明經書〉，《求是堂文集》，卷三，《續修四庫全書》，第1500冊，頁255。

〔註23〕以上均〔清〕胡承珙：〈復陳碩甫書〉，《求是堂文集》，卷三，《續修四庫全書》，第1500冊，頁256、258。

〔註24〕〔清〕胡承珙：〈與竹邨書〉，《求是堂文集》，卷三，《續修四庫全書》，第1500冊，頁265。

〔註25〕〔清〕陳奐：〈《毛詩後箋》序〉，《毛詩後箋》，《續修四庫全書》，第67冊，頁6。

〔註26〕〔清〕胡培翬：〈與陳碩甫論毛《傳》書〉，《研六室文鈔》，卷四，《胡培翬集》（臺北：中央研究院中國文哲研究所，2005年11月），頁133。關於古制，說詳本書第四章〈毛《傳》、鄭《箋》訓詁中的經學思想〉。

〔註27〕〔清〕方大湜：《《毛詩墨守》自序〉，〔清〕羅汝懷編：《湖南文徵》（長沙：岳麓書社，2008年9月），卷七十九，第5冊，頁2739。

〔註28〕〔清〕沈欽韓：〈清故揀選知縣辛巳科舉人包君墓誌銘〉，《幼學堂文稿》，卷八，《清代詩文集彙編》（上海：上海古籍出版社，2010年12月），第514冊，頁405。

〔註29〕劉咸炘：《學略》，卷一，《推十書》（四川：成都古籍書店，1996年11月），下冊，頁2272。

何容心云：「以諸經訓詁，惟毛《詩》最精。」〔註30〕

孫海波云：「要之，漢人說《詩》，三家最古，名物訓詁，毛《詩》為長，二者當應並傳，未可軒昂其間也。」〔註31〕

張舜徽云：「《詩》之名物訓詁，於羣經為最繁；毛《傳》鄭《箋》，獨於此言之最精。」〔註32〕

黃焯云：「毛《詩》以篇義獨完，故詳於訓詁，而於義稍略，於諸家中最可依據。」〔註33〕

施炳華云：「夫毛《傳》雖有缺失，然去古未遠，特詳訓詁，不事讖義瑣辭，故三家可廢，而毛不可廢。」〔註34〕

趙制陽云：「至於毛《傳》的優點，在於訓詁簡要。」〔註35〕

江舉謙云：「第二步的字句解釋，……毛《傳》鄭《箋》，奠立了深厚基礎。雖然謬誤的地方也很多，但它的訓詁，仍是前無古人的。」〔註36〕

史玲玲云：「毛《傳》訓詁，信而有徵，非如後儒之輕憑臆解，所能望其項背。」〔註37〕

唐棣華云：「訓詁詳毛《傳》。」〔註38〕

程俊英云：「它（毛《傳》）的優點是去古未遠，訓詁多精確之處。缺點是文字簡奧難通……。」〔註39〕

洪國樑云：「毛《傳》所長在詞義訓詁。」〔註40〕

〔註30〕何容心：〈毛詩聲訓類纂敍例〉，《學風》第 5 卷第 8 期（1935 年），頁 4。

〔註31〕孫海波：〈西漢今古文之爭與政治暗潮（完）〉，《中國學報》第 3 卷第 2 期（1945 年 2 月），頁 45。

〔註32〕張舜徽：《四庫提要敍講疏》，《舊學輯存》（濟南：齊魯書社，1988 年 10 月），下冊，頁 1670。據該書〈自序〉云作於 1947 年，今次於此。

〔註33〕黃焯：《毛詩鄭箋平議》（武漢：武漢大學出版社，2008 年 3 月），頁 1。

〔註34〕施炳華：〈毛傳釋例〉，（臺北：國立政治大學中國文學研究所碩士論文，1974 年），後載《成功大學學報（人文篇）》，第 19 卷（1984 年 3 月），頁 65。

〔註35〕趙制陽：《詩經賦比興綜論》（新竹：楓城出版社，1974 年 3 月），頁 22。

〔註36〕江舉謙：《詩國風籀略》（臺中：私立東海大學出版，1992 年 10 月），頁 3，原書 1978 年初版，此處引文標點有增補。

〔註37〕史玲玲：《詩經毛傳音訓辨證》（臺北：黎明，1973 年 5 月），頁 1。

〔註38〕此語出自唐棣華為高郵王氏故居所題之詩，見蕭維琪編：《高郵王氏紀念館》（高郵：江蘇省高郵市文物管理委員會，1991 年 3 月），頁 41。

〔註39〕程俊英著，朱杰人、戴從喜編：《程俊英教授紀念文集》（上海：華東師範大學出版社，2004 年 11 月），頁 223。

〔註40〕洪國樑：《詩經訓詁之「亦通」問題》（臺北：學海出版社，1995 年 4 月），

洪湛侯云：「釋詞精當是它最大的特色，甚至可以說善於釋詞是毛《傳》的價值所在。」〔註41〕

2. 以上對《傳》、《箋》訓詁中思想性的否定或忽視，可以說是主流意見；但也有學者已經對《傳》、《箋》之訓詁中具有思想，或長於理解文義，加以表彰，如：

司馬光云：「毛氏言《詩》最密。」〔註42〕

程頤云：「漢儒如毛萇、董仲舒，最得聖賢之意，然見道不甚分明。」〔註43〕

呂祖謙云：「以魯、齊、韓之義尚可見者較之，獨毛《詩》率與經、傳合……是則毛《詩》之義，最為得其真也。」〔註44〕

莊述祖云：「余讀〈既醉〉《傳》，而益歎毛《詩》義之長也，鄭、王以來，知此者顯矣。」〔註45〕

焦循云：「毛《傳》精簡，得《詩》意為多。鄭生東漢，是時士大夫重氣節，而溫柔敦厚之教疏，故其《箋》多迂拙，不如毛氏，則《傳》、《箋》之異不可不分也。」〔註46〕

陳奐云：「(毛《傳》) 文簡而義贍，語正而道精，洵乎為小學之津梁，群書之鈐鍵也。」〔註47〕

丁晏云：「又 (毛《傳》) 稱述奧博，多明古訓，惟其去古未遠，故微言宏旨，往往而在」、〔註48〕「且毛《詩》所以獨傳至今者，以其義理度越乎三

頁 11。

〔註41〕洪湛侯：《詩經學史》（北京：中華書局，2002 年 5 月），頁 186。

〔註42〕〔宋〕司馬光：〈河間獻王論〉，《溫國文正司馬公文集》，卷七十三，參陶懋炳：《司馬光史論探微》（長沙：湖南師範大學出版社，1989 年 11 月），頁 208。

〔註43〕〔宋〕朱熹、呂祖謙編，〔宋〕葉采集解：《近思錄》（上海：上海古籍出版社，2013 年 2 月），卷十四，頁 351。

〔註44〕〔宋〕呂祖謙：《呂氏家塾讀詩記》，黃靈庚等主編：《呂祖謙全集》（杭州：浙江古籍出版社，2008 年 1 月），第 4 冊，頁 29。

〔註45〕〔清〕莊述祖：〈〈既醉〉篇說三〉，《珍藝宦文鈔》，卷四，《續修四庫全書》，第 1475 冊，頁 74。

〔註46〕〔清〕焦循：《毛詩補疏》，卷首〈序〉，《清人詩說四種》（武昌：華中師範大學出版社，1986 年 7 月），頁 240。

〔註47〕〔清〕陳奐：〈《詩毛氏傳疏》敘錄〉，《詩毛氏傳疏》（臺北：廣文書局，1967 年 11 月），第 1 冊，頁 1 下。

〔註48〕〔清〕丁晏：〈答汪式齋論毛《傳》非馬融作書〉，《頤志齋文集》，卷二，《清代詩文集彙編》，第 587 冊，頁 81。

家，而其詁訓又兼綜乎三家也。」〔註49〕

　　王劼云：「毛《傳》詩義在故訓中，雖簡可尋。」〔註50〕

　　陳澧云：「毛《傳》訓詁之語，有足以警世者」，又：「毛公說《詩》之大義，既著於《續序》中矣，其在《傳》內者亦不少」，又：「鄭《箋》有感傷時事之語。」〔註51〕

　　黃以周云：「其（鄭玄）《詩箋》、《禮注》之存者，祇釋訓詁，詳考據，而義理之精，引而不發……鄭《注》中闡發義理之言，有如布帛菽粟，服之而無斁，咀之而有味，讀鄭君粹言自知之」，甚至「鄭《注》之義理，時有長於朱子；朱子之訓詁，亦有勝於鄭君者」。〔註52〕

　　潘任云：「據此則毛公訓詁之學實寓大義微言於其中……經陳氏（陳澧）逐條揭出，而毛《傳》之精，更如日月之難掩其光，此所以三家亡而毛獨存也」，而其又謂鄭《箋》改《傳》之例中，有「大義既改，而訓詁亦不得不隨之而異」者，〔註53〕則潘氏顯然認為《箋》之訓詁也有「大義」。

　　吳汝綸云：「毛公說《詩》往往通知作者微旨，鄭氏非其倫也。」〔註54〕

　　甘鵬雲云：「統觀毛《傳》，七十子微言大誼，往往而在，不獨精通訓詁已也。」〔註55〕

　　章炳麟云：「喟然有感於《毛詩故訓傳》，自宋及明，皆以為惟知言語，不通義理，幾幾乎高子之流矣」，〔註56〕又：「《詩》古文說毛《傳》最為清靜……

〔註49〕〔清〕丁晏：《毛鄭詩釋》，卷首〈毛詩古學〉原序，《續修四庫全書》，第71冊，頁335，按：丁氏這句話雖然只提到毛《詩》，但其實兼指《傳》、《箋》。

〔註50〕《清人詩經序跋精萃》，頁417，然其誤標點為「毛《傳》詩義在《故訓》中」，今正，「故訓」乃指其訓詁，非書名之謂。

〔註51〕〔清〕陳澧：《東塾讀書記》，卷六，《陳澧集》（上海：上海古籍出版社，2008年7月），第2冊，頁107、109。

〔註52〕〔清〕黃以周：〈南菁書院立主議〉，《儆季文鈔》，卷六，《清代詩文集彙編》，第708冊，頁544。

〔註53〕以上均〔清〕潘任：《七經講義・詩經講義》，林慶彰等主編：《晚清四部叢刊》（臺中：文听閣圖書有限公司，2010年11月），第四編，第1冊，頁194、196。

〔註54〕〔清〕吳汝綸：〈吳至父歐公《詩本義》跋語〉，張洪海輯著：《詩經彙評》（南京：鳳凰出版社，2016年6月），頁911。

〔註55〕〔清〕甘鵬雲：《潛廬隨筆》，卷六，沈雲龍主編：《近代中國史料叢刊》（臺北：文海出版社，1966～1987年），第963冊，頁59。

〔註56〕章炳麟：《駁箴膏肓評》之〈敘〉，《章太炎全集》（上海上海人民出版社，2014年5月），第2冊，頁856。

毛公之善，非獨事應《春秋》，禮應周典，其刊落神怪之言，信非三家所能企及矣。」〔註57〕

王欣夫云：「《詩毛氏傳》多記古文，倍〔備？〕詳前典，言簡理賅，最得《詩》恉。」〔註58〕

黃永武云：「毛《傳》與孔門思想最契合。」〔註59〕

朱季海云：「余惟毛公之學，不惟長於訓詁，尤能標舉大義，囊括微言。」〔註60〕

汪耀楠云：「毛亨傳《詩》，十分注重經義的揭示。在釋詞語後揭示義理是最為典型的形式。」〔註61〕

季惟齋云：「其書（朱熹《詩集傳》）極有裨益于《詩》學，流傳深遠，然原其道術，終未若毛《傳》之長且醇。」〔註62〕

而黃侃更指出「《傳》於訓詁見經義」之例：「《召南·江有汜》：『江有汜。』（《傳》：『決復入為汜』）」，〔註63〕按此例已見陳奐《毛詩說》，稱之為「於譬喻中見正義，亦於訓詁中見大義」，〔註64〕但陳、黃二氏所舉之例，只是浮泛的文義串講，實未見所謂「經義」、「大義」為何。

3. 而從宋代至今，幾乎眾口一辭地指斥：「經生治《詩》，知有經而不知有詩」、〔註65〕「漢儒解經，如此可笑」，〔註66〕所以一但討論《傳》、《箋》

〔註57〕章炳麟著，龐俊、郭誠永疏證：《國故論衡疏證》（北京：中華書局，2008年7月），卷中之二〈原經〉，頁312。

〔註58〕王欣夫：《蛾術軒篋存善本書錄》（上海：上海古籍出版社，2002年12月），頁377，按：原文作「倍」，疑當作「備」。

〔註59〕黃永武：〈怎樣研讀詩經〉，《詩經論文集》（臺北：黎明文化事業公司，1986年4月），頁27，補書名號。

〔註60〕朱季海：〈毛詩評議序〉，《初照樓文集》（北京：中華書局，2011年11月），頁417，按：第一個「惟」字訓「思」，見《爾雅·釋詁下》，《爾雅注疏》，卷二，頁22。

〔註61〕汪耀楠：《注釋學綱要》（北京：語文出版社，1991年3月），頁303。

〔註62〕季惟齋：《微聖錄》（上海：華東師範大學出版社，2010年2月），頁25。

〔註63〕黃侃遺著：〈詩經序傳箋略例〉，《蘭州大學學報（社會科學版）》，第3期（1982年），頁76。

〔註64〕〔清〕陳奐：《毛詩說》，收在《詩毛氏傳疏》，第四冊，頁5下。

〔註65〕語出朱東潤：《詩三百篇探故》，頁98。朱氏既不是守舊的經學家，其對經生治《詩》屢有批判，然其也不是如《古史辨》中趨新的《詩經》論者，而仍有此語，可見此一觀念如何深入人心。

〔註66〕〔明〕陳繼儒：《枕譚》，收入《陳眉公四種》（臺北：廣文書局，1968年6月），頁6（每種頁碼另起），這句話是批評毛《傳》、《說文》關於「町疃」的解釋。

對文本的理解，各家的見解不外乎如下：

柯馬丁云：「在《詩經》的接受史中，並沒有留下任何美學關注的空間，沒有一位早期評注家曾把它當作語言優美工巧的典範。」〔註67〕

朱熹云：「毛、鄭所謂山東老學究；歐陽（脩）會文章，故《詩》意得之亦多」，〔註68〕這裡朱熹以學究／文章作為對比，顯然是指毛鄭無文章的觀念。

王卯根云：「由於毛氏缺乏文學觀念，其中也不乏牽強附會之說。」〔註69〕

歐陽脩云：「鄭《箋》不詳《詩》之首、卒，隨文為解，至有一章之內，每句別為一說，是以文意散離，前後錯亂，而失詩之旨歸矣。」〔註70〕

姚際恒云：「鄭康成錯解甚多，正以其不喻文義耳。」〔註71〕

藤堂明保云：「鄭《箋》の訓詁には以上のような缺點があるが、これはもちろん當時一般の文學にたいする無理解からきているのであつて鄭玄一個の責任ではない。」〔註72〕

吳鷗云：「鄭玄的確不曾將《詩》當作詩歌來看，只是當成『經』來加以訓釋。雖難免忽略了詩歌自身特有的規律，但他在注釋中將幾部經書互為訓解，從治學方面講，可謂罕有其匹。」〔註73〕

李霖云：「若以語詞文法美感等合理的標準來衡量鄭玄，鄭玄必然不能出

〔註67〕〔美〕孫康宜、〔美〕宇文所安主編，劉倩等譯：《劍橋中國文學史》（北京：生活・讀書・新知三聯書店，2013年6月），上卷，頁62，據目錄、上卷導言，此章由柯馬丁執筆。

〔註68〕〔宋〕朱熹：《朱子語類》，卷八十，《朱子全書（修訂本）》，第17冊，頁2763。

〔註69〕王卯根：《文言文注釋源流匯考》（北京：中國戲劇出版社，2009年2月），頁2，姑且不論毛《傳》是否有文學觀念與否，這句話隱藏的一個前提是：只要有了文學的觀念，讀者就必然能合理地解釋文本，不會有牽強附會之說；這不免把文本解釋的諸多問題過分簡化了。

〔註70〕〔宋〕歐陽脩：《詩本義》，《文淵閣四庫全書》，第70冊，頁220，按：原文專指〈斯干〉一詩。

〔註71〕〔清〕姚際恒：《儀禮通論》（北京：中國社會科學出版社，1998年10月），卷首《儀禮》論旨，頁12，這句話雖然專指《儀禮》而言，但也可以擴大解釋，故仍加以引用。

〔註72〕〔日〕藤堂明保：《鄭玄研究》，收入蜂屋邦夫編：《儀禮士昏疏》（東京：東京大學東洋文化研究所，1986年3月），頁485。

〔註73〕吳鷗：〈淺談鄭玄的以禮注詩〉，《北京大學中國古文獻研究中心集刊》第4輯（北京：北京大學出版社，2004年10月），頁133。

類拔萃，甚至常常是糟糕的，我們便無法理解鄭玄的價值。」〔註74〕

　　但是以上這些意見是否可信？如不可信，則進一步應提出哪些新問題與新方法來考察《傳》、《箋》的經學思想及其對文本的理解呢？

二、問題意識之提出

　　思考上述關於《傳》、《箋》經學思想及其對文本的理解之諸多異說後，則可以提出以下問題：《傳》、《箋》如何藉由解釋《詩經》而建構其經學思想？其建構之經學思想的整體面貌又如何？而《傳》、《箋》是否只注重發揮經學思想，罔顧文本？若其並非全然罔顧文本，則其建構經學思想的同時，發現並論述了《詩經》的哪些文本特質？其所認識的文本特質對其訓詁又有何影響？以上便是本書的問題意識。

　　為了解決上述問題，本文擬提出《傳》與《箋》的訓詁中，其實存在兩個相輔相成的訓詁思想與方法：「經學建構」與「文本意識」，而藉由這兩個概念，可以重新證明《傳》、《箋》的訓詁中具有思想，〔註75〕並藉由實例來分析其建構經學思想的方法，進一步更可以描述其所建構之經學思想的整體面貌；另一方面，則亦舉出實例來論證《傳》、《箋》如何理解文本，並說明其所認的文本特質對其訓詁產生的影響。

　　以下將分別簡略地說明現行研究有何不足，以至於須要從「經學建構」與「文本意識」的角度重新切入，並定義「經學建構」與「文本意識」這兩個概念：

（一）釋「經學建構」

　　以往討論《傳》、《箋》的思想，雖已有零星的創見，如：前人早已屢陳歷代《詩》注解中的經世、刺世等移風易俗之關懷，〔註76〕看似可為本題之先

〔註74〕李霖：〈從《大雅·思齊》看鄭玄解《詩》的原則〉，《中國經學》第15輯（桂林：廣西師範大學出版社，2015年3月），頁63、81，補書名號，下引李氏此文皆同。

〔註75〕其實誠如孟慶楠所謂「哪些材料以怎麼樣的形式反映著『經學思想』？這或許是一個需要反思的問題」，〈經學思想史視域中的先秦《詩》學文獻——對詩學思想表現形式的反思〉，《平頂山學院學報》第31卷第1期（2016年2月），頁61，則為什麼解釋詞與被釋詞這種形式不能反映思想呢？

〔註76〕錢鍾書：《管錐編》（北京：生活·讀書·新知三聯書店，2008年6月），第一冊，頁153，然此說可商，今不詳論。又牟潤孫：〈論朱熹顧炎武的注解《詩經》〉，《注史齋叢稿》（北京：中華書局，2009年6月）、林葉連：〈毛詩稽古

導；然此一說法的問題是：仍未從「訓詁義項」考量，故有大量論題隱而未發，又所論有時亦浮泛。而陳應棠、〔註77〕顏崑陽、〔註78〕謝奇懿、〔註79〕王懷宜、〔註80〕陳志信〔註81〕、唐志遠，黃世俐等，〔註82〕也都曾簡單地論及《傳》、《箋》的思想；不過仍如池田秀三的呼籲：「關於鄭玄的《詩經》學，可討論的，都已被討論殆盡。但那些都是文獻學上的討論，若論思想性研究，則頗顯匱乏」，〔註83〕而汝企和亦云：「以往的研究大都是從訓詁學和經學角度進行的，均未發現《毛詩箋》中蘊涵的思想內容」，〔註84〕可見這一議題現行成果的不足，及其如何迫切地有待開發。

　　然而關於《傳》、《箋》的經學思想，還是有一些值得注目並相對深刻的成果，如：車行健、凌麗君、池田秀三、劉青松、李霖。〔註85〕但是車氏以

　　　　編所闡釋之治道理念〉，《陳伯元先生六秩壽慶論文集》（臺北：文史哲出版社，1994 年 3 月），頁 17～31。

〔註77〕陳應棠：《毛詩訓詁新銓》（臺北：臺灣中華書局，2017 年 9 月）。

〔註78〕顏崑陽曾經暗示毛《傳》某些串講可能與漢初史事有關，《詩比興系論》（臺北：聯經，2017 年 3 月），頁 97。

〔註79〕謝奇懿：《先秦兩漢天人意識與《詩經》學之研究（上）（下）》（臺北：花木蘭文化出版社，2009 年 3 月）、〈毛《詩》學中的陰性特質──以毛《傳》和〈詩序〉為主〉，《陳滿銘教授七秩榮退誌慶論文集》（臺北：萬卷樓，2005 年 7 月）、〈毛鄭詩經學中的天人關係與文學透顯〉，《文藻外語學院 2006 年度教師專題研究發表暨研討會》（高雄：文藻外語學院，2007 年 9 月）。

〔註80〕王懷宜：〈《詩毛傳》訓詁隱形理念初探〉，《揚州教育學院學報》第 25 卷第 1 期（2007 年 3 月），頁 12～17，此文宣稱要闡發毛《傳》的「隱形理念」，然所論也大多只是體式、術語的問題。

〔註81〕陳志信：〈倫理神話的闡釋──以《毛詩鄭箋》的詮釋體系試探經學運作的形式與意義〉，李明輝、陳瑋芬編：《理解、詮釋與儒家傳統：個案篇》（臺北：中央研究院中國文哲研究所，2008 年），頁 75～23。

〔註82〕唐志遠，黃世俐：〈《毛詩故訓傳》闡釋系統述論──以《國風》為例〉，《南海學刊》第 4 期（2017 年）。

〔註83〕〔日〕池田秀三著，洪春音譯：〈《毛詩箋》在鄭學中的意義〉，石立善主編：《古典學集刊》第 1 輯（上海：華東師範大學出版社，2015 年 5 月），頁 14。

〔註84〕汝企和：〈序〉，《鄭玄《毛詩箋》研究》（北京：知識產權出版社，2010 年 4 月），頁 2。

〔註85〕這五家的著作分別是：車行健：《釋經以立論──漢代毛鄭詩經經解的思想探索》（臺北：里仁書局，2011 年 9 月）、凌麗君：〈從「單字為訓」看《毛詩故訓傳》與詩小序的關係〉，《民俗典籍文字研究》第 3 輯（北京：商務印書館，2006 年 12 月）、〔日〕池田秀三著，石立善譯：〈訓詁的虛與實〉，彭林主編：《中國經學》第 5 輯，桂林：廣西師範大學出版社，2009 年 10 月、劉青松：〈《詩經》毛傳、鄭箋的義理聲訓〉，《民俗典籍文字研究》第 7 輯（北京：商

陳澧的《漢儒通義》為討論基礎，很少從「訓詁義項」考量，也很少具體疏解訓詁例證，其所描述的《傳》、《箋》思想面貌也多可補充之處；然而車氏的貢獻在於描述了《傳》、《箋》經學思想的大致面貌，並且對《傳》、《箋》訓詁開闢了一種全新的研究方式。而凌麗君曾指出「毛《傳》……具體的注釋工作中受到兩大語境的制約，一是字詞所在的具體語言環境，是言語作品的語境；一是經義的語境，即詩小序」，〔註86〕此說值得重視，雖然凌氏沒有指出這兩大語境是否有關係，也未論及鄭《箋》，但其疏解《傳》訓詁中的經學思想十分精采，可惜的是凌氏並未全面描述《傳》的經學思想。池田秀三則藉一個《詩經》訓詁的例證，令人信服地解釋了清儒的經學思想對其訓詁的影響，並發揮重要的意見：「關於訓詁、名物之學的思想意義，迄今幾乎無人提及。更成問題的是，根本就不承認訓詁、名物具有思想性」，甚至可以說：「我們會發現非但訓詁具有思想性，毋寧說正是訓詁匯聚了中國思想的特徵」。〔註87〕劉青松則專門提出「義理聲訓」這一詞，但所論限於「聲訓」，亦未能完全開展《傳》、《箋》中此類例證的經學意義，並且《傳》、《箋》藉「聲訓」發揮的義理，其思想內容如何？劉氏也很少論及。李霖則詳細探究〈思齊〉一詩之鄭《箋》，深刻地指出：「鄭玄首先視《詩》為經書，而非歷史語言文獻，並不追求詞例和含義的合理化。鄭玄也不把《詩》看成是詩人創作而成的作品，……甚至不拘於文法限制，更不懂得『以意逆志』」，又：「如果文本的表面結構成為經義的阻礙，鄭玄會優先考慮經義」，故：「若以語詞文法美感等合理的標準來衡量鄭玄，鄭玄必然不能出類拔萃，甚至常常是糟糕的，我們便無法理解鄭玄的價值」，〔註88〕但這一結論也受李氏該文取材的限制，未必能推及鄭《箋》全書，所以本書下文將提出「文本意識」一詞，來說明《傳》、《箋》也不是全然罔顧文義，只發揮經學思想。

　　鑒於以上諸家的不足之處，本書擬重新論述研究對象的意義，並嘗試提出不同的研究方法：

務印書館，2010 年 12 月）、前揭李霖：〈從《大雅・思齊》看鄭玄解《詩》的原則〉。

〔註86〕凌麗君：〈從「單字為訓」看《毛詩故訓傳》與詩小序的關係〉，頁335。

〔註87〕〔日〕池田秀三著，石立善譯：〈經學在中國思想裡的意義〉，童嶺編：《秦漢魏晉南北朝經籍考》（上海：中西書局，2017 年 6 月），頁49。

〔註88〕分見李霖：〈從《大雅・思齊》看鄭玄解《詩》的原則〉，頁63、81，補書名號，下引李氏此文皆同。

　　如果承認《傳》、《箋》都是經學著作，則最重要的當然就是探究其經學思想為何，因為如徐復觀、沈文倬所指出的：「但先秦兩漢，斷乎沒有無思想的經學家。無思想的經學家，乃出現於清乾嘉時代」，〔註89〕、「稱之為經學家是取決於他們是否具有經學思想」，〔註90〕那麼，進一步推衍徐、沈二氏的說法，可以說：中國經學史上，其實沒有無思想的經學家——因為無思想者不能成「家」；但是為何討論《傳》、《箋》經學思想者頗為少見，偶有論及，也都是一般性的經學常識，未能把握《傳》、《箋》經學思想的特殊之處？這應當是其考察的視角與方法有所不足之故。

　　是以本書提出「經學建構」的概念，來重新討論《傳》、《箋》的經學思想。「經學建構」者，此一詞彙取自李霖之說；〔註91〕但李氏文中似未定義「經學建構」的具體內容。而本書所謂的「經學建構」意味著：「經」的「經義」往往是有待發現的、甚至是有待於建構的，因為「經」在被撰寫時，並未預設自己是「經」，所以就算其具有思想，也未必是「經義」，或者說：未必合於後來者所認定的「經義」——用古人自己的話來說，就是：「經不自立，以道而立」，〔註92〕此所以歷代以來，始終要「原道」，其背後不言而喻的意義就是

〔註89〕徐復觀：《中國經學史的基礎》（臺北：臺灣學生書局，1982 年 5 月），頁 51。不過徐氏關於乾嘉學者的論述也須要修正，如漆永祥：《乾嘉考據學研究》（北京：中國社會科學出版社，1998 年 12 月），第八章就題為〈乾嘉考據學思想〉，而張壽安：《以禮代理——淩廷堪與清中葉儒學思想之轉變》（臺北：中央研究院近代史研究所，1994 年 5 月）、《十八世紀禮學考證的思想活力：禮教論爭與禮秩重省》（臺北：中央研究院近代史研究所，2001 年 12 月），更已詳盡地展示了清儒籍考據所建立的思想內容，參張奇峰：〈從經學角度的研究思想史——評《十八世紀禮學考證的思想活力：禮教論爭與禮秩重省》〉，洪濤等主編：《經學、政治與現代中國（思想史研究第 3 輯）》（上海：上海人民出版社，2007 年 4 月），頁 373～380。這一領域的研究尚有：〔美〕周啟榮著，毛立坤譯：《清代儒家禮教主義的興起——以倫理道德、儒家經典和宗族為切入點的考察》（天津：天津人民出版社，2017 年 12 月）。

〔註90〕沈文倬：〈懿齋學述之一〉，《古文獻研究》第 2 輯（杭州：浙江古籍出版社，1995 年）。

〔註91〕李霖：〈《秦風·渭陽》的經學建構〉，《中國哲學史》2017 年第 3 期，又李霖在 2017 年 5 月 2 日曾在北京大學有「文本·經義·結構——毛《詩》的經學世界」的演講，見 http://www.ihss.pku.edu.cn/about/index.aspx?nodeid=47&page=ContentPage&contentid=1177。

〔註92〕〔元〕楊曲成：〈孔廟經籍祭器記〉，羅振玉：《楚州金石錄》，收入《羅振玉學術論著集》，第 6 集《漢兩京以來鏡銘集錄（外十四種）》（上海：上海古籍出版社，2013 年 10 月），頁 353。

「原經」，亦即是：如何使「經」所載不變至道，具體落實在風俗日殊之人世代謝中的努力，正如周鳳五論及傳世與出土文獻中的史料問題時，也曾指出：「隨著先秦文獻大量出土，早期儒家如何藉由古漢語知識的特性，重新詮釋上古史料以詮釋史事，如何改讀或改寫先秦文獻，使得史事進一步轉化為儒家義理教訓，無疑將成為今後關注的重要課題」，〔註93〕周氏所論，就經學方面而言，莫不如此。

　　而所謂「建構」，比較合理的情況當然是：一方面既解釋了文本義，一方面又根據文本義有意識地發揮其隱而未顯的思想，或無意識地流露解釋者自身的思想背景——所有的「述」者，除非其亦步亦趨地重複文本，否則均在有意、無意之間，都表現了不同於文本本身的文法觀念與思想；進一步，則是訓詁學家有意地改造文本，建構若干文本所未具備的思想，最徹底的建構，即是藉由訓詁，將原來不是「經」的文本，建構其經學義理，使之成為「經」，如王逸的《楚辭章句》，如何將〈離騷〉建構為「經」？並將《楚辭》編成一部經、傳相接的書？〔註94〕且〈遠遊〉以下，更用「韻文注」的方式，既注解文本，又「擬騷」？〔註95〕又如：高誘注《淮南鴻烈》，卷首皆題「鴻烈解經」，〔註96〕也就是說：高誘把他的注解工作視為「解經」，即藉其注解使《淮南鴻烈》成為「經」。將這些內容從文本中加以分離後，進一步給予這些例證系統化、脈絡化的詮釋，藉此可以描述《傳》、《箋》藉由解釋《詩經》所建構的經學思想之整體面貌為何，但這些思想命題只是《傳》、《箋》「已說」的，亦即：尚須藉由這些已落言詮的具體思想命題，來分析《傳》、《箋》是在什麼樣的解經思惟影響之下，才導致他們闡述這些思想命題？這就繫乎研究者如何在現有訓詁資料的統整上，對《傳》、《箋》的隱而未顯的解經思惟進行見仁見智的詮釋了。

〔註93〕周鳳五：〈說「尹旣及湯咸有一德」〉，《朋齋學術文集》（臺北：臺大出版中心，2016年12月），頁458。

〔註94〕朱曉海：〈《楚辭》暨《楚辭章句》形成略說〉，《漢賦史略新證》（西安：陝西人民出版社，2004年6月），頁150～157。

〔註95〕〔日〕小南一郎著，張超然譯：〈王逸「楚辭章句」研究——漢代章句學的一個面向〉，《中國文哲研究通訊》第11卷第4期（2001年12月），頁1～35。

〔註96〕今《淮南子》高《注》本無此語，據〔宋〕蘇頌〈校《淮南子》題序〉所記，參王利器：〈日本寫本《淮南鴻烈兵略間詁》第二十校證〉，《古籍整理與研究》第5期（北京：中華書局，1990年10月），頁35。

經過以上的分析，具體說來，《傳》、《箋》的經學建構，大致包含五個方面：

1. 發揮文本已有、未有的經學思想與禮學知識。

2. 既解文本義，又發揮思想。

3. 解散句構：《傳》、《箋》將《詩》「一句分為兩、三句讀」或「兩句合為一句讀」的傾向。

4. 違背或擱置文本義，逕據經義改訓。

5. 其它。

本書第四章，將依次疏解這些例證，並在綜合這些例證的基礎上，討論《傳》、《箋》所闡述的具體思想命題及其解經思惟。

（二）釋「文本意識」

「文本意識」是本文提出的一個比較寬泛的概念，用來與「經學建構」相對，旨在描述相較於《傳》、《箋》建構經義的各種手段外，在其訓詁中關於《詩經》文本性質的見解，或是其根據文本的特質，來闡發《詩》義的自覺。而所謂「文本意識」並非「文學自覺」，因為：固然可以說某一時代或某一訓詁學家沒有「文學」觀念，但不能否定某一時代或某一訓詁學家沒有「文本」觀念，也就是說：「訓詁」這個概念本身就隱涵著「文本」，所以如果承認《傳》、《箋》是訓詁學家，則也必然可以討論其如何理解文本，即討論其「文本意識」為何；故藉由「文本意識」這一概念來討論《傳》、《箋》，則可以了解：《傳》、《箋》究竟如何看待文本？是否意識到《詩經》文本的特質？而文本意識是否影響了《傳》、《箋》的訓詁？

前人論證《箋》時，也曾有類似的說法，如喬秀岩則指出鄭玄三禮注的解經方法是「結構取義」，即是：「鄭玄觀察上下文來推定經文詞句義意的解釋方法」，〔註97〕極有啟發，但喬氏僅就三禮注立說；而李霖則受喬氏啟發，指出：「毛《傳》所揭示出的文義關聯條理錯綜，而且主要存在於章與章之間」，而「鄭玄解《詩》的原則，即在於如何處理經義、結構、文本三者之間的複雜關係」，〔註98〕李氏基本上補足喬氏未取材於鄭《箋》的缺憾，並且還連帶討論《傳》，是其貢獻。

〔註97〕〔日〕喬秀岩：〈鄭學第一原理〉，《北京讀經說記》（臺北：萬卷樓，2013 年 7 月），頁 230，按：「義意」，原書如此。

〔註98〕分見李霖：〈從《大雅・思齊》看鄭玄解《詩》的原則〉，頁 75、82。

　　但以上這些說法，畢竟與本書所提出的「文本意識」有所不同，喬、李二氏的取材範圍也有限；因此，在本書第五章，將提出「《傳》、《箋》曾對《詩經》的寫作手法、章法進行評點」、「《傳》、《箋》對同一首詩或不同詩篇中字、詞、句、章的先後順序與重複與否多有討論」、「闡發同一首詩中的不同敘述者」等論據，嘗試證明《傳》、《箋》確有「文本意識」，並分為以下四類來討論「文本意識」對毛《傳》、鄭《箋》訓詁的影響：

1. 《傳》、《箋》據章法改訓。
2. 《箋》申《傳》所體現的「文本意識」之進展與不同的解經模式。
3. 其它。

　　本書除了逐一疏解上述這些例證外，並嘗試系統地說明「文本意識」對《傳》、《箋》訓詁的影響，以及《傳》、《箋》訓詁中對《詩經》文本特質的認識。

（三）其它相關問題的說明

　　此處尚有兩個問題須加說明：一是選題方面，二是本題目所包含的內容方面。

　　選題方面的問題是：研究訓詁學中的經學建構與文本意識，何以須以毛《傳》、鄭《箋》為範圍？有兩個原因：首先，毛《傳》應為迄今可見的最早注經完書，章炳麟云：「舊傳存者，莫美於毛《詩》」、〔註99〕何容心云：「以諸經訓詁，惟毛《詩》最精」、〔註100〕黃侃云：「毛《傳》為一切經學根本」、〔註101〕陳應棠云：「中國歷代訓詁之書……集大成於《毛詩古訓傳》」，〔註102〕黃金貴云：「二千多來訓詁學都是沿著《詩詁訓傳》的基本精神而發展」，〔註103〕而鄭《箋》更是毛《詩》經學思想體系在兩漢最完整的建構者；更進一步說，《傳》、《箋》是現存關於《詩》所有知識的最早且最完整的來源，毛《傳》、《箋》的重新認識不僅牽動《詩》學史與經學史，也緊密地聯

〔註99〕章炳麟著，龐俊、郭誠永疏證：《國故論衡疏證》，卷中之三〈明解故〉，頁343。
〔註100〕何容心：〈毛詩聲訓類纂敘例〉，《學風》第5卷第8期（1935年），頁4。
〔註101〕黃侃著作中似未見此語，此轉引自黃焯：《黃焯文集》（武漢：湖北教育出版社，1990年1月），頁47、386，二處文字小有不同，引文補書名號。又見黃焯：《詩說》，頁5。
〔註102〕陳應棠：《毛詩訓詁新銓》，頁1。
〔註103〕黃金貴：〈序〉，陸忠發：《現代訓詁學探論》（杭州：浙江大學出版社，2008年2月），頁2。

繫著訓詁學。其次，如洪誠所說：「《詩經》訓詁最容易附會」，〔註104〕用本書的話來說，則《詩經》正是最適合觀察其如何被「經學建構」的樣本。

　　而關於本題目所包含的內容方面，本書雖主要討論《傳》、《箋》，但根據以下理由，必須一併納入《詩序》討論：首先，程元敏曾指出《詩序》亦是毛《傳》的一部分，〔註105〕此說可解釋毛《傳》不注《詩序》等一系列問題。其次，《詩序》中也有訓詁：「風，風也，教也」、〔註106〕或者在解釋中隱涵了訓詁：《詩‧周頌‧敬之》，《序》云：「敬之，羣臣進戒嗣王也」，〔註107〕馬瑞辰云：「《序》『進戒』字本取經文『敬之』為訓」，〔註108〕即謂《序》以「戒」訓「敬」，其與本書以訓詁討論思想有若干程度的關聯。再者，本文將藉由兩首不同的詩卻竟有完全相同的《序》這一「同文現象」，探索《詩序》如何消弭文本間的差異而建構經學。這也可視為討論《傳》、《箋》「經學建構」與「文本意識」問題的先聲。最後，最重要的是：《詩序》是《傳》、《箋》建構經學思想時的最重要參考，所以本書須對之略作考察。基於上述理由，故本書亦一併討論《詩序》。

第二節　先秦兩漢《詩經》學研究的回顧與檢討

　　《傳》、《箋》基本代表目前先秦兩漢《詩經》研究的主要內容，因此，在回顧前行研究時，本節將範圍擴大至先秦兩漢《詩經》學。共分為「《詩經》類總結性論著檢討」、「先秦兩漢《詩經》類著作」、「《詩》訓詁類」、「漢學界關於先秦兩漢《詩經》學研究概要」等部分討論，行文凡例如下：

　　1. 博、碩士論文併入專著中討論，網路資源則併入單篇論文中討論；漢學界的研究成果限於聞見，僅能概略述及，茲獨立為一節。

　　2. 各部分均先分類，後以時代為次。

　　3. 某一書或某一篇文章若特別重要，視情況採取互見方式討論。而若前

〔註104〕洪誠：《訓詁學》，《洪誠文集》（南京：江蘇古籍出版社，2000 年 8 月），頁151。
〔註105〕程元敏：《詩序新考》（臺北：五南，2004 年 12 月），頁 49。
〔註106〕《毛詩注疏》，卷一之一，頁 12。
〔註107〕《毛詩注疏》，卷十九之三，頁 740。
〔註108〕〔清〕馬瑞辰：《毛詩傳箋通釋》（北京：中華書局，2015 年 3 月），下冊，頁 1096。

已註明出版年月等，此處則不覆注。

一、《詩經》總結性論著檢討

至今為止，關於《詩經》學帶有總結性的論著約有以下數種：

1. 《詩經》文本的校、注、集評

此類著作可分以下三類：

（1）魯洪生主編《詩經集校集注集評》，該書分篇、分句整理歷代《詩經》學著作，〔註109〕然而該書所收《詩》學論著不全，如單篇文字、散見文字未輯錄，而又下收及今人翻譯之作，難免為例不純。其引文也多屬摘錄，無按語，而僅將相似說法者置於一處。故雖未盡善，仍屬近來最大型的歷代《詩經》注解整理著作。

（2）劉毓慶主編《詩義稽考》，〔註110〕專取歷代單篇、散見的《詩經》學資料，分篇、分句整理，間有按語，考辨相關資料的沿襲、重見時，多有可取，〔註111〕此書相較於體例相似的張樹波《國風集說》，〔註112〕從材料、按語、範圍三個方面來說，都顯得後出轉精。

（3）張洪海：《詩經匯評》，專錄評點《詩經》之材料，〔註113〕蔡守湘編《歷代詩話論詩經楚辭》則取諸詩話，〔註114〕張書附錄了《詩經》文本，便於閱讀，也提供了不少難得一見的材料。

統觀上述諸書，雖已有大量整比條理之功，但都各自有所偏重，且近代學者對《詩經》的解說均未收，故至今似仍須一部分篇、分句全錄歷代訓詁解說的《詩經詁林》。

2. 版本、引《詩》方面

中國的傳世文獻方面，中國詩經學會編：《詩經要籍集成》、田國福編：

〔註109〕魯洪生主編：《詩經集校集注集評》（北京：中華書局、現代出版社，2015年12月）。

〔註110〕劉毓慶主編：《詩義稽考》（北京：學苑出版社，2006年8月），該書國風部分曾以劉毓慶等：《詩經百家別解考（國風）》單行。

〔註111〕如《詩義稽考》，頁299，考鄭萬坤、孫嶸均等人之說均沿襲洪邁之「平王之孫」說，以上諸書皆非習見之書，可見編者於文獻頗下功夫。

〔註112〕張樹波：《國風集說》（石家莊：河北人民出版社，1993年8月）。

〔註113〕張洪海輯：《詩經匯評》（南京：鳳凰出版社，2016年6月）。

〔註114〕蔡守湘編：《歷代詩話論詩經楚辭》（武漢：武漢人民出社，1991年6月）。

　　《歷代詩經版本叢刊》為近代收錄較齊備者，〔註115〕但《詩經要籍集成》中有不少書籍的底本是《通志堂經解》或《四庫全書》，二者皆習見，版本價值較低。而《歷代詩經版本叢刊》則偏重常見的明、清版本，如《詩集傳》一書，《歷代詩經版本叢刊》所收不同版本甚多，但總體而言，因一書多收不同版本，故涉及的《詩經》書籍種類較少。讀者如欲單獨檢查某一書的各種版本，仍須逐一檢核《四庫全書》、《四庫存目叢書》、《續修四庫全書》、《四庫未收書輯刊》、《四部叢刊》等，才得見各種版本。

　　而其餘出土材料，則仍須逐一翻檢《阜陽漢簡詩經》、〔註116〕出土文獻引《詩》論著、〔註117〕《敦煌經部文獻合集》等，沒有綜合性的著錄；而疏理《詩經》異文的論著（詳下），仍未能完全取代全文著錄。

　　至於域外善本，最重要的是《南宋刊單疏本毛詩正義》，〔註118〕總結性的成果有王曉平編：《日藏詩經古寫本刻本彙編》，〔註119〕但此書取材偶有問題，如《日藏詩經古寫本刻本彙編》第一冊所錄東京博物館所藏《毛詩正義》殘卷，〔註120〕原卷實為朱墨二色書寫，但《日藏詩經古寫本刻本彙編》單色影印後，原卷的朱字全數不清，〔註121〕即是一例；然而此書對相關寫本附有解題、校注，貢獻仍多。其餘域外《詩經》論著只能參考《韓國經學資料集成》等，〔註122〕逐一翻查。

　　故現今亦應仿《尚書文字合編》之例，〔註123〕將每一詩篇的歷代版本集

〔註115〕田國福編：《歷代詩經版本叢刊》（濟南：齊魯書社，2008 年）。

〔註116〕胡平生、韓自強：《阜陽漢簡詩經研究》（上海：上海古籍出版社，1988 年 5月）。

〔註117〕曹建國、張玖清：〈出土《詩》學簡帛材料研究綜述〉，《漢學研究通訊》，第 26 卷第 4 期（2007 年 11 月），頁 12～23、葛立斌：〈戰國出土文獻稱引《詩》條綴〉，《廣東教育學院學報》，第 29 卷第 1 期（2009 年 2 月），頁 75～80。

〔註118〕《南宋刊單疏本毛詩正義》（北京：人民文學出版社，2012 年 1 月）。

〔註119〕王曉平主編：《日藏詩經古寫本刻本彙編》（北京：中華書局，2016 年 1月）。

〔註120〕後來程蘇東認為此殘卷應新定名，說詳前揭程蘇東：〈東京國立博物館藏唐人〈毛詩並毛詩正義大雅殘卷〉正名及考論〉。

〔註121〕讀者可參《南宋刊單疏本毛詩正義》所附錄的彩色圖版，頁 508～521。

〔註122〕《韓國經學資料集成》（首爾：成均館大學校，1989 年）。

〔註123〕顧頡剛、顧廷龍輯：《尚書文字合編》（上海：上海古籍出版社，1996 年 1月）。

中對照，俾便觀覽、考證。

　　而比較嚴謹的引《詩》，事實上也就提供了古本《詩經》的可能面貌，所以也放在版本中討論。關於引《詩》、稱《詩》者，如：余培林《群經引詩考》、〔註124〕董治安〈戰國文獻論《詩》、引《詩》綜錄〉、〔註125〕何志華、陳雄根編《先秦兩漢典籍引《詩經》資料彙編》、〔註126〕葛立斌〈戰國出土文獻稱引《詩》條綴〉、曾小夢《先秦典籍引詩考論》（後改為《先秦典籍引《詩》研究》出版）、〔註127〕高立雯《兩漢著述引《詩》研究》、〔註128〕蔡先金〈簡帛文獻中的稱引詩〉；〔註129〕但有一些急需的引《詩》著作如敦煌文獻引《詩》等，仍付闕如，可見尚有可發揮之處。又此類著作如無方法論或選題上的特殊意義，容易重複或徒為資料長編，如：馮暉：《先秦諸子引詩研究》、〔註130〕王艷：《漢初諸子引詩研究》，〔註131〕二書易被先秦與漢代更全面的引《詩》著作隱蔽；但仍有一些重要的問題，引《詩》論著亦多視而不見，如「古《詩》、《書》亦多互稱」即是一例。〔註132〕

3. 書目、目錄

　　這一方面有：裴普賢〈詩經學書目〉、〔註133〕蔣見元、朱傑人《詩經要

〔註124〕余培林：《群經引詩考》，《臺灣省立師範大學國文研究所集刊》第8號（1964年）。

〔註125〕董治安：《先秦文獻與先秦文學》（濟南：齊魯書社，1994年11月），頁64～88。

〔註126〕何志華、陳雄根編：《先秦兩漢典籍引《詩經》資料彙編》（香港：香港中文大學出版社，2004年12月）。

〔註127〕曾小夢：《先秦典籍引詩考論》（陝西師範大學博士學位論文，2008年5月），後改稱《先秦典籍引《詩》研究》由商務印書館，2018年10月出版。

〔註128〕高立雯：《兩漢著述引《詩》研究》（福建：福建師範大學碩士論文，2014年5月）。

〔註129〕蔡先金：《簡帛文學研究》（北京：學習出版社，2017年3月），第三章第五節，頁239～251。

〔註130〕馮暉：《先秦諸子引詩研究》（山東：山東師範大學碩士論文，2011年6月）。

〔註131〕王艷：《漢初諸子引詩研究》（黑龍江：哈爾濱師範大學碩士論文，2012年5月）。

〔註132〕參王誠御：〈《敦煌本文選注》「伏生所誦《詩》」及《文選集注》「毛《詩》孔安國《注》」辨正〉，頁6～7。

〔註133〕裴普賢：〈詩經學書目〉，《詩經研讀指導》（臺北：東大圖書公司，1977年3月），頁359～378。

籍解題》、〔註134〕夏傳才等《詩經要籍提要》、〔註135〕劉毓慶《歷史詩經著
述考（先秦－元代）》、〔註136〕周何《詩經著述考（一）》、〔註137〕《中國香
港、臺灣地區詩經研究文獻目錄（1950～2010）》、〔註138〕村山吉廣、江口
尚純編《詩經研究文獻目錄》、〔註139〕寇淑慧《二十世紀詩經研究文獻目錄》
等，〔註140〕相關書目、目錄大致已齊備。

4.《詩》研究回顧類論文、專書

　　此類論著有：林葉蓮《中國歷代詩經學》、〔註141〕夏傳才《詩經研究史
概要》、〔註142〕洪湛侯《詩經學史》、戴維《詩經研究史》、〔註143〕夏傳才
《二十世紀詩經學》、〔註144〕趙沛霖《現代學術文化思潮與詩經研究──二
十世紀詩經研究史》等。〔註145〕單篇或專書之一章者如：費振剛等《先秦
兩漢文學研究》、〔註146〕林慶彰〈《詩經》學史研究的回顧與前瞻〉、〔註147〕
馮浩菲〈21 世紀《詩經》訓詁走向展望〉、〔註148〕楊晉龍〈臺灣近五十年

〔註134〕蔣見元、朱傑人：《詩經要籍解題》（上海：上海古籍出版社，1996 年 9 月）。
〔註135〕夏傳才等：《詩經要籍提要》（北京：學苑出版社，2003 年 8 月）。
〔註136〕劉毓慶：《歷史詩經著述考（先秦─元代）》（北京：中華書局，2002 年 5
　　　　月）。
〔註137〕周何：《詩經著述考（一）》（臺北：鼎文書局，2004 年 3 月）。
〔註138〕中國詩經學會、河北師範大學合編：《中國香港、臺灣地區詩經研究文獻目
　　　　錄》（北京：學苑出版社，2012 年 10 月）。
〔註139〕〔日〕村山吉廣、江口尚純編：《詩經研究文獻目錄》（東京：汲古書院，1992
　　　　年 10 月），參林慶彰：〈評《詩經研究文獻目錄》〉，《中國文哲研究通訊》第
　　　　3 卷 2 期（1993 年 6 月），頁 77～81。
〔註140〕寇淑慧：《二十世紀詩經研究文獻目錄》（北京：學苑出版社，2001 年 7
　　　　月）。
〔註141〕林葉蓮：《中國歷代詩經學》（臺北：臺灣學生書局，1993 年 3 月）。
〔註142〕夏傳才：《詩經研究史概要》（北京：清華大學出版社，2007 年 6 月，增訂
　　　　本）。
〔註143〕戴維：《詩經研究史》（長沙：湖南教育出版社，2001 年）。
〔註144〕夏傳才：《二十世紀詩經學》（北京：學苑出版社，2005 年 7 月）。
〔註145〕趙沛霖：《現代學術文化思潮與詩經研究──二十世紀詩經研究史》（北京：
　　　　學苑出版社，2006 年 8 月）。
〔註146〕費振剛等：《先秦兩漢文學研究》（北京：北京出版社，2001 年 12 月）。
〔註147〕林慶彰：〈《詩經》學史研究的回顧與前瞻〉，鍾彩鈞主編：《中國文哲研究的
　　　　回顧與展望》（臺北：中國文哲研究所籌備處，1992 年 5 月）。
〔註148〕馮浩菲：〈21 世紀《詩經》訓詁走向展望〉，《詩經研究叢刊（第一輯）》（北
　　　　京：學苑出版社，2001 年 7 月）。

詩經學研究概述一九四九～一九九八〉、〔註 149〕常森〈現狀和困境：近年來
《詩經》研究平議〉、〔註 150〕郭萬金、劉毓慶〈傳統《詩》學的現代轉型〉
等。〔註 151〕

二、先秦兩漢《詩經》著作檢討

先秦兩漢《詩經》著作中關於《詩》訓詁者，將在下文單獨析出討論，故
除此類著作之外，可分為以下數類討論：

1. 文學史、經學史範疇的斷代討論

汪祚民《詩經文學闡釋史（先秦～隋唐）》、〔註 152〕馬銀琴《兩周詩史》、
〔註 153〕王妍《經學以前的《詩經》》、〔註 154〕劉志基《漢代《詩經》學史》、
〔註 155〕朱金發《先秦詩經學》、〔註 156〕魏家川《先秦兩漢的詩學嬗變》、〔註 157〕
劉毓慶、郭萬金《從文學到經學——先秦兩漢詩經學史論》、〔註 158〕黃震雲
《先秦詩經學史》。〔註 159〕

2. 傳統經學問題的開展

（1）三家《詩》：賴炎元《韓詩外傳考徵》〔註 160〕、林耀潾《西漢三家
詩學研究》〔註 161〕、趙茂林《兩漢三家《詩》研究》〔註 162〕、俞豔庭《兩漢

〔註149〕 楊晉龍：〈臺灣近五十年詩經學研究概述一九四九～一九九八〉，《漢學研究通訊》第 20 卷第 3 期（2001 年 8 月），頁 28～50。

〔註150〕 常森：〈現狀和困境：近年來《詩經》研究平議〉，《南京師範大學文學院學報》2005 年 02 期（2005 年）。

〔註151〕 郭萬金、劉毓慶：〈傳統《詩》學的現代轉型〉，《山西大學學報（哲學社會科學版）》，2014 年第 2 期（2014 年）。

〔註152〕 汪祚民：《詩經文學闡釋史（先秦—隋唐）》（北京：人民文學出版社，2005 年 3 月）。

〔註153〕 馬銀琴：《兩周詩史》（北京：社會科學文獻出版社，2006 年 12 月）。

〔註154〕 王妍：《經學以前的《詩經》》（北京：東方出版社，2007 年 3 月）。

〔註155〕 劉志基：《漢代《詩經》學史》（北京：中華書局，2007 年 4 月）。

〔註156〕 朱金發：《先秦詩經學》（北京：學苑出版社，2007 年 9 月）。

〔註157〕 魏家川：《先秦兩漢的詩學嬗變》（北京：學苑出版社，2007 年 10 月）。

〔註158〕 劉毓慶、郭萬金：《從文學到經學——先秦兩漢詩經學史論》（上海：華東師範大學出版社，2009 年 11 月）。

〔註159〕 黃震雲：《先秦詩經學史》（北京：北京燕山出版社，2012 年 5 月）。

〔註160〕 賴炎元：《韓詩外傳考徵》（臺北：臺灣省立師範大學，1963 年 7 月）。

〔註161〕 林耀潾：《西漢三家詩學研究》（臺北：文津出版社，1996 年 9 月）。

〔註162〕 趙茂林：《兩漢三家《詩》研究》（四川：巴蜀書社，2007 年 1 月）。

三家《詩》學史綱》〔註163〕。

　　此類論著中值得注意的是，對清代以來輯錄三家《詩》的標準，漸有討論，如：盧文弨、〔註164〕錢人龍、〔註165〕吳闓生、〔註166〕葉德輝、〔註167〕江瀚、〔註168〕江乾益、〔註169〕陳鴻森、〔註170〕葉國良、〔註171〕陳惠美、〔註172〕劉立志、〔註173〕賀廣如、〔註174〕鄭於香、〔註175〕虞萬里、〔註176〕

〔註163〕俞艷庭：《兩漢三家《詩》學史綱》（濟南：齊魯書社，2009 年 9 月）。

〔註164〕〔清〕盧文弨：「而王應麟《詩考》乃有齊《詩》一類；自《漢書》本文外無一字可信也」，《經典釋文考證》，頁 13。

〔註165〕〔清〕錢人龍：「而近人多以三家用本字，見許所引與毛異者，悉指為三家……而坿會者因其字與石經同，即以蔡邕治魯《詩》，遂以此為魯《詩》之類，捕風捉影，莫此之甚」，《小嬰蘭堂經說》，卷上，林慶彰等主編：《晚清四部叢刊》，第三編，第 1 冊，頁 46～47。

〔註166〕〔清〕吳闓生云：「近世儒者則謂劉向之說皆出魯《詩》，然亦無塙證也」，《古文典範》（北京：中國書店，2010 年 9 月），卷二，頁 44。

〔註167〕葉德輝：〈阮氏《三家詩補遺》敘〉：「羣書引三家義，祇韓《詩》直引其文，其餘二家僅憑推測，不可為據」，〔清〕阮元：《三家詩拾遺》，卷首，《續修四庫全書》，第 76 冊，頁 2。

〔註168〕江瀚：〈《三家詩補遺》提要〉：「群書引三家義，惟韓《詩》多直引文，餘皆未經指實，似宜止注明見某書，不得輒定其孰為魯、孰為齊」，《續修四庫全書總目提要》，頁 438。

〔註169〕江乾益：《陳壽祺父子三家詩遺說研究》（臺北：國立臺灣師範大學碩士論文，1984 年），林慶彰〈《詩經》學史研究的回顧與前瞻〉批評其書：「但該論文卻藉陳氏的輯佚成果來研究三家詩，可說方向偏差」，鍾彩鈞主編：《中國文哲研究的回顧與展望論文集》（臺北：中央研究院中國文哲研究所，1992 年 5 月），頁 360。

〔註170〕陳鴻森：〈韓詩遺說補誼〉，《大陸雜誌》第 85 卷第 4 期（1992 年）。

〔註171〕葉國良：〈《詩》三家說之輯佚與鑑別〉，《經學側論》，頁 81～112。

〔註172〕陳惠美：《清代輯佚學》（臺北：私立中國文化大學博士論文，2004 年）。

〔註173〕劉立志：〈今古視野下的四家詩——以毛《詩》之歸屬為中心〉，《漢代《詩經》學史論》，頁 78～79。

〔註174〕賀廣如：〈馮登府的三家《詩》輯佚學〉，《中國文哲研究集刊》第 23 期（2003 年 09 月），頁 305～336、〈論王先謙《詩三家義集疏》之定位〉，《人文學報》第 28 期（2003 年 12 月），頁 87～124、〈范家相《三家詩拾遺》及其相關問題〉，《漢學研究》第 22 卷第 1 期（2004 年 6 月），頁 219～251。

〔註175〕鄭于香：《清代三家《詩》輯佚學研究——以陳壽祺父子、王先謙為中心》（桃園：中央大學中國文學系碩士論文，2007 年 7 月）。

〔註176〕虞萬里：〈從熹平殘石與竹簡《緇衣》看清人四家詩研究〉，陳致主編：《跨學科視野下的詩經研究》（上海：上海古籍出版社，2010 年 3 月），頁 301～303。

李霖、〔註177〕馬昕、〔註178〕石立善、〔註179〕張錦少、〔註180〕房瑞麗等皆有論列，〔註181〕其中賀廣如、虞萬里、李霖、張錦少的方法與意見最可注意。

（2）經學類

出處聞惕〈毛詩鄭箋漢制考證〉〔註182〕、蔣善國《三百篇演論》〔註183〕、張西堂《詩經六論》〔註184〕、何定生《詩經今論》〔註185〕、《定生論學集》〔註186〕、張學波《詩經篇旨通考》、〔註187〕朱東潤《詩三百篇探故》〔註188〕、黃侃〈詩經序傳箋略例〉〔註189〕、文幸福《詩經周南召南發微》〔註190〕、《詩經毛傳鄭箋辨異》〔註191〕、黃焯〈詩經序傳箋略例續〉〔註192〕、林耀潾《先秦儒家詩教研究》〔註193〕、吳萬鍾《從詩到經——論毛詩解釋的淵源及其特色》〔註194〕、曹建國《漢代《詩》學考述》〔註195〕、車行健《毛

〔註177〕李霖：〈論陳喬樅與王先謙三家詩學之體系〉，《儒家典籍與思想研究》第二輯（北京：北京大學出版社，2010 年 5 月）。

〔註178〕馬昕：《三家〈詩〉輯佚史研究》（北京：北京大學博士論文，2013 年）、〈對三家《詩》輯佚的系統反思〉，《江蘇師範大學學報（哲學社會科學版）》第 3 期（2017 年）。

〔註179〕石立善：〈從敦煌吐魯番出土古寫卷看清人三家詩異文研究之闕失〉，《華人文化研究》第 2 卷第 1 期（2014 年 6 月），頁 1～15。

〔註180〕張錦少：〈論清人三家《詩》分類理論中的「師承法」——以劉向及《說苑》為例〉，《嶺南學報》復刊第 4 輯（2015 年）。

〔註181〕房瑞麗：〈清儒三家《詩》輯佚觀念論略〉，《詩經研究叢刊》第 28 輯（北京：學苑出版社，2015 年 12 月）。

〔註182〕聞惕：〈毛詩鄭箋漢制考證〉，連載於《實學》第 2 期至第 4 期（1926 年）。

〔註183〕蔣善國：《三百篇演論》（臺北：臺灣商務印書館，1980 年）。

〔註184〕張西堂：《詩經六論》（上海：商務印書館，1957 年 9 月）。

〔註185〕何定生：《詩經今論》（臺北：臺灣商務印書館，1968 年 6 月）。

〔註186〕何定生：《定生論學集——詩經與孔學研究》（臺北：幼獅文化事業公司，1978 年 7 月）。

〔註187〕張學波：《詩經篇旨通考》（臺北：廣東出版社，1976 年）。

〔註188〕朱東潤：《詩三百篇探故》（上海：上海古籍出版社，1981 年 11 月）。

〔註189〕黃侃遺著：〈詩經序傳箋略例〉，《蘭州大學學報（社會科學版）》，第 3 期（1982 年）。

〔註190〕文幸福：《詩經周南召南發微》（臺北：學海出版社，1986 年 8 月）。

〔註191〕文幸福：《詩經毛傳鄭箋辨異》（臺北：文史哲出版社，1989 年 10 月）。

〔註192〕黃焯：〈詩經序傳箋略例續〉，《黃焯文集》，頁 90～105。

〔註193〕林耀潾：《先秦儒家詩教研究》（臺北：天工書局，1990 年 8 月）。

〔註194〕吳萬鍾：《從詩到經——論毛詩解釋的淵源及其特色》（北京：中華書局，2001 年 3 月）。

〔註195〕曹建國：《漢代《詩》學考述》（合肥：安徽大學碩士論文，2001 年 6 月）。

鄭詩經解經學研究》〔註196〕、《釋經以立論——漢代毛鄭詩經經解的思想探
索》、程元敏《詩序新考》、鄭靖暄《先秦稱詩及其詩經詮釋之研究》〔註197〕、
孔德淩《鄭玄《詩經》學研究》〔註198〕、毛宣國《漢代《詩經》闡釋的詩學
研究》〔註199〕、謝奇懿《先秦兩漢天人意識與《詩經》學之研究》、陳致《從
禮儀化到世俗化：《詩經》的形成》〔註200〕、李世萍《鄭玄《毛詩箋》研究》
〔註201〕、王振華《〈毛詩故訓傳〉以禮說〈詩〉研究》、〔註202〕韓高年《詩
經》分類辨體》〔註203〕、王輝斌《商周逸詩輯考》、〔註204〕康國章《《說文》
所收《詩經》用字考釋》、〔註205〕祝秀權《詩經考論》、〔註206〕劉昌安《詩
經「二南」研究》、〔註207〕李林芳《語言、文本、注釋傳統——〈毛傳〉、
〈鄭箋〉注解差異及原因探考》等。〔註208〕

3. 人類學、民俗、傳播、考古學、禮學、史學方面〔註209〕

此類中本文去取較嚴，重要的著作有：

〔註196〕車行健：《毛鄭詩經解經學研究》（臺北：花木蘭文化出版社，2007 年 3 月）。
〔註197〕鄭靖暄：《先秦稱詩及其詩經詮釋之研究》（臺北：臺灣大學中國文學系碩士
　　　　論文，2004 年）。
〔註198〕孔德淩：《鄭玄《詩經》學研究》（山東：山東大學中國古典文獻學博士論文，
　　　　2007 年），後正式出版，《鄭玄《詩經》學研究》（北京：人民文學出版社，
　　　　2020 年）。
〔註199〕毛宣國：《漢代《詩經》闡釋的詩學研究》（武漢：武漢大學博士論文，2007
　　　　年）。
〔註200〕陳致：《從禮儀化到世俗化：《詩經》的形成》（上海：上海古籍出版社，2009
　　　　年 12 月）。
〔註201〕李世萍：《鄭玄《毛詩箋》研究》（北京：知識產權出版社，2010 年 1 月）。
〔註202〕王振華：《〈毛詩故訓傳〉以禮說〈詩〉研究》（北京：北京大學博士論文，
　　　　2010 年）。
〔註203〕韓高年：《《詩經》分類辨體》（上海：上海古籍出版社，2011 年 3 月）。
〔註204〕王輝斌：《商周逸詩輯考》（安徽：黃山書社，2012 年 8 月），參傅璇琮：
　　　　〈《商周逸詩輯考》的學術啟示〉，《中國社會科學報》第 427 期（2013 年
　　　　3 月）。
〔註205〕康國章：《《說文》所收《詩經》用字考釋》（北京：新華出版社，2016 年 12
　　　　月）。
〔註206〕祝秀權：《詩經考論》（湖南：湖南人民出版社，2017 年 8 月）。
〔註207〕劉昌安：《詩經「二南」研究》（北京：中國社會科學出版社，2018 年 7 月）。
〔註208〕李林芳：《語言、文本、注釋傳統——〈毛傳〉、〈鄭箋〉注解差異及原因探
　　　　考》（北京：北京大學博士學位論文，2018 年）。
〔註209〕參考林耀潾：〈葛蘭言、白川靜的《詩經》民俗學研究述論〉，《成大中文學
　　　　報》，第 17 期（2007 年 7 月），頁 43～78。

（1）人類學、民俗、傳播：周策縱《古巫醫與「六詩」考》〔註210〕、王巍《詩經民俗文化闡釋》〔註211〕、韓高年《禮俗儀式與先秦詩歌演變》〔註212〕、馬銀琴《周秦時代《詩》的傳播史》〔註213〕、王政《《詩經》文化人類學》、〔註214〕王志芳《《詩經》中生活習俗的考古學觀察》等。〔註215〕

（2）禮學類：季旭昇《詩經吉禮研究》、〔註216〕姚小鷗《詩經三頌與先秦禮樂文化》〔註217〕、揚之水《詩經名物新證》〔註218〕、楊雋《典樂制度與周代詩學觀念》〔註219〕、黃松毅《儀式與歌詩：《詩經·大雅》研究》〔註220〕、陳溫菊《詩經器物考釋》〔註221〕、孫世洋《先秦禮樂文化與《詩經》研究初探》〔註222〕、戰學成《五禮制度與詩經時代社會生活》等〔註223〕。

（3）史學：孫作雲《詩經與周代社會研究》（後改題《《詩經》研究》）〔註224〕、劉逸文《詩經與西周史關係之研究》〔註225〕、張建軍《詩經與周文化考論》〔註226〕、潘秀玲《詩經存古史考辨：詩經與史記所載史事之比

〔註210〕周策縱：《古巫醫與「六詩」考》（臺北：聯經，1986 年 4 月）。

〔註211〕王巍：《詩經民俗文化闡釋》（北京：商務印書館，2004 年 3 月）。

〔註212〕韓高年：《禮俗儀式與先秦詩歌演變》（北京：中華書局，2006 年 9 月）。

〔註213〕馬銀琴：《周秦時代《詩》的傳播史》（北京：社會科學文獻出版社，2011 年 7 月）。

〔註214〕王政：《《詩經》文化人類學》（合肥：黃山書社，2010 年 3 月）。

〔註215〕王志芳：《《詩經》中生活習俗的考古學觀察》（濟南：齊魯書社，2015 年 9 月）。

〔註216〕季旭昇《《詩經》吉禮研究》（臺北：花木蘭文化出版社，2010 年 9 月）。

〔註217〕姚小鷗：《詩經三頌與先秦禮樂文化》（北京：北京廣播學院，2000 年 1 月）。

〔註218〕揚之水：《詩經名物新證》（北京：北京古籍出版社，2000 年 2 月）。

〔註219〕楊雋：《典樂制度與周代詩學觀念》（北京：中國社會科學出版社，2009 年 8 月）。

〔註220〕黃松渭：《儀式與歌詩：《詩經·大雅》研究》（北京：中國傳媒大學出版社，2010 年 6 月）。

〔註221〕陳溫菊：《詩經器物考釋》（臺北：文津，2011 年 8 月）。

〔註222〕孫世洋：《先秦禮樂文化與《詩經》研究初探》（長春：吉林大學出版社，2012 年 2 月）。

〔註223〕戰學成：《五禮制度與詩經時代社會生活》（北京：中國社會科學出版社，2014 年 2 月）。

〔註224〕孫作雲：《詩經研究》（開封：河南大學出版社，2002 年 6 月）。

〔註225〕劉逸文：《詩經與西周史關係之研究》，（臺中：國立中興大學碩士論文，1997 年）。

〔註226〕張建軍：《詩經與周文化考論》（濟南：齊魯書社，2004 年 9 月）。

較》等。〔註227〕

4. 金文、出土文獻類

金文與《詩》的關係，一向為昔人所重視，舊說以為以金文解《詩》始
於朱熹，〔註228〕但至清人援金文說《詩》者似仍不多；〔註229〕此部分以《詩》
成語為研究重心，如王國維、〔註230〕屈萬里、〔註231〕姜昆武、〔註232〕陳

〔註227〕潘秀玲：《詩經存古史考辨：詩經與史記所載史事之比較》（臺北：花木蘭文
　　　　化，2006年）。
〔註228〕如李遇孫云：「朱子少好古金石文……又以石鼓文有似〈車攻〉、〈甫田〉
　　　　詩，推為宣王實作，見《詩傳遺說》」，《金石學錄》，卷二，收入《金石學
　　　　錄三種》，頁32、吳其昌：〈《楚器圖釋》及《尚書新證》評議〉：「注經而
　　　　取證於地下遺器，此風宋人已開之。朱子取張仲簠以證《詩・六月》之張
　　　　仲是也」，又〈朱子治學方法考〉：「物證者，從物質之遺留以推求古事，
　　　　朱子以前，呂大臨、黃長睿輩，據地下出土古彝器以駁正漢唐註疏及聶崇
　　　　義禮圖，已開其例。朱子亦曾引薛氏《鐘鼎款識》以註《詩經》」，分見吳
　　　　令華主編：《吳其昌文集》（太原：三晉出版社，2009年7月），第3冊
　　　　《史學論叢上》，頁455、第4冊《史學論叢下》，頁46、洪誠：「引彝銘
　　　　於訓詁，實漢唐所未有，南宋朱熹開其端（原注：見聞不廣，此語未敢認
　　　　為必是）……朱熹《詩集傳》首先運用了這種方法，寫語言學史應該予以
　　　　重視」，《訓詁學》，《洪誠文集》，頁14、沈文倬：〈有關《對揚補釋》的
　　　　幾個問題〉：「以彝銘來證明〈江漢〉鄭《箋》的是朱熹的《集傳》，以引
　　　　申鄭《箋》之義來作彝銘鑄作原因實出於後世的金石學家」，《宗周禮樂文
　　　　明考論》（杭州：浙江大學出版社，2001年6月），頁540、季旭昇：〈《澤
　　　　螺居詩經新證》述評〉：「研究《詩經》，最早採用古文字以為佐助的學者，
　　　　依我目前所見到的資料，似以朱子《詩集傳》為最早」，《語文、性情、義
　　　　理：中國文學的多層面探討國際學術會議論文集》（臺北：國立臺灣大學
　　　　出版，1996年7月），頁74、周祖謨：「朱熹……解經說字能運用到鐘鼎
　　　　彝器的銘文，……這是以前所少見的」，《周祖謨語言文史論集》，頁477、
　　　　葉國良云：「宋人最擅金文說《詩》者，首推王質……其同時代之學者雖
　　　　未有王質之眼光，然大家如朱熹，說〈行葦〉云……說〈江漢〉末章則云……
　　　　亦取出土彝銘以印證經文」，《宋代金石學研究》（臺北：臺灣書房，2011
　　　　年1月），頁156、158～159、黨懷興云：「朱熹《詩集傳》最先運用銘文
　　　　訂正《詩經》，這在方法上大大啟發了有宋一代學者」，《《六書故》研究》
　　　　（西安：陝西師範大學出版社，2000年7月），頁60。
〔註229〕零星的例子如馬瑞辰：《毛詩傳箋通釋》，頁1024，引〈無專鼎銘〉為說。
〔註230〕王國維：〈與友人論詩書中成語書一〉、〈與友人論詩書中成語書二〉，《觀堂
　　　　集林》（北京：中華書局，2013年11月），頁75～84。
〔註231〕屈萬里：〈詩三百篇成語零釋〉，《書傭論學集》（臺北：臺灣開明書店，1970
　　　　年），頁165～185。
〔註232〕姜昆武：《詩書成詞考釋》（濟南：齊魯書社，1989年11月）。

致、〔註233〕陳劍等。〔註234〕

　　而〈孔子詩論〉公佈以後，相關討論蔚為大觀，此處僅列具總結性質的專著：劉信芳《孔子詩論述學》〔註235〕、黃懷信《上海博物館藏戰國楚竹書《詩論》解義》〔註236〕、陳桐生《《孔子詩論》研究》〔註237〕、趙夙苑《上博楚簡〈孔子詩論〉文字研究》〔註238〕、遲林華《〈孔子詩論〉集釋》〔註239〕、晁福林《上博簡《詩論》研究》〔註240〕。

　　另關於出土文獻與《詩》的論著，較重要者有：黃美瑛《漢石經詩經殘字集證》、〔註241〕曹建國《楚簡與先秦詩學》、〔註242〕王澤強《簡帛文獻與先秦兩漢文學研究》、〔註243〕劉冬穎《出土文獻與先秦儒家《詩》學研究》、〔註244〕周泉根《新出戰國楚簡之《詩》學研究》、〔註245〕成倩《郭店楚簡與《詩》學研究》、〔註246〕鄧佩玲《《雅》《頌》與出土文獻新證》。〔註247〕

5. 論文集及其它論文等

　　（1）單一作者之論文集如：裴普賢《詩經研讀指導》、高葆光《詩經新

〔註233〕陳致：〈古金文學與詩經文本研究〉，勞悅強、梁秉賦主編：《經學的多元脈絡》（臺北：臺灣學生書局，2008 年 10 月），頁 289～332。又

〔註234〕陳劍：〈清華簡「庶災皋盅」與《詩經》「烈假」、「罪罟」合證〉，《饒宗頤國學院院刊》第 2 期（2015 年 5 月），頁 55～78。

〔註235〕劉信芳：《孔子詩論述學》（合肥：安徽大學出版社，2003 年 1 月）。

〔註236〕黃懷信：《上海博物館藏戰國楚竹書《詩論》解義》（北京：社會科學文獻出版社，2004 年 1 月）。

〔註237〕陳桐生：《《孔子詩論》研究》（北京：中華書局，2004 年 12 月）。

〔註238〕趙苑夙：《上博楚簡〈孔子詩論〉文字研究》（新北：花木蘭文化出版社，2012 年 3 月）。

〔註239〕遲林華：《〈孔子詩論〉集釋》（武漢：華中師範大學碩士論文，2011 年）。

〔註240〕晁福林：《上博簡《詩論》研究》（北京：商務印書館，2013 年 10 月）。

〔註241〕黃美瑛：《漢石經詩經殘字集證》（臺北：文史哲出版社，1979 年）。

〔註242〕曹建國：《楚簡與先秦詩學》（武漢：武漢大學出版社，2010 年 3 月）。

〔註243〕王澤強：《簡帛文獻與先秦兩漢文學研究》（北京：中國社會科學出版社，2010 年 5 月）。

〔註244〕劉冬穎：《出土文獻與先秦儒家《詩》學研究》（北京：知識產權出版社，2010 年 12 月）。

〔註245〕周泉根：《新出戰國楚簡之《詩》學研究》（天津：天津教育出版社，2010 年 12 月）。

〔註246〕成倩：《郭店楚簡與《詩》學研究》（西安：西北大學碩士論文，2011 年）。

〔註247〕鄧佩玲：《《雅》《頌》與出土文獻新證》（北京：商務印書館，2017 年 8 月）。

評價》〔註248〕、袁寶泉、陳智賢《詩經探微》〔註249〕、韓明安、林祥徵《詩經末議》〔註250〕、陳戌國《詩經芻議》〔註251〕、袁長江《先秦兩漢詩經研究論稿》〔註252〕、劉操南《詩經探索》〔註253〕、廖群《先秦兩漢文學考古研究》〔註254〕、張豐乾《《詩經》與先秦哲學》〔註255〕、簡良如《詩經論稿‧卷一》〔註256〕、鄭志強《當代詩經研究新視界》、〔註257〕、洪國樑《詩經、訓詁與史學》等。〔註258〕

（2）重要的單篇論文如：張瑛〈讀毛詩傳〉〔註259〕、錢穆〈讀《詩經》〉〔註260〕、徐復觀〈《韓詩外傳》研究〉〔註261〕、華鍾彥〈詩經十論〉、〔註262〕張秀英〈漢前『詩義』考索〉〔註263〕、謝奇懿〈毛《詩》學中的陰性特質——以毛《傳》和〈詩序〉為主〉、〈毛鄭詩經學中的天人關係與文學透顯〉、常森〈論上博戰國楚竹書《詩論》的《詩經》學史價值〉、〔註264〕張寶三〈《毛詩‧關雎》篇《序》、《傳》、《箋》、《疏》之詮解及其解經性格〉〔註265〕、車

〔註248〕高葆光：《詩經新評價》（臺中：東海大學，1965年）。

〔註249〕袁寶泉、陳智賢：《詩經探微》（廣州：花城出版社，1987年4月）。

〔註250〕韓明安、林祥徵：《詩經末議》（黑龍江：黑龍江人民出版社，1991年4月）。

〔註251〕陳戌國：《詩經芻議》（長沙：岳麓書社，1997年4月）。

〔註252〕袁長江：《先秦兩漢詩經研究論稿》（北京：學苑出版社，1999年8月）。

〔註253〕劉操南：《詩經探索》（杭州：浙江大學出版社，2003年1月）。

〔註254〕廖群：《先秦兩漢文學考古研究》（北京：學習出版社，2007年5月）。

〔註255〕張豐乾：《《詩經》與先秦哲學》（北京：北京大學出版社，2009年11月）。

〔註256〕簡良如：《詩經論稿‧卷一》（臺北：華藝出版社，2011年2月）。

〔註257〕鄭志強：《當代詩經研究新視界》（北京：中國長安出版社，2014年10月）。

〔註258〕洪國樑：《詩經、訓詁與史學》（臺北：國家出版社，2015年3月）。

〔註259〕張瑛：〈讀毛詩傳〉，《國學論衡》第4期（1934年），頁1～3。

〔註260〕錢穆：〈讀《詩經》〉，《中國學術思想史論叢（一）》（臺北：東大圖書公司，1990年10月）。

〔註261〕徐復觀：〈《韓詩外傳》研究〉，《兩漢思想史（卷三）》（臺北：臺灣學生書局，1978年9月）。

〔註262〕華鍾彥：〈詩經十論〉，《華鍾彥文集》（開封：河南大學出版社，2009年5月），下冊，頁1121～1140。

〔註263〕張秀英：〈漢前『詩義』考索〉，《詩經研究叢刊（第七輯）》（北京：學苑出版社，2004年7月）。

〔註264〕常森：〈論上博戰國楚竹書《詩論》的《詩經》學史價值〉，北京大學詩歌中心、北京大學中文系編：《立雪集》（北京：人民文學出版社，2005年4月），頁726～767。

〔註265〕張寶三：〈《毛詩‧關雎》篇《序》、《傳》、《箋》、《疏》之詮解及其解經性格〉，《東亞《詩經》學論集》（臺北：臺大出版中心，2009年05月）。

行健〈考古與經義的關涉：傅斯年〈大東小東說〉和史語所城子崖的發掘及其與《詩經・大東篇》的詮釋〉〔註266〕、趙茂林〈漢代四家《詩》立於學官考辨〉〔註267〕、徐建委〈《詩》的編次與毛《詩》的形成〉〔註268〕等。

（3）重要《詩》學期刊、不同作者之論文合集如：《詩經研究論集》〔註269〕、江磯編《詩經學論叢》〔註270〕、林慶彰編《詩經研究論集（一）》、《詩經研究論集（二）》〔註271〕、佘正松、周曉琳主編《《詩經》的接受與影響》、〔註272〕陳致主編《跨學科視野下的詩經研究》，以及各期《詩經國際學術研討會論文集》及《詩經研究叢刊》等。

三、《詩經》訓詁、語法類著作檢討

此處僅列《詩》訓詁之作，而單字單句單篇考證之類，盡量不錄；至於清人著作間亦采輯。涉及「訓詁與思想」的專書、論文，別詳下文。

1. 民國以前《詩》學著作，基本可在《四庫全書》、《四庫存目叢書》、《續修四庫全書》、《四庫未收書輯刊》、《經解續經解毛詩類彙編》、《清儒詩經彙解》、《詩義稽考》、《詩經集校集注集評》中檢得，故此處不一一開列。

2. 民國以來《詩》訓詁著作：

（1）可略分為全書字詞考證、假借字考證、異文、其它四類：

一則考證《詩》全書字辭者：林成章〈《詩》同文比義〉（魏建功建議改題〈詩辭句類纂詁〉，後錢鞬男抄襲、改編此書，即作《詩辭類句類纂詁》）、

〔註266〕 車行健：〈考古與經義的關涉：傅斯年〈大東小東說〉和史語所城子崖的發掘及其與《詩經・大東篇》的詮釋〉，《第四屆中國經學國際學術研討會會議論文集》（2011年），頁565～583。

〔註267〕 趙茂林：〈漢代四家《詩》立於學官考辨〉，中國詩經學會、河北師範大學編：《詩經研究叢刊（第十九輯）》（北京：學苑出版社，2011年9月），頁102～115。

〔註268〕 徐建委：〈《詩》的編次與毛《詩》的形成〉，《復旦學報（社會科學版）》2017年第2期。

〔註269〕 熊公哲等著：《詩經研究論集》（臺北：黎明，1983年10月）。

〔註270〕 江磯（引按：即陳鴻森）編：《詩經學論叢》（臺北：崧高書社，1985年6月）。

〔註271〕 林慶彰編：《詩經研究論集（一）》（臺北：臺灣學生書局，1983年11月）、《詩經研究論集（二）》（臺北：臺灣學生書局，1990年1月）。

〔註272〕 佘正松、周曉琳主編：《《詩經》的接受與影響》（上海：上海古籍出版社，2006年7月）。

〔註 273〕劉光義《詩語詞集釋》〔註 274〕、賴明德《毛詩考釋》〔註 275〕、裴普賢《詩經相同句及其影響》。〔註 276〕除賴氏是逐篇逐句考證外，林、劉、裴等書都把《詩》相同或近似的字、句加以類聚考辨，而陳玉澍《毛詩異文箋》篇幅頗大，〔註 279〕考辨亦頗精細。

　　一則考證假借字者：馮登府〈毛詩假借字考〉〔註 278〕、陸心源〈《毛詩傳》假借釋例〉〔註 279〕、方秋士〈毛詩叚借字考〉〔註 280〕、蕭和宣〈毛詩本字考〉〔註 281〕、廖元善〈毛詩淆借字之研究〉〔註 282〕、趙汝真《詩經國風通叚字考》〔註 283〕、李三榮〈毛詩借字疏證舉例〉、〔註 284〕趙海金〈毛詩通叚文字考證〉、〔註 285〕史玲玲《詩經雅頌叚借字考》〔註 286〕、黃國良《詩經通

〔註 273〕林成章：〈《詩》同文比義〉，《國學季刊》第 4 卷第 4 號（1934 年），魏氏語見該文之末，錢鞭男：《詩辭類句類纂詁》（臺北：作者自印，1965 年 7月）。

〔註 274〕劉光義：《詩語詞集釋》（臺北：臺灣商務印書館，1968 年）。

〔註 275〕賴明德：《毛詩考釋》（臺北：國立臺灣師範大學國文研究所博士論文，1972年 7 月）。

〔註 276〕裴普賢：《詩經相同句及其影響》（臺北：三民書局，1988 年 1 月）。

〔註 277〕按：此書名「異文」，指的是毛《詩》中的相近字句，但有學者就誤會其性質亦為一般所謂對不同書籍所引文句進行比勘的「異文」著作，如陳才：〈《詩經》異文的全面研究——評袁梅先生《詩經異文匯考辨證》〉，http://www.guoxue.com/?p=27389。

〔註 278〕〔清〕馮登府：《石經閣文初集》（哈佛大學燕京圖書館藏清同治甲戌年間陳乃乾寫補本），卷一，頁 3 上～6 上，該書現已掃描公布在 https://iiif.lib.harvard.edu/manifests/view/drs:52110871$1i。

〔註 279〕〔清〕陸心源：〈《毛詩傳》假借釋例〉，《儀顧堂集》（杭州：浙江古籍出版社，2015 年 11 月）。

〔註 280〕方秋士：〈毛詩叚借字考〉，《國學雜誌》第 4 期（1915 年），頁 1～8。

〔註 281〕蕭和宣：〈毛詩本字考〉，一共九篇，連載在《東北大學周刊》第 47～65期。其中《東北大學周刊》第 57 號（1928 年）誤作〈毛詩木字考〉，頁15。

〔註 282〕廖元善：〈毛詩淆借字之研究〉，連載於《協大藝文》第 18～20 卷（1946～1947 年）。

〔註 283〕趙汝真：《詩經國風通叚字考》（臺北：私立中國文化大學研究所碩士論文，1969 年 6 月）。

〔註 284〕李三榮：〈毛詩借字疏證舉例〉，《師院文萃》第 4 期（1970 年 06 月）。

〔註 285〕趙海金：〈毛詩通叚文字考證〉，《孔孟學報》第 14 卷 3 期至第 15 卷 4 期（1975 年 11 月～1976 年 12 月）。

〔註 286〕史玲玲：《詩經雅頌叚借字考》（臺北：黎明，1980 年 7 月）。

假字集釋》〔註287〕、丁忱《詩經古字通》、〔註288〕劉彩祥《毛詩國風用字假借研究》〔註289〕、趙伯義〈《毛詩故訓傳》解釋通假說〉〔註290〕。

　　一則條列異文者：朱廷獻〈詩經異文集證〉、〔註291〕程燕《詩經異文輯考》、〔註292〕袁梅《詩經異文彙考辯證》、〔註293〕李穎《《詩經》異文字際關係考證》等。〔註294〕而陸錫興《《詩經》異文研究》雖亦題為「異文」，〔註295〕但事實上是研究先秦至陸德明時，「異文」如何形成與各家對「異文」的研究，不是直接疏證《詩經》異文。

　　其它專題討論者尚有：姜亮夫《詩騷連綿字考》、〔註296〕趙逸文《詩毛氏傳訓詁例證》、〔註297〕史玲玲《詩經毛傳音訓辨證》、李雲光《毛詩重言通釋》、〔註298〕姜昆武《詩書成詞考釋》、洪國樑《詩經訓詁之「亦通」問題》、〔註299〕楊合鳴《詩經句法研究》、〔註300〕王浩《鄭玄《三禮注》《毛詩箋》同源詞研究》、〔註301〕王金芳、楊合鳴《詩經虛詞研究》、〔註302〕陳緒平《毛傳

〔註287〕黃國良：《詩經通假字集釋》，（四川：唐山教育學院學報編輯部編輯，1985年6月）。

〔註288〕丁忱：《詩經古字通》（武漢：武漢武漢大學出版社，1990年）。

〔註289〕劉彩祥：《毛詩國風用字假借研究》（新竹：私立玄奘大學中國語文研究所碩士論文，2002年1月）。

〔註290〕趙伯義：〈《毛詩故訓傳》解釋通假說〉，《詩經研究叢刊（第八輯）》（北京：學苑出版社，2005年1月），頁209～220。

〔註291〕朱廷獻：〈詩經異文集證〉，連載於《文史學報》第14～16期（1984～1986年）。

〔註292〕程燕：《詩經異文輯考》（合肥：安徽大學出版社，2010年6月）。

〔註293〕袁梅：《詩經異文彙考辯證》（濟南：齊魯書社，2013年1月）。

〔註294〕李穎：《《詩經》異文字際關係考證》（桂林：廣西師範大學碩士論文，2016年6月）。

〔註295〕陸錫興：《《詩經》異文研究》（北京：中國社會科學出版社，2001年12月）。

〔註296〕姜亮夫：《詩騷聯綿字考》，《姜亮夫全集》（昆明：雲南人民出版社，2002年10月），第十七冊。

〔註297〕趙逸文：《詩毛氏傳訓詁例證》（臺北：私立中國文化大學中國文學研究所碩士論文，1964年）。

〔註298〕李雲光：《毛詩重言通釋》（臺北：臺灣商務印書館，1978年12月）。

〔註299〕洪國樑：《詩經訓詁之「亦通」問題：屈翼鵬先生詩經釋義、詩經詮釋「亦通」例釋》（臺北：學海出版社，1995年）。

〔註300〕楊合鳴：《詩經句法研究》（武漢：武漢大學出版社，1993年3月）。

〔註301〕王浩：《鄭玄《三禮注》《毛詩箋》同源詞研究》（北京：北京師範大學出版社，2017年10月）。

〔註302〕王金芳、楊合鳴：《詩經虛詞研究》（北京：中國社會科學出版社，2018年1月）。

鄭箋補正》等。〔註303〕

（2）論文集、通論性專書，如：陳應棠《毛詩訓詁新銓》、蕭璋《文字訓詁論集》、馮浩菲〔註304〕、郭晉稀《詩經蠡測》〔註305〕、劉運興《詩義知新》〔註306〕、向熹《詩經語言研究》〔註307〕、《詩經語文論集》〔註308〕、龍宇純《絲竹軒詩說》〔註309〕、趙帆聲《詩經異讀》〔註310〕、楊合鳴《詩經疑難詞語辨析》〔註311〕、滕志賢《〈詩經〉與訓詁散論》〔註312〕、呂珍玉《詩經訓詁研究》〔註313〕、鄭玉珊《詩經古義探源》等。〔註314〕

（3）其它單篇論文，如：陳中凡〈《詩經》毛傳改字釋例〉、戴璉璋〈詩經語法研究〉、〔註315〕黃典誠〈淺談《詩經》的詞彙與語法〉、〔註316〕黃淬伯〈詩傳箋商兌〉、〔註317〕王顯〈從《詩經》韻例來看某些可疑的章句〉、〔註318〕錢玄〈《毛詩故訓傳》析句釋例〉、〔註319〕趙伯義〈論《毛詩詁訓傳》集比釋義〉、〔註320〕孫雍長〈《關雎》「思服」解〉、〈《漢廣》「休息」辨〉、〔註321〕杜其容〈毛

〔註303〕陳緒平：《毛傳鄭箋補正》（四川：巴蜀書社，2020年）。
〔註304〕馮浩菲：《毛詩訓詁研究》（武漢：華中師範大學出版社，1988年8月）。
〔註305〕郭晉稀：《詩經蠡測》（四川：巴蜀書社，2006年1月，增訂本）。
〔註306〕劉運興：《詩義知新》（山東：山東教育出版社，1998年03月）。
〔註307〕向熹：《詩經語言研究》（四川：四川人民出版社，1987年）。
〔註308〕向熹：《詩經語文論集》（四川：四川民族出版社，2002年7月）。
〔註309〕龍宇純：《絲竹軒詩說》（臺北：五四書店，2002年11月）。
〔註310〕趙帆聲：《詩經異讀》（開封：河南大學出版社，2002年1月）。
〔註311〕楊合鳴：《詩經疑難詞語辨析》（武漢：崇文書局，2002年5月）。
〔註312〕滕志賢：《〈詩經〉與訓詁散論》（上海：上海人民出版社，2008年2月）。
〔註313〕呂珍玉：《詩經訓詁研究》（臺北：文津，2007年3月）。
〔註314〕鄭玉珊：《詩經古義探源》（臺北：五南，2016年3月）。
〔註315〕戴璉璋：〈詩經語法研究〉，《中國學術年刊》第1期（1976年），頁3～106。
〔註316〕黃典誠：〈淺談《詩經》的詞彙與語法〉，《黃典誠語言學論文集》（廈門：廈門大學出版社，2003年8月），頁297～300。
〔註317〕黃淬伯：〈詩傳箋商兌〉，收在《唐五代關中方言音系》（南京：江蘇古籍出版社，1998年）。
〔註318〕王顯：〈從《詩經》韻例來看某些可疑的章句〉，《古漢語研究論文集（三）》（北京：北京出版社，1987年）。
〔註319〕錢玄：〈《毛詩故訓傳》析句釋例〉，《語言研究集刊》第2輯（南京：江蘇教育出版社，1988年11月）。
〔註320〕趙伯義〈論《毛詩詁訓傳》集比釋義〉，《詩經國際學術研討會論文集》（保定：河北大學出版社，1994年6月），頁431～440。
〔註321〕孫雍長：〈《關雎》「思服」解〉、〈《漢廣》「休息」辨〉，均收《管窺蠡測集》。

詩連綿詞譜〉、〈毛詩釋文異乎常讀之音切研究〉、〔註 322〕劉青松〈《詩經》毛傳、鄭箋的義理聲訓〉、〔註 323〕趙茂林〈毛《傳》成書及定型考論〉、〔註 324〕呂珍玉〈訓詁考據之外——《詩》義解釋背後的一些問題〉、〈《詩經》疑難詞語訓解判準困難及規範建立〉等。〔註 325〕

四、漢學界關於先秦兩漢《詩經》學研究概要

1. 漢學界《詩》學研究，以日本成果最為豐碩，可以粗分為三類：

一為從人類學對《詩經》提出新說，如：松本雅明《詩經諸篇の成立に関する研究》〔註 326〕、赤塚忠《詩經研究》〔註 327〕、白川靜《詩經的世界》〔註 328〕、家井真《詩經原意研究》等。〔註 329〕

一為經學與文學的討論，如：諸橋轍次《詩經研究》〔註 330〕、大川節尚《三家詩より見たる鄭玄の詩経學》〔註 331〕、小川環樹〈詩經異文の音韻的

〔註322〕 杜其容：〈毛詩連綿詞譜〉、〈毛詩釋文異乎常讀之音切研究〉，均收《杜其容聲韻論集》（北京：中華書局，2008 年 11 月）。

〔註323〕 劉青松：〈《詩經》毛傳、鄭箋的義理聲訓〉，頁 336～342。

〔註324〕 趙茂林：〈毛《傳》成書及定型考論〉，《詩經研究叢刊（第二十四輯）》（北京：學苑出版社，2008 年 1 月），又載《國學學刊》第 3 期（2013 年）。

〔註325〕 呂珍玉：〈訓詁考據之外——《詩》義解釋背後的一些問題〉，《興大中文學報》第 37 期（2015 年 6 月），頁 1～29、〈《詩經》疑難詞語訓解判準困難及規範建立〉，《東海中文學報》第 31 期（2016 年 6 月），頁 1～36。

〔註326〕 〔日〕松本雅明：《詩經諸篇の成立に関する研究》（東京：東洋文庫，1958 年 1 月）。關於此書，有白川靜、蘭契奧蒂（Lionello Lanciotti）、吉川幸次郎、山田統、友枝龍太郎、赤塚忠等人的書評，譯文均載林慶彰主編：《國際漢學論叢》第 4 輯（臺北：華藝學術出版社，2014 年 1 月）。

〔註327〕 〔日〕赤塚忠：《詩經研究》（東京：研文社，1986 年 3 月）。

〔註328〕 〔日〕白川靜著，杜正勝譯：《詩經的世界》（臺北：東大圖書公司，2009 年 7 月）。

〔註329〕 〔日〕家井真著，陸越譯：《詩經原意研究》（南京：江蘇人民出版社，2012 年 6 月），參車行健：〈書評：家井真《詩經原意研究》〉，《中國文哲研究集刊》第 42 期（2013 年 3 月），頁 264～278。

〔註330〕 〔日〕諸橋轍次：《詩經研究》（東京：目黑書店，1912 年 11 月）。此書有節譯本，〔日〕諸橋轍次著，林頌楗譯：〈四家之詩（詩經研究的一章）〉，《福州高中校刊》第 1 卷第 2 期（1929 年），頁 13～17。此書後為謝无量抄襲，見張文朝〈諸橋轍次《詩經研究》與謝无量之盜譯、抄襲及其影響〉，《中國文哲研究集刊》第 56 期（2020 年 3 月），頁 101～147。

〔註331〕 〔日〕大川節尚：《三家詩より見たる鄭玄の詩経學》（東京：關書院，1937 年 7 月）。

特質〉、〔註332〕貝加田誠《詩經研究》〔註333〕、水上靜夫〈『毛詩』疊句原讀攷〉、〔註334〕田中和夫《漢唐詩經學研究》〔註335〕、岡村繁〈《毛詩正義》校勘劄記〉〔註336〕、《周漢文學史考》〔註337〕、種村和史《宋代《詩經》學的繼承與演變》，此類多細密的字句詮釋與語法歸納，故多有提出少有人注意的新問題。〔註338〕

　　此外，取徑比較的特殊的是田所義行的〈詩經の漢代的性格〉，〔註339〕而詳盡展示四家《詩》經說異同的則是內野熊一郎的〈四家詩句說の分立例表示〉，〔註340〕在資料與方法上都頗可借鑑。

　　一為文本的譯注與校訂：吉川幸次郎：《毛詩正義校定資料解說》、〔註341〕岡村繁《毛詩正義注疏選箋》等。〔註342〕

　　而學者關於日本《詩》學的研究，亦多可參考，如王曉平：《日本詩經

〔註332〕〔日〕小川環樹：〈詩經異文の音韻的特質〉，《中國語學研究》（東京：創文社，1984 年 11 月），頁 5～31。

〔註333〕〔日〕貝加田誠：《詩經研究》（東京：龍溪書舍，1985 年 11 月）。

〔註334〕〔日〕水上靜夫：〈『毛詩』疊句原讀攷〉，《池田末利博士古稀紀念：東洋學論集》（廣島：池田末利博士古稀記念事業會，1980 年 9 月），頁 73～90。

〔註335〕〔日〕田中和夫著，李寅生譯：《漢唐詩經學研究》（南京：鳳凰出版社，2013 年 12 月）。

〔註336〕〔日〕岡村繁：〈《毛詩正義》校勘劄記〉，《詩經研究》第 12 號（1987 年 12 月），頁 1～9。

〔註337〕〔日〕岡村繁著，陸曉光譯：《周漢文學史考》（上海：上海古籍出版社，2009 年 6 月）。

〔註338〕如〔日〕田中和夫：〈關於《詩經》古注的順序意識〉，《詩經研究叢刊（第 19 輯）》（北京：學苑出版社，2011 年 9 月），頁 133～154、又〈『毛詩正義』における順序意識の意味するもの〉，早稻田大學中國文學會：《中國文學研究》第 39 期（2013 年 12 月），頁 1～20。此二文未收入《漢唐詩經學研究》。

〔註339〕〔日〕田所義行：《社会史上から見た漢代の思想と文學の基本的性格の研究》（東京：中國學術研究會，1965 年 2 月），第六章〈漢代經書の性格〉，第三節，頁 253～294。

〔註340〕〔日〕內野熊一郎：《今文古文源流型の研究》（東京：內野博士著書刊行會，1954 年 3 月）。

〔註341〕〔日〕吉川幸次郎：《吉川幸次郎全集》（東京：筑摩書房，1970 年 10 月），第 10 卷，頁 446～464。

〔註342〕〔日〕岡村繁著，俞慰慈等譯：《毛詩正義注疏選箋》（上海：上海古籍出版社，2009 年 6 月）。

學史》、〔註343〕《日本詩經學文獻考釋》、〔註344〕張文朝:《日本における『詩經』學史》、〔註345〕野間文史〈近代以來日本的十三經注疏校勘記研究〉等。〔註346〕

2. 其它東亞部分:如李瀷:《詩經疾書》〔註347〕,吳萬鍾《從詩到經——論毛詩解釋的淵源及其特色》等。

3. 英美歐洲部分,如杜百勝《詩經語法》、〔註348〕陳世驤〈中國「詩」字之原始觀念試論〉〔註349〕、王靖獻(楊牧)《鍾與鼓》〔註350〕、夏含夷〈由頌辭到文學——《詩經》早期作品的儀式背景〉〔註351〕,而柯馬丁有〈出土文獻與文化記憶——《詩經》早期歷史研究〉、〈從出土文獻談《詩經‧國風》的詮釋問題:以《關雎》為例〉等文,〔註352〕是近來很可注意的成果。又蘇源熙《中國美學問題》中用兩章的篇幅討論了〈《詩序》:作為《詩經》的介紹〉、〈《詩經》:作為規範的解讀〉,頗可參考。〔註353〕另可參考周青《歐美國家的《詩經》研究》〔註354〕、吳結評《英語世界裡的《詩經》研究》〔註355〕、王麗娜

〔註343〕 王曉平:《日本詩經學史》(北京:學苑出版社,2009 年 9 月)。

〔註344〕 王曉平:《日本詩經學文獻考釋》(北京:中華書局,2012 年 4 月)。

〔註345〕 張文朝:《日本における『詩經』學史》(臺北:萬卷樓,2012 年 12 月)。

〔註346〕 收在《秦漢魏晉南北朝經籍考》,頁 382~384。

〔註347〕 〔韓〕李瀷著,白承錫校注:《詩經疾書校注》(南京:江蘇教育出版社,1999 年 12 月)。

〔註348〕 〔美〕杜百勝(W.A.C.H. Dobson):《詩經語法》(*The Language of the Book of Songs*,1966),參周法高〈二十世紀的中國語言學〉,《中國語言學論集》(臺北:幼獅文化,1977 年 1 月),頁 20。

〔註349〕 陳世驤:《中國文學的抒情傳統:陳世驤古典文學論集》(北京:生活‧讀書‧新知三聯書店出版日期,2015 年 1 月)。

〔註350〕 王靖獻著,謝濂譯:《鍾與鼓——詩經的套語及其創作方式》(四川:四川人民出版社,1990 年 12 月)。

〔註351〕 〔美〕夏含夷:〈由頌辭到文學——《詩經》早期作品的儀式背景〉,收在夏含夷著,黃聖松等譯:《孔子之前:中國經典誕生的研究》(臺北:萬卷樓,2013 年 4 月)。

〔註352〕 〔美〕柯馬丁:〈出土文獻與文化記憶——《詩經》早期歷史研究〉,《中國哲學》2004 年 8 月、〈從出土文獻談《詩經‧國風》的詮釋問題:以《關雎》為例〉,《中華文史論叢》2008 年 3 月。

〔註353〕 〔美〕蘇源熙(Haun Saussy)著,卞東坡譯:《中國美學問題》(南京:江蘇人民出版社,2011 年 3 月)。

〔註354〕 周青:《歐美國家的《詩經》研究》(南京:南京師範大學碩士論文,2011 年)。

〔註355〕 吳結平:《英語世界裡的《詩經》研究》(四川:四川大學出版社,2008 年 12 月)。

〈西方詩經學的形成與發展〉等。〔註356〕

五、範圍、取材、方法的初步檢討

　　林慶彰指出：「臺灣方面以屈萬里先生與季旭昇教授的成果最受注目，香港學者則以李雄溪教授的研究成果最為可觀」，而「港、臺學者研究國外《詩經》倒有一個共同的特色，即特別重視歐洲漢學家的《詩經》研究成果。」〔註357〕但若專就《詩》訓詁的研究而言，目前以陳應棠《毛詩訓詁新銓》、馮浩菲《毛詩訓詁研究》與呂玉珍《詩經訓詁研究》三部專書為主；但陳氏只是在形訓、聲訓、義訓的框架下歸納條例（陳氏又加上「名訓」），各條例之間無法形成有系統的訓詁學理論，該書亦偏重舉證歸納，缺乏考辨。而馮氏所論從漢至清，具體問題每每不及開展，僅歸納了近千則條例，雖偶有考證，但頗為瑣碎。呂氏則沒有系統的說明，亦無方法論，全書或專研一家，或分析章句。故《詩》訓詁研究，亟待開展一種新的方法，並持續發掘訓詁義項所蘊涵的深刻思想。

第三節　從「新訓詁學」轉向「訓詁學的新義」的方法論述

　　王力〈新訓詁學〉於 1946 年在廣東公開演講，〔註358〕同年正式發表於《開明書店二十周年紀念文集》，〔註359〕該文是民國以來要求改造訓詁學的呼聲中，時代較早而影響最大者，該文重點是試圖將訓詁學改造為近於西方語義學、詞匯學之學科。〔註360〕而在王氏前後，傅懋勣、羅常培、周法高、董同龢也有

〔註356〕王麗娜：〈西方詩經學的形成與發展〉，《經學研究論叢》第 4 輯（桃園：聖環圖書，1997 年 4 月），頁 91～102。

〔註357〕林慶彰：〈從幾個論題看臺港《詩經》研究的異同〉，《中國文哲研究通訊》第 27 卷第 3 期（2017 年 9 月），頁 58～59。

〔註358〕王力主講，謝以榮、周斯奮筆記：〈文化建設與新訓詁學〉，《廣東建設研究》第 1 卷第 2 期（1946 年），頁 10～12。

〔註359〕王力：〈新訓詁學〉，原載葉聖陶編：《開明書店二十周年紀念文集》（原 1946 年出版，今據北京：中華書局，1985 年 6 月），頁 189～204，後收入《王力文集》（山東：山東教育出版社，1990 年 6 月），第十九卷，頁 166～181。

〔註360〕張永言即指出：「王先生所說的新訓詁學實際上就是詞彙學」，《語文學論集（增補本）》（上海：復旦大學出版社，2015 年 1 月），頁 358，另參鄒酆：〈試論王力的新訓詁學〉，《辭書學叢稿》（武漢：崇文書局，2004 年 1 月）。

相近的論述，〔註361〕近來學者又提倡「新語文學」，大旨是企圖建立一個「使文本被理解的學科」，即：「突破以傳世文獻為中心、將考古發現的戰國秦漢文字材料主要用於校讀傳世古籍和恢復『原本』的研究方法」，「深入發掘和闡釋早期文本中所蘊含的歷史、思想、宗教、文化意義」；〔註362〕藉由以上的簡略回顧，讀者可以發現「訓詁」作為「學」，很弔詭地在其創建伊始，就面臨取消、改造的呼聲，不過仔細檢討以上各家的論述，問題的關鍵其實應該著眼於：何以「訓詁學」必須平行地與西方學科比較，以至於非「新」訓詁學不可？〔註363〕也就是說：「新訓詁學」為何不是深入地探索「訓詁學的新義」，以至於新義浸多，方法可行，典範俱足，遂致不得不改變的「新訓詁學」？而「新訓詁學」又應該提出什麼可行的方法論？

　　然而學者回顧訓詁學之發展與理論建構時，較少涉及上述問題；〔註364〕

〔註361〕傅懋勣：〈中國訓詁的科學化〉，《大學》第1卷第7期（1942年），頁19～22。羅常培說見《羅常培文集》之〈序〉根據羅常培在1940於昆明西南聯大所編的《訓詁學》內容綱要，指出：「這種新的體系現出羅先生在研究訓詁學方面，融通中西，借鑑西方詞匯學、語義學、語源學的成果，突破了傳統的訓詁學的研究方式和方法，建立了具有漢語特色的框架，在要求、取材和方法上都有新的推進」，《羅常培文集》第1卷（濟南：山東教育出版社，1999年8月），頁5～6，但羅氏並未撰寫與此相關的專文。周法高說見：〈二十世紀的中國語言學〉云：「在近幾十年來，受了西方語言學的影響，有一些學者嘗試把這門學問的範圍加以修訂。王力在一九四七年發表了〈新訓詁學〉……周法高在一九五五年發表了〈中國訓詁學發凡〉，都是向著這個方向進行的」，《中國語言學論集》（臺北：幼獅文化，1977年1月），頁23，標點略有修改，附註省略。董同龢說見：〈古籍訓解和古語字義的研究〉，丁邦新編：《董同龢先生語言學論文選集》（臺北：食貨出版社，1974年11月），頁313～322。
〔註362〕賈晉華等編：《新語文學與早期中國研究》（上海：上海人民出版社，2018年9月），頁5。
〔註363〕朱星：〈試談新訓詁學〉已經指出：「但我不同意就把新訓詁學改為語義學，因為語義學範圍太廣」，《朱星古漢語論文選集》（臺北：洪葉，1996年1月），黃金貴則認為：「試圖要變為語義學、注釋學之類，無異於自我消亡，是不可取的」，見陸忠發：《現代訓詁學探論》之〈序〉，頁2，但這些評語似未切中要害。
〔註364〕洪惟仁：《中國訓詁學之理論基礎》（臺北：國立臺灣師範大學國文研究所碩士論文，1972年6月）、張以仁：〈訓詁學的舊業與新猷〉，《張以仁語文論集》（上海：上海古籍出版社，2012年11月）、余迺永：〈訓詁之回溯與前瞻〉，《香港浸會書院學報》第7期（1980年），頁57～61、陳昭容：〈訓詁學新構想的例證〉，《東海學報》第21期（1980年6月），頁227～240、丁

關於訓詁學的方法論思考，也大多僅集中以下於兩個方面：

　　一是關於詞義考證者，如：蔣紹愚〈論詞的「相因生義」〉、〔註365〕孫雍長〈古漢語的詞義滲透〉〔註366〕、許嘉璐〈論同步引申〉、〔註367〕蔡鏡浩〈魏晉南北朝詞語考釋方法論〉〔註368〕、江藍生〈演繹法與近代漢語詞語考釋〉等。〔註369〕

　　一是以古文字與出土文獻研究訓詁者，如：季旭昇《詩經古義新證》、〔註370〕周鳳五〈文字考釋與文本解讀〉、〔註371〕洪燕梅〈論出土文獻之訓詁方式——以《睡虎地秦簡·日書》「詰」篇為例〉、〔註372〕趙平安〈「達」字「針」義的文字學解釋〉、〔註373〕郭永秉〈從戰國文字所見的類「倉」形「寒」字論古文獻中表「寒」義的「滄／滄」是轉寫誤釋的產物〉等。〔註374〕

　　倒是英人魏力評價《毛詩引得》時曾云：「毛《詩》之研究，雖已逾兩千

忱：〈十年來訓詁學的發展方向〉，《中國語文通訊》第 17 期（1991 年），頁 17～20、劉文清：〈訓詁學新體系之建構：從當前訓詁學研究之回顧與反思談起〉，《臺大文史哲學報》第 62 期（2005 年 6 月），頁 255～296、莊雅洲：〈臺灣目前訓詁學的特色與瓶頸〉，《人文與社會科學簡訊》第 11 卷第 3 期（2010 年 6 月），頁 99～107。

〔註365〕蔣紹愚：〈論詞的「相因生義」〉，《漢語詞匯語法史論文集》（北京：商務印書館，2000 年 8 月），頁 93～109。

〔註366〕孫雍長：〈古漢語的詞義滲透〉，《管窺蠡測集》（湖南：岳麓書社，1994 年 11 月），頁 317～329。

〔註367〕許嘉璐：〈論同步引申〉，《未輟集》（北京：中國社會科學出版社，2000 年 3 月），頁 326～340，對以上三文的檢討參方平權〈二十多年來古漢語詞義發展演變理論研究述評〉，《漢語詞義探索》（長沙：岳麓書社，2006 年 9 月），頁 66～87。

〔註368〕蔡鏡浩：〈魏晉南北朝詞語考釋方法論〉，王雲路、方一新編：《中古漢語研究》（北京：商務印書館，2000 年 7 月），頁 157～168。

〔註369〕江藍生：〈演繹法與近代漢語詞語考釋〉，《近代漢語探源》（北京：商務印書館，2000 年 8 月），頁 299～308。

〔註370〕季旭昇：《詩經古義新證》（北京：學苑出版社，2001 年 6 月）。

〔註371〕周鳳五：〈文字考釋與文本解讀〉，《朋齋學術論文集》，頁 67～88。

〔註372〕洪燕梅：〈論出土文獻之訓詁方式——以《睡虎地秦簡·日書》「詰」篇為例〉，東吳大學中文系、中國訓詁學會主辦：第九屆中國訓詁學全國學術研討會發表論文（2009 年 5 月）。

〔註373〕趙平安：〈「達」字「針」義的文字學解釋〉，《新出簡帛與古文字古文獻研究》（北京：商務印書館，2009 年 12 月），頁 90～96。

〔註374〕郭永秉：〈從戰國文字所見的類「倉」形「寒」字論古文獻中表「寒」義的「滄／滄」是轉寫誤釋的產物〉，《古文字與古文獻論集續編》（上海：上海古籍出版社，2015 年 8 月）。

年，而新學之研究，實至此書，始得發軔」，〔註375〕推許《引得》可以引發
「新學」，自然是就字例、詞例的窮盡性排比歸納而言，但仍然言過其實。而
若以毛《詩》訓詁的研究作為「新訓詁學」的一個範例，則本書認為邁向「新
訓詁學」以前，應盡力探索「訓詁學的新義」，所謂「訓詁學的新義」，至少有
以下兩個重點：

　　1. 每一個看似簡單的訓詁義項，其實往往都蘊含深刻的經學理念與思想
史脈絡，也就是說：應該時時刻刻具有訓詁中蘊含思想的自覺，並藉此一方
法重新觀察學術史，嘗試提出新的思想線索。

　　關於這一點，一般性的通論如：戴震云：「是故訓非以明理義，而故訓胡
為」，〔註376〕胡承珙云：「義理非訓詁則不明，訓詁非義理則不當」，〔註377〕
楊聯陞曾云：「更令我嚮往的是考據而兼義理的訓詁創見」，〔註378〕固然都已
簡略論及，尚嫌例證不足、說法不夠明確；不過在具體的訓詁例方面，前行
研究則不乏精彩的例證：

　　（1）《爾雅》中之訓詁如：「殷、齊，中也」，與孔子素王思想、〈釋畜〉、
〈說卦傳〉等或有關係，內藤湖南已論及。〔註379〕

　　（2）《說文解字》的釋義有思想，段玉裁《注》已指出：「此書法後王，
尊漢制，故以小篆為質」、「『祜』訓『福』，則當與『祿』、『禔』等為類；而
列於首者，尊君也」，〔註380〕而楊向奎則批評段氏：「《說文解字》出自漢末
許慎，而許慎是一位經師，一位具訓詁手段的大師，也是具有漢代傳統思想
的思想家，所以在《說文解字》中能夠看出他的思想。注解《說文解字》，
對於這些表達義理的文字，也必須有所交待……但段氏於此頗有捉襟見肘之

〔註375〕轉引自曾影靖編纂：《中國歷史研究工具書敘錄（稿本）》（香港：龍門書店，
　　　　　1968年2月），頁148，補書名號。
〔註376〕〔清〕戴震：〈題惠定宇先生授經圖〉，《戴震集》（上海：上海古籍出版社，
　　　　　2012年4月），頁214。
〔註377〕〔清〕胡承珙：〈寄姚姬傳先生書〉，《求是堂文集》，卷三，頁235。
〔註378〕楊聯陞：《中國文化中「報」、「保」、「包」之意義》（香港：中文大學出版社，
　　　　　1987年），頁2。
〔註379〕〔日〕內藤湖南著，江俠庵譯：〈爾雅新研究〉，收在江俠庵編譯：《先秦經
　　　　　籍考》，中冊，頁170～172、181～182（每冊頁碼另起）。又參許嘉璐《爾
　　　　　雅》分卷與分篇的再認識〉，《未輟集》，而殷孟倫：〈采僚說〉，則以《爾雅》
　　　　　為例說明文學與訓詁的密切關係，《子雲鄉人類稿》（濟南：齊魯書社，1985
　　　　　年2月），頁483。
〔註380〕《說文解字注》，頁1、2。

感」。〔註381〕此外饒宗頤等亦屢有發揮。〔註382〕

（3）《方言》中有專門訓釋《孟子》的一組訓詁，劉殿爵已注意即此，其意義尚大有可說。〔註383〕

（4）《小爾雅・廣言》：「素，故也」，宋翔鳳亦於此發揮其今文經說。〔註384〕

（5）張以仁〈聲訓的發展與儒家的關係〉曾著眼於「聲訓」的特殊性質及其與儒家思想的關係，〔註385〕其後劉青松《《白虎通》義理聲訓研究》，〔註386〕系統地以「義理聲訓」的角度論述《白虎通》，書中並附錄有〈先秦兩漢義理聲訓疏證〉，極有參考價值。

（6）保科季子曾提出一個精彩例證：「《白虎通》之後，皇后的權威逐漸低於皇帝，此事亦呈現於『后』字的訓詁之中。《白虎通・嫁娶》篇曰『……『后』者，君也。天子妃至尊，故謂『后』也。』……不過，撰於東漢後期的《禮記・曲禮下》鄭玄注與蔡邕《獨斷》均訓『后』為『後』。這一變化體現了『后』這一地位的變化。」〔註387〕此種訓詁演變所反映關於婦女思潮，尚有它例可徵：如《尚書》之「釐降」，〔註388〕而吳麗娛觀察《宋書・禮志》，也從「迎」或「親迎」的校勘問題中發掘出了思想流變的線索，此二者均與保科氏的論文有異曲同工之處。〔註389〕

（7）岑溢成《詩補傳與戴震的解經方法》的主要關懷雖仍是理學，〔註390〕

〔註381〕楊向奎：《清儒學案新編》（濟南：齊魯書社，1994年3月），第5冊，頁247。
〔註382〕饒宗頤：〈《太平經》與《說文解字》〉，《中國宗教思想史新頁》（北京：北京大學出版社，2000年5月），頁101～108、周美華〈說文所見漢儒思想舉隅〉，林慶彰主編：《經學研究論叢》，第10輯，頁135～154。
〔註383〕劉殿爵：〈揚雄《方言》與《孟子》〉，《中國文化研究所學報》第1期（1992年），頁119～129。
〔註384〕〔清〕宋翔鳳：《小爾雅訓纂》，收在《小爾雅訓纂等六種》（臺北：鼎文書局，1972年9月），頁16。
〔註385〕張以仁：〈聲訓的發展與儒家的關係〉，《張以仁語文學論集》，頁54～70。
〔註386〕劉青松：《《白虎通》義理聲訓研究》（北京：商務印書館，2018年7月）。
〔註387〕〔日〕保科季子著，石立善譯：〈天子好逑──漢代儒教的皇后論〉，《秦漢魏晉南北朝經籍考》，頁167。
〔註387〕何永清：〈《堯典》「釐降」偽孔《傳》、朱子二解蠡探──兼論其時代背景〉，《臺大中文學報》，第60期（2018年3月），頁1～44。
〔註389〕吳麗娛：〈從《宋書・禮志》「迎」字校勘看中古帝王婚儀的變更〉，《中國經學》第15輯，頁109～128。
〔註390〕岑溢成：《詩補傳與戴震的解經方法》（臺北：文津，1992年3月），頁30。

但以《詩補傳》切入，方法頗與一般思想史進路不同；而岑氏研究《詩補傳》，涉及訓詁義項的判斷時，曾云：「為什麼要選擇『禮』的角度，已經不是訓詁的問題了。戴震的選擇，相信跟他解《詩》的一個基本觀點有關，這個觀點可以稱之為『會通詩禮』」。〔註391〕

（8）曹美秀討論蔡沈與王鳴盛對《尚書‧堯典》的詮解時也曾指出：「看來是文字訓釋的部分，其實已蘊涵思想的內涵。」〔註392〕

（9）嚴壽澂〈「思主容」「渙其羣」「序異端」——清人經解中寬容平恕思想舉例〉，〔註393〕則通觀清人訓詁，指出了其發揮思想的特性。

（10）更進一步說，其實訓詁即思想，思想改變必在訓詁中體現，如：汪中藉由重新訓詁「講學」二字以反對宋明理學；〔註394〕反之，何以訓此而不訓彼，處處皆有詳密的思想體系考量，如《論語‧學而》：「學而時習之」，朱熹《集注》：「學之為言效也」，〔註395〕戴君仁深刻地指出：「何以朱子要改訓為效呢？這便有關朱子學術的宗旨，我們要把他的整個思想的要義舉述一下，方見他有改訓的必要。」〔註396〕小島毅甚至提出了一個與過往不同的認知：「朱熹的經學即成功地將當時的經學轉回訓詁的方向，提出了新穎的成果。」〔註397〕

（11）關於這一問題，最重要的理論貢獻可能是鐘明彥：〈義理性形訓、聲訓、義訓芻議（一）：形訓〉，〔註398〕但其系列論文仍未完全刊布，則其所

〔註391〕《詩補傳與戴震的解經方法》，頁152～153。

〔註392〕曹美秀：〈漢、宋學者的聖人觀——以蔡沈與王鳴盛對《尚書‧堯典》的詮解為例〉，《臺大文史哲學報》第82期（2015年），頁36。

〔註393〕嚴壽澂：〈「思主容」「渙其羣」「序異端」——清人經解中寬容平恕思想舉例〉，彭林主編：《中國經學》第2輯（桂林：廣西師範大學出版社，2007年5月），頁188～222。

〔註394〕〔清〕汪中：〈講學釋義〉，汪中著，李金松校箋：《述學校箋》（北京：中華書局，2014年7月），頁639～643。

〔註395〕〔宋〕朱熹：《四書章句集注》（北京：中華書局，2014年10月），頁49。

〔註396〕戴君仁：〈一字見宗旨〉，《梅園論學續集》（臺北：藝文印書館，1974年11月），頁342。

〔註397〕〔日〕小島毅：〈朱熹の經解方法〉，原載《村山吉廣教授古稀記念：中國古典學論集》（東京：汲古書院，2000年3月），譯文參考〔日〕伊東貴之著，張瑋儀校對：〈宋學‧朱子學的意義轉換——經學‧歷史學‧「天論」‧「性說」的考察〉，淡江大學中文系主編：《台灣儒學與現代生活國際學術研討會論文集》（臺北：臺北市政府文化局，2000年12月），頁294。

〔註398〕鐘明彥：〈義理性形訓、聲訓、義訓芻議（一）：形訓〉，《應華學報》第9期（2011年8月），頁77～116。

試圖建立之體系的全體面貌仍有待觀察。

　　（12）此外，尚有為數不少的論文不能一一舉例，茲略加分類，以便參考：

　　a. 通論訓詁與思想關係者：龔鵬程〈訓詁與義理〉〔註399〕、崔大華〈論經學之訓詁〉〔註400〕、何耿鏞〈訓詁學與儒家思想〉〔註401〕、孫雍長〈訓詁學與經學、子學——辭章・義理・考據之訓詁思辯〉〔註402〕、張寶三〈論訓詁學研究與儒家注疏之關係〉〔註403〕、婁毅〈訓詁與義理：中國傳統釋義學的兩難選擇〉等。〔註404〕

　　b. 此外以朝代為線索，也可以看出若干與本題相近的範圍中，學者指出表達思想的各種不同形式：周鳳五指出出土文獻字體的筆勢之間，亦不無思想微意可說，〔註405〕龍宇純亦曾指出「於字義之本同或本無其義者亦分別傅會為異義」，「此皆受孔子倡正名之影響」，「於是而正名主義之訓詁以起」，〔註406〕而傅杰〈說義理對訓詁的制約作用〉、〔註407〕羅肇錦〈讖緯思想與訓詁符號——以白虎通為例〉〔註408〕、戶川芳郎〈訓詁中出現的氣的資料〉〔註409〕、張蓓

〔註399〕龔鵬程：〈訓詁與義理〉，《鵝湖》第 9 卷第 11 期（1984 年 5 月），頁 36～43。

〔註400〕崔大華：〈論經學之訓詁〉，林慶彰主編：《經學研究論叢》第 1 輯（桃園：聖環圖書，1994 年 4 月），頁 1～16。

〔註401〕何耿鏞：〈訓詁學與儒家思想〉，《語苑擷英——慶祝唐作藩教授七十壽辰學術論文集》（北京：北京語言文化大學出版社，1998 年 1 月），頁 247～252。

〔註402〕孫雍長：〈訓詁學與經學、子學——辭章・義理・考據之訓詁思辯〉，《先秦兩漢學術》第 14 期（2010 年 9 月），頁 89～115。

〔註403〕張寶三：〈論訓詁學研究與儒家注疏之關係〉，林慶彰主編：《經學研究論叢》第 10 輯（臺北：臺灣學生書局，2002 年 3 月），頁 123～134。

〔註404〕婁毅：〈訓詁與義理：中國傳統釋義學的兩難選擇〉，王博主編：《中國哲學與易學：朱伯崑先生八十壽辰紀念文集》（北京：北京大學出版社，2006 年 8 月），頁 420～430。

〔註405〕周鳳五：〈郭店竹簡的形式特徵及其分類意義〉，《朋齋學術文集》，頁 16～17。

〔註406〕龍宇純：〈正名主義之語言與訓詁〉，《絲竹軒小學論集》（北京：中華書局，2009 年 2 月），頁 363、365。

〔註407〕傅杰：〈說義理對訓詁的制約作用〉，《聆嘉聲而響和》（上海：華東師範大學出版社，2001 年 1 月），頁 57～63。

〔註408〕羅肇錦：〈讖緯思想與訓詁符號——以白虎通為例〉，《臺北師院學報》，第 3 期（1990 年 6 月），頁 85～111。

〔註409〕〔日〕戶川芳郎：〈訓詁中出現的氣的資料〉，收在〔日〕小野澤精一等著，李慶譯：《氣的思想》（上海：上海人民出版社，2007 年 3 月），頁 196～217。

蓓〈「名教」探義〉等，〔註410〕也從訓詁與思想的角度著眼。再者如戶崎哲彥論及禘祫禮制時，亦頗有可玩味之語：「它們都是所謂文獻考證學的研究，……而特定王朝禘祫的實態，特別是其變遷後隱藏的思想史的動態則未加注意」，〔註411〕而《切韻》系韻書何以必以「東」韻為首，「業」、「乏」韻為終，亦惟思想史能圓滿解釋。〔註412〕宋元以降者如：刁小龍〈經學解釋：訓詁與義理之間——以《論語》「克己復禮」程朱說為例〉〔註413〕、劉文清〈從惠棟《九經古義》論其「經之義存乎訓」的解經觀念〉〔註414〕、鄭吉雄〈乾嘉治經方法中的思想史線索——以王念孫《讀書雜志》為例〉〔註415〕。而張壽安《以禮代理——凌廷堪與清中葉儒學思想之轉變》、《十八世紀禮學考證的思想活力：禮教論爭與禮秩重省》、〈經學研究新視域：從「知識轉型」開展「經學學術史」的研究——從歷代經數與經目的變化談起〉，〔註416〕則系統反思清人考據學表達思想的特殊形式及其所思想特質為何，其實踐頗為系統且深刻。

　　c. 此外，更可從與訓詁學相關的鄰近學科觀察：

　　如聲韻學，從魯國堯提出何以無「音韻思想史」的問題以來，王松木〈論「音韻思想史」及其必要性——從「魯國堯問題」談起〉積極回應，〔註417〕

〔註410〕張蓓蓓：〈「名教」探義〉，《中古學術論略》（臺北：大安出版社，1991 年 5 月）。

〔註411〕〔日〕戶崎哲彥著，蔣寅譯：〈唐代禘祫論爭及其意義〉，收在蔣寅編：《日本學者中國詩學論集》（南京：鳳凰出版社，2008 年 1 月），頁 113～114。

〔註412〕〔日〕遠藤光曉：〈關於《切韻》的韻序〉，《南陽師範學院學報（社會科學版）》，第 11 期（2014 年）、歐陽麗雯：〈從韻次看《切韻》系韻書的語音認識發展史〉，彭林主編：《中國經學》第 17 輯（桂林：廣西師範大學出版社，2015 年 12 月）。

〔註413〕刁小龍：〈經學解釋：訓詁與義理之間——以《論語》「克己復禮」程朱說為例〉，《儒家典籍與思想研究》第 4 輯（北京：北京大學出版社，2012 年 4 月）。

〔註414〕劉文清：〈從惠棟《九經古義》論其「經之義存乎訓」的解經觀念〉，鄭吉雄主編：《臺日學者論經典詮釋中的語文分析》（臺北：臺灣學生書局，2010 年 8 月），頁 273～310。

〔註415〕鄭吉雄：〈乾嘉治經方法中的思想史線索——以王念孫《讀書雜志》為例〉，《戴東原經典詮釋的思想史探索》（臺北：臺大出版中心，2008 年 9 月）。

〔註416〕張壽安：〈經學研究新視域：從「知識轉型」開展「經學學術史」的研究——從歷代經數與經目的變化談起〉，《人文中國學報》第 21 期（2015 年 11 月），頁 1～46。

〔註417〕王松木：〈論「音韻思想史」及其必要性——從「魯國堯問題」談起〉，《聲韻論叢》第 17 期（2012 年 8 月），頁 77～131。

語法學如林玉山已撰《中國語法思想史》，〔註418〕而李仕春《中國語言學術思想史研究》，〔註419〕就題而論似乎總述中國語言學之思想，然考其內容，似僅單篇論文合集，亦無方法論與建構新領域的企圖。

2. 探究不合文義或錯誤的訓詁所蘊含的經學意義

過去訓詁學家有一個根深蒂固的成見，即：一旦某個訓詁義項不合於文本，就認為其錯誤，也就毫無價值；其實就合乎文本義與否而言，固然有對錯之分，但訓詁學只是追求合乎文本義與否嗎？或者說，從經學的眼光來看待這些訓詁，是不是反而如任泰所云：「經學有淺深，無是非也」？〔註420〕甚至更進一步地反思：在研究早期的訓詁時，合乎文本義與否是亙古不變的唯一標準嗎？

以上這些問題，姑且置之不論，其實根據不合於文本或甚至是錯誤的訓詁義項，反而可以深入探索其注解觀念，及其對文本的理解與後世有何差異，更可以從不合理的訓詁中，發現其改造文本，建構思想之處；而這個想法，其實也正如思想史學者一再告誡的一樣：偽書雖偽，仍可據之以推考其作偽時代之思想，〔註421〕則此處不妨可以說：訓詁雖誤，仍可藉之以推考其不得不如此說時，所欲表達的思想傾向與背後隱而未發的經學認識。

第四節　本文章節的論述規畫

本文共有七個部分，規畫如下：

緒論	
第一章	從〈伐柯〉《序》與〈九罭〉《序》的「同文現象」重探《詩序》之解經觀念、方法及其新義
第二章	《毛詩故訓傳》的體例、解經方法及其問題
第三章	鄭玄《毛詩箋》的體例、解經方法及其問題
第四章	毛《傳》、鄭《箋》訓詁中的經學建構

〔註418〕林玉山：《中國語法思想史》（北京：語文出版社，2012年5月）。

〔註419〕李仕春：《中國語言學術思想史研究》（北京：中國社會科學出版社，2012年5月）。

〔註420〕〔清〕任泰：《質疑》，徐德明等主編：《清代學術筆記叢刊》（北京：學苑出版社，2006年），第51冊，頁313。

〔註421〕陳寅恪：〈馮友蘭中國哲學史上冊審查報告〉，《金明館叢稿二編》（北京：生活・讀書・新知三聯書店，2015年7月），頁279～280。

第五章	毛《傳》、鄭《箋》訓詁中的「文本意識」
結論	

　　書後另附有引用書目。而本文除了緒論、結論以外，主要分為五章：

　　第一至三章依次從經學、訓詁學與文獻學等方面，在前人的研究基礎上，重新提出若干問題，對《詩序》、《傳》、《箋》進行討論，著重的面向在於成書歷程、體例對其訓詁、解經觀念的影響，藉此奠定後二章重新論證其「經學建構」與「文本意識」的基礎。比如第二、三章中，都曾考察毛《詩》、毛《傳》、《毛詩箋》各自的文本形成歷程，以此作為後二章分疏毛《傳》、鄭《箋》各自的經學建構，並觀察從《傳》到《箋》經學思想與解經資源之變遷的依據；又或討論鄭玄是否先學《韓詩》，即因其事涉鄭《箋》經學建構中，最重要的性善論述從何而來的問題；又討論鄭玄的詮《詩》理念，即是在嘗試了解其如何看待《詩經》的基礎上，才能進一步論述其經學建構與文本意識。橫貫於此三章的材料使用與論點中的基本精神是：首先是，把握全書的基本思想傾向後，針對涉及思想面向的成書體例問題進行討論，而非過往隨文歸納的例證研究。其次，對每一條史料、每一成說，嘗試從不同的角度開展其意義，比如：以往只將鄭玄注三禮時是否及見毛《詩》、毛《傳》，侷限於經家學著作先後的問題中討論，殊不知此說還可以用來探索毛《詩》、毛《傳》、《毛詩箋》何時合併的問題。最後，是較多地從閱讀史的角度，來思考毛《傳》、《毛詩箋》作者各自閱讀毛《詩》、《詩序》、毛《傳》的文字異同、書寫載體、文本來源等問題。

　　第四至五章，主體部分主要由疏解具體的訓詁例證組成，而首先將說明甄別「經學建構」、「文本意識」之例證的理由與方法，逐一疏解後，在疏解的基礎上，綜述藉由「經學建構」這一觀念所展示的毛《傳》訓詁中所建構的經學思想、鄭《箋》訓詁中所建構的經學思想，以及藉由「文本意識」這個觀念，討論「文本意識」對毛《傳》、鄭《箋》訓詁的影響。並藉由第四、五章的對照，反思新經說的建立，是否皆在違背文本的基礎上形成。

　　結論則試圖以「經學建構」、「文本意識」這兩個觀念重新觀察《詩經》學史，甚至是整個經學史，嘗試指出「經學建構」的主流下，「文本意識」對經學史所產生的張力與影響。此外，則回述本文的主要論點與若干新見，並提示本文的侷限及其可以進一步開展之處，供讀者進一步思考。

第一章　從〈伐柯〉《序》與〈九罭〉《序》的「同文現象」重探《詩序》之解經觀念、方法及其新義

　　本章旨在以〈伐柯〉《序》與〈九罭〉《序》的「同文現象」為切入點，〔註1〕重新探索《詩序》的解經觀念與方法，並進一步藉此復原《詩序》在宋代以前讀者的認知中，所可能具有的新義。具體展開論述以前，擬先歸納歷代《詩序》論爭的關鍵及其理論預設，並就一己愚見，嘗試指出討論《詩序》的新思路與新命題。

（一）歷代關於《詩序》論爭背後的理論預設，大致可以歸納如下

　　1.《詩序》的作者是誰？在經學家的觀念中，《詩序》的作者是誰等於《詩序》的價值如何，而《詩序》的價值，即是指如何依照孔門弟子親聞於聖人而闡發的《詩》義，來閱讀《詩經》。

　　2.《詩序》的文本形態如何演變？亦即：《詩序》是否可以從「也」字區分為「首序」與「續序」等等？此一問題牽涉《詩序》所詮釋的詩旨及其所記載的史事是否可信，及可信的程度為何；但「首序」與「續序」的區分從來未

〔註1〕按：鄭良樹曾經提出「重文現象」一詞，見〈論重文現象與屈宋作品年代考釋〉，《百年漢學論集》（臺北：臺灣學生書局，2007 年 2 月），頁 397～412。

有明確的標準，因此，本書不取「首序」與「續序」之分。〔註2〕但須要注意的是：這並不妨礙本書有時仍從「首序」與「續序」的框架中觀察歷代《詩》說的演變。

3. 《詩序》在漢代經學中如何定位？或者，縮小範圍，《詩序》在漢代《詩經》學中如何定位？有何新義？這一問題牽涉三家《詩》是否亦有《詩序》？〔註3〕

而時至今日，仍有學者主張無條件相信《詩序》，〔註4〕究其癥結，應該是將《詩經》的經學意義與《詩序》混為一談；〔註5〕其實《詩經》當然有其經學意義，但其經學意義可以不是《詩序》所闡釋的內容，故《詩序》是否合於《詩》旨，在經學家的立場看來其實應無關緊要，但卻意外地聚訟紛紜，理由或在此。相反地，從《詩序》不合於《詩》旨的詮釋，正可以深刻地觀察出《詩序》寧願違背文本也必須如此闡釋的經學意圖為何。

故將上述概念逐一辨析，應該可以釐清很多關於《詩序》的糾紛，但釐清這些糾紛其實也並不是《詩序》研究中最重要的問題；〔註6〕拙見以為，關

〔註2〕如〔清〕李遇孫云：「猶《詩》之有小《序》，後人臆說，皆可廢也」，《金石學錄》，卷四，收入《金石學錄三種》（杭州：浙江人民美術出版社，2017年1月），頁73，又杜月村：〈《詩經》的傳習與研究〉云：「或以文字起訖先後言，或以字句多少言，或以詩篇總論分合言……於了解《詩序》，殊無什麼意義」，收在復旦大學中文系編：《卿雲集：復旦大學中文系七十五周年紀念論文集》（上海：上海古籍出版社，2002年8月），頁456。

〔註3〕本文在此一問題上，認同程元敏《詩序新考》之說，即三家《詩》無《序》，說詳下章第五節〈毛《傳》體例概說〉。

〔註4〕姑舉一例，如陳新雄：〈詩序存廢議〉，《詩經國際學術研討會論文集》（保定：河北大學出版社，1994年6月），頁566。

〔註5〕比如〔宋〕范處義《《詩補傳》序》云：「故不敢廢《詩序》者，信六經也，尊聖人也」，《詩經要籍集成》，第5冊，頁3，而對照南宋王柏《詩疑》的見解：「讀書而不讀淫詩，未為缺典」，又：「所去者不過三十有二篇……初不害其為全經也」，可見：這實際上絕不僅止於《詩序》或《詩經》本身的觀念變遷，而是如何看待經學的觀念，以及用什麼材料建構經學的方式都有了巨大改變，這一點才是有待闡發的宋代經學的新意。

〔註6〕林慶彰：〈從幾個論題看臺港《詩經》研究的異同〉云：「《詩序》問題。這個論題討論了一千多年，臺、港兩地學者也知道，這種論辯不會有新的結果出現，所以近十年間討論這個問題的人也越來越少」，《中國文哲研究通訊》第27卷第3期（2017年），頁58。而虞萬里〈熹平石經《魯詩·鄭風》復原平議〉指出：「近一個世紀討論《詩序》的文章，不乏繼承清人札記式的論述。前引胡樸安、張西堂之論，在20世紀30至50年代，是總結得比較全面的文章。之後王錫榮和朱冠華在《中國古典文學研究論叢》第一輯，《文史》第十

於《詩序》，重要的是：應該提出什麼新命題來詮釋《詩序》？

有一些新命題雖然可以提出，卻因書缺有閒，無法圓滿地解決，如：《詩序》所據的《詩經》文本，與毛《傳》、鄭《箋》所據的《詩經》文本是否相同？〔註7〕同樣的思路下，也可以提問：毛《傳》所據的《詩序》，與鄭《箋》所據的《詩序》又是否相同？而鄭玄指稱「至毛公為《詁訓傳》，乃分眾篇之《義》各置於其篇端云」，〔註8〕則鄭玄閱讀《詩序》的體驗與毛公是否不同，並影響到彼此對《詩經》的解釋？諸如此類，雖有意義，但目前尚難以解決。

（二）《詩序》中新問題的提出與本章的論述策略

而拙見所及，關於《詩序》，可以重新提出並嘗試解決的問題是：

1. 應重視《詩序》作為一部完整經學著作的特質，不應汲汲於零章片句的觀察，而應該著眼於《詩序》的解經觀念與方法為何？《詩序》如何將各詩篇系統地繫聯，並揭示其所體認的《詩經》之所以為「經」的義理典範？〔註9〕

輯、第十六輯、第二十輯和《社會科學戰線》1986 年第 2 期上往復商榷之文章，是經過深思，下過功夫的文字。馬銀琴在《兩周詩史》中所作的探討，提出『毛《詩》首序是先秦周代禮樂制度的直接產物；它的產生，在詩歌被采輯、編錄的同時』的觀點，值得重視」，《出土文獻與古文字研究》第 6 輯（上海：上海古籍出版社，2015 年 2 月），頁 681。

〔註7〕關於這一問題，趙培：〈毛傳鄭箋所本之《詩經》面貌管窺——以《曹風·鳲鳩》為例〉，《中山大學學報（社會科學版）》第 58 卷（2018 年第 2 期），頁 27～35，作了有意義的探索。

〔註8〕《毛詩注疏》，卷九之四，頁 343，《義》或《篇義》即謂《詩序》，說詳下章第五節〈毛《傳》體例概說〉。

〔註9〕這一點，張寶三〈《毛詩·關雎》篇《序》、《傳》、《箋》、《疏》之詮解及其解經性格〉已經指出「對於《詩序》作為經解之一體，其解經之性質與其他經解間之異同等問題則較少詳細討論，似為日後值得深入探討之課題」，《東亞詩經學論集》，頁 117，其後以車行健：《《毛詩序》的史事詮釋及其所蘊含的經學思想》、又〈說經之家第一爭詬之端——《詩序》公案平議〉二文的研究最為深刻，均見《釋經以立論——漢代毛鄭詩經經解的思想探索》，頁 35～75、203～239。車氏對《詩序》的解經性質與方式作了探討，並指出關於《詩序》論爭的「真正問題的本質應在於《詩序》解經的成效為何？如果《詩序》所闡釋者並非詩篇的主旨與創作原意，則無論《詩序》的作者為何人？其成書時代又在何時？這些問題都變得毫無意義」，且車氏認為「史事詮釋」雖是《詩序》的解經特性，不過「求史實之真與求倫理之善的雙重特性」這種「解經雙重性格的深層成因」在於《詩經》所具有的『『經／詩』二元性」，故「可知求善才是《詩序》解《詩》之本質」，《釋經以立論——漢代毛鄭詩經經解的思想探索》，頁 35、211、229、236、73。但在經學家看來，《詩序》所釋是不是主旨或創作原意，並無礙於《詩序》作者、時代等問題的成立，因為經

2. 宋代以前，《詩序》始終是說解詩義的典範——這樣一個既定事實，如何詮釋？〔註10〕也就是說，《詩序》在最初流傳的時候，一定是一部特色鮮明、勝義紛呈的著作；因此，應當重新復原在兩漢時人的認知中《詩序》所具有的勝義，而這一點，其實與《詩序》的解經觀念與方法息息相關。

然討論以上新問題的關鍵，竊以為即于邑所指出的《詩序》「異篇同《序》」現象，〔註11〕指《詩序》對不同內容的詩篇，卻有完全相同的《序》文；但于氏提出的例證事實上只有二組成立（說詳後）：即〈伐柯〉、〈九罭〉之《序》，與〈正月〉、〈十月之交〉、〈小旻〉之《序》二組，但〈正月〉、〈十月之交〉、〈小旻〉之《序》僅有「大夫刺幽王也」一句，〔註12〕不論從詩義、詩篇次序、以及首《序》、續《序》而言（本文雖不同意此一劃分，但仍可以從此觀察歷代說《詩》之爭議及其意義，說已詳前），意義不大，且《毛詩正義》論及〈小旻〉所以稱「小」時已經指出「此四篇（引按：當指〈正月〉、〈十月之交〉、〈雨無正〉、〈小旻〉）文體相類，是一人之作，故得自相比校，為之立名也」，〔註13〕則不僅「立名」一端為然，〈正月〉、〈十月之交〉、〈小旻〉之《序》同，或亦同理。而〈伐柯〉、〈九罭〉之《序》一例，《毛詩正義》雖亦曾加解釋，但疑義甚多，故下文專就〈伐柯〉《序》與〈九罭〉《序》的「同文現象」展開討論。

第一節　〈伐柯〉《序》與〈九罭〉《序》「同文現象」所引發的問題

《詩序》中最引人注目的現象是：〈伐柯〉與〈九罭〉這兩首內容不同的詩，《詩序》對二首詩的論述竟完全相同，〈伐柯〉云：

學家若主觀認定《詩序》的作者、時代，則《詩序》表面上不合主旨或原意之處，正是其可彌縫並發揮的聖人大義所在。故車氏於《詩序》的經學建構與「合於文本」是否為古今不變的標準等問題，仍有可供續貂之處。

〔註10〕一般的接受史也約略涉及這一問題，如鄭偉：《《毛詩大序》接受史研究：儒學文論進程與士大夫心靈變遷》（北京：人民出版社，2015年4月），但僅及《詩序》的若干內容而已。

〔註11〕〔清〕于邑：《香草校書》（北京：中華書局，1984年8月），卷十三，頁269。

〔註12〕《毛詩注疏》，頁397、405、412。

〔註13〕《毛詩注疏》，卷十二之二，頁412，〈雨無正〉之《續序》不同於〈正月〉、〈十月之交〉、〈小旻〉之《序》，故非嚴格的「同文現象」。

伐柯如何？匪斧不克。取妻如何？匪媒不得。伐柯伐柯，其則不遠。
我覯之子，籩豆有踐。

〈伐柯〉之《序》云：「〈伐柯〉，美周公也。周大夫刺朝廷之不知也」；
〔註14〕而〈九罭〉云：

九罭之魚鱒魴。我覯之子，袞衣繡裳。鴻飛遵渚，公歸無所，於女
信處。鴻飛遵陸，公歸不復，於女信宿。是以有袞衣兮，無以我公
歸兮，無使我心悲兮。

〈九罭〉之《序》云：「〈九罭〉，美周公也。周大夫刺朝廷之不知也。」〔註15〕
可見：〈伐柯〉、〈九罭〉內容不同，但二詩之《序》完全相同。就當今一般的
理解而言，每首詩都是獨立的文本，《詩序》對二首內容不同的詩給予完全相
同的解題，是否違背一般對「文本」概念的理解？而《詩序》究竟是在什麼觀
念下強平了二詩文本上的差異，藉以建構經學？針對上述問題，本文將〈伐
柯〉《序》與〈九罭〉《序》完全相同稱為「同文現象」，而此一「同文現象」，
綜合各家解釋，並加上筆者一己新說，加以歸納、推導，可以得到解釋〈伐
柯〉《序》與〈九罭〉《序》「同文現象」的四個可能原因：版本異同，《詩序》
錯簡或誤分，〈伐柯〉、〈九罭〉本為同一篇，「同文現象」體現《詩序》特殊的
解經觀念。以下逐一辨析這四個可能的原因，論證「同文現象」體現《詩序》
特殊的解經觀念之說較可從：

一、版本異同導致〈伐柯〉《序》與〈九罭〉《序》同文的可能性

　　〈伐柯〉《序》與〈九罭〉《序》的「同文現象」，是否可能只是《詩序》
流傳過程中的版本差異？

　　《毛詩正義》云：「此（〈九罭〉）《序》與〈伐柯〉盡同，則毛亦以為刺成
王也」，〔註16〕按《毛詩正義》原只有疏文單行，故《正義》所據之經、《序》、
《傳》、《箋》的文本面貌為何，只能根據《正義》文中複舉經、《序》、《傳》、
《箋》之處，以及相關校勘之語來推測；而今本《毛詩注疏》中的經、《序》、
《傳》、《箋》、《釋文》是宋人合刻時所附入。〔註17〕故從《正義》此處所云

────────────────

〔註14〕以上均《毛詩注疏》，卷八之三，頁301。
〔註15〕以上均《毛詩注疏》，卷八之三，頁302～303。
〔註16〕《毛詩注疏》，卷八之三，頁302。
〔註17〕從阮刻本《毛詩注疏》中〈九罭〉一詩之《釋文》也很明顯的看出此一問題，
　　　　《釋文》：「罭，本亦作罭，于逼反」，正文不可能跟異文相同，可見是宋人合

「此《序》與〈伐柯〉盡同」，知《正義》所據之《詩序》，〈伐柯〉《序》與〈九罭〉《序》已經完全相同，故可以推測最晚至唐朝時，《詩序》的某一版本中，〈伐柯〉《序》與〈九罭〉《序》已完全相同。

其次，還可以從《毛詩正義》的體例來推證其所據〈伐柯〉《序》與〈九罭〉《序》已完全相同，《毛詩正義》疏〈九罭〉之《序》云：「作〈九罭〉詩者，美周公也，周大夫以刺朝廷之不知也。此《序》與〈伐柯〉盡同，則毛亦以為刺成王也。周公既攝政而東征，至三年，罪人盡得；但成王惑於流言，不悅周公所為，周公且止東方，以待成王之召。成王未悟，不欲迎之，故周大夫作此詩以刺王。經四章皆言周公不宜在東，是刺王之事。鄭以為周公避居東都三年，成王既得雷雨大風之變，欲迎周公，而朝廷羣臣猶有惑於管、蔡之言，不知周公之志者；及啟金縢之書，成王親迎周公反而居攝，周大夫乃作此詩美周公，追刺往前朝廷羣臣之不知也。此詩當作在歸攝政之後，首章言周公不宜居東，王當以袞衣禮迎之，所陳是未迎時事也。二章、三章，陳往迎周公之時，告曉東人之辭。卒章陳東都之人欲留周公，是公反後之事；既反之後，朝廷无容不知。《序》云『美周公』者，則四章皆是也，其言『刺朝廷之不知』者，唯首章耳。」〔註18〕把這段疏文全文引錄後，讀者立刻可以發現一個特殊現象：此段疏文竟只有「鄭以為」，而沒有「毛以為」，徐華嶽《詩故攷異》大概也發現了這個問題，故節略上引《正義》文字而逐標「毛以」，〔註19〕未當。

然則此段疏文無「毛以為」，可能的原因之一是《正義》僅用「則毛亦以為刺成王也」一句簡單地概括毛《傳》之義；但更可能是〈伐柯〉《序》之《正義》已詳細疏解「毛以為」與「鄭以為」之差異，而〈伐柯〉《序》與〈九罭〉《序》既然相同，則不必在〈九罭〉《序》之《正義》中辭費。故從這一體例

刻時修改《釋文》使合於其所附的經文，檢宋本《經典釋文》實作「九罭，本亦作罭，于逼反。罭，魚網」，《法偉堂經典釋文校記遺稿》附宋本《經典釋文》，卷六，頁142，可見合刻時不僅刪改字頭，也刊落《釋文》部分內容，所以〔宋〕余仁仲云：「惟是陸氏釋音，字或與正文字不同」，見林申清：《宋元書刻牌記圖錄》（北京：北京圖書館出版社，1999年7月），頁56，而〔清〕盧文弨甚至說：「余是以知《釋文》與《正義》斷不可合而為一也」，《羣書拾補》（臺北：臺灣商務印書館，1967年3月），頁25。

〔註18〕《毛詩注疏》，卷八之三，頁302，又《南宋刊單疏本毛詩正義》，頁135，僅無「此詩當作在歸攝『政』之後」之「政」字。

〔註19〕〔清〕徐華嶽：《詩故攷異》，卷十五，《詩經要籍集成》，第28冊，頁245。

也可以旁證《毛詩正義》所見〈伐柯〉《序》與〈九罭〉《序》已完全相同。

況且翻檢現存最早的幾種《詩經》版本，也沒有〈伐柯〉《序》與〈九罭〉《序》不同的例證，〔註20〕故知〈伐柯〉《序》與〈九罭〉《序》的「同文現象」並非版本異同所致。

二、《詩序》錯簡或誤分導致〈伐柯〉《序》與〈九罭〉《序》同文的可能性

嚴格而論，錯簡也屬於版本異同的一種情況；但後世往往有並無版本差異亦指證為錯簡者，且極端的錯簡論者，如陳僅甚至認為：「伏生二十八篇，惟〈堯典〉、〈皋陶謨〉為完簡，自〈禹貢〉而下，蓋無一篇不脫誤者」，〔註21〕因此本文將錯簡單獨作為一種可能的原因討論。

關於《詩經》的錯簡問題，大概萌芽於宋代王栢，〔註22〕其後朱謀㙔、〔註23〕顧家相、〔註24〕孫作雲〔註25〕、魏炯若、〔註26〕王景琳、〔註27〕劉操南、〔註28〕翟相君等俱有論述；〔註29〕但錯簡如何導致〈伐柯〉《序》與〈九罭〉《序》同文？此一問題，可由檢討于鬯說入手，加以引申闡發。

1. 于鬯云：「此詩（〈伐柯〉）未見刺朝廷不知周公之意，據下篇〈九罭〉

〔註20〕張涌泉主編，許建平著：《敦煌經部文獻合集》（北京：中華書局，2008年8月），第2冊《羣經類詩經之屬》，頁746～747，又《宋本毛詩詁訓傳》（北京：國家圖書館出版社，2017年5月），第2冊，頁17～19。

〔註21〕〔清〕陳僅：《羣經質》，卷之上，《四庫未收書輯刊》，第參輯，第10冊，頁504。

〔註22〕參程元敏：《王柏之詩經學》，頁66～67、葉國良：《宋人疑經改經考》（臺北：國立臺灣大學出版委員會，1980年6月），頁93～96。

〔註23〕參林慶彰：〈朱謀㙔《詩故》研究〉，《中國文哲研究集刊》第2期（1992年3月），頁304～306。

〔註24〕〔清〕顧家相：〈〈閟宮〉錯簡說〉，《勴堂文集》（臺北：文海出版社，1972年），卷一，頁49～58。

〔註25〕孫作雲：〈詩經的錯簡〉，《詩經與周代社會》（北京：中華書局，1966年4月），頁403～419，按此文未收入孫作雲《詩經研究》（開封：河南大學出版社，2003年9月）。

〔註26〕魏炯若：〈關於《毛詩序》（下）〉，《四川師院學報》第1期（1983年），頁40，因〈南有嘉魚〉標興不在首章而懷疑為錯簡。

〔註27〕王景琳：〈〈關雎〉錯簡臆說〉，《文史》第25輯（北京：中華書局，1985年10月），頁66。

〔註28〕劉操南：〈〈〈關雎〉錯簡臆說〉質疑〉，《詩經探索》，頁228～231。

〔註29〕翟相君：《詩經新解》（鄭州：中州古籍出版社，1993年1月）。

《序》云……二篇之《序》同，邕疑古《序》本一篇，必有異篇同《序》者……此兩詩蓋亦當同《序》云：『〈伐柯〉〈九罭〉，美周公也，周大夫刺朝廷之不知也』，《序》意『美周公』為兩篇總辭，『周大夫刺朝廷之不知』，實專指〈九罭〉而未必兼〈伐柯〉言也；散《序》於篇首，乃遂兩著之，而〈伐柯〉亦為『刺朝廷不知』之詩矣。……朱《辯》於此二《序》同辯云：『二詩東人喜周公之至而願其留之辭』，其言『東人喜周公之至』，亦為總辭，『願其留』，亦專指〈九罭〉而不兼〈伐柯〉；設有取朱《辯》而散繫各篇首者，〈伐柯〉亦不且為『願留』之詩乎，此正可為古《序》得一比例也。」〔註30〕

但于氏之說也很曲折，因其既然推測古《序》未分置篇首時當是〈伐柯〉、〈九罭〉同《序》，故于氏校正〈伐柯〉、〈九罭〉之《序》的「錯亂誤繫之處」後，該處文字應如于氏自己所設立的標準：「夫古《序》之於《詩》，宜無不當《詩》意」，〔註31〕可是于氏所復原的〈伐柯〉、〈九罭〉《序》，于氏自己為什麼還會有「『周大夫刺朝廷之不知』，實專指〈九罭〉而未必兼〈伐柯〉言也」的說法呢？顯見于氏立說不無自相矛盾之處。

2. 于氏既然提出了錯簡的概念來解釋〈伐柯〉《序》與〈九罭〉《序》，則于氏所未論及而又關於錯簡的其它可能性，也應在此附帶檢討：

（1）假設《詩經》的文本形態，曾有與《阜陽漢簡詩經》相同者，是「在一百七十多簡片中絕沒有將一首詩的前後兩章寫在同一片簡上的情形……《阜詩》的詩篇可能是一章一章地分開抄寫的」，〔註32〕則據此推測，《序》文經毛公「分眾篇之《義》各置於其篇端」時，〔註33〕應該也是《序》文自成段落，不與《詩》文雜厠；且出土的竹簡容字雖有多有少，〔註34〕但「美周公也。周大夫刺朝廷之不知也」這段《序》文應該足以一簡寫畢，故此一單

〔註30〕〔清〕于邕：《香草校書》，卷十三，頁 269，略去于氏自注，朱《辯》指朱熹《詩序辯說》。而原標點多有破句，如：「朱辯於此二序同。辯云」，實誤解文義，于氏是說：很巧地，朱子的《詩序辯說》也將〈伐柯〉〈九罭〉這兩首詩的《序》放在同一處辯正，可以為于氏古《序》假說的宋代版例證。其它標點簡略處亦不少，今均補正。

〔註31〕〔清〕于邕：《香草校書》，卷十一，頁 223。

〔註32〕胡平生：〈阜陽漢簡《詩經》簡冊形制及書寫格式之蠡測〉，《阜陽漢簡詩經研究》，頁 90。

〔註33〕《毛詩注疏》，卷九之四，頁 343。

〔註34〕駢宇騫、段書安：《二十世紀出土簡帛綜述》（北京：文物出版社，2006 年 3 月），頁 82～86。

簡寫畢的《序》文確實很容易與相連〈伐柯〉或〈九罭〉存在錯簡的問題。

　　（2）古人所見《詩經》文本，〈豳風〉確實可能存在錯簡問題，《毛詩正義》云：「此經直言『心悲』，本或『心』下有『西』，衍字，與〈東山〉相涉而誤耳。《定本》無『西』字」，〔註35〕按〈東山〉云「我東曰歸，我心西悲」，〔註36〕所謂相涉而誤指此，此雖不一定由錯簡所致，倒也可證明《毛詩正義》所見〈豳風〉已有一部分詩文內容相互訛混。又曹魏人張融亦以為〈豳風〉七詩次序錯倒，胡承珙云：「張說是也」，〔註37〕然其引〈金縢〉鄭玄《注》「其編篇於此，未聞」為證，則似未切合《詩經》文本。但無論如何，《毛詩正義》此例雖然可以證明〈豳風〉一度存在的錯簡的現象，但畢竟不是〈伐柯〉與〈九罭〉直接錯簡，更不是關於《序》的例證，且無法證明《毛詩正義》所見之〈豳風〉訛誤本是否流傳且導致〈伐柯〉《序》與〈九罭〉《序》同文，故亦非有力的證據。

　　（3）錯簡說最大的問題是：此說預設了古人不能寫出在後人的章法觀念中被認為文義不通或段落不連貫的文章，但是：討論文義是否不通或段落是否不連貫，其實並不存在一個古今不變的章法標準；必須歷時地考察古今章法概念的變遷，才勉強符合指出錯簡的最低標準，可惜錯簡論者一般對此甚少留意。

　　故上述于氏之說，及筆者在于說思路下重新構擬的錯簡原因，也僅止於推測，缺乏證據，並且存在很多問題，故是否因錯簡而導致〈伐柯〉《序》與〈九罭〉《序》的「同文現象」，在其它說法的解釋效度更強時，應對錯簡說持保留態度，改從它說。

三、〈伐柯〉、〈九罭〉本為同一篇而誤分為兩篇，導致〈伐柯〉《序》與〈九罭〉《序》同文的可能性

　　前人雖有〈伐柯〉、〈九罭〉本為同一篇之說，但多未明指此一原因可能造成〈伐柯〉《序》與〈九罭〉《序》的同文現象，只有吳闓生引及〈伐柯〉《序》與〈九罭〉《序》為證，但〈伐柯〉、〈九罭〉本為同一篇之說與〈伐柯〉《序》與〈九罭〉《序》的「同文現象」息息相關，故本文仍將吳闓生此前類似之說均

〔註35〕《毛詩注疏》，卷八之三，頁303。
〔註36〕《毛詩注疏》，卷八之二，頁294。
〔註37〕〔清〕胡承珙：《毛詩後箋》，《續修四庫全書》，第67冊，頁348。按：鄭玄所謂「編篇」指風詩次序，非謂錯簡。

歸入此一脈絡中加以繫聯。前人論及〈伐柯〉、〈九罭〉本為同一篇者有：

（1）牟庭云：「余按：舊說以〈破斧〉三章為一篇，〈伐柯〉二章別為一篇，〈九罭〉四章又別為一篇，今据文義，當併為一篇九章。」〔註38〕

（2）牟應震云：「舊分〈伐柯〉、〈九罭〉為二篇，豈未見兩『我覯之子』句乎」，又云：「問：『合二詩為一篇，其說似合，然當以何者名篇？』曰：『名篇之字，有自後人增者，說見〈小雅〉；〔註39〕不敢妄刪也，仍之以存古意』」，又「豳七篇」下注云：「合〈伐柯〉、〈九罭〉為一篇，則止六篇」，又：「〈九罭〉之於〈伐柯〉，確為一篇而分為二，遂有二目。」〔註40〕按：上引二牟氏之說，純就文義、句式考量，此一思路，其它學者論及〈伐柯〉、〈九罭〉時亦有類似見解，然並未指出〈伐柯〉、〈九罭〉當本為一篇，如：汪梧鳳云：「按〈伐柯〉、〈九罭〉、〈狼跋〉三詩，有袞衣、赤舄之容，無踴躍干戈之氣」等，〔註41〕也可與二牟氏之說對照。而王柏引「或謂」論〈巧言〉錯簡，也與此說思路相同，但王柏並不認同此說：「或謂：『〈巧言〉之末章，有『彼何人斯』一句，與後篇『彼何人斯』實相連，恐後篇錯雜在前』；以句法律之，非可合也，兩詩恐是一人作耳。如〈終風〉之末章，亦有『日居月諸』之句，如後篇〈日月〉相連，章句不同，而為莊姜之作故也。」〔註42〕

然而此類說法的問題也很明顯，二牟氏之說均純就文義、句式而言，缺乏旁證；而牟應震僅據〈伐柯〉、〈九罭〉均有「我覯之子」之句便論證二者為同一篇，然〈裳裳者華〉亦有「我覯之子」一句，又何以不論？若僅依〈伐柯〉、〈九罭〉有相同字句，且同在〈豳風〉，更屬於前後篇，則《詩經》相同句式者甚多，〔註43〕符合〈伐柯〉、〈九罭〉之情況者不在少數：如〈秦風〉之〈小戎〉與〈駟驖〉均有「六轡在手」之句，又屬〈秦風〉之前後篇；〔註44〕牟氏豈能

〔註38〕〔清〕牟庭：《詩切》（濟南：齊魯書社，1983 年 9 月），第 2 冊，頁 1390～1391。

〔註39〕按牟氏於〈巧言〉云：「《詩》標目多詩人自題……亦有後人加增者，如〈良耜〉之於〈絲衣〉，〈九罭〉之於〈伐柯〉，確為一篇而分為二，遂有二目，以此知後人加增者亦有之」，《毛詩質疑》，頁 165。

〔註40〕均見〔清〕牟應震：《詩問》，收入牟氏《毛詩質疑》（濟南：齊魯書社，1991 年 7 月），頁 118、165。

〔註41〕〔清〕汪梧鳳：《詩學女為》，卷十五，《續修四庫全書》，第 63 冊，頁 696。

〔註42〕〔宋〕王柏：《詩疑》，《續修四庫全書》，第 57 冊，頁 219。

〔註43〕參裴普賢：《詩經相同句及其影響》，頁 11～45，「我覯之子」一例見頁 14。

〔註44〕《毛詩注疏》，卷六之三，頁 234、237，裴普賢：《詩經相同句及其影響》，頁 35。

——論證凡符合此類條件者皆本為同一篇？則牟氏之說顯然缺乏根據。而以下若引及用句式相同為證者，也均未能舉出其它旁證，故下文對一此論據不再討論。

（3）吳闓生云：「先大夫〔註45〕以為此詩（〈伐柯〉）與下〈九罭〉本一篇而誤分之，當合讀其義乃見」，又：「先大夫曰：〈伐柯〉、〈九罭〉當為一篇，上言『我覯之子，籩豆有踐』，此言『我覯之子，袞衣繡裳』，文義相應；後人誤分為二，於是上篇無尾，而此篇無首，其詞皆割裂不完矣。毛《傳》亦本一篇，故通以禮為言，上言禮義治國之柄，此言周公未得禮，文義亦相連貫，不以為兩篇也。《小序》二篇同詞，則後人以一《序》分冠於二篇耳」，〔註46〕按：對照前引于氏及二牟氏之說，吳氏此說亦有所本，然學者則多對吳氏之說特別關注，如：陳子展云：「《詩》、《傳》祖本皆不可見，其說自屬臆度。以其殊有思致，今復錄之云」，〔註47〕又云：「倘若〈伐柯〉、〈九罭〉兩篇都確和周公有關，那末，這兩篇可能原是一篇，被後人分成兩篇，所以這兩篇《詩序》除了詩題不同而外，其餘文字完全相同。吳闓生《詩義會通》說……吳氏這部書本來無甚可取，這裏引用他先人的吳汝綸一說倒有見地，要是我們相信〈伐柯〉一詩確和周公有關的話」，〔註48〕王志民等云：「（吳闓生）說頗新穎，惜屬臆測」，〔註49〕余培林云：「吳闓生《詩義會通》亦以此篇首章與前篇末章文義相應，然吳氏以為此二篇本為一篇，與敝意稍有出入」，〔註50〕吳宏一云：「吳闓生《詩義會通》……蓋二篇皆

〔註45〕引按：先大夫指吳汝綸，吳汝綸說又見清末都門印書局所刊姚鼐、曾國藩、吳汝綸、吳闓生合著之《詩經》評點本，該處所載較吳闓生此處所引為略，茲不具錄，參張洪海：《詩經彙評》（南京：鳳凰出版社，2016年6月），頁385。

〔註46〕吳闓生：《詩義會通》（臺北：洪氏出版社，1977年9月），卷一，頁122～123，標點有修改。

〔註47〕陳子展：《詩經直解》（上海：復旦大學出版社，1991年6月），上冊，頁503。

〔註48〕陳子展：《詩三百解題》（上海：復旦大學出版社，2001年10月），頁591，按全書最末陳氏自署「一九六四二月十五日～一九六五年七月十七日」，可略窺其寫作時間。

〔註49〕張餘慶著，王志民、楊效春、鄭福田校釋：《風詩決疑校釋》（內蒙古：內蒙古教育出版社，1992年4月），頁474，惟該書校釋者逕認為此為吳闓生語，小有疏誤。

〔註50〕余培林：《詩經正詁》（臺北：三民書局，1993年10月），頁451，亦誤認此為吳闓生語，又余培林：《詩經正詁》（臺北：三民書局，2005年2月，修訂二版），頁305～306，全同。

以禮為言，皆言禮義為治國之柄，上篇言周公『籩豆有踐』，是知禮法的人，下篇則言周公尚未得到禮敬。這是值得參考的意見」，又：「吳汝綸以桐城義法來詮釋〈伐柯〉與〈九罭〉二詩，以為文義相應，當為一篇，這種說法頗有見地。」〔註51〕

　　惟以上諸說，仍未論及吳說的關鍵，實則吳說特殊之處，在於舉毛《傳》與《詩序》為證；然而其證據亦未必切當，因為〈伐柯〉、〈九罭〉如本為一篇，則毛《傳》於二句重覆的「我覯之子」應該是前詳後略；可是對照〈伐柯〉、〈九罭〉「我覯之子」的毛《傳》：

　　〈伐柯〉：「我覯之子，籩豆有踐」，《傳》：「踐，行列貌。」〔註52〕

　　〈九罭〉：「我覯之子，袞衣繡裳」，《傳》：「所以見周公也。袞衣，卷龍也。」〔註53〕

　　上引毛《傳》於〈伐柯〉、〈九罭〉的「我覯之子」不但兩次出注，而且前注簡略，後注卻詳揭字義、句義與詩旨，如果〈伐柯〉、〈九罭〉本來是一篇，兩句「我覯之子」的毛《傳》內容顯然不太合理。

　　再者，又可觀察毛《傳》於〈伐柯〉、〈九罭〉如何標興，〈伐柯〉一詩，毛《傳》通篇不言興，而〈九罭〉一詩，毛《傳》於第一句「九罭之魚鱒魴」即云「興也」；如按吳氏所云〈伐柯〉、〈九罭〉本為一篇，則為六章之詩，而毛《傳》在第三章才開始標興，也不太合理。

　　因此，根據毛《傳》對兩句「我覯之子」的注解以及其標興之處，似應可以推測毛《傳》所見之〈伐柯〉、〈九罭〉已經分篇；則吳氏根據毛《傳》而認為〈伐柯〉、〈九罭〉本為一篇之說，並不可信。

　　（4）余培林云：「（〈九罭〉）〈詩序〉曰……與〈伐柯〉之文全同，然詩文四章，除首章與上篇末章相似外，其他三章無論文與義皆不相同……此詩（〈九罭〉）之首章，似是由前篇〈伐柯〉之末章分割而來。此可由形式與內容兩方面觀之！就形式言，此篇後三章每章皆三句，獨此章為四句，而與前篇兩章之句數吻合。此章之第三句『我覯之子』，亦與前篇末章第三句相同。就內容言，此詩二三四章寫周公將『歸』，當是此篇主旨；而此章（引

〔註51〕吳宏一：《詩經新繹・國風編・國風三》（臺北：遠流，2018年5月），頁322、325。

〔註52〕《毛詩注疏》，卷八之三，頁301。

〔註53〕《毛詩注疏》，卷八之三，頁302。

按：指〈九罭〉第一章）則寫初見周公之情形，與此篇主旨不合，然與前篇詩義則相近……若將此章還置前篇之末，則兩篇每篇各三章，前篇每章四句，此篇每章三句；前篇寫初見周公，此篇寫惜別周公。每篇形式既劃一，詩義亦完整無缺」，〔註54〕吳宏一評余說云：「此一推論，說得頭頭是道，值得讀者參考，但問題是從未有任何實據，可以證明此詩首章是由前篇〈伐柯〉末章分割而來，而首句『九罭之魚鱒魴』也非必斷成兩句不可。假使首句只作一句看，那麼此詩每章都是三句，第二、三章形式複疊，錯落之中兼具整齊之美。」〔註55〕按：其實余說有兩個假設：一是《詩》的形式應該章句整齊，不整齊章句多半為錯簡，〔註56〕這個假設本身未必成立，因為類似〈九罭〉之例，各章句數不齊整者，僅就〈國風〉而言，已為數不少：〔註57〕

編號	篇名	章句
1	〈關雎〉	〈關雎〉：五章，章四句；故言三章：一章四句，二章章八句。
2	〈行露〉	〈行露〉：三章，一章三句，二章章六句。
3	〈野有死麕〉	〈野有死麕〉：三章，二章〔章〕〔註58〕四句，一章三句。
4	〈君子偕老〉	〈君子偕老〉：三章，一章七句，一章九句，一章八句。
5	〈載馳〉	〈載馳〉：五章，一章六句，二章章四句，一章六句，一章八句。
6	〈丰〉	〈丰〉：四章，二章章三句，二章章四句。
7	〈葛屨〉	〈葛屨〉：二章，一章六句，一章五句。
8	〈揚之水〉	〈揚之水〉：三章，二章章六句，一章四句。
9	〈車鄰〉	〈車鄰〉：三章，一章四句，二章章六句。

〔註54〕余培林：《詩經正詁》，頁450～451。
〔註55〕吳宏一：《詩經新繹·國風編·國風三》，頁327。
〔註56〕這個假設並不是余氏所獨有的觀念，比如瞿相君討論〈關雎〉錯簡時也曾說：「我先假設一百六十篇風詩的章句本來都是整齊的，凡章句不等者都是由脫簡、傳抄失誤造成的」，《詩經新解》，頁4。
〔註57〕以下分見《毛詩注疏》，頁22、57、66、113、126、178、207、219、234，文字據《校勘記》改。
〔註58〕引按：此當補一「章」字，《校勘記》失校。因為毛《傳》、鄭《箋》標記章數的格式是：先統計全詩的總章數，全詩各章句數若相同，則僅云章幾句，如：「〈關雎〉：五章，章四句」；但若各章句數有分歧者，則以句數為單位，來統計章句，故此等處所謂「一章」、「二章」都不是指「第一章」、「第二章」，而是指有同樣句數的有幾章，所以沒有所謂「三章」，而是用「一章六句，二章章四句，一章六句，一章八句」這樣的計算方式，故一旦同樣的句式有兩章以上，便需要再疊加一個「章」字說明，如：「二章章四句」。故此處當補一「章」字。

余氏顯然不能認為以上九例，同一詩中各章句數不齊者皆是錯簡。

二是：凡文義不相接者，可以懷疑為錯簡。其實錯簡只是文義不相接的可能原因之一，以文義不相接作為錯簡的可能理由並不充分。而從文義方面分析余氏的復原方案，根據余氏之說，〈伐柯〉一詩的原貌應是：

> 伐柯如何？匪斧不克。取妻如何？匪媒不得。伐柯伐柯，其則不遠。我覯之子，籩豆有踐。九罭之魚，鱒魴。我覯之子，袞衣繡裳。

雖然形式看似整齊，然文義未必妥帖，比如為什麼這首討論「伐柯」的詩第三章突然又說到「九罭」？余氏也未有合理的解釋，反倒是下引郭晉稀之說對此一問題作了疏解。

（5）郭晉稀云：「（〈九罭〉）詩凡四章，第一章云……此章與下文三章，意不相接，十分明顯。……今疑〈九罭〉之首章，即〈伐柯〉之末章也。采詩者各篇連寫，混雜為一，本無標目。編詩者遂以〈伐柯〉之末章，誤作下篇之首章矣。……今〈九罭〉首章既為〈伐柯〉之末章，則原有〈九罭〉應當改曰〈鴻飛〉，明矣。今以為〈九罭〉首章乃〈伐柯〉之末章，其迹尚有可循者。『九罭之魚，鱒魴』，是以魚喻男女婚姻也。……由是可知，『九罭之魚』一章應置於〈伐柯〉之末，不當錄諸〈鴻飛〉之前，一也。〈九罭〉首章末兩句云……〈伐柯〉首章末兩句云……無論句式句意，基本相同，正風詩重章疊句之常法。此〈九罭〉首章宜作為〈伐柯〉之末章，二也。然則編詩者又何以將〈九罭〉首章置諸『鴻飛』之前邪？蓋此章有『袞衣繡裳』一句，『鴻飛』末章中有『是以有袞衣繡裳』一句，兩句皆有『袞衣』二字，編詩者誤認後之袞衣即承前之袞衣，故以〈伐柯〉之末章，編於〈鴻飛〉之首耳」，〔註59〕陳戍國云：「（郭晉稀）這樣講〈九罭〉，亦亘古未有，遠勝舊說，當從之」，〔註60〕按：陳氏云郭氏此說「亘古未有」，失檢前所引諸家說。而郭氏之說的特殊之處在於嘗試解決：〈伐柯〉、〈九罭〉為何人所分及誤分的理由為何？並且說明了〈九罭〉首章作為〈伐柯〉末章的文義關聯，這都是以上諸說較少論及而為郭說的精采處。然郭氏之說，也有若干問題：

首先，郭氏認為「采詩者各篇連寫，混雜為一，本無標目」，恐與事實

〔註59〕郭晉稀：《詩經蠡測（修訂本）》（成都：巴蜀書社，2006年9月），頁80～81。

〔註60〕陳戍國：《詩經校注》（長沙：岳麓書社，2004年5月），頁193。

不符，例如前文所舉《阜陽漢簡詩經》，每章分抄，不相雜廁，〔註61〕且安徽大學所藏戰國《詩經》簡「每篇結束之後以一墨點標記」，〔註62〕故「混雜為一」的可能性不高。並且郭氏又認為「詩之標目皆從首章首句中拈出數字作篇名，非詩本有題目也」，此亦失考如〈小雅・召旻〉、〈周頌・賚〉、〈周頌・般〉等例，有詩文中全無與篇名相同的字辭之例。故郭說的基本假設即未必成立。

其次，郭氏云「兩句皆有『袞衣』二字，編詩者誤認後之袞衣即承前之袞衣」，實則〈九罭〉一詩前後文的「袞衣」何以一定不能意義相承？郭氏也未提出理據。

最後，郭氏提出〈伐柯〉與〈九罭〉的文義關聯是「『九罭之魚，鱒魴』，是以魚喻男女婚姻也。以魚喻男女婚姻，此民間文學之常情」，郭氏或據聞一多之說，〔註63〕然〈豳風・九罭〉為何一定是民間文學？〔註64〕且就算〈九罭〉是民間文學，且亦以「魚喻男女婚姻」，然則「九罭之魚，鱒魴」的句義與取義究竟為何？郭氏亦未明言。據《毛詩正義》所分疏的毛《傳》義：「鱒、魴是大魚，處九罭之小網，非其宜」，或是鄭《箋》：「設九罭之網，得鱒、魴之魚，言取物各有其器」，〔註65〕若據此二說所疏解的文義以補郭氏婚姻之說的文義脈絡，則「九罭之魚，鱒魴」一句不豈謂所遇非人，或取女各有其道，與郭氏所假定的〈伐柯〉一詩上文之「匪媒不得」、「其則不遠」，文義與次序亦不連貫，則郭說也未必能圓滿解釋二詩文義。

既然上述〈伐柯〉、〈九罭〉本為一篇而誤分之說，皆有若干疑問，則據之以為〈伐柯〉《序》與〈九罭〉《序》同文的推測自然也不可信。

〔註61〕胡平生：〈阜陽漢簡《詩經》簡冊形制及書寫格式之蠡測〉，《阜陽漢簡詩經研究》，頁90。

〔註62〕黃德寬：〈安徽大學藏戰國竹簡概述〉，《文物》第9期（2017年），頁54。

〔註63〕聞一多：〈說魚〉，《聞一多全集》（臺北：里仁書局，2000年10月），第1冊《神話與詩》，頁117～138，頁126～127詳細疏解〈九罭〉一詩，又見劉晶雯整理：《聞一多詩經講義》（天津：天津古籍出版社，2005年1月），頁6～16，頁12～13亦解〈九罭〉一詩。

〔註64〕朱東潤：〈國風出於民間論質疑〉，《詩三百篇探故》（上海：上海古籍出版社，1981年11月），頁29、葉國良：〈《詩經》的貴族性〉，《經學側論》（新竹：國立清華大學出版社，2005年11月），頁49，皆曾論及〈九罭〉一詩非民間文學。

〔註65〕《毛詩注疏》，卷八之三，頁302。

四、《詩序》特殊的解經觀念導致〈伐柯〉《序》與〈九罭〉《序》同文的可能性

　　既然上述版本異同，《詩序》錯簡或誤分，〈伐柯〉、〈九罭〉本為同一篇之說，都因缺乏證據或論述存在若干問題而未可取信；則顯然應將〈伐柯〉《序》與〈九罭〉《序》的「同文現象」當作是《詩序》特殊的解經觀念來理解，因此歷代關於〈伐柯〉《序》與〈九罭〉《序》的「同文現象」的論述，便有可資參考之處，茲將此類論述條舉如下：

　　《毛詩正義》云：「此（〈九罭〉）《序》與〈伐柯〉盡同，則毛亦以為刺成王也。」

　　李樗云：「此詩（〈九罭〉）與〈伐柯〉之詩皆以謂『大夫刺朝廷之不知』者」，黃櫄說同。〔註66〕

　　范處義云：「是詩（〈九罭〉）之美周公，刺朝廷，其意與〈伐柯〉相類；然〈伐柯〉則言朝廷不能以禮迎周公，是詩則言周公之尊，不當久處外地，《詩》辭可見也。」〔註67〕按范氏仍用《詩序》之說，〔註68〕故云「其意與〈伐柯〉相類」；但其謂「《詩》辭可見也」，即謂從〈伐柯〉與〈九罭〉原文來看，二詩仍有分別。

　　楊簡云：「是詩（〈九罭〉）大旨已見〈伐柯〉。」〔註69〕

　　輔廣云：「〈伐柯〉之詩最難曉，所幸『我覯之子』一句，與〈九罭〉之詩同，而二篇人相屬，故可以推求其意」，又：「〈伐柯〉喜其得見之辭，〈九罭〉願其久留之辭。」〔註70〕

　　劉玉汝云：「蓋〈伐柯〉、〈九罭〉二詩為周公在東之始終，始見東人得見公而喜，終見東人聞公將歸而悲，東人之悲喜如此，自非深知公之心，敬公之德，感公之恩，而重公之望，何能如是哉。」〔註71〕

〔註66〕〔宋〕李樗、黃櫄：《毛詩李黃集解》，卷十八，《景印文淵閣四庫全書》，第71冊，頁362，原書載李說後云「黃講同」。

〔註67〕〔宋〕范處義：《詩補傳》，卷十五，《詩經要籍集成》，第5冊，頁135。

〔註68〕范處義《詩補傳》序云：「故不敢廢《詩序》者，信六經也，尊聖人也」，《詩經要籍集成》，第5冊，頁3。

〔註69〕〔宋〕楊簡：《慈湖詩傳》，卷十，《詩經要籍集成》，第8冊，頁85。

〔註70〕〔宋〕輔廣：《詩童子問》，卷八，《日本宮內廳書陵部藏宋元版漢籍選刊》（上海：上海古籍出版社，2012年12月，影印元至正甲申〔1344年〕崇化余氏勤有堂刊本），第8冊，頁135、137，然明人以降，多將此語誤為朱熹語。

〔註71〕〔元〕劉玉汝：《詩纘緒》，卷八，《詩經要籍集成》，第12冊，頁183〜184。

　　何楷云：「〈伐柯〉《序》于此詩及〈九罭〉篇皆云……，愚按：《序》所云
『刺朝廷之不知』者，蓋追刺雷風未作以前，成王及二公不知周公之忠耳。」
〔註72〕

　　王鴻緒等云：「〈伐柯〉、〈九罭〉二篇，《序》說以為皆周大夫美周公，而
責在朝之人不速迎公之詞。朱子改為東人愛慕公之詞，……然當時人情，周
大夫則願速迎公歸，以相王室；東人則望公少留，以盡私情，要為美周公，其
義一也。」〔註73〕

　　朱鶴齡云：「(〈九罭〉)《序》云……，與前篇(〈伐柯〉)同，皆是追刺，
亦只言外意耳。」〔註74〕

　　陳啟源云：「二詩(〈伐柯〉、〈九罭〉)皆刺王不知周公，而因告王以迎公
之道，詞悎署相同。」〔註75〕

　　賀貽孫云：「此詩續《序》亦云：『刺朝廷之不知也』，鄭《箋》前二章與
所解〈伐柯〉篇亦同，……前後相牟，不如朱註之渾成。」〔註76〕

　　黃中松云：「則若〈伐柯〉、〈九罭〉二篇(原注：《序》皆曰『……』)，諸
儒泥《序》，又言其美之意甚略，而求所以刺之故甚詳。」〔註77〕

　　顧鎮云：「二詩(〈伐柯〉、〈九罭〉)俱美周公，〈伐柯〉是大夫諷迎周公，
〈九罭〉則大夫迎周公，東人願留之而不得也。」〔註78〕

　　陳奐於〈伐柯〉《序》下疏云：「〈九罭〉同。」〔註79〕

　　張澍云：「澍按：二詩(〈伐柯〉、〈九罭〉)皆刺王不知周公，此毛氏說；
鄭謂刺羣臣，非也。」〔註80〕

　　李黼平云：「〈九罭〉之義，毛同此(〈伐柯〉)篇。」〔註81〕

〔註72〕〔明〕何楷：《詩經世本古義》，卷十之上，《詩經要籍集成》，第16冊，頁
　　　　350。
〔註73〕〔清〕王鴻緒等：《欽定詩經傳說彙纂》，卷九，《詩經要籍集成》，第24冊，
　　　　頁472。
〔註74〕〔清〕朱鶴齡：《詩經通義》，卷五，《詩經要籍集成》，第22冊，頁133。
〔註75〕〔清〕陳啟源：《毛詩稽古編》(山東：山東友誼書社，1991年10月，影印
　　　　北京圖書館藏張敦仁校清抄本)，頁291，原注今省略。
〔註76〕〔清〕賀貽孫：《詩觸》，卷二，《續修四庫全書》，第61冊，頁567。
〔註77〕〔清〕黃中松：《詩疑辨證》，卷三，《詩經要籍集成》，第26冊，頁189。
〔註78〕〔清〕顧鎮：《虞東學詩》，卷五，《四庫全書》，第89冊，頁519。
〔註79〕〔清〕陳奐：《詩毛氏傳疏》，卷十五，第二冊，頁13上。
〔註80〕〔清〕張澍：《詩小序翼》，卷十三，《續修四庫全書》，第66冊，頁581。
〔註81〕〔清〕李黼平：《毛詩紬義》，卷九，《續修四庫全書》，第68冊，頁106。

尹繼美云：「〈伐柯〉、〈九罭〉二詩，首《序》並云：『美周公』，是也；下《序》謂『周大夫刺朝廷之不知』，則不然。大約二詩皆西都人所作，望公西歸之心甚切爾。」〔註82〕

孫鑛云：「此（〈九罭〉）《序》與〈伐柯〉盡同，但〈伐柯〉刺成王不知周公之聖；此刺成王不知早迎周公，文同而意異。」〔註83〕

王劼云：「兩《序》文（〈伐柯〉《序》、〈九罭〉《序》）俱重，不知爾。」〔註84〕

龍啟濤云：「案此（〈九罭〉）與上篇（〈伐柯〉）續《序》皆言『……』，詩中殊無此意，殆枝說也。」〔註85〕

張餘慶云：「以愚推之，朱子後日之說較為切近。其與〈九罭〉同詞，一也……。」〔註86〕

董純光云：「還有兩句詩，最要注意，那就是：『女心傷悲，殆及公子同歸』……這兩句要和〈伐柯〉、〈九罭〉兩篇詩合在一起來讀。」〔註87〕

王禮卿云：「此篇與〈伐柯〉首後《序》竝同，所述詩悟自同。」〔註88〕

陳戌國云：「（〈九罭〉）序說（包括續序）與上一篇〈伐柯〉全同。詩本文歌咏的對象確實是『公』，又言及『袞衣』，全詩大意與序說確實相近，所以我們認為這篇序有可信處。」〔註89〕

王守謙、金秀珍云：「此詩（〈九罭〉）緊接〈伐柯〉之後，《詩序》對〈伐柯〉與〈九罭〉兩首詩的解說，又完全一樣，一字不變。……（〈伐柯〉、〈九罭〉）詩意、文字，似乎皆相銜接，故有的研究家，認為〈伐柯〉、〈九罭〉本為一篇。吳闓生《詩義會通》說……錄以備考。」〔註90〕

〔註82〕〔清〕尹繼美：《詩管見》，卷三，《續修四庫全書》，第74冊，頁54。

〔註83〕〔清〕孫鑛：《毛詩說》，卷十五，《四庫未收書輯刊》，第肆輯，第4冊，頁72。

〔註84〕〔清〕王劼：《毛詩讀》，卷十五，《四庫未收書輯刊》，第陸輯，第2冊，頁465。

〔註85〕〔清〕龍啟濤：《毛詩補正》，卷十四，《四庫未收書輯刊》，第捌輯，第1冊，頁524。

〔註86〕張餘慶著，王志民等校釋：《風詩決疑校釋》，頁471。

〔註87〕董純光：〈豳風疑案綱領〉，《詩經管窺》（未署出版年月與地點），頁24，據書中序跋，此書約於1976年左右刊成於臺灣。董氏此語雖論〈東山〉，然其將〈伐柯〉、〈九罭〉並舉，亦可留意。

〔註88〕王禮卿：《四家詩悟會歸》，卷十五，頁47。

〔註89〕陳戌國：《詩經校注》，頁193。

〔註90〕王守謙、金秀珍：《詩經評注》，上冊，頁410。

　　吳宏一云：「〈毛詩序〉解釋此詩，竟然與上篇〈伐柯〉所說的題旨一模
一樣……兩首詩的題解一模一樣，說明二者之間，必然有其密切的關係。」
〔註91〕按：吳氏這樣的行文方式，容易使讀者以為吳氏是建立以下的邏輯所
作的推論：《詩序》可信，因此〈伐柯〉《序》與〈九罭〉《序》同，故「二者
之間，必然有其密切的關係」；這當然與吳氏「有些代代相傳的傳統舊說一定
有其值得尋索之處」的觀念一脈相通，〔註92〕這個觀念本身雖然值得肯定，
但「值得尋索」不代表《詩序》可信。

　　以上諸說，雖皆論及〈伐柯〉、〈九罭〉的文義大致相同，然而多半都是
根據《詩序》所論加以推衍，其不足之處也很明顯：首先，只是信從《詩序》
之說，而未思考《詩序》可信與否。其次，未詳細對照〈伐柯〉、〈九罭〉，指
出相似或相異之處究竟為何。最後，未能據〈伐柯〉《序》與〈九罭〉《序》的
「同文現象」進一步深入探討《詩序》的解經理念與方法，大多僅限於討論
〈伐柯〉、〈九罭〉二詩的文義理解問題。以下即針對這些不足之處重新展開
論述：

1. 〈伐柯〉、〈九罭〉二詩相同相異處比勘

　　〈伐柯〉、〈九罭〉二詩相同之處，尋繹詩文，大概有二：一是諸家已經
指出的「我覯之子」一句，完全相同；且「我覯之子」下文都與禮制有關（〈伐
柯〉：「籩豆有踐」、〈九罭〉：「袞衣繡裳」）。二是〈伐柯〉、〈九罭〉的寫作手法
有若干相似之處：即〈伐柯〉、〈九罭〉均藉它物引起所欲描述的主題，〈伐柯〉
云：「伐柯如何？匪斧不克。取妻如何？匪媒不得。伐柯伐柯，其則不遠。我
覯之子，籩豆有踐」，二章均先點出伐柯此一動作，其次則評述此一動作的條
件（「匪斧不克」）或結果（「其則不遠」），而此一動作本身，及其條件與結果，
都與其下文所欲論述的主題有若干相似之處。〈九罭〉除第四章直抒所感以外，
第一章至第三章的寫作手法都與〈伐柯〉類似，〈九罭〉第一至第三章云：「九
罭之魚鱒魴。我覯之子，袞衣繡裳。鴻飛遵渚，公歸無所，於女信處。鴻飛遵
陸，公歸不復，於女信宿」，三章均先藉九罭之魚或遵渚、遵陸之鴻起興，藉
以引發下文所欲論述的「之子」與「公」；而與〈伐柯〉同中有異的是〈九罭〉
並未對起興之物有近一步的評述。

　　然而二詩相異之處，實遠多於相似之處：首先，章數即已完全不同，其

〔註91〕吳宏一：《詩經新繹・國風編・國風三》，頁324。
〔註92〕吳宏一：《詩經新繹・國風編・國風三》，頁188。

次，取興之物也不同，而寫法上雖可勉強稱為類似，亦同中有異，除上文所述者外，如顧廣譽云：「〈伐柯〉之體直，〈九罭〉之體曲」，〔註93〕體會顧氏之語，大概是指〈伐柯〉取柯為喻，詩文中亦自解喻義，而〈九罭〉則連取九罭、鱒、魴與鴻、渚、陸為喻，詩文中卻未疏釋其脈絡，故其體相較於〈伐木〉是為「曲」。而二詩的抒情基調，〈伐柯〉為喜，〈九罭〉為悲，亦迥不相侔。最後，則是〈伐柯〉、〈九罭〉二詩的敘事角度與對象完全不同，〈伐柯〉的敘事者明顯只有「我覯之子」的「我」，抒懷的對象是「之子」，是直截的單線結構；〈九罭〉則是多音複調，敘事者應是「我覯之子」的「我」，而對象則有「公歸無所／不復」的「公」、「於女信處／信宿」的「女」，因此包涵了「我－之子」、「公－女」、「我－公」等錯綜往來的關係。

因此，經上文梳理〈伐柯〉、〈九罭〉的文本後，可見內容幾乎完全不同的〈伐柯〉、〈九罭〉，卻有完全相同的《序》，此一現象究竟反映了《詩序》的何種解經觀念？

2. 〈伐柯〉《序》與〈九罭〉《序》之「同文現象」所展現的《詩序》解經觀念之一斑

就上文討論可見，〈伐柯〉、〈九罭〉文本明顯異多於同，而此二詩之《詩序》卻有完全相同的內容；這首先就挑戰讀者不應以「是否合於文本結構」的標準來衡量《詩序》。更可見《詩序》所在意的，應該不是單一文本的詮釋是否切當，而在於整體《詩》義的脈絡，亦即：每一首詩的意義在《詩序》看來，其意義並不是只由詩文本身確定的，或者說，《詩序》認為從詩文本身尋研而得的詩義只是次要的。《詩序》所闡發的《詩》義，大多是每一首詩各自在其所屬的〈風〉、〈雅〉、〈頌〉次序中，所具體而微地展現《詩》作為「經」的經學意義。故欲理解《詩序》，除了紬繹每一詩的文本意義，也不能忽略〈風〉、〈雅〉、〈頌〉格局與《詩序》對《詩》作為「經」的整體建構之影響。

因此，只要將〈豳風〉七詩的《序》文視為一個整體而連貫的文本來解讀，應該可以嘗試解釋何以〈伐柯〉《序》與〈九罭〉《序》會有完全相同的內容，關於這一點，雖然徐復觀已指出〈豳風〉七詩的《序》文「這是以周公為主題的系統」，〔註94〕不過徐氏沒有說明這個系統的內在聯繫，且只取《首序》，於疏解這一系統也嫌不備；而事實上，在毛公未「分眾篇之《義》，各置於其

〔註93〕〔清〕顧廣譽：《學詩詳說》，卷十五，《續修四庫全書》，第 72 冊，頁 149。
〔註94〕徐復觀：《中國經學史的基礎》，頁 156。

篇端」之前，〔註95〕《詩序》就是以此文本形態流傳，甚至可以說，以〈風〉、
〈雅〉、〈頌〉格局來理解《序》文，也許正是《詩序》作者預設的閱讀方式之
一：

> 〈七月〉，陳王業也。周公遭變，〔註96〕故陳后稷、先公風化之所
> 由，致王業之艱難也。〔註97〕
>
> 〈鴟鴞〉，周公救亂也。成王未知周公之志，公乃為詩以遺王，名之
> 曰〈鴟鴞〉焉。〔註98〕
>
> 〈東山〉，周公東征也。周公東征，三年而歸，勞歸士，大夫美之，
> 故作是詩也。一章言其完也，二章言其思也，三章言其室家之望女
> 也，四章樂男女之得及時也。君子之於人，序其情而閔其勞，所以
> 說也。「說以使民，民忘其死」，其唯〈東山〉乎？〔註99〕
>
> 〈破斧〉，美周公也。周大夫以惡四國焉。〔註100〕
>
> 〈伐柯〉，美周公也。周大夫刺朝廷之不知也。〔註101〕
>
> 〈九罭〉，美周公也。周大夫刺朝廷之不知也。〔註102〕
>
> 〈狼跋〉，美周公也。周公攝政，遠則四國流言，近則王不知。周大
> 夫美其不失其聖也。〔註103〕

〈豳風〉這七首詩，若僅單獨觀察《詩序》的內容，顯然《詩序》將〈七
月〉、〈東山〉二詩視為〈豳風〉的關鍵，故著重在此二詩之《序》文闡釋其意
義；故〈豳風〉七詩之《序》因此可以以劃分為二個段落：

第一個段落為：〈七月〉、〈鴟鴞〉、〈東山〉，是周公遭變而平亂的始末，
從「周公遭變」到「周公救亂」乃至於「周公東征」，首先點出時序與事件遞
進的歷程。其次，「后稷」、「先公」、「成王」、「歸士」，「大夫」等相關人物絡

〔註95〕鄭《箋》語，見《毛詩注疏》，卷九之四，頁343。
〔註96〕據鄭《箋》：「『周公遭變』者……」，知當如此讀，《毛詩注疏》，卷八之一，
　　　　頁279。
〔註97〕《毛詩注疏》，卷八之一，頁279。
〔註98〕《毛詩注疏》，卷八之二，頁292。
〔註99〕《毛詩注疏》，卷八之二，頁294。
〔註100〕《毛詩注疏》，卷八之三，頁300。
〔註101〕《毛詩注疏》，卷八之三，頁301。
〔註102〕《毛詩注疏》，卷八之三，頁302。
〔註103〕《毛詩注疏》，卷八之三，頁303。

繹出場。而周公在這一過程中所思所感為何？乃是從遭變而思先人：「陳后稷、先公風化之所由」，既而應對此變局而未受諒解：「成王未知周公之志」，乃至於終平亂局：「三年而歸，勞歸士」。而〈東山〉《序》作為樞紐，其云：「大夫美之，故作是詩也」，也為以下四詩的《序》文預示基調。

　　第二個段落為：〈破斧〉、〈伐柯〉、〈九罭〉、〈狼跋〉，這四首詩的《序》文有一貫的主旋律：「美周公也」，而其間則分布同中有異的次要主題以映襯主旋律。首先仍是時序與事件的發展：「惡四國」、「刺朝廷之不知」、「周公攝政，遠則四國流言，近則王不知」，其人物則有「周大夫」、「四國」、「朝廷」、「王」；但這四首詩的《序》文一反上述三詩《序》文的作法，不再描述周公內心的所思所感，而是就從「周大夫」的角度理解周公。尤其〈狼跋〉一詩的《序》文，「遠則四國流言，近則王不知」總結上述〈破斧〉、〈伐柯〉、〈九罭〉三詩的《序》文，也很好地闡發了周公與〈豳風〉的意義：「不失其聖」。

　　從這樣的脈絡裡，也可以嘗試理解為什麼〈伐柯〉、〈九罭〉的《序》文會完全相同，大抵《詩序》認為「成王未知周公之志」、「近則王不知」，很大程度是因為「朝廷之不知也」，朝廷近在王之左右，本宜鑒察以告天聽，卻亦不知周公之聖，《詩序》對此深有所慨，是以在〈伐柯〉、〈九罭〉的《序》中屢致其意。這正是〈伐柯〉《序》、〈九罭〉《序》之「同文現象」所展示的解經觀念：《詩經》中的每一首詩，是作為其在〈風〉、〈雅〉、〈頌〉的整體格局中，《詩序》闡發經義所須的一個環節；而〈伐柯〉與〈九罭〉則被《詩序》認為是〈豳風〉七詩之《序》文所展示的周公聖人典範中，同樣為「刺朝廷之不知也」這一子題服務的部分，所以竟有相同的《序》文。

第二節　從「同文現象」論《詩序》的解經觀念與方法

　　從上述所論〈伐柯〉《序》、〈九罭〉《序》的「同文現象」，可證《詩序》的解經觀念與方法乃重視《詩經》的整體理解與經學建構，此一點，諸家也有所討論，如：姜亮夫云：「說《詩》而為全篇立大義者，實自漢儒始。此亦漢師讀經之大例也。大毛公主立大義。《詩》大《序》總攝三百五篇，立大義也。春秋戰國傳注之家無此例。此蓋亦小毛公雜采諸說而為之……故其

說亂無法紀」，〔註104〕朱東潤云：「自戰國末師引《詩》三百五篇，推論作者之志，於是言志之說大盛，而推求之事亦日進……春秋間所見者往往為一章一句之微，至此始就其全體立論；秦漢間所見者，借作者之成篇，以寓己意，至此始推求作者之意也」，〔註105〕劉操南云：「說《詩》重視《詩》的全書及各篇的全篇大義，始於毛《詩》」，〔註106〕李霖云：「重視詩篇間的關聯並建構體系並不始於鄭玄，《詩序》已將相鄰詩篇繫以相同的世代或相近的主題。」〔註107〕

又陳桐生云：「毛《詩》對《魯詩》『四始說』的最大吸取，就在於它將《詩三百》看作是一個始於〈關雎〉的完整教化體系」，又：「從詩學體系來說，毛《詩》比《孔子詩論》和《魯詩》都要簡潔，也更為嚴密，因為它只有一個一以貫之的主題，與當時哲學、倫理、政治思路完全相合。」〔註108〕

以上諸家都已經很敏銳地將《詩序》放在先秦兩漢詩學、思想背景中觀察，此一問題下文另有補充，此暫不討論。而陳桐生指出《詩序》的用意在於建構一個「完整教化體系」，「只有一個一以貫之的主題」，很有見地，然而陳氏的出發點是《魯詩》，其視角仍然有若干侷限。且前文也只以〈豳風〉之《序》為證，是以關於《詩序》的解經觀念與方法尚有賸義可說，故下文擬在《詩序》的解經觀念方面，提出三點補充：首先，在于鬯的「異篇同《序》」說的基礎上加有修正，證明前文從〈伐柯〉《序》、〈九罭〉《序》的「同文現象」論《詩序》的解經觀念並非孤證。其次，並指出《詩序》解詩，多整體地觀照〈風〉、〈雅〉、〈頌〉格局中，每一詩所在的前後詩篇為說。最後，討論〈詩大序〉對《詩》之為「經」的整體性論述與經學建構。此外，附帶說明在《詩序》的解經方法方面，《詩序》也是先秦兩漢時期《詩》學從釋義走向訓詁的先聲。

〔註104〕姜亮夫：〈《詩切》序〉，〔清〕牟庭：《詩切》，第 1 冊，頁 4，此語又見姜氏〈《國風詩旨纂解》序〉：「說《詩》而為全篇立大義者，實自漢儒始」，郝志達主編：《國風詩旨纂解》（天津：南開大學出版社，1990 年 2 月），頁 1。
〔註105〕朱東潤：《詩三百篇探故》，頁 9。
〔註106〕劉操南：《詩經探索》，頁 19。
〔註107〕李霖：〈從《大雅·思齊》看鄭玄解《詩》的原則〉，《中國經學》第 15 輯，頁 64〜65。
〔註108〕陳桐生：《禮化詩學：詩教理論的生成軌迹》（北京：學苑出版社，2009 年 3 月），頁 46、51。

一、《詩序》的解經觀念補論

1. 于鬯「異篇同《序》」說修正

于鬯云：「鬯以為《古序》本為一篇，故有異詩同序之例，如：〈日月〉《序》云：『衛莊姜傷己也』、〈終風〉《序》亦云：『衛莊姜傷己也』，在《古序》必本作：『〈日月〉、〈終風〉，衛莊姜傷己也。』〈雄雉〉《序》云：『刺衛宣公也』、〈匏有苦葉〉《序》亦云：『刺衛宣公也』，在《古序》必本作：『〈雄雉〉、〈匏有苦葉〉，刺衛宣公也。』此類甚多，至有連數詩而同《序》者；自散《序》於各詩之首，乃不得不各著之。此實顯而可見，而前人卻未拈出」，又：「此詩（〈伐柯〉）未見刺朝廷不知周公之意，據下篇〈九罭〉《序》云：『〈九罭〉，美周公也，周大夫刺朝廷之不知也。』二篇之《序》同，鬯疑《古序》本一篇，必有異篇同《序》者，見〈摽有梅〉篇校。〔註109〕此兩詩蓋亦當同《序》云：『〈伐柯〉、〈九罭〉，美周公也，周大夫刺朝廷之不知也。』（原注：自兩詩同《序》之外，有三詩、四詩、五詩，多至九詩而《序》者，如：〈將仲子〉、〈叔于田〉、〈大叔于田〉皆云『刺莊公也』，是三詩而同《序》也。〈有女同車〉、〈山有扶蘇〉、〈蘀兮〉、〈狡童〉皆云『刺忽也』，是四詩而同《序》也。〈正月〉、〈十月之交〉、〈雨無正〉、〈小旻〉、〈小宛〉皆云『刺幽王也』，是五詩而同《序》也。〈鼓鍾〉、〈楚茨〉、〈信南山〉、〈甫田〉、〈大田〉、〈瞻彼洛矣〉、〈裳裳者華〉、〈桑扈〉、〈鴛鴦〉皆云『刺幽王也』，是九詩而同《序》也）。」〔註110〕

按于鬯所舉例證，可信者只有〈正月〉、〈十月之交〉、〈小旻〉之《序》與上文已討論的〈伐柯〉、〈九罭〉之《序》二組例證，理由是：

（1）于氏對首《序》、續《序》的立場不明：于氏的基本主張是續《序》不可信：「此《序》（引按：指〈邶風・柏舟〉之《序》）純是《古序》，絕無續迹可疑」，「此《序》（引按：指〈鄭風・緇衣〉之《序》）未見續迹，當是《古序》，故毛公致失其義」，而「續《序》當即毛公所作，與《傳》出一手」；〔註111〕然于氏論證「異篇同《序》」時，於〈伐柯〉、〈九罭〉一例卻又兼取續《序》，自相矛盾。

（2）于氏所舉「五詩而同《序》」與「九詩而同《序》」之例，其《序》

〔註109〕引按：即上引文。
〔註110〕〔清〕于鬯：《香草校書》，頁223、標點有修正。
〔註111〕以上分見〔清〕于鬯：《香草校書》，頁231、239、210。

文皆是「刺幽王也」,然則于氏何以不云「十四詩而同《序》」,而必分為「五詩而同《序》」與「九詩而同《序》」?蓋因于氏因二者分屬〈大雅〉、〈小雅〉,故分計,故可知于氏「異篇同《序》」之說,其實限指同一〈風〉、〈雅〉、〈頌〉中篇次相連之詩篇而言,之所以有此限制,乃因「異篇同《序》」之說僅為于氏「夫《古序》之於《詩》,宜無不當《詩》意;而不能無錯亂誤繫之處」服務而已,〔註112〕于氏並無意進一步從「異篇同《序》」之現象探索《詩序》的解經觀念與方法。

　　(3)逐一檢覈于氏所舉之例,多僅首《序》相同,續《序》不同,仍非嚴格地「異篇同《序》」,而〈正月〉、〈十月之交〉、〈小旻〉之《序》雖完全相同,但全文只有「刺幽王也」數字,無所謂首《序》、續《序》之分,故雖意義不大,但仍是上文所討論的《詩序》特殊解經觀念之一斑。

2. 《詩序》在〈風〉、〈雅〉、〈頌〉格局中對每一詩所屬篇次的前後關照

　　徐復觀指出《詩序》中有「以事為主題加以組合」,也有「以義為主題而貫通成為系統的」,〔註113〕所舉例證均屬本節所說的「前後關照」,不過與其以「事」、「義」為分類標準,不如以詩篇為段落,更可見《詩序》致力於「前後關照」的用心:

　　如〈麟之趾〉之《序》:「〈麟之趾〉,〈關雎〉之應也。〈關雎〉之化行,則天下無犯非禮,雖衰世之公子,皆信厚,如麟趾之時也」,〔註114〕《詩序》又云:「然則〈關雎〉、〈麟趾〉之化,王者之風,故繫之周公」,〔註115〕按〈關雎〉為〈周南〉第一篇,〈麟之趾〉為〈周南〉最後一篇,則《詩序》於〈周南〉不僅首尾呼應,其次序也具體而微地重現了〈關雎〉教化流行的歷程。

　　如〈騶虞〉之《序》:「〈騶虞〉,〈鵲巢〉之應也。〈鵲巢〉之化行,人倫既正,朝廷既治,天下純被文王之化,則庶類蕃殖,蒐田以時,仁如騶虞,則王道成也」,〔註116〕《詩序》又云:「〈鵲巢〉、〈騶虞〉之德,諸侯之風也,先王

〔註112〕〔清〕于鬯:《香草校書》,頁223。
〔註113〕徐復觀:《中國經學史的基礎》,頁155～156,原書圈點省略。
〔註114〕《毛詩注疏》,卷一之三,頁44。
〔註115〕《毛詩注疏》,卷一之一,頁19,按此處《詩序》稱〈麟之趾〉為〈麟趾〉,此二名稱亦同見於上引〈麟之趾〉《序》,則或係僅偶然簡省,或《詩序》所據《詩經》文本不同。
〔註116〕《毛詩注疏》,卷一之五,頁68。

之所以教，故繫之召公」，〔註117〕按〈鵲巢〉為〈召南〉第一篇，〈騶虞〉為〈召南〉最後一篇，〈召南〉一如〈周南〉，《詩序》亦以為前後相應。

如〈魚麗〉之《序》：「〈魚麗〉，美萬物盛多，能備禮也。文、武以〈天保〉以上治內，〈采薇〉以下治外，始於憂勤，終於逸樂，故美萬物盛多，可以告於神明矣。」〔註118〕按〈魚麗〉為〈鹿鳴〉之什的最後一篇，故《詩序》乃於此處總論〈鹿鳴〉一什，且又因〈鹿鳴〉一什為〈小雅〉之首，故《詩序》於此發揮經義。

如〈六月〉之《序》：「〈六月〉，宣王北伐也。〈鹿鳴〉廢，則和樂缺矣。〈四牡〉廢，則君臣缺矣。〈皇皇者華〉廢，則忠信缺矣。〈常棣〉廢，則兄弟缺矣。〈伐木〉廢，則朋友缺矣。〈天保〉廢，則福祿缺矣。〈采薇〉廢，則征伐缺矣。〈出車〉廢，則功力缺矣。〈杕杜〉廢，則師眾缺矣。〈魚麗〉廢，則法度缺矣。〈南陔〉廢，則孝友缺矣。〈白華〉廢，則廉恥缺矣。〈華黍〉廢，則蓄積缺矣。〈由庚〉廢，則陰陽失其道理矣。〈南有嘉魚〉廢，則賢者不安，下不得其所矣。〈崇丘〉廢，則萬物不遂矣。〈南山有臺〉廢，則為國之基隊矣。〈由儀〉廢，則萬物失其道理矣。〈蓼蕭〉廢，則恩澤乖矣。〈湛露〉廢，則萬國離矣。〈彤弓〉廢，則諸夏衰矣。〈菁菁者莪〉廢，則無禮儀矣。〈小雅〉盡廢，則四夷交侵，中國微矣。」徐復觀認為：「此（〈六月〉）《序》凡二百一十四字把〈小雅〉的意義，從反面貫通成一個系統」，〔註119〕可備一說；然〈六月〉一詩據鄭《箋》：「從此至〈無羊〉十四篇，是宣王之變〈小雅〉」，〔註120〕則〈六月〉為變〈小雅〉之首，故《詩序》於此通論〈六月〉以前所有正〈雅〉詩篇。

而〈大雅〉、三〈頌〉中，《詩序》雖皆無與上述相同的論述，但也沒有足以否證上述特色的例證，故應無損《詩序》重視整體性，以及重視〈風〉、〈雅〉、〈頌〉格局對詩篇的影響等特色。

3. 《詩序》對《詩》之為「經」的整體性論述

（1）《詩》之發生與體裁

a. 《詩序》：「詩者，志之所之也，在心為志，發言為詩」，〔註121〕《毛

〔註117〕《毛詩注疏》，卷一之一，頁19。

〔註118〕《毛詩注疏》，卷九之四，頁341。

〔註119〕徐復觀：《中國經學史的基礎》，頁157，徐氏所指的正面是上引〈魚麗〉之《序》。

〔註120〕以上均見《毛詩注疏》，卷十之二，頁357。

〔註121〕《毛詩注疏》，卷一之一，頁13。

詩正義》：「此又〔註122〕解作詩所由」，〔註123〕然而《詩序》此語有二問題：

首先，《詩序》中「志／情」、「言／音」的意義為何？是否相同？

此問題由《詩序》下文引起：「情動於中而形於言，言之不足，故嗟嘆之，嗟嘆之不足，故永歌之，永歌之不足，不知手之舞之，足之蹈之也」，〔註124〕推考上下文，則《詩序》中「志／情」、「言／音」的涵義是否相同？

這一問題，從《毛詩正義》以降就認為二者相同：「『情動於中』，還是『在心為志』，『而形於言』，還是『發言為詩』，上辨詩從志出，此言為詩必歌，故重其文也」，〔註125〕近代學者亦多從此說，如：

朱自清云：「『志』與『情』原可以是同義詞；感於哀樂，『以風其上』，就是『言志』。」〔註126〕

盛廣智云：「先秦儒家一般只談『志』而不談『情』，而《毛詩序》卻明確地把二者結合起來，既肯定了人的自然本質（『情』），也肯定了人的被社會所規範了的思想（『志』）。」〔註127〕

蔣凡、顧易生云：「（《毛詩序》）於是提出『抒情』說作為『言志』說的必要理論補充……但『情』與『志』是怎樣產生的呢？《詩大序》雖沒有進一步論述。」〔註128〕

王文生云：「『詩言志』在實質上就是『詩言情』。」〔註129〕

包兆會云：「《毛詩序》卻第一次將『情』與『志』聯繫起來，它一方面肯定了『詩者，志之所之也。在心為志，發言為詩』，另一方面又強調了詩歌是『吟咏性情的』，『情動於中而形於言，言之不足，故嗟嘆之，嗟嘆之不足，故

〔註122〕所以稱「又」，乃因《毛詩正義》將《詩序》「今分為十五節，當節自解次第」，此即其科段說，故《毛詩正義》認為本節承上文，所以稱「又」。

〔註123〕《毛詩注疏》，卷一之一，頁13。

〔註124〕《毛詩注疏》，卷一之一，頁13。

〔註125〕《毛詩注疏》，卷一之一，頁13。

〔註126〕朱自清：《詩言志辨》，收在《朱自清古典文學論文集》，頁210。

〔註127〕盛廣智：《詩三百精義述要》（長春：東北師範大學出版社，1988年12月），頁287。

〔註128〕蔣凡、顧易生：《先秦兩漢文學批評史》（上海：上海古籍出版社，1990年4月），頁402，原文如此，「雖」字當衍。

〔註129〕王文生：〈「詩言志」——中國文學思想的最早綱領〉，《中國文哲研究集刊》第3期（1993年3月），頁257，後收入王文生：《詩言志釋》（北京：生活·讀書·新知三聯書店，2012年10月）。王氏之說又見〈兩漢文學的理論批評〉，《臨海集》（西安：陝西人民出版社，1983年11月），頁79～80。

永歌之。』」〔註130〕

　　鄭偉云：「『情』明顯是作為『言志』的媒介而發揮作用的，它保證了詩人的『言志』是一個自然合理的過程……《詩大序》首次將『吟詠情性』之說引入詩學理論……『吟詠情性』的《詩大序》觀念包含了以下兩層意思。第一，既然《詩經》是有德之人『吟詠情性』的產物，那麼這裡的『情性』當是一種規範化的心理結構。……第二，強調『情性』發露的自然性與合理性，認為《詩》的『情性』是真實無妄的。」〔註131〕

　　不過學者對此問題，或認為：《詩序》對「志」、「情」本身就沒有明確的看法，或者仍在調和中，如：簡良如則認為「如〈樂記〉般以『情』為『詩』之根源的說法，在當時應是流傳、影響甚大的一種主張。〈大序〉因此亦希望能回應此主張，提出自身之意見，或因而促使『言情』與『言志』兩種看法解消其對立」，〔註132〕但縱使《詩序》中「志／情」並列的原因誠如簡氏之說，則《詩序》之調和亦不甚成功，因為陳桐生云：「心志與情感之間是什麼關係？詩歌所抒寫的究竟是『志』還是『情』呢？這個孔門弟子後學沒有最終解決的問題，《毛詩序》也沒有給予明確的說明」。〔註133〕

　　另一方面，或否定「志」是「情」，如：鄭毓瑜曾質疑王文生之說，〔註134〕李直方指出情志的差別在於四個方面：志較堅定、由理智統率、多家國時政之感、較深切；情較短暫、不免意氣用事、多四時離合之感、情強烈時則變為志，〔註135〕鄧昭祺則認為：「『志』側重於理性方面，與感性的『情』截然不同。……但作者在下面馬上接著說：『情動於中而形於言』。這樣，就不免使讀者有點眼

〔註130〕 包兆會：《西漢初中期文藝思想研究》（南京：南京大學出版社，2013 年 3月），頁182，按：「吟咏性情的」當作「『吟詠性情』的」，又引文止於「故永歌之」，也未妥。

〔註131〕 鄭偉：《《毛詩大序》接受史研究》，頁67～69，又參頁60。

〔註132〕 簡良如：《從「言志／言情」論《詩經》詩學》（臺北：國立台灣大學中國文研究所碩士論文，1998 年 5月），頁24。

〔註133〕 陳桐生：《禮化詩學：詩教理論的生成軌迹》，頁65。

〔註134〕 鄭毓瑜：〈《詩大序》的抒情界域〉，《文本風景——自我與空間的相互定義（全新增訂版）》（臺北：麥田出版，2014 年 12 月），頁240、280。

〔註135〕 李直方：〈騷經「哀志」九歌「傷情」說〉，《漢魏六朝詩論稿》（香港：龍門書店，1967 年 12 月），頁4，然李氏此語並非專論《詩序》，引錄於此，雖未必合於李氏文義，但因有助於釐清概念，故仍轉用於此，請讀者注意。另參梁潮：〈《毛詩大序》「風」說論析〉，收入趙盛德主編：《中國古典文學理論名著探索》（桂林：廣西範大學出版社，1989 年 2 月），頁66～67。

花繚亂，弄不清究竟詩的產生跟『志』和『情』有些什麼關係」，〔註136〕而陳
昌明指出「詩言志」不能是「詩言情」的理由是：「『言志』說缺乏『美如何可
能？』的重要反省與自覺。需待『緣情』之說起，始對此問題有深入的探討」，
〔註137〕陳昌明之說確實指出「志」不能是「情」的關鍵。則《詩序》的「志」、
「情」分別是什麼意思？也許重新思考《毛詩正義》的分段，就可以合理地解
釋《詩序》何以分用「志」與「情」：「詩者，志之所之也，在心為志，發言為
詩」，此是一段，言作詩的理由與過程；而「情動於中而形於言，言之不足，故
嗟嘆之，嗟嘆之不足，故永歌之，永歌之不足，不知手之舞之，足之蹈之也」，
此又一段，〔註138〕言歌誦詩篇的過程，彼此論述的主題不同，而歌詩者很難說
有什麼「志」，較多的只是「情」，故《詩序》「志」、「情」分用，其義有別。

　　其次，「詩者，志之所之也」在當時諸多論詩之語中，有何新義？

　　要解決這一問題，須先疏釋「詩者，志之所之也」的字義。「志之所之」，
「所之」之「之」訓「至」，〔註139〕句義謂詩為「志之所至」，故〈孔子閒居〉：
「孔子曰：『志之所至，詩亦至焉』」，〔註140〕又《毛詩正義》解為：「人志意

〔註136〕鄧昭祺：〈《毛詩序》新探〉，《香港大學中文系集刊》第4卷（2000年），頁
　　　　52，按目錄「祺」作「琪」，今據該文首頁名銜。

〔註137〕陳昌明：《六朝「緣情」觀念研究》（臺北：國立台灣大學中國文研究所碩士
　　　　論文，1987年5月），頁75。

〔註138〕鄭毓瑜將上述兩段「視為是一個意念完整的段落來看，就像孔穎達所
　　　　說……」，《文本風景——自我與空間的相互定義（全新增訂版）》，頁242，
　　　　然孔穎達實將鄭氏所引文視為兩段。

〔註139〕陳子展引此語，在「之」字下括注「往」，是讀「之」為「往」，《詩經直解》，
　　　　頁27，又陳世驤：〈中國詩字之原始觀念試論〉：「而此『之』為『向往』之
　　　　意」，《陳世驤文存》（臺北：志文出版社，1975年5月），頁54。請讀者注
　　　　意陳氏所說的「向」、「往」是同義詞。此外，關於陳氏文中所用的文字學材
　　　　料，近來學者有了新的反思，見周泉根：〈從新出楚簡的字形重新考索「詩」
　　　　與「言志」的關係〉，《新出戰國楚簡之《詩》學研究》，頁1～61，惟周氏未
　　　　引陳氏之說。

〔註140〕《禮記注疏》，卷五十一，頁860。按上博簡〈民之父母〉第三簡：「勿（志）
　　　　之所至者，志（詩）亦至安（焉）」，馬承源主編：《上海博物館藏戰國楚竹
　　　　書（二）》（上海：上海古籍出版社，2002年12月），頁158～159，然〈民
　　　　之父母〉與傳世〈孔子閒居〉的文本結構差異頗多，學者多認為〈民之父母〉
　　　　較優，參陳麗桂：〈由表述形式與義理結構論〈民之父母〉與〈孔子閒居〉
　　　　及〈論禮〉之優劣〉，《近四十年出土簡帛文獻思想研究》（北京：中華書局，
　　　　2015年8月），頁311～323，不過陳氏讀為「物之所至者，志亦至焉」，理
　　　　由詳頁315～317，似可從。

之所『之適』也」，〔註141〕均可證，而「詩」、「志」、「之」三字上古韻母同，僅聲母小別，〔註142〕所以如：王念孫云：「案：『詩』、『志』聲相近，故諸書皆訓『詩』為『志』」，〔註143〕《釋名・釋典藝》云：「詩，之也。志之所之也」，〔註144〕「之」與「詩」聲訓。而《詩序》此說的重要性，在於拓展並補充了先秦以來的「詩言志」說，將〈堯典〉中與「歌」、「聲」、「律」並列的「詩」獨立提出，〔註145〕更對「詩」的內涵及形式有詳細的論述：一則在於提出「志」字，否定了不言志之詩的存在，上博簡《孔子詩論》云：「詩無隱志」，〔註146〕即此說的進一步拓展，二則確定詩之為詩的文體規範：詩必須是已「發言」的「志」，尚且不是一般的「志」，有其形式的要求。三則此一「志」字，可以作為《詩序》解《詩》重視「觀政」與「教化」之觀點的基礎，例如《左傳》多云「鄭志」、「宋志」、「齊志」，〔註147〕而《周易・同人》之《象辭》亦云：「唯君子為能通天下之志」，〔註148〕均是其例。

　　b. 《詩序》又云：「故《詩》有六義焉：一曰風，二曰賦，三曰比，四

〔註141〕《毛詩注疏》，卷一之一，頁13。

〔註142〕〔日〕岡村繁：「『詩』『志』『之』從音韻上來看都是同音之語，在此序中，以這種同音與來說明『詩』的意思」，《毛詩正義注疏選箋（外二種）》，頁98，引文省略岡村氏的注音。按：「詩」，上古書母之部，「志」，上古章母之部，「之」，上古章母之部，分見郭錫良：《漢字古音手冊》，頁55、51、49，韻部均同，聲母僅清濁之別。

〔註143〕〔清〕王念孫：《廣雅疏證》（臺北：鼎文書局，1972年9月），卷五上，頁130。

〔註144〕〔清〕畢沅疏證，〔清〕王先謙補：《釋名疏證補》，卷六，收在《小爾雅訓纂等六種》（臺北：鼎文書局，1972年9月），頁115。

〔註145〕鄭毓瑜：「『詩言志』以下則是描述樂教的方式；其中『詩言志』完全沒有提到作詩的問題……『詩言志』也無法單獨截取出來，而是必須與『歌永言，聲依永，律和聲』連言」，《文本風景──自我與空間的相互定義（全新增訂版）》，頁243，不過在古人的理解裡，〈堯典〉就是詩言志的最早出處，如《藝文類聚》卷二十六〈人部・言志〉即首列「《尚書》曰：詩言志」，頁463，又：《文選》卷二十三潘岳〈悼亡詩〉其二：「賦詩欲言志」，李善《注》：「《尚書》曰：『詩言志』」，頁338。

〔註146〕馬承源主編：《上海博物館藏戰國楚竹書（一）》（上海：上海古籍出版社，2001年11月），頁123，「隱」字從李學勤改讀，〈談《詩論》「詩無隱志」章〉，《中國古代文明研究》（上海：華東師範大學出版社，2004年11月），頁276～278。又《孔子詩論》當從虞萬里之說，改稱《孔門詩傳》，見〈《孔子詩論》應定名為「孔門詩傳」論〉，《榆枋齋學林》，頁57～80。

〔註147〕劉文強：〈鄭莊公三論〉，《文與哲》第12期（2008年6月），頁30～35。

〔註148〕《周易注疏》，卷二，頁44。

曰興，五曰雅，六曰頌」，〔註149〕「六義」之取義及其次序問題古今聚訟，
〔註150〕竊以為「風」字何以居首，諸家的解釋尚忽略了兩點：第一，此處
「風」字是否多義？如此處之「風」字非〈風〉、〈雅〉、〈頌〉之「風」義，
則「風」字居首，乃就「作用」方面解釋「風」字，〔註151〕而又因「風」
之「作用」義已提於首，下文論及〈風〉、〈雅〉、〈頌〉處，若再出「風」義
的「風」字則顯重覆，故下云僅云雅、頌，而「風」字從省，故形成如此特
殊的次序。第二，此處是否與《詩序》行文有關？《詩序》全文第一句：「〈關
雎〉，后妃之德也」之下，立即云：「風之始也，所以風天下而正夫婦也，故
用之鄉人焉，用之邦國焉。風，風也，教也。風以動之，教以化之」，〔註152〕
此處所有「風」字顯然都不是指〈風〉、〈雅〉、〈頌〉之「風」，因下文並未
接著討論〈雅〉、〈頌〉，而乃在論「六義」時，才又說「上以風化下，下以
風刺上，主文而譎諫，言之者無罪，聞之者足以戒，故曰『風』」，又云：「是
以一國之事，繫一人之本，謂之『風』」，故《釋文》於「風之始也」之下釋
之為：「此『風』謂十五〈國風〉」，〔註153〕似未妥。則所謂「六義」，雖僅
六字，其義實則有七，而因《詩序》兼采「風」字之二義又照應其行文次序，
故將本作「風、賦、比、興、風、雅、頌」，改為「風、賦、比、興、雅、
頌」的特殊次序。

〔註149〕《毛詩注疏》，卷一之一，頁15。

〔註150〕在此不能細數古今異說，僅能提供較有價值的數種說法，如：戴君仁：〈賦
比興的我見〉，《梅園論學續集》，頁160～166，及文末所附陳槃說、周策縱：
《古巫醫與「六詩」考》，頁190～191、朱淵清：〈六詩考〉，《第三屆詩經
國際學術研討會論文集》（香港：天馬圖書公司，1998年6月）、俞志慧：
《君子儒與詩教──先秦儒家文學思想考論》（北京：生活‧讀書‧新知三
聯書店，2005年3月），頁99～100。此外，最特別是劉大白之說，認為此
一次序是「依發音底異同，而把這六字分為兩類」，《白屋說詩》（北京：中
國書店，1983年6月），頁3。

〔註151〕錢鍾書：「『風』字可雙關風謠與風教兩義」，又云「風，風諫也，風教也」
是「言其作用」，《管錐編》，頁101。而魏炯若則認為「風，風諫也，風教
也」與「上以風化下」乃「意思完全重覆」，「畫蛇添足，沒有必要」，〈關於
《毛詩序》（上）〉，《四川師院學報》第2期（1982年），頁52，實是魏氏忽
略「風」字多義所致，並且刪改重編《詩序》，至少〔清〕陸楣：〈《詩序》
校義〉已發其端，《鐵莊文集》，卷一，《稀見清人別集百種》，第3冊，頁49
～52。

〔註152〕《毛詩注疏》，卷一之一，頁12。

〔註153〕《法偉堂經典釋文校記遺稿》附宋本《經典釋文》，卷五，頁100。

（2）《詩》之施用

《詩序》所體認的《詩》之效用，可分為作詩之效用、用詩之效用兩部分：作詩之效用方面，則詩人藉詩以言志，歌舞詩篇以抒情。用詩之效用方面，主要對象有鄉人、邦國、國史、國君：「故用之鄉人焉，用之邦國焉」，又：「國史明乎得失之迹，傷人倫之廢，哀刑政之苛，吟詠情性，以風其上」，而以上這些施用對象，如用之邦國，從《論語・季氏》：「不學《詩》，無以言」以後，〔註154〕十分常見；但是用之於鄉人、國史，恐怕還是首次出現於先秦兩漢相關的論《詩》之語中。

（3）《詩》之意義

《詩序》認為《詩經》最重要的意義在於「教化」與「觀政」，故《詩經》之重要性無與倫比：「故正得失，動天地，感鬼神，莫近於詩」。〔註155〕而觀政方面，《詩序》云：「〈周南〉、〈召南〉，正始之道，王化之基」，〔註156〕又云：「是謂『四始』，《詩》之至也。始者，王道興衰之所由」，又云：「至于王道衰，禮義廢，政教失，國異政，家殊俗，而變〈風〉、變〈雅〉作矣」，〔註157〕又云：「治世之音安以樂，其政和。亂世之音怨以怒，其政乖。亡國之音哀以思，其民困」，〔註158〕而教化方面，《詩序》多言夫婦，也論及移風易俗之成效：「所以風天下而正夫婦也」，又云：「先王以是經夫婦，成孝敬，厚人倫，美教化，移風俗。」〔註159〕惟關於以夫婦之道建構經學教化的系統，詳下文。

而統觀上述《詩序》之論述，可知《詩序》最重要的解經理念是建構《詩》作為「經」所具備的意義；根據《詩經》的文本結構來闡發《詩》意，應該不是《詩序》的寫作意圖，《詩序》大約也未必會認為根據《詩經》的文本闡發《詩》意有何重要性。〔註160〕所以應該質疑的是：為什麼《詩序》一定要如

〔註154〕 《論語注疏》，卷十六，頁150，邢昺《疏》云：「夫子又言『不學《詩》，無以言』，以古者會同皆賦詩見意，若不學之，何以為言也。」

〔註155〕 《毛詩注疏》，卷一之一，頁14。

〔註156〕 《毛詩注疏》，卷一之一，頁19。

〔註157〕 《毛詩注疏》，卷一之一，頁16。

〔註158〕 《毛詩注疏》，卷一之一，頁14。

〔註159〕 《毛詩注疏》，卷一之一，頁15。

〔註160〕 胡楚生：〈詩序與詩教──從《詩序》內容看《詩經》之教化理想〉：「漢人之作《詩序》，用以說詩，本自另外有其教化之理想存在，推其用意，本不用為解說《詩經》作者作詩之本義而發」，《經學研究論集》（臺北：臺灣學生書局，2002年11月），頁49。

後來的經學家一樣，必須在文本的結構中合理地闡發《詩經》的文本義？後
人從文本解讀的角度批判《詩序》不合《詩》意，除刻意忽略《詩序》的寫作
意圖外，也可以觀察出一個經學史的脈絡：時代越晚，經學家的「文本意識」
越發強烈，於是如何合理地在文本結構中闡發、傳承既有的深刻經學義理，
而非改讀以申發一己思想，便成為後來者任重道遠的新問題。

二、《詩序》的解經方法

車行健指出《詩序》的主要內容有四：美刺、時世、事件、議論，〔註161〕
分類恰當，不過關於《詩序》的解經方法，可以另分為四：指明作者與時世、
分章釋義、稱引異說、單字為訓，以下略作討論，並指出其解經方法在《詩》
學史上的意義。

1. 指明作者與時世

《毛詩正義》論及《詩經》中各詩作者是否自道姓名的問題：「〈頌〉及
〈風〉、〈雅〉正經，唯〈公劉〉等三篇言召康公以外，皆不言作者姓名……推
此則太子之傅及寺人譚大夫不言姓名，亦為微也。又變〈風〉唯〈七月〉、〈鴟
鴞〉言周公所作，其餘皆無作者姓名，亦以諸侯之大夫位，比天子之士官位，
亦微，故皆無見姓名者也；唯魯人作〈頌〉，非常，特詳其事，言行父請周史
克作〈頌〉耳」，〔註162〕而《詩序》則明言《詩經》所不言的作者，《毛詩正
義》云「諸《序》皆篇名之下言作人」，〔註163〕則可見《詩序》解《詩》，首
先知人論世，確定詩篇的背景與範圍。

2. 分章釋義

分章、句在《傳》、《箋》中篇篇皆然，但此一分章、句的解經方法，《詩
序》中僅見於〈東山〉之《序》：「一章言其完也，二章言其思也，三章言其室
家之望女也，四章樂男女之得及時也。」〔註164〕而其分四章，毛《傳》同，
《傳》或取《序》為說。

3. 稱引異說

《詩序》稱引異說之處，僅見〈絲衣〉之《序》一例：「〈絲衣〉，繹賓尸

〔註161〕車行健：《釋經以立論──漢代毛鄭詩經經解的思想探索》，頁37、212。
〔註162〕《毛詩注疏》，卷十二之一，頁393，引文據《校勘記》改。
〔註163〕《毛詩注疏》，卷十二之三，頁420。
〔註164〕《毛詩注疏》，卷八之二，頁294。

也。高子曰：『靈星之尸也』」，〔註165〕而高子問題，說詳下章。

4. 單字為訓

《詩序》的單字相訓，明顯的例證如下：「風，風也，教也」、〔註166〕「雅者，正也」、〔註167〕〈召旻〉之《序》：「『旻』，閔也，閔天下無如召公之臣也」、〔註168〕〈賚〉之《序》云：「『賚』，予也」、〔註169〕又〈般〉之《序》云「『般』，樂也」，然〈般〉之「『般』，樂也」，今阮刻本《毛詩注疏》所據底本誤作鄭《箋》之語，實則《毛詩正義》明云「『般』，樂也，為天下所美樂。《定本》『般樂』二字為鄭《注》，未知孰是。」〔註170〕則可知《正義》所據本〈般〉之《序》有「般，樂也」一句，但《毛詩正義》未敢確定異本的是非而已。而何以《毛詩注疏》中所附經、《序》、《傳》、《箋》、《釋文》與《毛詩正義》的疏解文字時有矛盾之故，說已詳上文。

但除了《詩大序》以外，何以《詩序》的單字相訓均為解釋篇名？乃〈召旻〉、〈賚〉、〈般〉二詩的篇名較為特殊，《毛詩正義》已經指出：「雖有『召』、『旻』之字，而其文不次，作者錯綜以名篇，故《敘》特解經之『旻天』，自由天之閔下」、「經無『賚』字，《序》又說其名篇之意」、「經無『般』字，《序》又說其名篇之意。」〔註171〕然而追根究柢，實則此是《毛詩正義》追求《詩序》與《詩經》必須完全對應的解釋觀念所致。〔註172〕

然王金凌云：「因此《毛詩序》中有三處解釋字義而未刊落。一在〈大雅·召旻〉，解釋『旻』字，一在〈周頌·絲衣〉，解釋『尸』字，一在〈周頌·賚〉，解釋『賚』字。《毛詩序》本以解釋篇旨為主，如今卻有三個例外，正足以顯示《毛詩序》就是《毛詩故訓傳》中的『故訓』」，〔註173〕按王說失檢〈般〉

〔註165〕《毛詩注疏》，卷十九之四，頁750。
〔註166〕《毛詩注疏》，卷一之一，頁12。
〔註167〕《毛詩注疏》，卷一之一，頁18。
〔註168〕《毛詩注疏》，卷十八之五，頁697。
〔註169〕《毛詩注疏》，卷十九之四，頁754。
〔註170〕《毛詩注疏》，卷十九之四，頁755。
〔註171〕《毛詩注疏》，卷十九之四，頁697、754、755。
〔註172〕詳拙作：〈釋《毛詩正義》「（於）經無所當」〉，國立政治大學中文系主辦：「道南論衡——2017年全國研究生學術研討會」，2017年11月4日（六），頁1～19。
〔註173〕王金凌：《中國文學理論史：上古篇》（臺北：華正書局，1987年4月），頁303，標點有增補。

一例，故不知《詩序》此類單字相訓，用意全是為解釋篇名不見詩文的特殊現象，不是「例外」，故王氏以此認為《詩序》是《毛詩故訓傳》中的『故訓』，非是，因此等處仍是「解釋篇旨」，王氏並且忽略了《詩序》與毛《傳》有合有不合之處，〔註174〕故王氏遽認為「《毛詩序》就是《毛詩故訓傳》中的『故訓』」，亦可商，而〈絲衣〉一例不是解釋「尸」字，而是引用異說以辨析〈絲衣〉的主題。王氏也忽略前揭《詩大序》中的「單字相訓」例證，且《詩序》有時也解釋《詩》文，但不用「單字相訓」的格式，如〈葛覃〉之《序》云：「則可以歸安父母」，〔註175〕然臧庸、陳奐理解為：「則可以歸，安父母」，〔註176〕陳奐並詳細論證其理據：「『寧，安』，〈釋詁〉文。《說文》：『寧，願詞也』、『寍，安也』，凡訓『安』之字正作『寍』，今通作『寧』，全詩『寧』字皆『寍』也。……《傳》云『父母在，則有時歸寧耳』，此九字是《箋》語竄入《傳》文耳。……是鄭解此詩『歸寧』，實與《左傳》同義，則此云『父母在，則有時歸寧』，《箋》語；非《傳》語，甚顯白也。《箋》解經『歸』字為『歸宗』之『歸』，以『寧』字連上讀；與《傳》釋經『歸』字為『歸嫁』之『歸』，而以『寧』字連下讀者不同。《序》云『則可以歸』，『歸』即『言告言歸』，《序》又云『安父母』，即『寧父母』。……古者后、夫人三月廟見，使大夫寧。有寧父母禮，無歸寧父母禮。《左傳》歸寧，春秋時制；文王初年，不當有此。且此篇三章皆言后妃在父母家事，唯末句纔說到嫁耳；若作『歸寧』連文解，大失經恉。」然細審陳說立論之依據，似皆不無可商：

（1）陳奐認為古禮有寧父母者；但無親寧父母者，此說當否，姑置不論。如其當，又何必取以說此詩？

（2）陳奐認為《左傳》歸寧為春秋時禮，而不合於〈葛覃〉；事實上，陳奐判斷〈葛覃〉不是春秋時禮，乃據其在〈周南〉，遂劃歸文王時詩，然何以見得〈葛覃〉非春秋時詩？

（3）陳奐所理解的章法次序，也有自相矛盾之處，比如其既然承認此中

〔註174〕說詳下章〈《毛詩故訓傳》訓詁的體式、術語、解經方法及其問題〉第五節〈毛《傳》體例概說〉。

〔註175〕《毛詩注疏》，卷一之二，頁30。

〔註176〕〔清〕臧庸：《拜經日記》，卷二，收入《拜經堂叢書》（臺北：藝文印書館，1970年4月），頁12下～14上，〔清〕陳奐：《詩毛氏傳疏》，卷一，第一冊，頁4上，陳氏於「則可以歸」下注：「句」，故知其如此讀，說又見第一冊，頁6下。

有嫁者之事，何以又說：「此篇三章皆言后妃在父母家事」？

（4）陳奐云：「《傳》文：『父母在則有時歸寧耳』，此九字是《箋》語竄入《傳》文耳。《箋》云：『常自絜清以事君子』，但解『害澣害否』句；『父母在則有時歸寧耳』，正解『歸寧父母』句」，按：此是本末倒置之言，正因《傳》有此語，《箋》乃不解；焉得謂《傳》本無此語，《箋》語混入《傳》文？且《箋》解句義，絕不僅此簡略九字而已。陳氏又認為此九字合於它處之《箋》，要解釋這個現象，竄入只是其中一種可能性，何況又缺乏版本證據；這個現象難道不能解釋為《箋》既得《傳》意，它處之《箋》又成體系，能彼此照應嗎？

（5）《詩序》有時也解釋《詩》文，但不用「單字相訓」的格式；而江瀚駁陳奐說：「不知《序》之『歸安父母』，正對經『歸寧父母』而言」，〔註177〕江說是，〈葛覃〉云：「歸寧父母」，《傳》：「寧，安也」，〔註178〕說同《序》，是其證。

總之，以上這四種解經方法實已略具後來《詩經》訓詁專書的雛型，故《詩序》不僅是解說詩義，建構《詩》之為「經」的「專書」，其實也是先秦兩漢時期，《詩》學從釋義走向訓詁的先聲。〔註179〕

第三節　從先秦兩漢思想背景與《詩》學著作蠡測《詩序》的新義

經過上文的疏證，可知《詩序》有特殊的解經觀念與方法，而《詩序》的寫作意圖不大容易為今人理解，是以古人雖云：「〈《尚書》序〉、〈毛《詩》序〉，古今作序大格樣」，〔註180〕然今人如郭紹虞云：「即如《詩大序》一篇在文學

〔註177〕〔清〕江瀚：〈日本竹添光鴻《毛詩會箋》序〉，《慎所立齋文集》（臺北：文海出版社，1980 年），卷二，頁 102～103。

〔註178〕《毛詩注疏》，卷一之二，頁 31。

〔註179〕就「《詩》學專書」的角度來看，現存文獻中，毛《傳》之前只有《詩序》兼有此特色；即令《孔子詩論》也未兼俱上述諸種解經方法。但其它零星文字也不同程度具備了這些特色，最好的例證是《國語·周語》所載羊舌肸解〈昊天有成命〉之語，故蕭璋即認為羊舌肸這段解釋：「已經具備了詩傳的雛型」，〈毛傳條例探原〉，《文字訓詁論集》，頁 20～23，又參李申曦：《先秦解《詩》研究》（西安：陝西師範大學碩士論文，2017 年 5 月），頁 11～18。

〔註180〕〔元〕盧摯：《文章宗旨》，張健：《元代詩法校考》（北京：北京大學出版社，2001 年 9 月），頁 4。

批評史上較為重要者,亦不過彙萃舊說略加整理而已」,〔註181〕朱東潤亦云:
「其(《詩大序》)言為吾國論詩諸作中有名之篇幅,而其為雜糅而成之作品,
則有可以指者」,〔註182〕此誠不免失考《詩序》作意。然而,上文所論列的
《詩序》之特殊解經觀念與方法,也僅僅是先秦兩漢經學、《詩》學思想背景
中《詩序》新義的一部分;因此,下文將匯集諸家論述,較全面地討論先秦兩
漢經學、《詩》學思想中《詩序》的新義為何?

此一問題,趙制陽已經指出:「《毛詩序》的思想,在當時認為是倡舉,
形成漢唐之間學術界的主流地位,這是由於當時的政治制度與教化風尚所促
成的」,〔註183〕可惜趙氏雖然拈出「倡舉」二字,但其解釋又僅同於俗言成
見;而綜合諸家關於《詩序》新義的零星論述,先秦兩漢經學、《詩》學思想
中《詩序》的新義約有六點:首先,從《詩序》所無而它書多有的內容者而
言,《詩序》不言漢興受命、少有讖緯之說,不言天人感應,少言陰陽五行;
反之,而從《詩序》所有而它書罕言的內容而言,《詩序》似有受《春秋》、黃
老學影響之處,《詩序》說《詩》重視夫婦倫,且對《詩經》有整體性的經學
建構。惟對《詩經》有整體性的經學建構一端,前已詳細疏證,故此不贅,以
下僅其餘五點加以申說:

1. 《詩序》不言漢興受命、少有讖緯之說

劉操南云:「魯、齊、韓三家傳《詩》,都為『漢興受命』虛構理論,藉以
迎合世主」,〔註184〕然遍檢《詩序》,並無漢興受命之說,而毛《傳》亦罕言
帝王受命之事,如《毛詩正義》云:「文王受命,毛無明說。」〔註185〕

然而漢代經師於天命授受及帝王尊統所出,莫不三致其意,如眭弘云:
「先師董仲舒有言:『雖有繼體守文之君,不害聖人之受命。』漢家堯後,
有傳國之運」、〔註186〕賈逵云:「又五經家皆無以證圖讖明劉氏為堯後者,
獨《左氏》有明文」,〔註187〕並且東漢光武帝以來,「再受命」問題也重被

〔註181〕郭紹虞:《中國文學批評史》(臺北:文史哲出版社,1990 年 7 月),頁 48。
〔註182〕朱東潤:《中國文學批評史大綱》(臺北:臺灣開明書店,1973 年 4 月),頁
11。
〔註183〕趙制陽:《詩經名著評介》,頁 45,補書名號。
〔註184〕劉操南:《詩經探索》,頁 18。
〔註185〕《毛詩注疏》,卷十六之一,頁 531。
〔註186〕《漢書補注》,卷七十五,頁 1395,《補注》引齊召南曰:「案以漢為堯後,
始見此文,然則弘雖習《公羊》,亦兼通《左氏》矣。」
〔註187〕《後漢書》,卷三十六,頁 332。

提出，實則「再受命」原為讖緯之說，《毛詩正義》云：「《尚書帝命驗》曰：『自三皇以下，天命未去，饗善，〔註188〕使一姓不再命』；然則文王已受赤雀，武王又得白魚者，一姓不再命，謂子孫既衰之後，天不復重命使興耳，非謂創業之君也。文王雖天意與之，而仍未克紂，復命武王，使之統一，故再受命焉」，〔註189〕《毛詩正義》用「一姓不再命，謂子孫既衰之後」與「非謂創業之君也」，解釋何以文、武均受天命，文王甚至再受；然而光武中興，正是「一姓再命」、「子孫既衰之後」，而《後漢書·曹褒傳》載曹充云：「漢再受命，仍有封禪之事，而禮樂崩壞，不可為後嗣法」，〔註190〕其說明與讖緯相違，或其將光武視為創業之君之故。

又程廷祚云：「而其所謂《序》者，獨無荒誕之說」、〔註191〕蔣凡、顧易生云：「但現在流傳的《毛詩序》，卻很少有受讖緯影響的痕跡」；〔註192〕不過有學者認為《詩序》的「四始」之說源出魯《詩》，〔註193〕然《詩序》既未明云所出，且有所改造，則亦可以說《詩序》並非用讖緯之說。而《詩序》何以無讖緯之說？最大可能是時代的緣故，因讖緯者，「通人討覈，謂（偽？）〔註194〕

〔註188〕 引按：〔日〕安居香山、中村璋八：《緯書集成》（石家庄：河北人民出版社，1994 年 12 月）讀為「自三皇以下、天命未去、饗善使一姓不再命」，卷二，《尚書帝命驗》，頁 57，似欠分明，「饗善」者，「善」即善人，亦即《尚書帝命驗》所云「天道無適、莫，常傳其賢者」之「賢者」，《重修緯書集成》，卷二，頁 57。又「適莫」見《論語·里仁》：「君子之於天下也，無適也，無莫也，義之與比」，《論語注疏》，卷四，頁 37，邢昺《疏》云：「適，厚也。莫，薄也」，《尚書帝命驗》正用此義。又可參《老子》七十九章：「天道無親，常與善人」，馬敘倫：《老子校詁》（北京：古籍出版社，1957 年 11 月），頁 197，此語又見《史記·伯夷列傳》，《史記會注考證》，卷六十一，頁 847、《後漢書·郎顗傳》引此語作「易曰」，卷三十下，頁 285。

〔註189〕 《毛詩注疏》，卷十六之一，頁 533。

〔註190〕 《後漢書》，卷三十五，頁 322。

〔註191〕 〔清〕程廷祚：〈《詩》論一：《序》〉，《青溪文集》，卷一，《國家圖書館藏鈔稿本乾嘉名人別集叢刊》，第 3 冊，頁 40。

〔註192〕 蔣凡、顧易生：《先秦兩漢文學批評史》，頁 400。

〔註193〕 陳桐生：《禮化詩學：詩教理論的生成軌迹》，頁 46。

〔註194〕 《急就篇》顏師古《注》云：「先儒通論舊云：『緯書之作，「偽」起哀平』」，張傳官：《急就篇校理》（北京：中華書局，2017 年 8 月），頁 20，但張氏誤標為《先儒通論》，今正。按：唐寫本《文心雕龍·正緯》正作：「通儒討覈，謂『偽』起哀、平」，林其錟、陳鳳金：《文心雕龍集校合編》（臺南：暨南出版社，2002 年 6 月），頁 68，諸家《文心雕龍》注僅舉《尚書正義》、《玉海》為證，尚可補顏注《急就篇》一證，而《尚書正義》、顏師古注之「偽」字，正與唐寫本正合。又：此「通人」即張衡，見《後漢書》卷五十

起於哀、平」。〔註195〕

2. 《詩序》不言天人感應、祥瑞、災異

　　毛《傳》解《詩》，略有天人感應、祥瑞、災異之說，如〈信南山〉：「上天同雲，雨雪雰雰」，《傳》：「豐年之冬，必有積雪」，〔註196〕毛《傳》此處即以天人感應為說，言此是豐年，故上天同雲，昭降積雪之瑞，然〈信南山〉之《序》無此說。又如〈十月之交〉：「彼月而微；此日而微」，《傳》：「月，臣道。日，君道」，〔註197〕顯然毛《傳》此處乃指天以異象示政道有缺，即天人感應思想之體現；然〈十月之交〉之《序》亦無說。

3. 《詩序》少言陰陽五行

　　相較三家《詩》「五際六情」之說，〔註198〕以及毛《傳》中仍有陰陽之說，〔註199〕；然而在《詩序》中，幾乎未見此類說法，僅〈六月〉之《序》云：「〈由庚〉廢，則陰陽失其道理矣」，此一特色不管是在先秦兩漢思想或《詩》學背景中都極為特殊。

4. 《詩序》似有受《春秋》、《論語》、黃老學影響之處

　　《詩序》有用《論語》，〈伐木〉之《序》云「不棄、不遺故舊，則『民德

　　　　九〈張衡傳〉：「讖書始出，蓋知之者寡。……成、哀之後，乃始聞之。……一卷之書，互異數事，聖人之言，豈無若是，殆必虛偽之徒，以要世取資。往者侍中賈逵摘讖互異三十餘事，諸言讖者皆不能說；至於王莽篡位，漢世大禍，八十篇何為不戒？則知圖讖成於哀平之際也」，頁513。然《漢書·于定國傳》載漢元帝云：「推類以紀，不敢專也」，周壽昌云：「此已開東漢信緯之漸」，《漢書補注》，卷七十一，頁1359。
〔註195〕詹鍈：《文心雕龍義證》，頁115。
〔註196〕《毛詩注疏》，卷十三之二，頁461。
〔註197〕《毛詩注疏》，卷十二之二，頁405。
〔註198〕原始的材料大致見於《漢書·翼奉傳》，近人研究頗多，如：糜文開：〈齊詩學的五際六情〉，收入《詩經欣賞與研究（四）》（臺北：三民書局，1987年）、林金泉：〈齊詩學之三基四始五際六情說探微〉，《成功大學學報（人文社會篇）》，第20期（1985年7月），頁49～115、〔日〕堀池信夫：〈緯學詩說考〉，中村璋八編：《緯學研究論叢——安居香山博士追悼》（東京：平河出版社，1993年2月），頁85～111、江乾益：〈齊詩翼氏學述評〉，《第二屆詩經國際學術研討會論文集》，頁395～409。
〔註199〕參謝奇懿：〈毛《詩》學中的陰性特質——以毛《傳》和〈詩序〉為主〉，《陳滿銘教授七秩榮退誌慶論文集》，頁478～500、王振華：〈陰陽學說對毛《傳》解《詩》的影響——兼論對《詩經》「訛言」一詞的正確理解〉，《文藝理論研究》第2期（2010年），頁128～132，本書第四章另有詳細的論述。

歸厚』矣」，〔註200〕語見《論語‧學而》。〔註201〕

又徐建委認為「《詩序》乃是《春秋》學影響下的產物」，理由是「以今本《詩序》觀詩，會發現《詩》以歌詠的方式，完美地呈現了周王朝由興起到衰落的過程所謂『正風』、『正雅』以及〈周頌〉，無論其經文還是《小序》，向我們展開的是周初武王、成王時期的禮樂製作與演行。……而『變雅』，則是幽厲之後，周德既衰的怨刺之詩。『變風』則主要是東周初年王城、諸侯亂季之作品。此雖《詩序》之說，實則暗含編詩之旨。此種編詩意與《春秋》之筆意正相應和」，而「〈大雅〉與〈小雅〉部分詩篇的互換，則更具《春秋》學之色彩。二者互換的結果是大、小《雅》均兼有西周初和西周末之詩，即兼王道之興與王道之衰，頌美與怨刺並存，形成完整的美刺體系。……此種變動應在《春秋》學興起之後，故非孔子所為。聯繫季札論詩之時，此種改動尚未出現，故二《雅》對調，應當是子夏之後的事了。然其完成，必在孟子之前。《詩序》體現的正是這種改動過的編次，以及其中的歷史理論。」〔註202〕

而汪春泓云：「《毛詩序》篇幅雖小但也與黃老學有不解之緣，它包含著有涉於上述君臣關係論的黃老學主題。」〔註203〕

此二說可備參考，然證據略為不足，因為此二說所舉之例，如王道盛衰、美刺、君臣關係等等，都是先秦兩漢思想中的共同命題，有此命題，不足以證明必然有此思想。例如：

墨子、孟子之思想絕不相容，然《墨子‧七患》云：「今有負其子而汲者，隊其子於井中，其母必從而道之」，〔註204〕而《孟子‧公孫丑上》云：「今人乍見孺子將入於井，皆有怵惕惻隱之心」，〔註205〕二家共用相似命題。

又荀子曾非孟子，〔註206〕然《荀子‧大略》：「義與利者，人之所兩有也……故義勝利者為治世，利克義者為亂世」，〔註207〕《孟子‧梁惠王上》：

〔註200〕《毛詩注疏》，卷九之三，頁327。
〔註201〕《論語注疏》，卷一，頁7。
〔註202〕以上均見徐建委：〈《詩》的編次與毛《詩》的形成〉，頁68、71。
〔註203〕汪春泓：〈關於《毛詩大序》的重新解讀〉，《文史探真》（北京：昆侖出版社，2004年7月），頁98。
〔註204〕〔清〕孫詒讓：《墨子閒詁》（北京：中華書局，2001年4月），頁27。
〔註205〕《孟子注疏》，卷十四上，頁252。
〔註206〕見《荀子‧非十二子》，王天海：《荀子校釋》，上冊，頁206，惟自王應麟以降，學者即疑非思孟之語，非荀子原文。
〔註207〕〔清〕王先謙：《荀子集解》，頁791。

「王何必曰利？亦有仁義而已矣」，〔註208〕雖所論不同，然皆義、利對舉，又《荀子·非十二子》：「故勞力而不當民務，謂之姦事；勞之而不律先王，謂之姦心」，〔註209〕亦與《孟子·滕文公上》：「故曰：或勞心，或勞力，勞心者治人，勞力者治於人」略同，〔註210〕又《孟子·梁惠王上》云：「不違農時，穀不可勝食也；數罟不入洿池，魚鱉不可勝食也；斧斤以時入山林，材木不可勝用也。穀與魚鱉不可勝食，材木不可勝用，是使民養生喪死無憾也」，〔註211〕《荀子·王制》亦云：「聖主之制也：草木榮華滋碩之時，則斧斤不入山林，不夭其生，不絕其長也。黿、鼉、魚、鱉、鰌、鱣孕別之時，罔罟、毒藥不入澤，不夭其生，不絕其長也。春耕，夏耘，秋收，冬藏，四者不失時，故五穀不絕，而百姓有餘食也。污、池、淵、沼、川、澤，謹其時禁，故魚鱉優多，而百姓有餘用也。斬伐、養長不失其時，故山林不童，而百姓有餘材也」，〔註212〕所見亦多同。

又孟子、莊子，舊說認為一屬儒家一為道家，然考二者多有相同內容，如：《孟子·盡心下》：「今茅塞子之心矣」，〔註213〕何其似《莊子·逍遙遊》：「則夫子猶有蓬之心也夫」。〔註214〕又《孟子·梁惠王上》：「斧斤以時入山林，材木不可勝用也」，〔註215〕何其似《莊子·逍遙遊》：「不夭斤斧，物無害者」。〔註216〕又《孟子·梁惠王上》：「五畝之宅，樹之以桑，五十者可以衣帛矣；雞豚狗彘之畜，無失其時，七十者可以食肉矣」，〔註217〕何其似《莊子·天下》：「以事為常，以衣食為主，蓄息畜藏，老弱孤寡為意，皆有以養，民之理也」。〔註218〕則歷代以來，不斷有以《莊子》為儒家的呼聲，〔註219〕則其說頗有耐人深思之處。

〔註208〕《孟子注疏》，卷一上，頁 9。
〔註209〕〔清〕王先謙：《荀子集解》，頁 235。
〔註210〕《孟子注疏》，卷五下，頁 97。
〔註211〕《孟子注疏》，卷二上，頁 12。參林宏明：〈試說「數罟不入洿池」的數罟〉，第八屆中國經學國際學術研討會宣讀論文，2013 年 4 月 20 日。
〔註212〕王天海：《荀子校釋》，上冊，頁 381。
〔註213〕《四書章句集注》，《孟子集注》，卷十四，頁 345。
〔註214〕王叔岷：《莊子校詮》（臺北：中央研究院中國文哲研究所，2007 年 6 月，上冊），卷一，頁 33。按錢穆引阮毓崧語已將《孟子》此語與《莊子》比觀，《莊子纂箋》（臺北：東大圖書公司，2009 年 8 月），頁 7。
〔註215〕《孟子注疏》，卷二上，頁 12。
〔註216〕王叔岷：《莊子校詮》，卷一，頁 37。
〔註217〕《孟子注疏》，卷二下，頁 24。
〔註218〕王叔岷：《莊子校詮》，卷五，頁 1294。
〔註219〕參徐聖心：〈「莊子尊孔論」系譜綜述——莊學史上的另類理解與閱讀〉，《臺大中文學報》第 17 期（2002 年 12 月），系統的文本疏證可參鍾泰：《莊子

　　如有引證上述所舉諸例，而指證《孟子》受《墨子》、《莊子》、《荀子》影響者，則《孟子》不豈成雜家？可見徐、汪二氏僅據《詩序》中的若干例證便指稱《詩序》有此思想，其說仍當有所保留。

　　5.《詩序》說《詩》重視夫婦倫

　　管見所及，《論語》或《孔子詩論》論《詩》，罕及夫婦倫；但根據山崎純一的統計，《詩序》中有關「女訓」之語幾達五分之一。〔註220〕而王金凌云：「由於《詩序》的社會思想以齊家為始，因此特別重視夫婦之道。重視夫婦之道並非空想而來，而是有其現實的社會背景，一方面五倫以家為主，而夫婦是家的支柱，另一方面則鍼砭戰國晚期的社會風氣」，又云：「在夫婦之道中，《詩序》又特別重視婦道，以婦道為中心而發揮美刺。」〔註221〕王氏之說從《詩序》思想結構與著作背景立論，其說可從，並且這種對夫婦倫的重視，似與先秦至漢代風氣不無關聯，如〈叔多父盤〉：「利於辟王、卿事、師尹、朋友、兄弟、諸子、婚媾」，〔註222〕婚媾雖在最末，然亦舉之；而後此一觀念遂為漢人論《詩》常語，如《漢書・匡衡傳》載匡衡云：「又臣聞之師曰：妃匹之際，生民之始，萬福之原，婚姻之禮正，然後品物遂而天命全，孔子論《詩》，以〈關雎〉為始，言太上者民之父母，后夫人之行不侔乎天地，則無以奉神靈之統，而理萬物之宜」，〔註223〕但以此夫婦倫為基礎，對《詩》之為「經」作系統的建構，仍推《詩序》為備。

第四節　小結

　　歷代以來的討論《詩序》者，很少將其視為一部成體系的、完整的解經著作，並討論其解經觀念與方法。相反地，大多是環繞其可信與否，展開關

　　　　　發微》（上海：上海古籍出版社，1988年9月），晚近系統的論述如楊儒賓：
　　　　　《儒門內的莊子》（臺北：聯經，2016年2月）。
〔註220〕〔日〕山崎純一：〈女訓書としての漢代の『詩經』〉，《村山吉廣教授古稀紀念：中國古典學論集》，頁206～211，此文中譯本〈做為女訓書的漢代《詩經》——毛《詩》與《列女傳》的基礎性研究〉，收入增野弘幸等著，李寅生譯：《日本學者論中國古典文學：村山吉廣教授古稀紀念集》（成都：巴蜀書社，2005年6月），頁69～92。
〔註221〕均見王金凌：《中國文學理論史：上古篇》，頁315，補書名號。
〔註222〕李學勤：〈叔多父盤與〈洪範〉〉，《中國古代文明研究》，頁103。
〔註223〕〔清〕王先謙：《漢書補注》，卷八十一，頁1458。

於《詩序》作者、文本形態、釋《詩》是否合於文本脈絡等問題的討論，而
「《詩序》解《詩》必須合於文本義」此一觀念既先入為主又深入人心，以至
於從《毛詩正義》的「經無所當」以降，有種種對《詩序》所解之《詩》義的
理論預設：

　　例如龔橙最大程度地開展《詩序》釋《詩》義的諸多用意：「有作詩之誼，
有讀詩之誼，有太師采詩、瞽矇諷誦之誼，有周公用為樂章之誼，有孔子定
詩建始之誼，有賦詩、引詩節取章句之誼，有賦詩寄託之誼，有引詩以就己
說之誼」，〔註224〕而于鬯則認為不合《詩》義的《詩序》不可信，因為他心目
中的《詩序》（于鬯稱為《古序》）必然是：「夫《古序》之於《詩》，宜無不當
《詩》意」，〔註225〕前揭范處義云：「故不敢廢《詩序》者，信六經也，尊聖
人也」；但這些加諸《詩序》之上的期待與前提，卻適反地成為理解《詩序》
的障礙。

　　因此，本文在回顧歷代《詩序》論爭的理論背景後，期望能提出詮釋《詩
序》的新命題，此命題即是：從〈伐柯〉《序》與〈九罭〉《序》的「同文現象」
入手，藉由思考「何以兩首內容不同的詩竟有完全相同的《序》文」這一問
題，來探索《詩序》的解經觀念與方法，及《詩序》在先秦兩漢思想及《詩》
學背景中所具有的的新義。具體的論點如下：

　　1. 逐一梳理〈伐柯〉《序》與〈九罭〉《序》之「同文現象」的四種可能
性，論證此一「同文現象」最可能體現了《詩序》特殊的解經觀念，在比較
〈伐柯〉與〈九罭〉二詩的異同與整體觀察〈豳風〉七詩之《序》後，應可理
解何以〈伐柯〉與〈九罭〉這兩首幾乎完全不同詩，會有相同的《序》，其故
即在《詩序》所重者乃是在〈風〉、〈雅〉、〈頌〉的架構中，理解該詩篇的意
義。

　　2. 進一步在「同文現象」的基礎上，經由修正于鬯的「同篇異《序》」之
說，全面地描述《詩序》的解經觀念，體認《詩序》的重要寫作意圖是建構

〔註224〕〔清〕龔橙：《詩本誼》（光緒己丑九月刻本，據譚廷獻：《半厂叢書》〔臺北：
　　　　華文書局，1970年〕，第一冊），卷首〈序〉，頁7。汪辟疆云：「其實此種見
　　　　解前人亦有言之者，如賀貽孫《詩觸》已開其先，龔氏傳（引按：「傳」字
　　　　疑當作「傳」）益其說變本加厲。流弊所及，必至盡摧故訓，人自為說，皆
　　　　自謂得作詩者之心」，〈方湖日記辛存錄〉，《汪辟疆文集》（上海：上海古籍
　　　　出版社，1988年），頁857。
〔註225〕〔清〕于鬯：《香草校書》，頁223。

《詩》作為「經」的義理典範，並質疑：何以《詩序》一定要與後世經學家一樣，必須在文本的結構中合理地闡發《詩經》的文本義？藉此作為本書所提出的歷代經學家「文本意識」流變之一旁證。

3. 討論《詩序》的四種解經方法，並指出從解經方法的角度觀察，《詩序》其實也是先秦兩漢時期《詩》學從釋義走向訓詁的先聲。

4. 指出《詩序》在先秦兩漢思想與《詩》學背景中，所應具有的六個新義：《詩序》不言漢興受命、少有讖緯之說，不言天人感應，少言陰陽五行，又似有受《春秋》、《論語》、黃老學影響之處，而《詩序》說《詩》重視夫婦倫，且對《詩經》有整體性的經學建構。

第二章 《毛詩故訓傳》的體例、解經方法及其問題

要討論毛《傳》，必須連帶觸及毛《詩》，故本章也討論若干與毛《傳》相關的毛《詩》問題，本章共分為七節，依次討論其著錄、文本形態、書名、作者、體例、訓詁術語與特色，也論及其與《詩序》的關係，及其在今、古文經學的歸屬問題。

第一節 毛《詩》、毛《傳》之著錄及其早期文本形態

一、《漢書‧藝文志》著錄毛《詩》、毛《傳》的問題

毛《詩》，《史記》未見。〔註1〕而《漢書‧藝文志》於《詩》類開首云：「《詩》，經二十八卷，齊、魯、韓三家」，〔註2〕因此處三家合記，故牟庭云：

〔註1〕從司馬遷之生卒年代來說，《史記》應及見毛《傳》，故〔清〕鳳韶已經指出「毛公騰聲河間，在子長前，子長非不見毛《傳》者」，《鳳氏經說》（臺北：世界書局，1988 年 10 月），卷三，頁 78；而〔清〕崔述《讀風偶識》反而認為「《史記》作時，毛《詩》未出」，實誤，說詳馮浩菲：〈崔述《讀風偶識》辨誤一則〉，《第二屆詩經國際學術研討會論文集》，頁 514～521，馮氏又認為「只是由於《史記》主述官學，不細論諸侯王國裡的經學，故僅述三家《詩而》不敘毛《詩》」，又向熹亦云：「在西漢初年，毛《詩》還只是私家之學……所以司馬遷在《史記》裡不曾提到它」，〈《毛詩傳》說〉，《《詩經》語文論集》，頁 249，頁 299 略同。

〔註2〕陳國慶：《漢書藝文志注釋彙編》（北京：中華書局，2006 年 10 月），頁 34，按原標點為「《詩經》二十八卷」，非，說已詳前。

「齊轅固、燕韓嬰俱非別有師受,各就魯經,自推其意」〔註3〕、錢基博云:
「是經文惟毛《詩》為別本;而魯、韓、齊三家經則同一本」,劉毓慶雖未引
牟、錢二氏之說,然其云:「揣其意當言《詩經》三部,皆作二十八卷……並
非謂三家共一經」,〔註4〕是,因《漢書·藝文志》於《易》類亦有同例:「《易》,
《經》十二篇,施、孟、梁丘三家」,〔註5〕而又云:「《章句》,施、孟、梁丘
氏各二篇」,〔註6〕此一「各」字或可證《漢書·藝文志》雖三家合記,而實
有分別;雖此時《易》之經文與《章句》並未合併,〔註7〕然《章句》情況如
此,則經文亦理當如此。

　　《漢書·藝文志》又載:「毛《詩》二十九卷」、「《毛詩故訓傳》三十卷」,
〔註8〕此二處有以下問題:

　　1. 《漢書·藝文志》多將古文經置於〈六藝略〉該類之首,若毛《詩》
是古文經,何以不在《詩》類之首,且未題「古文」?說詳下文駁毛《詩》今
文說處。

　　2. 相較於三家《詩》,《漢書·藝文志》著錄毛《詩》時為何無「經」字?
安井小太郎云:「今本〈藝文志〉:毛《詩》,『經』二十九卷;無『經』字,蓋
脫文矣」,〔註9〕其說非,因李零云:「班志書名,有蒙上省略例,如《尚書古
文經》是《尚書》的古文本,下面的今文本只作《經》,其實就是《尚書經》
的省略」,〔註10〕程元敏亦云:「班〈志〉又著錄『〈記〉百三十一篇』,承上

〔註3〕〔清〕牟庭:〈《詩切》自序〉,《詩切》(濟南:齊魯書社,1983 年 9 月),第
　　　　五冊,頁 2889,按:「各就魯經」之說無據。
〔註4〕劉毓慶:《歷代詩經著述考(先秦─元代)》(北京:中華書局,2002 年 5 月),
　　　　頁 28。
〔註5〕《漢書藝文志注釋彙編》,頁 9,標點有修改。
〔註6〕《漢書藝文志注釋彙編》,頁 16,標點有修改。
〔註7〕惟如錢穆〈兩漢博士家法考〉、魯瑞菁〈「離騷稱經」與漢代章句學〉、樊波成
　　　　等據趙岐《《孟子章句》敘》「具載本文」一語主張章句體「具載經文」,錢、
　　　　魯二說並參樊波成:《老子指歸校箋》(上海:上海古籍出版社,2013 年 8 月),
　　　　頁 39～40,又見樊波成:《《老子指歸》研究》(上海:華東師範大學出版社,
　　　　2020 年 11 月),此說待考。
〔註8〕《漢書藝文志注釋彙編》,頁 37～38。
〔註9〕〔日〕安井小太郎:〈毛詩詁訓傳撰者考〉,《東華》第 68 集(1934 年),頁 35
　　　　下～36 上。
〔註10〕李零:《蘭臺萬卷:讀《漢書·藝文志》》(北京:生活·讀書·新知三聯書店,
　　　　2011 年 1 月),頁 11。

『《禮古經》』省略『《禮》』字」；〔註11〕且亦未見有作「毛《詩》，經二十九卷」之異文，〔註12〕則此無「經」字，即蒙上文而省。

3. 〈藝文志〉所載毛《詩》之「毛」字，學者亦有三說：

（1）洪頤煊云：「《毛詩正義》：『……是獻王始加『毛』也。』頤煊案：《史記》、《漢書》引《詩》皆稱『《詩》曰』，不稱毛《詩》；《說文・自序》其稱『《詩》，毛氏』，注中引《詩》亦皆稱『《詩》曰』，無『毛』字。惟《漢書・藝文志》：『毛《詩》二十九卷』、『《毛詩故訓傳》三十卷』，此即河間獻王所加之本。」〔註13〕按洪說不可信，理由如下：

a. 其實《毛詩正義》於誰題「毛」字，尚有另一說：「毛氏為《傳》，亦應自載『毛』字，但不必冠於『詩』上耳。不然，獻王得之，何知毛為之也，明其自言『毛』矣。」〔註14〕《正義》之意，蓋以為開卷「毛詩國風」之「毛」未必毛公自題，故云「不必冠於『詩』上耳」，雖此時毛《傳》與經文仍分行，但未載經文，仍可以有「毛詩國風」之小題；而《毛詩故訓傳》之「毛」，《正義》則以為乃毛公自題，則又與「是獻王始加『毛』也」一句矛盾，此等處或是《正義》合併舊疏遺留的問題。

b. 鄭玄〈六藝論〉云：「獻王號之曰毛《詩》」，但是否「加之」、「題」之曰毛《詩》？此恐為二事。又引《詩》稱「毛」與書名題「毛」也是不同的情況，未可混同；但引書之例亦有稱毛《詩》者，如許慎《五經異義》：「毛《詩》說：金罍……」，〔註15〕則洪說失考。

c. 〈藝文志〉於《詩》類未明云毛《詩》是河間獻王本，僅云「而河間獻王好之，未得立」而已，〔註16〕然鄭玄《詩譜》云：「魯人大毛公為《詁訓傳》於其家，河閒獻王得而獻之」，〔註17〕則據鄭玄說，獻王本曾入中秘，惟〈藝文志〉既無明文，未可詳考，且據劉歆〈移讓太常博士書〉，又似中秘並

〔註11〕程元敏：《漢經學史》，頁91。
〔註12〕按黃振民：〈漢魯、齊、韓、毛四家詩學考（上）〉引《漢書・藝文志》作「毛詩經二十九卷」，《詩經研究》（臺北：正中書局，1982年），頁17，此係以意增「經」字，不妥。
〔註13〕〔清〕洪頤煊：《讀書叢錄》，《皇清經解諸經總義類彙編》，第二冊，頁1627。
〔註14〕《毛詩注疏》，卷一之一，頁12。
〔註15〕〔清〕陳壽祺：《五經異義疏證》（北京：中華書局，2014年8月），頁16。
〔註16〕《漢書藝文志注釋彙編》，頁42。
〔註17〕《毛詩注疏》，卷一之一，頁11引。

無毛《詩》（詳下文），〔註18〕但不論有無，中秘也應有校書之事，故未必就是獻王所獻原本；而〈藝文志〉若直云「《詩》二十九卷」、「《詩故訓傳》三十卷」，又易與三家《詩》混同，故〈藝文志〉自加「毛」字以別之，亦未必無此可能。

（2）馮浩菲云：「或者毛公當日鑒於《詩》有數家之說，因自題毛，亦未必不可能。」〔註19〕按「自題毛」云云，前人已有此說；然馮說理據不足，因據《漢書‧景十三王傳》知毛萇立博士約當漢景帝二年以後，彼時三家《詩》雖皆已立博士，〔註20〕但毛萇是否及見別家異說，殊未可知。

（3）戴維云：「《漢書‧藝文志》……也只說是毛，并沒說名字，可見班固已不知道毛氏的名字了」，〔註21〕此係不解〈藝文志〉體例之說，按《詩》類從未著錄作者名氏，豈班固皆不知其名？又〈藝文志〉《詩》類中有《齊后氏故》等，豈班固又只知其為后氏，不詳名字？且戴說如可成立，亦應上推至劉向、劉歆時，彼已不知其名字；戴氏係失照〈藝文志〉體例而誤。

4. 三家《詩》二十八卷與毛《詩》二十九差異何在？此蓋已無可詳考。〔註22〕

5. 毛《詩》二十九卷若是只載經文，則《故訓傳》應與經文卷數相同，又何以多出一卷？

施逸霖以為：「二十九卷者，原傳之本也，三十卷者，《傳》者於原本而加以故訓也……其實《故訓傳》中亦有毛《詩》二十九卷」，〔註23〕此說非，

〔註18〕至於戴維：《詩經研究史》（湖南：湖南教育出版社，2001年9月），頁94，以為中秘有毛《詩》，無據，且失引《詩譜》為證。

〔註19〕馮浩菲：《毛詩訓詁研究》，頁53。

〔註20〕程元敏：《漢經學史》，頁52、64～65。

〔註21〕戴維：《詩經研究史》，頁104。

〔註22〕〔清〕王引之：「毛《詩》經文當為二十八卷，與魯、齊、韓三家同；其《序》別為一卷，則二十九卷矣」，《經義述聞》，《皇清經解諸經總義類彙編（一）》（臺北：藝文印書館，1986年9月），頁760，按此說恐未可信，毛《詩》經文不應兼載《序》，程元敏：「《序》等同本經之傳說，理與經別行」，雖然如此，但程先生仍以為多出一卷是《詩序》，《詩序新考》，頁41～42，李錦煜、趙茂林：〈毛《詩》的《序》《傳》歧異原因析論〉：「若按此說，《序》本來已經在毛《詩》系統之內，毛公也沒有必要再把其收入《故訓傳》中，且分置於各篇之首」，《北京工業大學學報（社會科學版）》第13卷第2期（2013年4月），頁74。

〔註23〕施逸霖：〈毛《詩》傳者考〉，《孟晉雜誌》第2卷第11期（1925年），頁47。

彼時仍經注別行，不容毛《傳》中有毛《詩》，且加以故訓與否不是多出一卷的必然因素。而學者又多以為多出一卷即為《詩序》，〔註24〕然鄭《箋》已指出「至毛公為《詁訓傳》，乃分眾篇之《義》〔註25〕，各置於其篇端云」，〔註26〕知毛公不將《詩序》獨立為一卷。

又戴維云：「《毛詩故訓傳》現存文字不十分多，而分為三十卷，較為可疑，大概是經鄭玄諸輩之手，多有刪節」，〔註27〕實則卷數與字數沒有必然的關係，且鄭玄〈六藝論〉明載其對毛《傳》的看法，絕無刪節之說，戴說臆測。

故此處卷數之參差，誠如段玉裁云：「《傳》多於經一卷，其分合今無攷也」。〔註28〕

6. 董治安云：「《毛詩故訓傳》三十卷是唯一見載於《漢志》的西漢毛《詩》古注」，〔註29〕然據董氏此語，則西漢另有其它毛《詩》古注而《漢書藝文志》不載？此恐未必，董氏之語似易引起誤會。

總之，漢《志》雖合記三家《詩》，並非指三家《詩》同一經本。三家《詩》與毛《詩》何以有二十八、二十九卷之別，毛《詩》與《毛詩故訓傳》何以有二十九、三十卷之別，均不可考。題「毛」字於《詩》上而稱「毛《詩》」者，今亦無考。

〔註24〕參〔清〕姚振宗：《漢書藝文志條理》，收在《二十五史藝文經籍志考補萃編》第三卷（北京：清華大學出版社，2011 年 5 月），頁 61。

〔註25〕《詩序》又稱「篇義」、「義」，〔宋〕王觀國已有此說，《學林》，卷一，頁 4，又參蒙文通：《經學抉原》，頁 73、黃振民：〈漢魯、齊、韓、毛四家詩學考（下）〉，《詩經研究》，頁 43、程元敏：《詩序新考》，頁 107～108。然而又可稱「義序」，見《毛詩注疏》，頁 9，諸家似未及。而「詩序」一名，王金凌認為：「衛宏因謝曼卿的訓而作毛詩序，『詩序』一名始見於此」，《中國文學理論史：上古篇》，頁 324。

〔註26〕《毛詩注疏》，卷九之四，頁 343。然此一事邢昺以為是「先有子夏《詩傳》一卷，（毛）萇各置其篇端，存其作者」，未詳邢說所據，《孝經注疏》，卷首，頁 7。

〔註27〕戴維：《詩經研究史》，頁 106。

〔註28〕〔清〕段玉裁：《毛詩故訓傳定本小箋》，卷首〈題辭〉，《段玉裁遺書》（臺北：大化書局，1977 年 5 月），頁 315。

〔註29〕董治安：〈兩漢《詩》的傳承與《詩》學的演化〉，《兩漢文獻與兩漢文學》（上海：上海古籍出版社，2005 年 11 月），頁 87，標點有修改。

二、毛《詩》、毛《傳》早期文本形態考察

關於毛《詩》、毛《傳》的早期文本形態，尚有若干問題須討論：

1. 鄭玄注三禮時毛《詩》、毛《傳》仍分行，至《毛詩箋》始合併

《毛詩正義》云：「未審此《詩》引經附傳〔註30〕是誰為之」，顧實云：「蓋經傳合編，始後漢時」，〔註31〕段玉裁云：「《傳》之與經雜厠，放於何時？蓋鄭君箋《詩》時所為也」，〔註32〕王劼云：「古經傳本各自為書，鄭氏箋《詩》，始以《傳》厠於經」，又：「以《傳》厠經時，《箋》即參雜其間」，〔註33〕高明云：「自鄭氏作《箋》，始併經文及《傳》為一書」，〔註34〕而劉立志更進一步指出：「馬融《詩》學出入四家，但《後漢·書儒林傳》記載他『作《毛詩傳》』，其書應是并錄毛《詩》本文，其後鄭玄箋《詩》，亦將經、箋連并行世，毛《詩》之廣為流傳與此應大有干係。」〔註35〕按以上各說，認為鄭《箋》合併者是，其它不確，理由是：

（1）學者也曾指出馬融不能合併毛《詩》之經、傳，如：吳汝綸云：「曰：孔氏云：『就經為注，始於後漢』，則引經附傳，當亦始於後漢，但不必自馬融始耳」，〔註36〕又李錦煜、趙茂林亦云：「《詩》的引經附傳應該不出於馬融之手，若馬融所為，鄭玄不可能不知道。」〔註37〕

（2）馬融雖合併《周官》經、傳，〔註38〕但也並非每一經均如此，如馬融亦注《易》，〔註39〕但不聞馬融有合併《周易》經傳之舉；事實上，《周易》

〔註30〕經本單行，故云「引經附傳」，而不說「引傳附經」。

〔註31〕顧實：《漢書藝文志講疏》（上海：上海古籍出版社，2009年12月），頁39。

〔註32〕段玉裁：《毛詩故訓傳定本小箋·題辭》，《段玉裁遺書》，頁315。

〔註33〕〔清〕王劼：《毛詩讀》，卷首〈凡例〉，《四庫未收書輯刊》，第陸輯，第2冊，頁325。

〔註34〕高明：〈鄭玄學案〉，《禮學新探》，頁248～249。

〔註35〕劉立志：《漢代《詩經》學史論》，頁117。

〔註36〕〔清〕吳汝綸：〈《詩序》論二〉，《吳汝綸全集》，頁347，標點略有修改。

〔註37〕李錦煜、趙茂林：〈毛《詩》的《序》《傳》歧異原因析論〉，頁74。

〔註38〕《毛詩正義》：「及馬融為《周禮》之註，乃云：『欲省學者兩讀，故具載本文。』然則後漢以來，始就經為註」，《毛詩注疏》，卷一之一，頁12，陳漢章《周官經長編》以為「此蓋亦馬〈（《周禮》）序〉佚文」，《陳漢章全集》（杭州：浙江古籍出版社，2014年3月），第1冊，頁400～401。

〔註39〕分見《後漢書》，頁528、624。輯本較完備者為沈瓞民：《周易馬氏傳輯證》，《制言》第33期（1937年）至第40期（1937年）連載。

之經傳合編遲至鄭玄才粗見雛型。〔註40〕

（3）劉氏立說時未特別注意毛《傳》是否一併附入的問題，而馬融所作《毛詩傳》應不載《毛詩故訓傳》，其乃係另注毛《詩》，〔註41〕則馬氏自引毛《詩》附其所作之《傳》而已；「引經附《（毛詩故訓）傳》」則尚有待於後來。

（4）馬融此舉未必有如此大的影響力，因為今文經同樣也「引經附傳」；〔註42〕劉氏以經、傳合併論毛《詩》之流行，非是，此應該從思想史角度予以解釋。〔註43〕

綜上所述，則毛《詩》經文、《詩序》、毛《傳》、《箋》之合編，應在鄭玄時完成，此從《箋》之書名已可窺見端倪（說詳下），且在《箋》中也有內證可尋：〈綿〉之《箋》云：「《傳》自『古公處豳』而下，為二章發」，〔註44〕意指《傳》文內容並非指第一章，而是預先提示了第二章的內容；可知若經文、《傳》、《箋》未合編，這樣的說解毫無必要。並且，如果更精準地說，據鄭玄注三禮時已見毛《詩》，未見毛《傳》之說，〔註45〕可見鄭玄注三禮時，毛《詩》毛《傳》仍然分行，乃至《毛詩箋》時二書才正式合併。茲將其合併歷程依次表列如下：

合併者	歷　　程	備　　注
不詳	毛《詩》、《詩序》	兩漢是否有《詩經》、《詩序》合編本存世，無可考
毛《傳》	《詩序》、《傳》	
鄭玄	毛《詩》、《詩序》、毛《傳》、《箋》	

〔註40〕三國志，另參胡培翬：〈《周易》分傳附經考（原注：兼考各經傳注及疏附入之始）〉，《研六室文鈔》，卷二，《胡培翬集》，頁59〜62。

〔註41〕這一點，從現存馬融《毛詩傳》佚文多與毛《傳》不同可知，馬國翰、王謨均有馬融《詩傳》輯本，另詳李威熊：〈馬融經注輯佚〉，《馬融之經學》（臺北：文史哲出版社，1975年），頁809〜813。

〔註42〕如《公羊傳》，段熙仲：「是何（休）所據本經、傳已不別行之證」，《春秋公羊學講疏》（南京：南京師範大學出版社，2002年11月），頁12。

〔註43〕戴君仁：〈兩漢經學思想的變遷——詩經部分〉，《梅園論學續集》，頁 1〜22。

〔註44〕《毛詩注疏》，卷十六之二，頁545。

〔註45〕說詳本書第三章第一節。

2. 據毛《傳》推測其所據經文──以「擊鼓其鐺」為例

（1）林慶彰指出毛《傳》所據經文可能與今本毛《詩》不同：「從〈衛風〉〈擊鼓〉的詩句：『擊鼓其鐺，踊躍用兵。』毛《傳》：『鐺然，擊鼓聲也。』可見，毛《傳》所根據的文本應作『擊鼓鐺然』，而非『擊鼓其鐺』。這也可以證明當時經文和傳文是分開的。」〔註46〕按，林說可商：

a.〈擊鼓〉在〈邶風〉，不在〈衛風〉。

b. 戴維已有此說：「毛《傳》也有與毛《詩》經文不同的地方。如〈擊鼓〉：『擊鼓其鐺，踊躍用兵。』毛《傳》：『鐺然，擊鼓聲也。』疑毛《詩》作『擊鼓鐺然』，今本作『擊鼓其鐺』。同樣，這也是經與傳文分行的證據」，〔註47〕林氏似失檢。

c. 相關《詩經》異文著作，並無「擊鼓鐺然」此一異文，〔註48〕說明該異文若非根本不曾出現；則其亡佚的時間亦極早。

d. 清人論及毛《傳》條例時，已指出《傳》、《箋》訓詁與經文未必如實對應，尤其是《傳》、《箋》常以重言釋一言，如臧琳、〔註49〕錢大昕、〔註50〕劉恭冕、〔註51〕劉毓崧等均有說。〔註52〕

e. 毛《傳》、鄭《箋》如複舉經文，大致有固定的格式，段玉裁云：「其通釋大義者，則必複舉經文；其訓釋一字一物者，則不必複舉經文」，〔註53〕但如段氏據此說而一一修訂毛《傳》，則不可從；或如戴維時時增補經文入毛

〔註46〕林慶彰：〈傳記之學的形成〉，何志華、沈培等編：《先秦兩漢古籍國際學術研討會論文集》（北京：社會科學文獻出版社，2011 年 1 月），頁 23。

〔註47〕戴維：《詩經研究史》，頁 111。

〔註48〕程燕：《詩經異文輯考》，頁 51、袁梅：《詩經異文匯考辯證》，頁 45。

〔註49〕臧琳：《經義雜記·毛《傳》文例最古》，《皇清經解諸經總義類彙編（一）》，頁 495。

〔註50〕〔清〕錢大昕：《十駕齋養新錄》（上海：上海書店，2011 年 6 月），卷一，頁 16。

〔註51〕〔清〕劉恭冕：〈毛《傳》重言釋一言〉，《廣經室文鈔未刻手稿》，《北京師範大學圖書館藏稀見清人別集叢刊》，第 26 冊，頁 80～81。

〔註52〕〔清〕劉毓崧：〈《傳》、《箋》重言釋一字說〉，《通義堂文集》，卷二，《續修四庫全書》，第一五四六冊，頁 298～301。

〔註53〕段玉裁：《毛詩故訓傳定本小箋·題辭》，《段玉裁遺書》，頁 315。又朱承平云：「古注詮釋，常從古書正文中摘引出被詮釋的詞語。這種注摘詞語真實地反映了注者當時所見的古書版本情況，真實可信」，《故訓材料的鑒別與應用》（廣州：暨南大學出版社，2001 年 6 月），頁 134。

《傳》中，亦無謂。〔註54〕惟毛《傳》：「鎗然，擊鼓聲也」並不合此格式；
茲各舉毛《傳》、鄭《箋》複舉經文者三例為證：

分　類	今本經文	《傳》、《箋》
毛《傳》例	〈雲漢〉：靡人不周，無不能止。	周，救也。『無不能止』，言無止不能也。
	〈崧高〉：不顯申伯，王之元舅，文武是憲。	『不顯申伯』，顯矣申伯也。『文武是憲』，言有文有武也。
	〈載見〉：載見辟王，曰求厥章。龍旂陽陽，和鈴央央。鞗革有鶬，休有烈光。	載，始也。『龍旂陽陽』，言有文章也。和在軾前，鈴在旂上。『鞗革有鶬』，言有法度也。〔註55〕
鄭《箋》例	〈七月〉：嗟我婦子，曰為改歲，入此室處。	『曰為改歲』者，歲終，而『一之日觱發，二之日栗烈』，當避寒氣，而入所『穹窒』、『墐戶』之室而居之。至此而女功止。
	〈斯干〉：大人占之：維熊維羆，男子之祥；維虺維蛇，女子之祥。	『大人占之』，謂以聖人占夢之法占之也。熊羆在山，陽之祥也，故為生男。虺蛇穴處，陰之祥也，故為生女。
	〈載芟〉：驛驛其達，有厭其傑。厭厭其苗，綿綿其麃。	達，出地也。傑，先長者。『厭厭其苗』，眾齊等也。〔註56〕

就上六例，知毛《傳》、鄭《箋》舉原文通常備引全句，偶如「穹窒」、「墐戶」之摘引「穹窒熏鼠，塞向墐戶」，亦多與今所見毛《詩》經文相同。

最後，補「然」字是毛《傳》固定的訓釋手法，因毛《傳》本身對其訓詁義項的說明甚為簡略，〔註57〕故往往直接在要解釋的經文後加上「然」字以串講文義，即令經文並無「然」字，〔註58〕茲略舉數例：

〔註54〕戴維：《詩經研究史》，頁106。

〔註55〕以上分見《毛詩注疏》，頁662、673、735。

〔註56〕以上分見《毛詩注疏》，卷十九之四，頁284、387、748。

〔註57〕《毛詩正義》即屢云「毛《傳》省略」、「此《傳》質略」，或「此篇毛《傳》其義不明」等等，分見《毛詩注疏》，頁441、573、677。

〔註58〕說詳洪誠：《訓詁學》，《洪誠文集》，頁10、馮浩菲：《毛詩訓詁研究》（武昌：華中師範大學出版社，1988年8月），上冊，頁172～173，馮氏也舉〈擊鼓〉為例。

1.〈鶉之奔奔〉：鶉之奔奔，鵲之彊彊。	《傳》：鶉則奔奔，鵲則彊彊然。
2.〈中谷有蓷〉：有女仳離，條其歗矣。	《傳》：條條然歗也。
3.〈野有蔓草〉：野有蔓草，零露漙兮。	《傳》：興也。野，四郊之外。蔓，延也。漙漙然盛多也。
4.〈揚之水〉：揚之水，白石鑿鑿。	《傳》：興也。鑿鑿然鮮明貌。
5.〈東門之楊〉：東門之楊，其葉牂牂。	《傳》：興也。牂牂然盛貌。言男女失時，不逮秋冬。
6.〈蓼莪〉：南山烈烈，飄風發發。	《傳》：烈烈然至難也。發發，疾貌。
7.〈隰桑〉：隰桑有阿，其葉有難。	《傳》：興也。阿然美貌，難然盛貌。有以利人也。
8.〈板〉：天之方虐，無然謔謔。老夫灌灌，小子蹻蹻。	《傳》：謔謔然喜樂。灌灌，猶欵欵也。蹻蹻，驕貌。〔註59〕

　　上表第1、2、3、4、5例，經文無「然」字，而毛《傳》皆以「然」字為說。又第6、8例，毛《傳》在二句中，一作「烈烈然」，一作「發發」，或一作「謔謔然」，一作「灌灌」，而經文皆無「然」字，可見毛《傳》於此等處自有條例，非是經文不同。

　　而第7例，「阿」、「難」皆單字，毛《傳》亦以「然」為說，與林氏所舉「其鏜」之例尤為相近，亦不可據此以為經文即當作「隰桑阿然，其葉難然」。

　　且毛《傳》除增「然」字為說之例以外，也有省略經文為說者，如〈旄丘〉：「瑣兮尾兮」，《傳》：「瑣尾，少好之貌」，〔註60〕毛《傳》於此又省經文「兮」字；故知毛《傳》複舉經文雖有一定格式，但具體行文則或增或省，不能據之改經文，故林說並不可信。

　　然則就注解校原文，是校勘家慣用的方法，多數均可成立。且此方法宋人已多有實踐：《楚辭‧哀時命》：「懷隱憂而歷茲」，王逸《章句》：「如遭大憂，常懷戚戚，經歷年歲，以至於此也」，《楚辭補注》所附校語云：「『隱』一作『殷』」，〔註61〕洪興祖云：「隱，痛也。殷，大也。《注》云『大憂』，疑作

〔註59〕以上分見《毛詩注疏》，頁114、151、182、218、253、437、515、634。

〔註60〕《毛詩注疏》，卷二之二，頁94。而張舜徽〈毛詩故訓傳釋例〉稱此《傳》為「或總釋二名，以合為一辭」之例，《廣校讎略》，頁119。

〔註61〕一般從湯炳正〈洪興祖《楚辭考異》散附《楚辭補注》問題〉之說，認為此類校語是《楚辭考異》，《楚辭類稿》（成都：巴蜀書社，1988年1月），頁98～101，其實湯說不能成立，參黃耀堃、戴慶成：〈《楚辭補注》引《楚辭釋文》研究〉，《漢學研究》第23卷第2期（2005年12月），頁439～466。

『殷』者是」；〔註62〕然有時亦須仔細分辨，如《毛詩正義》屢云「便文」、〔註63〕「文便」，〔註64〕雖其乃就義疏學的「義例」的角度立論，然未嘗無校勘之意識，即《毛詩正義》已知未必能根據若干注解文字、次序與原文之差異，便校改原文。又或如《楚辭·九章·惜誦》：「父信讒而不好」，王逸《章句》：「好，愛也。……故曰『父信讒而不愛』也。」〔註65〕顯見王逸所見本仍是「好」字，但最後複舉經文時，卻「故訓改經」，作「愛」字；明非王逸所見有作「父信讒而不愛」之本。

　　總之，就「擊鼓其鏜」一例而言，《傳》所見經本仍作「擊鼓其鏜」而非「擊鼓鏜然」。讀者據《傳》文覆舉經文處推考《傳》所見經本時，必須留意《傳》自身的訓詁條例，此《傳》「鏜然」即為顯例。

　　（２）毛《傳》與經文次序的對應問題——試校今本〈訪落〉《傳》文次序

　　前文林氏所云乃據毛《傳》複舉經文，推考毛《詩》的文本問題；其實與此一問題相類者，乃毛《傳》注《詩》時，注文與原文的次序偶有不能對應之例，張舜徽〈毛詩故訓傳釋例〉曾舉數證：

編號	出處	經文、《傳》文次序〔註66〕	張氏說〔註67〕
1	〈召南·殷其靁〉	何斯違斯，莫敢或遑。 何此，君子也。斯，此。違，去也。遑，暇也。	案《傳》文「何此」釋經「何斯」。下云「斯，此。違，去也」釋經「違斯」。《傳》必倒釋之者，以明「違斯」猶言「此去」耳。
2	〈邶風·柏舟〉	憂心悄悄，慍于群小。 慍，怒也。悄悄，憂貌。	是先釋下句而後釋上句也。……《傳》逆釋之，而意益明。
3	〈鄘風·柏舟〉	之死矢靡它。 矢，誓。靡，無。之，至也。至己之死，信無它心。	案《傳》必先釋「矢」、「靡」後釋「之」字者，以與解經之語兩「至」字相承耳。
4	〈小雅·白華〉	樵彼桑薪，卬烘于煁。 卬，我。烘，燎也。煁，烓竈也。桑薪宜以養人者也。	張氏云此例與〈殷其靁〉同。

〔註62〕以上均《楚辭補注》，卷十四，頁428。
〔註63〕《毛詩注疏》，卷一之三，頁47。
〔註64〕《毛詩注疏》，卷二十之三，頁793。
〔註65〕《楚辭補注》，卷四，頁210。
〔註66〕分見《毛詩注疏》，頁。
〔註67〕分見《廣校讎略》，頁115、120，標點略有修改。

　　按第四例可能沒有順序問題，因「桑薪宜以養人者也」已近似串講文意，
理當在訓詁義項之後，如張氏所謂「《傳》之正例，必先說字而後解經」；〔註
68〕然「卬烘于煁」，毛《傳》無串講之語，故張氏以為「逆釋其字」，惟毛《傳》
於「卬烘于煁」幾已字字注解，故後文不再串講，只解「樵彼桑薪」，則此一
例尚可斟酌。又張說尚有可加補輯者：

編號	出處	經文、《傳》文次序〔註69〕
1	〈七月〉	七月流火，九月授衣。
		火，大火也。流，下也。九月霜始降，婦功成，可以授冬衣矣。
2	〈訪落〉	訪予落止，率時昭考。於乎悠哉，朕未有艾。將予就之，繼猶判渙。
		訪，謀。落，始。時，是。率，循。悠，遠。猶，道。判，分。渙，散也。

　　按第 1 例，毛《傳》之意，似亦指出「流」字倒裝，當理解為七月火星
下，故其順序亦倒。而第 2 例，《毛詩正義》引《傳》時作「『訪，謀。落，
始。率，循。時，是。悠，遠。猶，道』，皆〈釋詁〉文」，〔註 70〕則或當據
《毛詩正義》引文校正今本毛《傳》之次序，非是毛《傳》所見經文與今不
同；然《毛詩注疏校勘記》於此亦失校，而《毛詩正義》常與其合刻的經文、
《傳》文、《箋》文、《釋文》不合，乃經、注、《釋文》、疏合刻時所產生的矛
盾，此即一例。

　　據上文數例，可見毛《傳》注解與經文失序之處，多半可以解釋，似未
能據毛《傳》注解之順序而改經文。

第二節　駁毛《詩》今文說

　　本節旨在梳理毛《詩》今文說的形成過程，並檢討今文說的思路與論據；
而論證毛《詩》非今文最有力的證據，即證明毛《詩》為古文經之說如何形
成。並且毛《詩》為今文或為古文之說的消長，其實也側面反映了經學思想
的歷時變化。

　　就筆者所知，王應麟可能是最早重新懷疑《詩》也各有今文、古文之分者：

〔註 68〕《廣校讎略》，頁 115。
〔註 69〕分見《毛詩注疏》，頁 280、739。
〔註 70〕《毛詩注疏》，卷十九之三，頁 739。

「許叔重《說文》謂其稱『《詩》毛氏』,『皆古文也』;而字多與今《詩》異,
豈《詩》之文,亦如《書》之有古、今歟?」〔註71〕可見:對王應麟而言,使
其困惑不解的是:其知識背景中,毛《詩》乃是古文經;但此知識背景卻與《說
文》引《詩》相衝突,此一衝突令王應麟開始反思毛《詩》經本的今、古文性
質。其後,在章太炎身上,竟也可以具體而微看見毛《詩》是否為古文經的諸
多可能性,已經被全面開展:首先,章氏曾明白承認:「然則行事之詳,莫具
於《左傳》,時制之備,莫美於《周官》,故言之存,亦莫尚於斯二典者,而毛
氏《詩傳》次之。皆古文也」;〔註72〕其次,論其何以為古文,則轉而指出毛
《詩》乃「轉相比況,謂之古文,非毛《詩》獨用隸古,而三家用通俗隸書也」;
〔註73〕最後,章氏乾脆認為:「《詩》無所謂今古文」。〔註74〕而章氏因其為學
的基本立場,故不可能將毛《詩》判為今文經。

　　然則追溯毛《詩》為今文說的起源,實因《韓詩》、毛《詩》同源說而觸
發,假如今本張守節《史記正義・論例》無脫、誤、羼入者,則其可能為最早
指證《韓詩》與毛《詩》同源者:「《史記》文……與韓《詩》同者,則取毛
《傳》、鄭《箋》等釋」,〔註75〕因其認為《韓詩》與毛《詩》同源,故取《傳》、
《箋》釋《韓詩》,然此例尚在疑似之間;〔註76〕唐以後《韓詩》、毛《詩》
同源之說正式出現,如林光朝云:「當時三家說《詩》,各有師承,今齊、韓之
《詩》,字與義多不同。毛公為趙人,未必不出於韓《詩》」之說,〔註77〕但

〔註71〕〔宋〕王應麟:〈《詩考》後序〉,《詩考》(北京:中華書局,2011 年 12 月),
　　　　頁 154。按:王氏此處據《說文解字・序》為說,不確,因《說文・敘》之
　　　　「古文」非指古文經,說詳後。
〔註72〕章炳麟著,龐俊、郭誠永疏證:《國故論衡疏證》,卷中之四〈明解故下〉,頁
　　　　357。
〔註73〕章炳麟:〈與朱希祖〉,《章太炎全集・書信集(上)》(上海:上海人民出版
　　　　社,2017 年 4 月),頁 390,又見 391。
〔註74〕章炳麟:〈經學略說〉,《國學演講錄》(上海:華東師範大學出版社,1995 年),
　　　　頁 55。
〔註75〕《史記會注考證》,頁 14。
〔註76〕如〔清〕錢儀吉云:「韓《詩》下疑脫薛君注云云」,《史記會注考證》,頁 14,
　　　　不無可能,然如其說,則脫文太多;此處可另指出三種可能性:一是「韓」
　　　　字為「毛」字之誤。二是張守節亦知此處當作毛《詩》,特因六朝行文避覆的
　　　　習慣,改上文作韓《詩》,讀者合觀上下文,亦尚能明其究裏。三是張氏此文
　　　　不誤,為唐以後論毛《詩》出於韓《詩》說者之先聲。
〔註77〕〔宋〕林光朝:〈與趙著作子直〉,《艾軒集》,卷六,《景印文淵閣四庫全書》,
　　　　第 1142 冊,頁 614。又見〔宋〕王應麟著,翁元圻等注:《困學紀聞(全校

林氏未直指毛《詩》為今文，可見彼時所重視的是家法而非今古文之分，但其云「未必不出於韓《詩》」，實可視為毛《詩》今文說之先聲。至清代，又開始大量湧現對毛《詩》性質的新思考，如：趙懷玉云：「聞嘗思之，當漢之盛，燕、趙閒好《詩》言《詩》者，實由韓生，毛公趙人，其原未必不由韓氏……然則毛、鄭固皆出於韓」，〔註78〕宋保云：「毛公本通韓《詩》，後以其有未安，又見三家互有躇駁，因為《詁訓傳》於其家」，〔註79〕朱一新云：「以僕言之，則毛《詩》不盡同於古文也……故康成以禮箋《詩》，雖或迂曲，要非盡古文之學也」，〔註80〕李炳憲云：「案毛《傳》者，所以變亂三家者，而其變亂之未盡者，則依舊是魯《詩》之殘本也」。〔註81〕

然而廖平大概最早明確地指出毛《詩》為今文經：「舊表以《樂》與古《書》、毛《詩》為古學，非也。……毛公《詩》，班（固）云：『自以為子夏所傳』，此二家（古《書》、毛《詩》）亦今學也」；〔註82〕王國維以為「至後漢始以毛《詩》與古文《尚書》、《春秋左氏傳》並稱，非以其同為古文也」。〔註83〕

但是系統地論述此一問題，江慎中可能是較早專文論述毛《詩》是今文

本）》，引林氏此說，全祖望云：「毛公《詩》出荀子，荀子趙人，毛公魯人，而韓嬰乃燕人也，毛公何藉韓《詩》哉！艾軒說謬。」《困學紀聞（全校本）》，頁322～323引。又〔清〕胡承珙亦引此語以證「三家《詩》於開章大義無不同於毛氏」，《毛詩後箋》，卷一，頁18。

〔註78〕〔清〕趙懷玉：〈校刻《韓詩外傳》序〉，據屈守元：《韓詩外傳箋疏》（四川：巴蜀書社，2012年），頁543，屈氏於此說有駁，見頁5、544。又按〔清〕梁鼎芬撰集，〔清〕曹元弼校補：《經學文鈔》卷三錄此〈序〉，附按語云：「案毛、韓各有師承，《釋文·序錄》甚明，趙氏比而同之，殊誤」，《廣州大典》，第24輯，第5冊，頁512。

〔註79〕〔清〕宋保：〈《韓詩內傳徵》後識〉，宋綿初：《韓詩內傳徵》，《續修四庫全書》，第75冊，頁120。

〔註80〕〔清〕朱一新：〈答康有為第二書〉，收入〔清〕蘇輿編：《翼教叢編》（上海：上海書店出版社，2002年1月），卷一，頁4。

〔註81〕〔韓〕李炳憲：《詩經孔學考》，《韓國經學資料集成》，參金學主：〈李炳憲「詩經孔學考」略論〉，《第一屆中國域外漢籍國際學術會議論文集》（臺北：聯經，1987年12月），頁224，補書名號。

〔註82〕〔清〕廖平：《古學考》，李燿仙主編：《廖平選集（成都：巴蜀書社，1998年7月），上冊，頁117，標點有修改。按「舊表」指《今古學考》中各表，見《廖平選集》頁38、43、59、62，所引班固之語見《漢書·藝文志》：「又有毛公之學，自謂子夏所傳」，《漢書藝文志注釋彙編》，頁42。

〔註83〕王國維：〈漢時古文本諸經傳考〉，《觀堂集林》，頁322。但〈漢魏博士考〉、〈兩漢古文學家多小學家說〉，又似以毛《詩》為古文，分見頁85、331。

經的學者，〔註84〕其後錢基博、〔註85〕李源澄、〔註86〕徐復觀、〔註87〕孫筱、〔註88〕梁振杰、〔註89〕章琦俱申此說；〔註90〕但以上各文多未互相引證，只有章琦引用了一次梁振杰之說，故上述諸說的論證方式與其存在的問題基本相似，可以綜合各家論據，加以考辨。

而王承略、劉立志、宋丹丹也都曾指出今文說的論據多有可商，〔註91〕但均未詳細討論；也未指出論證毛《詩》為今文之說，最關鍵的問題應是：

1. 將毛《詩》重新定位為今文經，對毛《詩》的流傳及詮釋史，或漢代經學史有何意義？而毛《詩》今文說萌芽於宋代，此一時間點是否亦有微義可說？

2. 若毛《詩》今文說不可信，則必須重新梳理毛《詩》為古文經之說如何形成？最早指認毛《詩》為古文經的出處為何？毛《詩》為古文經之說是否可信？考諸兩漢至隋唐文獻，雖間有指稱毛《詩》為古文經者，惟須貫串「古」、「古文」、「古書」、「古學」四個詞彙，方能明其所以然，故其線索尚有須加以重新連貫者。

是以本文首先綜合毛《詩》今文說的論據，並斟酌附入未完全同意毛《詩》今文說而有類似說法者，分類加以考辨；指出毛《詩》今文說不可信。其次，則闡釋今文說未展開的議題，並梳理毛《詩》為古文經之說的形成及其意義。

〔註84〕江慎中：〈用我法齋經說：費易毛詩非古文說〉，《國粹學報》（分類合訂本），第 6 卷第 2 期（1910 年），頁 59～62。

〔註85〕錢基博：〈漢儒顯真理惑論〉，《經學論稿》（武漢：華中師範大學出版社，2011年），頁 27，然考錢氏《經學通志》無此說，該書亦收入《經學論稿》，頁 420～422。

〔註86〕李源澄：〈毛詩微文〉，《河南圖書書館館刊》第 2 期（1933 年），頁 37，又收入《李源澄著作集（二）》（臺北：中央研究院中國文哲研究所，2008 年），頁 718，類似的論述又見該書頁 974、997。

〔註87〕徐復觀：《中國經學史的基礎》，頁 149～150。

〔註88〕孫筱：《兩漢經學與社會》（北京：中國社會科學出版社，2006 年），頁 218。

〔註89〕梁振杰：〈古文毛《詩》質疑〉，《文學遺產》第 5 期（2007 年），頁 122～124。

〔註90〕章琦：〈毛《詩》今文說〉，《新國學》第 8 卷（成都：巴蜀書社，2010 年），頁 14～19。

〔註91〕王承略：〈論毛《詩》的經本及其學派歸屬〉，《福建論壇（文史哲版）》（2000年 3 月），頁 33～34，未引上述各說，但對毛《詩》今文說的思路及其問題略有檢討，劉立志：〈今古視野下的四家詩——以毛《詩》之歸屬為中心〉，《漢代《詩經》學史論》（北京：中華書局，2007 年），頁 71～92，論證最詳，間亦檢討今文文說之思路，然遺義可補者不少，又宋丹丹：〈古今文毛《詩》淺議〉，《小品文選刊：下》第 3 期（2016 年），徵引今文說之論著較多，然其說簡略，故此題尚有待檢討。

一、毛《詩》今文說主要論據的歸納與商兌

綜合上述所及各家的論述，毛《詩》今文說主要的思路與論據有四：

1. 今文說學者認為文獻中缺乏毛《詩》是古文的明確書證

今文說學者大多認為兩漢文獻中並無毛《詩》是古文的書證，並舉出河間獻王得書，劉歆議立學官，《說文解字》、《後漢書・盧植傳》三組證據為說；然今文說學者解讀此三組證據多可商榷，其實兩漢文獻實有毛《詩》是古文的書證，逐一考辨如下：

（1）河間獻王得書

《漢書・景十三王傳》：「獻王所得書皆古文先秦舊書，《周官》、《尚書》、《禮》、《禮記》、《孟子》、《老子》之屬，皆經傳說記，七十子之徒所論。〔註92〕其學舉六藝，立《毛氏詩》、《左氏春秋》博士」，〔註93〕又《漢書・藝文志》：「又有毛公之學，自謂子夏所傳，而河間獻王好之，未得立」，〔註94〕而戴震、鮑有為所考河間獻王事跡亦大致不出於此。〔註95〕

然王國維云：「〈河間獻王傳〉列舉其所得古文舊書，亦無毛《詩》」，〔註96〕江慎中云：「所謂『古文』者，皆得之孔壁即魯淹中之竹簡耳。毛《詩》、費《易》則經師授受之業，其本皆以隸書寫之而已，安得有古文哉。……〈河間獻王傳〉雖有得先秦古文書之語，而小毛公身為獻王博士，則其經唯據傳授之本，與古文書為獻王所購求而得者不同。」〔註97〕李源澄云：「《漢書・

〔註92〕按：細究〈河間獻王傳〉此文，有不甚可解之處，比如：「經傳說記」如含括《周官》以下等書而言，則：老子非七十子之徒，其書亦非「經傳說記」，其何以列於此？〈傳〉文所列舉諸書中，無稱「傳」無稱「說」者，則其「傳」、「說」為何？《孟子》屬於「經傳說記」中的哪一種？如考慮以上問題，則此段是否可以讀為：「獻王所得書：皆古文先秦舊書：《周官》、《尚書》、《禮》、《禮記》、《孟子》、《老子》之屬。皆經、傳、說、記，七十之子徒所論。」意思是：獻王得書分兩次，第一次所得是古文先秦舊書；第二次所得則是七十子之徒對經的傳、說、記，也就是：兩個「皆」字的主語都是「獻王所得書」？

〔註93〕《漢書》，卷五十三，頁1921，陳乃乾據此文而又旁參《七略別錄》佚文，提醒讀者注意：「是諸子皆有古文也」，〈共讀樓札叢〉，《陳乃乾文集》，頁348。

〔註94〕《漢書藝文志注釋彙編》，頁42。

〔註95〕〔清〕戴震：〈河間獻王傳經考〉，《戴震集》（上海：上海古籍出版社，2012年4月），卷一，頁3～4。鮑有為：〈河間獻王與古文經學的傳承〉，《古籍研究》總第62卷（南京：鳳凰出版社，2015年12月）。

〔註96〕王國維：《觀堂集林》，頁322。

〔註97〕江慎中：〈用我法齋經說：費易毛詩非古文說〉，頁3上～3下，原有圈點，今略，下引皆同。

河間獻王傳》，歷舉獻王所得古文先秦舊書，毛《詩》亦不在其內；使毛《詩》果為古文，《漢書》不應遺漏至此」，〔註98〕錢穆云：「《前書・河間獻王傳》列舉所得古文舊書，毛《詩》不在其列」，〔註99〕徐復觀云：「河間獻王所得『先秦古文舊書』中，沒有毛《詩》及《左氏傳》」，〔註100〕丁忱云：「然古文本之源凡五處（迄今而知者）……斯五處之古文本皆無毛《詩》。然則毛《詩》何以謂之古文？緣其師說之故耳」，〔註101〕王鐵云：「《漢書・河間獻王傳》在獻王所得『古文先秦舊書』下，也未列毛《詩》」，〔註102〕孫筱云：「《漢書・河間獻王傳》記載獻王所得舊書中，亦未有毛《詩》」，〔註103〕史應勇云：「毛《詩》出於河間獻王，但似不屬於先秦古文舊書」，〔註104〕梁振杰云：「文獻只是指出毛《詩》於河間獻王處被立博士，決無言及毛《詩》為古文。後儒認為毛《詩》為古文經，蓋因與『《左氏春秋》』連言而誤，抑或古文經學家張皇過甚。」〔註105〕

按，河間獻王得書一事中，誠如諸家所說，毛《詩》並未與列；〔註106〕但針對這一點，劉立志以為無毛《詩》是因為「這種行文是錯見以補足上文……」，〔註107〕未必能服人。不過應思考河間獻王得書、得書皆古文、立毛《詩》博士這個三條件雖在文獻中不能直接繫連，但三者必然存在某種程度上的關係與和諧性，否則毛《詩》若與河間獻王的經學理念相違背，河間獻王又何以立毛《詩》博士？況且，《漢書・藝文志》又云：「武帝時，河間獻王好儒，與毛生等共采《周官》及諸子言樂事者，以作《樂記》，獻八佾之舞，與制氏〔註108〕不相遠」，

〔註98〕 李源澄：〈毛詩微文〉，頁 37。
〔註99〕 錢穆：《兩漢經學今古文平議》（北京：九州出版社，2011 年 1 月），頁 222。
〔註100〕 徐復觀：《中國經學史的基礎》，頁 149。
〔註101〕 丁忱：《爾雅毛傳異同考》（武昌：武漢大學出版社，1988 年 1 月），頁 58～59。
〔註102〕 王鐵：《漢代學術史》（上海：華東師範大學出版社，1995 年 12 月），頁 191，又見 167～168。
〔註103〕 孫筱：《兩漢經學與社會》，頁 218。
〔註104〕 史應勇：《鄭玄通學及鄭王之爭研究》，頁 33。
〔註105〕 梁振杰：〈古文毛《詩》質疑〉，頁 122。
〔註106〕 洪乾祐：「從景十三王傳，獲知毛詩為古文」，《漢代經學史》（臺中：國彰出版社，1996 年 3 月），頁 713，誤讀。
〔註107〕 劉立志：《漢代《詩經》學史論》，頁 78～79。
〔註108〕 按「制氏」者，上文云制氏「頗能紀其鏗鏘鼓舞，而不能言其義」，知制氏也是禮容派，此派如《史記儒林傳》所云：「不能通《禮經》」，說詳程元敏《漢經學史》，頁 11～12，是故河間獻王與毛生所以采舊文補作〈樂記〉。

〔註109〕此「毛生」,《禮記正義》引作「諸生」;〔註110〕若應作毛生,或又以為毛生即毛萇,〔註111〕則至少據此可說明傳毛《詩》者與河間獻王的經學理念確實相近,二者的關係似亦不言可喻。

(2) 劉歆議立學官

《漢書·楚元王傳》:「及歆親近,欲建立《左氏春秋》及毛《詩》、逸《禮》、《古文尚書》皆列於學官」,〔註112〕然〈移讓太常博士書〉中僅云「得此三事」,未及毛《詩》,各家亦有說:

a. 朱一新云:「以僕言之,則毛《詩》不盡同於古文也。……(劉)歆移太常不及毛《詩》,彼固自有分別,可知毛《詩》不當與三家並斥也。」〔註113〕

b. 葉德輝云:「故其〈移讓太常博士書〉,欲立《左氏春秋》及毛《詩》逸《禮》、古文《尚書》,意謂三經既立,則毛《詩》亦因緣而立;其所以不敢昌言者,以其時今文之學盛行,毛《傳》出自河間獻王府中,絕無師傳可考耳。」〔註114〕

c. 蒙文通云:「博士不誹短毛《詩》」,則「豈博士惟拒立《左氏》及佚《禮》、佚《書》,固不非棄毛《詩》,故歆於〈移書〉中不再論及毛《詩》耶?」〔註115〕

d. 錢穆云:「劉歆〈移書〉……列舉諸經家數先後異同,均不及《詩》,非《詩》之分家最早,乃《詩》之爭議最少耳。」〔註116〕

〔註109〕陳國慶:《漢書藝文志注釋彙編》,頁57。
〔註110〕《禮記注疏》,卷三十七,頁662。
〔註111〕洪乾祐:《漢代經學史》,頁713。按:蒙文通據《漢書·藝文志》此語及《漢書·食貨志》顏師古《注》引鄧展所謂河間獻王所傳之《樂元語》,以為:「此所謂《樂元語》,豈非即傳《詩》之毛公相與為之乎?」見〈儒家政治思想之發展〉,《古學甄微》,頁192〜193。
〔註112〕《漢書》,卷三十六,頁1967。
〔註113〕〔清〕朱一新:〈答康有為第二書〉,《翼教叢編》,卷一,頁4,標點有修改。
〔註114〕〔清〕葉德輝:〈《輶軒今語》評〉,《翼教叢編》,卷四,頁73,標點有修改。又楊樹達:《漢書管窺》(上海:上海古籍出版社,1984年1月),頁300引葉德輝云:「三事不及毛《詩》者,以毛《詩》無先師也。……歆亦知毛《詩》不如《書》、《禮》、《左傳》之可信,故祇專重三事也」,說與此相似,出處待檢,疑係楊氏引自師說口授者。
〔註115〕蒙文通:《經學抉原》,收林慶彰主編:《民國時期經學叢書》(臺中:文听閣圖書有限公司,2008年7月),第二輯,第5冊,頁33、30,標點略有增補。
〔註116〕錢穆:《兩漢經學今古文平議》,頁183。

e. 楊樹達云：「毛《詩》本不出秘府，故歆不及耳。此在當時為先朝掌故，歆未能以意為去取也。」〔註117〕

上述諸說之中，楊說為確，因〈移讓太常博士書〉明云逸《禮》、《書》「天漢之後，孔安國〔家〕獻之」，而《左傳》「臧於秘府」，〔註118〕知此〈移書〉就秘府藏書而論。

又江慎中云：「是歆不以毛《詩》為古文，但以其未立學官，連類及之耳」，〔註119〕王鐵云：「劉歆〈移讓太常博士書〉所稱古文，也指是《逸禮》、《尚書》、《左傳》三事，毛《詩》不在其內，可見至少在劉歆之時，還並不以毛《詩》為古文」，〔註120〕孫筱云：「劉歆〈移讓太常博士書〉所提及古文僅《逸禮》、《尚書》、《左傳》三種，毛《詩》不在其內」；〔註121〕而金德建據〈楚元王傳〉云：「《詩經》能夠和這些古文經傳並列，自然這時候《詩經》的文字上也必然是古文本的」，〔註122〕與江說正相反，可見「連類及之」、「並列」與否恐不宜當作客觀性標準。

又梁振杰云：「又《漢書·楚元王傳》……而於毛《詩》並無『逸』、『古』之稱」，〔註123〕按梁氏只知〈楚元王傳〉無，失檢其它兩漢文獻實有毛《詩》為古文經之證，說詳下。

（3）《說文解字》、《後漢書·盧植傳》等

《說文解字·十五上·敘》：「其稱《易》孟氏、《書》孔氏、《詩》毛氏、《周官》、《春秋》左氏、《論語》、《孝經》，皆古文也」，段玉裁《注》：「正謂全書皆發揮古文……非謂俌引諸經皆壁中古文本也，《易》孟氏非壁中明矣」，〔註124〕段說可從，故此非指稱毛《詩》為古文經之證。

而《後漢書·盧植傳》：「古文科斗，近於為實，而厭抑流俗，降在小學。中興以來，通儒達士班固、賈逵、鄭興父子，並敦悅之。今毛《詩》、《左氏》、《周禮》各有傳、記，其與《春秋》共相表裡，宜置博士，為立學官，以助後來，以

〔註117〕楊樹達：《漢書管窺》，頁300。

〔註118〕並見《漢書》，卷三十六，頁1969～1970。

〔註119〕江慎中：〈用我法齋經說：費易毛詩非古文說〉，頁3下。

〔註120〕王鐵：《漢代學術史》，頁191，又頁168。

〔註121〕孫筱：《兩漢經學與社會》，頁218。

〔註122〕金德建：《經今古文字考》（濟南：齊魯書社，1986年10月），頁115。

〔註123〕梁振杰：〈古文毛《詩》質疑〉，頁122。

〔註124〕《說文解字注》，頁765。

廣聖意」，〔註125〕錢穆云：「此處古文，明指文字，不指經籍與學派〔註126〕……其下列舉毛《詩》、《左氏》、《周官》……故牽連言及，非謂僅此諸書有古字」、〔註127〕梁振杰云：「此處從語意上看，『古文科斗』『降在小學』與『毛《詩》、《左傳》、《周禮》』『宜置博士』的話並不連貫，應指二事。漢代怎麼會把不立博士的毛《詩》、《左傳》、《周禮》『降在小學』呢？」〔註128〕又，程勇云：「例如毛《詩》本文多屬雜今古字，不能算純粹意義上的『古文經書』，但也得列入古文經學的經典系統」，〔註129〕思路與上述各說接近，附於此。

然而關於《後漢書・盧植傳》這一段文字的解讀，王國維云：「『古文科斗』實目下毛《詩》、《左氏》、《周禮》三家」，〔註130〕金德建云：「盧植稱『古文科斗』，下面所指便是毛《詩》、《左氏》和《周禮》，可見盧植時候的《詩經》還是古文本」，〔註131〕王、金二說是，因為此二事若不相干，則盧植行文前言不干後語，恐無此可能；「厭抑流俗」與「降在小學」是貶抑古文經者之說，如彼時謂「《左氏》為不傳《春秋》」，〔註132〕則貶抑古文經學者認為《左傳》只有多識古文古字之用，所以是「降在小學」，章懷太子《注》云：「前《書》謂文字為小學也」，〔註133〕蓋已知此意。

然李源澄云：「而許慎以毛《詩》為古字，盧植以毛《詩》為科斗文者……許、盧二家，意在尊崇毛氏，故連類及之」，〔註134〕按李說未能舉出反證，故僅能以「連類及之」為說，又李氏也失考同為許慎所作的《五經異義》中有毛《詩》為古文經之證，說詳下。

（4）小結

古文經之來源，程元敏已經指出不只孔壁與河間獻王所得書等來源；故

〔註125〕《後漢書》，卷六十四，頁 2116。
〔註126〕此說亦未必能成立，參林惟仁：〈錢穆論兩漢今古文及其相關問題〉，《中國文哲研究集刊》，第 49 期（2016 年 9 月），頁 178～185。
〔註127〕錢穆：《兩漢經學今古文平議》，頁 222。
〔註128〕梁振杰：〈古文毛《詩》質疑〉，頁 122。
〔註129〕程勇：《漢代經學文論敘述研究》（濟南：齊魯書社，2005 年 4 月），頁 174。
〔註130〕王國維：《觀堂集林》，頁 331。按此說與頁 322 矛盾。
〔註131〕金德建：《經今古文字考》，頁 115。
〔註132〕《漢書》，卷三十六，頁 1970。
〔註133〕《後漢書》，卷六十四，頁 2116，《前書》指《漢書》，章懷太子《注》中例如此。
〔註134〕李源澄：〈毛詩微文〉，頁 37。

此二處未提及毛《詩》，不足為疑。〔註135〕而學者一再指稱毛《詩》與這些古文經只是「牽連及之」，〔註136〕然若性質全然不同，恐怕連「牽連及之」的可能性都沒有；因此，一再「牽連及之」，其實也間接說明彼此性質密切相關。

今文說又指出漢人提到古文經時，毛《詩》從未與列，如張濤云：「漢代有關文獻也不曾提及它是古文」，〔註137〕梁振杰云：「毛《詩》為古文經缺少文獻依據」，〔註138〕章琦云：「在與古文《尚書》對舉的情況下，毛《詩》不言『古文』，更為今文經之又一明證」，〔註139〕這說法都失考文獻，不能成立，說詳下；就算這些說法能成立，也只是次要的旁證，因為今文說學者終究未舉出漢人明白指稱毛《詩》不是古文經的證據。並且根據這一說的邏輯，照樣可以反過來說：文獻中也同樣缺乏明確指出毛《詩》是今文的書證，故同樣不能論證毛《詩》是今文經——此處不妨參證它例：如兩漢時少有「今文尚書」、〔註140〕「儀禮」、〔註141〕「公羊傳」〔註142〕等名稱，難道《尚書》就沒有今文，亦無《儀禮》與《公羊傳》二書？可見此一論證方式有其限制。

2. 毛《詩》在《漢書》、《隋書》的著錄與位置

（1）毛《詩》在《漢書》的著錄與位置所產生的問題

江慎中云：「班〈志〉盡本劉氏《七略》，最尊古文，凡古文經必載之於首，且明揭之曰『古經』……毛氏既不稱古經，又附列魯、齊、韓之後，……其書倘是古文，劉、班何為獨抑之？」〔註143〕李源澄云：「《漢志》著錄各經，

〔註135〕參程元敏：《漢經學史》，頁82、100，程氏並認為「而毛《詩》則大毛公亨自有本經」。

〔註136〕如王國維：《觀堂集林》，頁322、錢穆：《兩漢經學今古文平議》，頁222。

〔註137〕張濤：《經學與漢代社會》（石家庄：河北人民出版社，2001年12月），頁111，但張氏仍主張毛《詩》是古文經。

〔註138〕梁振杰：〈古文毛《詩》質疑〉，頁122。

〔註139〕章琦：〈毛《詩》今文說〉，頁17。

〔註140〕〔清〕段玉裁：《古文尚書撰異》，《段玉裁遺書》，頁14。另參蔣善國：《尚書綜述》（上海：上海古籍出版社，1988年3月），頁37。

〔註141〕洪業：〈禮記引得序〉：「儀禮之稱首見於晉人文字中」，原載《禹貢半月刊》第6卷第10期（1937年1月），今據《洪業論學集》（北京：中華書局，2005年6月），頁199。

〔註142〕章炳麟：《春秋左傳讀敘錄》：「則漢人稱《公羊春秋》者正多，而《史記》亦無《公羊傳》三字」，《章太炎全集》，頁806。

〔註143〕江慎中：〈用我法齋經說：費易毛詩非古文說〉，頁3下。

皆分別今古，於毛《詩》不言其為古文」，〔註144〕錢穆云：「〈藝文志〉亦不以毛《詩》為古文」，〔註145〕徐復觀云：「《漢志·六藝略》著錄之例，先出立於學官的經文，……其經為今文，但未立學官而有師說傳世的錄於最後，有如毛《詩》」〔註146〕，孫筱云：「以上《漢書·儒林傳》所言，沒有把毛《詩》歸為古文經。……《漢書·藝文志》則說『又有毛公之學，自謂子夏所傳，而河間獻王好之，未得立。』這似乎是把毛《詩》作為今文學一種」，〔註147〕史應勇云：「《漢書·藝文志》……未曾言其為『古文』」，〔註148〕章琦云：「縱觀《漢志》六藝略的錄書結構，可之其是按照先古文後今文的模式進行的。……奇怪的是，一嚮被視作古文經的毛《詩》卻未能列為『詩』類首行，而是排在了三家今文經之後，且無『古』字」，〔註149〕馬楠云：「此外〈移書讓太常博士〉未及毛詩、周官，《漢志》亦不以毛詩、周官為古文」，〔註150〕陳錦春云：「《漢書·藝文志》並不把毛《詩》的文本視作古文經。」〔註151〕

按，此一證據有以下問題：

a. 此說尚須考慮《漢書·藝文志》的著錄侷限，劉立志云：「〈藝文志〉這樣排列只能說明劉歆與班固沒有見到毛《詩》古文本，或者說漢代朝廷并沒有搜集到這種本子，因為毛《詩》長期以來是在民間傳承」，〔註152〕程元敏則認為：「夫既題此《詩》為『毛（氏）』，從知其家派為古文學，毋須更贅『古』或『古文』字於上；一若其著錄《周官》經六篇，不需上加『古文』，即知其為『古文《周禮（官）》』，而非今文《儀禮》（即《士禮》）也」，劉、程二說都指出這一說法的若干問題。〔註153〕

b. 持此說者多謂《漢書·藝文志》「凡古文經必載之於首」云云，亦未

〔註144〕李源澄：〈毛詩徵文〉，頁 37。

〔註145〕錢穆：《兩漢經學今古文平議》，頁 222。

〔註146〕徐復觀：《中國經學史的基礎》，頁 146。

〔註147〕孫筱：《兩漢經學與社會》，頁 218。

〔註148〕史應勇：《鄭玄通學及鄭王之爭研究》，頁 33。

〔註149〕章琦：〈毛《詩》今文說〉，頁 14。

〔註150〕馬楠：〈傳世經部文獻所見脫簡錯簡現象再討論〉，《出土文獻》第 7 輯（上海：中西書局，2015 年 10 月），頁 318。

〔註151〕陳錦春：〈漢四家《詩》說異同議論〉，《詩經研究叢刊（第二十九輯）》（北京：學苑出版社，2018 年 5 月），頁 205，但請讀者注意，陳氏仍然承認「毛為古文經學」，頁 204。

〔註152〕劉立志：《漢代《詩經》學史論》，頁 79。

〔註153〕程元敏：《詩序新考》，頁 14。

盡然，因《漢書・藝文志》著錄六經，《易》、《詩》二類皆非古文經在前；
其餘《書》、《禮》、《春秋》、《論語》、《孝經》則莫不古文在前；〔註154〕但
《易》、《詩》二類，正是江氏以及其它今文說學者所要證明非古文經者，亦
即：不能先證明「凡古文經必載之於首」，而《易》、《詩》二類不合此例，
故非古文；事實上，〈六藝略〉中，並非「凡古文經必載之於首」，《易》、《詩》
二類足以說明此一凡例並不存在，故不能先將例外排除，然後論證例外之所
以為例外。

c. 廖平、孫筱據「自謂子夏所傳」等語，便指稱〈藝文志〉以毛《詩》
為今文，不僅語焉不詳，且恐無據：一則〈藝文志〉無明文，二則不論其所據
為「子夏所傳」，或「河間獻王好之，未得立」，均不足以作為毛《詩》是今文
的證據。

（2）毛《詩》在《隋書》的著錄與位置所產生的問題

章琦又從《隋書・經籍志》補充了一個論點：「《漢志》稱『毛《詩》二
十九卷』，《隋志》僅錄有二十卷，另外還記載梁代有過十卷本；《漢志》統
計六家《詩》為『四百一十六卷』，而實際卻少了一卷。《詩》中篇卷數的混
亂，表明當時有多種毛《詩》傳本。因為立於學官的三家《詩》顯然是固定
卷數的，而古文經由孔子手定，也不會存在不同的版本」，〔註155〕此說頗有
問題：

a. 將《隋書・經籍志》與《漢書・藝文志》合論，失考二書撰作與著錄
的時代、體例，實則所謂「《隋志》僅錄有二十卷」，《隋書・經籍志》明云
是「毛《詩》二十卷，漢河間太守〔傳〕〔註156〕毛萇傳，鄭氏箋」，又所謂
「梁代有過十卷本」，《隋書・經籍志》亦實作「梁有毛《詩》十卷，馬融注，
亡」，〔註157〕均與章氏所論證的《漢書・藝文志》所載單行的毛《詩》經文
無關。

b.《漢書・藝文志》所謂「凡《詩》六家，四百一十六卷」，與今所計《詩》

〔註154〕 葉長青已注意到這點，並據之對《易》、《詩》的今古文性質作了闡釋，葉長
　　　　 青：《漢書藝文志答問》（上海：華東師範大學出版社，2015 年 4 月），頁 26。
〔註155〕 章琦：〈毛《詩》今文說〉，頁 16。
〔註156〕 據姚振宗說改，〔清〕姚振宗：《隋書經籍志考證》，《二十五史藝文經籍志考
　　　　 補萃編》（北京：清華大學，2014 年 4 月），第十五卷第一冊，頁 117。
〔註157〕 〔清〕姚振宗：《隋書經籍志考證》，《二十五史藝文經籍志考補萃編》，第十
　　　　 五卷第一冊，頁 116～117。

類卷數不合，〔註 158〕並非毛《詩》一家造成，也可能只是若干數字的訛誤；章氏竟據此而推論：「《詩》中篇卷數的混亂，表明當時有多種毛《詩》傳本」，恐是誤解。且《漢書‧藝文志》自著錄中秘書，〔註 159〕從《漢書‧藝文志》何以能知「當時有多種毛《詩》傳本」？章說無據。

　　c. 姑且不論古文經是否孔子所定，章氏所論為哪一時期的三家《詩》與古文經卷數不變、版本惟一？若其所論是漢代單行的毛《詩》經文，則《漢書‧藝文志》明明只載「毛《詩》二十九卷」一種，無所謂「卷數混亂」。

　　d.《隋書‧經籍志》明稱毛《詩》為「古學」，亦即古文經之義（說詳下），顯與章氏的論點相反，而章氏也未論及。

3. 與《孔子詩論》比較

　　梁振杰云：「上博簡《孔子詩論》的出土，為我們認識先秦『古《詩》』提供了一個難得的契機。……《孔子詩論》與《毛詩序》論《詩》存在明顯的不同，……所以毛《詩》是古文的可能性不大」，〔註 160〕章琦引梁說為據，又說：「亡佚已久的三家今文經現今倒有考古發現，而一直保存至今的毛《詩》卻還無古文經的原始殘存，這是作為『古文經』的毛《詩》孤立無援之處」，〔註 161〕此二說意義不明，《孔子詩論》誠出先秦，但出自先秦就是古文經？而《孔子詩論》又不具載《詩經》本文，不能取之與毛《詩》比較。且除非承認先秦也有今古文之爭，〔註 162〕並有證據可將《孔子詩論》明確劃歸為今文或古文，否則《孔子詩論》與毛《詩》今古文沒有任何關係。

　　而章說又頗可疑，其云「亡佚已久的三家今文經現今倒有考古發現」，實則亡佚指的是後代流傳現象，與考古發現無關。且今考古所見《詩經》，除敦

〔註 158〕陳國慶：《漢書藝文志注釋彙編》，頁 40。

〔註 159〕按章氏又云：「而對於《詩》，劉向未有中古文以校，僅稱『又有毛公之學，自謂子夏所傳』，從模稜的語氣中，可見秘府所藏並無《詩》之古文經」，頁 15，則其亦非不知《漢書‧藝文志》之體例，恐是有意曲解而已，或不自知其說前後矛盾。

〔註 160〕梁振杰：〈古文毛《詩》質疑〉，頁 124。

〔註 161〕章琦：〈毛《詩》今文說〉，頁 18。

〔註 162〕按黃人二有此說，見《戰國楚簡研究》（上海：上海古籍出版社，2012 年 11 月），頁 3、186。後有專著：《先秦新出土文獻與兩漢今古文經學公案》（臺中：高文出版社，2012 年 12 月）。而劉師培已有〈孟子兼通古今文考〉，《劉申叔遺書》，下冊，頁 1223。又葉國良〈師法家法與守學改學〉亦已經指出先秦可能已有「家法」，並且「先秦已有守不守『師法』之爭了」，《經學側論》，頁 210。

煌本以外，多在漢以前，彼時三家《詩》未亡，又何嘗「亡佚已久」？又其所謂「原始殘存」，亦不可解──難道現存的出土《詩經》竟也是魯申公所據的《魯詩》（齊、韓二家類推）？否則三家又何來「原始殘存」，章氏又何能據此反譏毛《詩》無所謂「原始殘存」？則章說恐亦自相矛盾。

4. 毛《詩》在今文經中的歸屬及其未開展的議題

（1）趙懷玉云：「燕、趙閒好《詩》言《詩》者，實由韓生，毛公趙人，其原未必不由韓氏」，而江慎中云：「大毛公本魯人，蓋亦魯學之別派也」，〔註163〕李源澄云：「毛《詩》者，與齊、魯、韓同源異流，地〔第？〕〔註164〕三家皆立於學官，毛《詩》未得立而已。」〔註165〕

按，只據出身，則毛公為何地人本有數說，故學者於毛《詩》學派之歸屬亦多有魯、韓之異說，甚至樓鑰不知何據而自出新說云：「毛公，齊人」，〔註166〕則焉知後來者不據此以為毛《詩》亦屬齊《詩》；然前引各家亦無確據，且此一思路宋人周孚〈非《詩辨妄》〉檢討鄭樵說時也已指出相似的問題：「若以毛公非魯人而疑之，則韓嬰韓人也，豈躬受教於洙泗者乎，若之何右韓而左毛也。」〔註167〕更重要的是，兩漢人不盡根據出身而守學，葉國良、劉立志皆已舉證，〔註168〕故據此推論毛《詩》在今文經中的歸屬，不可信。

（2）毛《詩》如為今文經，從一觀點重新反思毛《詩》的流傳，有何意義？而分區今文與古文的標準又為何？也許可從《漢書‧藝文志》提示的「或取《春秋》，采雜說」等特色觀察毛《詩》。〔註169〕而學者反思毛《詩》的今古文性質時，也曾論及今古文的標準問題，學者立說，其實已大多兼顧字體、篇章、學說之異同，而劉立志云：「今古之爭皆是就義理辯駁往返，並不顧及字體之今古，也不糾纏異文之是非。因為並不是所有的異文都必然導致對詩

〔註163〕江慎中：〈用我法齋經說：費易毛詩非古文說〉，頁4上。

〔註164〕引按。原文作「地」，不通，疑是「第」字之誤。

〔註165〕李源澄：〈毛詩徵文〉，頁37。

〔註166〕〔宋〕樓鑰：〈答楊敬仲論詩解〉，附錄於〔宋〕楊簡：《慈湖詩傳》，《詩經要籍集成》（北京：學苑出版社，2002年12月，影印民國24年《四明叢書》本），第8冊，頁246。

〔註167〕〔宋〕鄭樵著，顧頡剛輯點：《詩辨妄》，附錄一，《續修四庫全書》，第56冊，頁231。

〔註168〕葉國良：〈師法家法與守學改學〉，《經學側論》，頁209～237、劉立志：《漢代《詩經》學史論》，頁89～91。

〔註169〕陳國慶：《漢書藝文志注釋彙編》，頁41。

意宗旨理解的分歧」，〔註170〕劉說可從，然三家《詩》存者不多，從經說的角度分判今古文又有困難；則解決毛《詩》今古文區分的標準，不能不求之於既理解今古文經說差異，且及見四家《詩》經文、訓詁全貌的漢人，是以必須梳理漢以降毛《詩》為古文經之說的形成。

二、毛《詩》為古文經之說的形成及其意義新考

上文集中討論毛《詩》今文說不能成立的理由，但是這並不代表毛《詩》為古文之說，即因此不證自明；故下文必須梳理毛《詩》為古文經之說如何形成？也就是並須具體解答以下問題：現存文獻最早指稱毛《詩》為古文經之出處為何？而毛《詩》為古文經之說，在歷代的接受情況及其意義為何？

根據下文的考察，筆者所能拼湊出唐代以前指認毛《詩》為古文經、或提及毛《詩》是古文寫本的線索，大約有：《五經異義》、鄭《箋》、《鄭志》、〈李瞻墓誌〉、《隋書·經籍志》；而在這些線索中須加以貫通的詞彙計有：「古」、「古文」、「古書」、「古學」。此外《史記》、《漢書》中的「古文」在疑似之間，也一併提出討論。

1. 《史記》、《漢書》中的「《詩》、《書》古文」、「精於《詩》、《書》，觀古文」非古文經

《史記·封禪書》：「羣儒既已不能辨明封禪事，又牽拘於《詩》、《書》古文而不能騁」，此語非指《詩》與《書》皆有古文，〔註171〕當如錢穆、孫次舟說，「指舊書」、「指古書古事而言」。〔註172〕而《漢書·楚元王傳》：「而上（引按：指漢成帝）方精於《詩》、《書》，觀古文，詔（劉）向領校中五經秘書」，〔註173〕這段話似乎不能理解為：因為成帝已「精於《詩》、《書》」，則於習見習誦之《詩》、《書》傳本均已熟研，故進一步求此二書之古文本；因欲求古文本，故又詔領劉向校書。「觀古文」其實應該是「觀古書載記」的意思。

〔註170〕劉立志：《漢代《詩經》學史論》，頁88。
〔註171〕《史記會注考證》，卷二十八，頁514，此例蒙文通〈孔氏古文說〉即引以為古文經之證，《經史抉原》（成都：巴蜀書社，1995年9月），頁2。
〔註172〕錢穆：〈劉向歆父子年譜〉，《兩漢經學今古文平議》，頁67～68。孫次舟：〈論魏三體石經古文之來源並及兩漢經古文寫本的問題〉，《齊大國學季刊》新1卷第1期（1940年），頁13下。
〔註173〕《漢書》，卷三十六，頁1948。

2. 《五經異義》為現今所見最早指稱毛《詩》為古文經者

《說文解字‧十五上‧敍》:「其稱《易》孟氏、《書》孔氏、《詩》毛氏、《周官》、《春秋》左氏、《論語》、《孝經》,皆古文也」,然此段《注》所言,非「古文經」之義,說已詳上。此外,前揭鄭玄云毛《傳》「既古書」,前文亦已證其可能即古文經之意,而此例時代較晚,也可為旁證。

則《五經異義》稱「古《詩》毛說」、「古毛《詩》說」,此即現今所見指認毛《詩》為古文經之最早出處,〔註174〕但《五經異義》中稱引經說而加上「今」、「古」二字,其意義為何?魏源嘗據《禮記正義》所引《五經異義》之「今《論》說」指出「『今《論》說者』,《論語》今文家言也」,〔註175〕約略觸及《五經異義》中稱引經說而加上「今」、「古」二字的問題,孫詒讓也指出:「此經(《周禮》)舊義,最古者則《五經異義》所引古《周禮》說(原注:謂古文《周禮》說也),或出杜、鄭之前」,〔註176〕至顧實則指出:「許慎《五經異義》往往不曰『古文今文』,但曰『古今』。」〔註177〕以上諸說雖然正確,然過於簡略,且未貫通《五經異義》全書的體例與其引書稱名的各種形式,茲從三方面加以補證:

(1)《五經異義》中稱引經說而加上「今」、「古」的例證有多少?

茲檢出《五經異義》中稱引經說而加上「今」、「古」的所有例證,統計如下表,文字、頁碼均據陳壽祺《五經異義疏證》,〔註178〕同一段文字因出處不同而略有差異者只計一次,其餘稱引經說而未加「今」、「古」者不錄:

引經說稱「今」	頁　碼
今《春秋》公羊說	8、84、67、165、232
今《尚書》歐陽說	14、250

〔註174〕劉立志云:「因此他(劉歆)把毛《詩》一并歸入古文經學之列」,又:「他(許慎)可能也沒有見過毛《詩》的古文真本」,《漢代《詩經》學史論》,頁81〜82,未妥,因劉氏失檢《五經異義》,而〈移讓太常博士書〉無論及毛《詩》之語,劉氏或據《漢書‧藝文志》立說。

〔註175〕〔清〕魏源:《詩古微》(道光中二十卷本),上編之二〈毛詩義例篇中〉,《魏源全集》(長沙:岳麓書社,2004年12月),第1冊,頁165。程元敏即引此而稱「魏說可從」,程元敏:《王柏之詩經學》,頁161。

〔註176〕〔清〕孫詒讓:〈《周禮正義》略例十二凡〉,《籀廎述林》,頁328。

〔註177〕顧實:〈秦漢燒書、校書兩大案平議〉,原載《國學叢刊》第1卷第1期(1923年3月),今據葉繼元主編:《南京大學百年學術精品:圖書館學卷》(南京:南京大學出版社,2002年5月),頁14。

〔註178〕〔清〕陳壽祺:《五經異義疏證》(北京:中華書局,2014年)。

今《韓詩》說	18、253
今《尚書》夏侯說	22、186、200
今《孝經》說	41、42
今《禮》戴說	103、169、195
今大戴《禮》說	176
今《論語》說	192
今《易》京氏說	257
古《周禮》說	12、18、67、97、103、189、200、236、247
古《尚書》說、古文《尚書》說	14、22、31、70、169、186、190、195、250
古《春秋》左氏說、古左氏說	41、42、53、83、92、96、175、183、187、222、232
古毛《詩》、古《詩》毛說	24、205、253

但上表凡遇連類而稱者，多僅取其上文，如「今《詩》韓、魯說」之類，只取「今詩《韓》說」，因無法完全確定「魯說」是否亦同屬「今」字所涵蓋的範圍；故上表的數目可能尚可有若干增益，然亦無關大旨。而此表雖可知「今」、「古」二字的大略分布範圍，而判斷「今」、「古」的意義仍須討論其語境。

（2）《五經異義》中稱引經說而加上「今」、「古」的語境

考察《五經異義》中稱引經說而加上「今」、「古」的語境，可以發現，「今」、「古」二字多在同一段中對照並舉：

編　號	內　容〔註179〕
1	今《尚書》歐陽說：春日昊天……古《尚書》說云：天有五號……。
2	今《韓詩》說：一升曰爵……古《周禮》說：爵一升……。
3	今《尚書》夏侯歐陽說：類，祭天名也……古《尚書》說：非時祭天謂之類……。
4	今《孝經》說曰：社者……古左氏說：共工氏有子曰句龍……。
5	今《孝經》說：稷者……古左氏說：列山氏之子曰柱……。
6	今《春秋》公羊說：宗廟筮而不卜……古《周禮》說：〈大宗伯〉曰……。
7	竈神，今《禮》戴說……古《周禮》說……。
8	今《尚書》歐陽、夏侯說：中國方五千里，古《尚書》說：五服方五千里，相距萬里。

〔註179〕以下分見陳壽祺：《五經異義疏證》，頁14、18～19、22、41、42、67、97、186、195、199～200、232、250、253。

9	今戴《禮》、《尚書》歐陽說云：九族乃異姓有屬者……・古《尚書》說：九族者，從高祖至玄孫凡九，皆同姓……。
10	今《尚書》夏侯、歐陽說：天子三公……古《周禮》說：天子立三公……。
11	今《春秋》公羊說：諸侯曰「薨」……古《春秋》左氏說：諸侯薨……。
12	今《尚書》歐陽說：肝，木也……古《尚書》說：脾，木也……。
13	今《詩》韓、魯說：騶虞……古毛《詩》說：騶虞……。

從以上諸例可見：「今」、「古」對舉可以是同一部經典，如例1、3、8、11、12、13，也可以是不同經典，說明「今」、「古」不是單指某一部經典而言，而是泛指所有經典的概念。而且「今」、「古」之別乃在於經說之差異，則《五經異義》中稱引經說而加上「今」、「古」，其義乃指「今文經」、「古文經」。

（3）《五經異義》有「古」與「古文」互見之例

而「今」、「古」即指「今文」、「古文」，最明顯的例子，即是《五經異義》中既有「古《尚書》」，又有「古文《尚書》」，〔註180〕二者顯然相同。且從上表第13例「今《詩》韓、魯說：騶虞……古毛《詩》說：騶虞……」而言，此乃今古文經說對舉，則「古毛《詩》」，亦如「古《尚書》」可以稱作「古文《尚書》」之例，「古毛《詩》」即謂「古文毛《詩》」，是漢人已明白指出毛《詩》是古文經。

然而就算漢人曾指證毛《詩》為古文經，論者仍然可以認為此不過是漢人的視角，如王鐵云：「西漢的毛《詩》本子，也不過如《阜詩》一樣，是三家之外的一種隸書本子，由於河間獻王的愛好而成傳受不絕，形成一個學派……毛《詩》在東漢漸被看作是古文學」，〔註181〕但是王氏這種說法也不無可商：第一，《阜詩》是無家法師說的經本，不能與毛《詩》等量齊觀，第二，河間獻王一己私好並未必有如此大的影響力，第三，雖然現存文獻中東漢許慎《五經異義》（王氏未明確提及《五經異義》，只是泛稱東漢）才指稱毛《詩》為古文，但這只代表毛《詩》為古文說出現的下限，不能說東漢始有此說。

3. 鄭《箋》中所謂「古文」與《鄭志》稱毛《傳》為「古書」解

鄭《箋》云「古文」者僅一見，〈玄鳥〉：「景員維河」，《箋》：「『員』，古文『云』」，《正義》僅隨文敷衍云：「轉『員』為『云』」、「且古文『云』、

〔註180〕陳壽祺：《五經異義疏證》，頁70。
〔註181〕王鐵：《漢代學術史》，頁191、194。

『員』字同」，〔註182〕「轉」、「同」於此皆指假借，而「云」、「員」假借，
出土文獻亦有其例；〔註183〕而〈韓奕〉：「虔共爾位」，《箋》：「古之『恭』
字或作『共』」，〔註184〕則屬用字方面的問題，不涉及今古文。〈玄鳥〉之例，
固然也可以理解為鄭《箋》只是說明古文書寫時的若干通則，不涉及文本書
寫型態；然而毛《詩》的書寫型態可以與古文比證，則其為古文經蓋亦昭然
若揭。

　　而《鄭志》：「後乃得毛公《傳》，既古書，義又宜」，〔註185〕金德建即據
此文云：「就指《毛詩傳》的文字上古文，義解上又屬古說」，〔註186〕但金說
理據不明，按：其實「古書」可指「古文經」，賈公彥《儀禮疏》云：「遭于暴
秦，燔滅典籍，漢興，求錄遺文之後，有古書、今文」，〔註187〕此處「古書」
正與「今文」對文，則《鄭志》之「古書」亦可指「古文經」。

4. 六朝毛《詩》之盛行與毛《詩》古文寫本的流傳
（1）六朝人論毛《詩》盛行的若干旁證

　　舊說「齊《詩》久亡，《魯詩》不過江東，《韓詩》雖在，人無傳者」，
〔註188〕此文「《魯詩》不過江東」之前已說「齊《詩》久亡」，則齊《詩》
之亡，更在晉以前。然六朝人對三家《詩》之亡佚以及毛《詩》之盛行，雖
少有直接論述，倒是有若干值得鉤沉的線索：

　　蕭梁時，任昉〈齊竟陵文宣王行狀〉稱竟陵文宣王：

　　　天才博贍，學綜該明〉，至若曲臺之《禮》，九師之《易》，樂分龍、

　　　趙，《詩》析齊、韓；陳農所未究，河閒所未輯，〉有一於此，固不

〔註182〕《毛詩注疏》，卷二十之三，頁794～795，據《校勘記》改。
〔註183〕《定州漢墓竹簡論語・子張》：「夫子之員」，即「夫子之云」，《定州漢墓竹
　　　　簡論語》（北京：文物出版社，1997年7月），頁94、96。
〔註184〕《毛詩注疏》，卷十八之四，頁679。
〔註185〕《鄭志疏證》，卷三，頁11下。按鄭玄屢云「義又宜」，故知當如此斷句，
　　　　如：「《論語注》，人間行久，義或宜然，故不復定，以遺後說」，《鄭志疏證》，
　　　　卷三，頁4下。
〔註186〕金德建：《經今古文字考》，頁115。
〔註187〕《儀禮注疏》，卷一，頁5。
〔註188〕吳承仕：《經典釋文序錄疏證》，頁82，楊守敬《續羣書拾補・困學紀聞》：
　　　　「齊《詩》亡於魏晉，如果有此事，陸氏《釋文》何以不言？曹氏（引按：
　　　　《困學紀聞》原未稱名，蓋是曹粹中）恐亦因《儀禮》而附會為此說」，《楊
　　　　守敬全集》，第7冊，頁1513，按楊說非是，說詳下。

兼綜者與。〔註189〕

此文深可留意之處有二：

首先，李善《注》云：「《漢書》曰⋯⋯又曰：《詩》，魯、齊、韓三家，應劭《漢書注》曰：『申公作《魯詩》，韓嬰作《韓詩》，后倉作齊《詩》也』」，〔註190〕善《注》三家《詩》並舉，而原文僅云「齊、韓」，推究善《注》之意，蓋以為任氏原文拘限於四言對仗，故於齊、魯、韓三家《詩》中，僅能提及「齊、韓」，而其意實兼指齊、魯、韓三家《詩》。善《注》此一讀法應屬正確，因任氏若因《魯詩》當時已亡，故其文中不列舉；則齊《詩》亡佚更早，不容舉齊《詩》而遺《魯詩》。與任昉同樣的文例，亦見於《文中子中說》：「故齊、韓、毛、鄭，《詩》之末也」，若執著於字面，是否王通只認可《魯詩》而棄斥其餘三家？顯然不是，因其下文又說：「《詩》失於齊、魯」，〔註191〕據此可知王通前後行文均舉一端以概其餘，正如任昉之行文。

其次，任氏為彰顯竟陵文宣王之「博贍」、「綜該」且「明」，所開列的書目，均係人間難見之書，否則不足以彰顯其「博贍」、「綜該」且「明」，是以此文之所謂難見之書，齊、魯、韓三家《詩》赫然在列，言下之意，乃是三家《詩》久無人讀，形同秘書。故其《文章緣起》亦逕云「毛《詩》」，不及其它：「六經素有歌、詩、書、誄、箴、銘之類：⋯⋯毛《詩》三百篇⋯⋯，此等自秦漢以來，聖君賢士沿著為文章名之始。」〔註192〕

而時代較任昉為晚的皇侃疏解《論語・為政》「《詩》三百」時，竟云：「《詩》即今之毛《詩》也」，〔註193〕此語實有語病：孔子時豈有「毛」《詩》？而皇侃如此疏解，適足說明漢末以來毛《詩》之風行，已令學者不思其本，《詩經》儼然就是毛《詩》，「詩經」簡直詞義縮小為「毛詩」。

（2）毛《詩》古文寫本的流傳

新出材料中，與毛《詩》今古文性質有關，兼可說明毛《詩》古文寫本流

〔註189〕 《文選》，卷六十，頁842，「學綜該明」，當讀作「學／綜該明」，指其學能綜該且明。

〔註190〕 《文選》，卷六十，頁842。

〔註191〕 〔隋〕王通著，〔宋〕阮逸注：《文中子中說》（上海：上海古籍出版社，1989年3月），卷二〈天地〉，頁11。

〔註192〕 〔梁〕任昉著，〔明〕陳懋仁注：《文章緣起注》，收《文體序說三種》（臺北：大安出版社，1998年1月），頁9。

〔註193〕 《論語義疏》，卷一，頁23。

傳經過的是〈李瞻墓誌〉，其記李瞻的讀書經歷為：

> 幼業書史，不辭寒漏；榮華飾玩，悉不在心。毛《詩》、《論語》、《孝經》古文，並皆究講。《字林》、《爾迕（雅）》、《說文》三部，相曉音義。班固〈兩京〉，左思〈三都〉，悉頌上口，辨其方志。〔註194〕

按：「寒漏」，指冬日之更漏，寒漏且不辭，其它時日可知，「方志」者，「志」，識也，識即記，故「志」亦訓「記」，〔註195〕則「方志」即「方記」，謂該地之記錄。而冠《字林》於《爾雅》、《說文》之前，亦符合六朝人對《字林》的重視。〔註196〕然值得玩味之處，乃在「毛《詩》、《論語》、《孝經》古文」一句，究當理解為：

a.「毛《詩》、《論語》、《孝經》、古文」四者並列，「古文」為毛《詩》、《論語》、《孝經》以外經書的泛稱，則毛《詩》不屬於「古文」？

b.「毛《詩》、《論語》、《孝經》古文」，三者並列，「古文」乃指「毛《詩》古文、《論語》古文、《孝經》古文」，與下文「《字林》、《爾迕（雅）》、《說文》三部」之「三部」文義切合？

似乎「毛《詩》、《論語》、《孝經》古文」之讀法較為可取，因為用「古文」稱呼毛《詩》、《論語》、《孝經》以外的經書，似較少見；〔註197〕且「古文」若指毛《詩》、《論語》、《孝經》以外的經書，也很難理解為何只有毛《詩》、《論語》、《孝經》被排除在「古文」之外。

其次，就文義而言，讀「毛《詩》、《論語》、《孝經》古文」也較合理，理由是：應當先注意本段是描寫李瞻「幼業書史」時期的狀態，故特舉毛《詩》、《論語》、《孝經》三部，完全符合兩漢以降的為學次第，〔註198〕而漢人碑中，

〔註194〕 葉煒、劉秀峰主編：《墨香閣藏北朝墓誌》（上海：上海古籍出版社，2016年10月），頁6，標點有修改，說詳下，原碑拓本見頁7。

〔註195〕 〔晉〕左思：〈三都賦序〉：「則驗之方志」，李善《注》：「《周禮》曰：『外史掌四方之志』，鄭玄曰：『志，記也』」，《文選》，卷四，頁76。

〔註196〕 參簡啟賢：《《字林》音注研究》（成都：巴蜀書社，2003年1月），頁4～5，而李增杰云：「就當時字書被徵引的情況說，《字林》被徵引的次數當然比不上《說文》多，但其他字書沒有一部是比得上《字林》的」，《字林考逸續補》（廣州：廣東高等教育出版社，1989年7月），頁7，似頗有以後人特重《說文》之觀念來討論漢以後《說文》接受的問題；是以後續可以考察的問題是：《說文》的經典化何時完成？

〔註197〕 張富海：《漢人所謂古文之研究》（北京：線裝書局，2007年4月），頁1～2。

〔註198〕 王國維：〈漢魏博士考〉：「是漢人就學，首學書法……其進則授《爾雅》、《孝

並舉《詩》、《論語》、《孝經》者，亦不少見，如〈中常侍樊安碑〉：「治《韓詩》、《論語》、《孝經》，兼誦記、傳」；〔註199〕然而僅僅讀毛《詩》、《論語》、《孝經》，中人皆可，並無任何特殊之處，因此〈墓誌〉更細緻地描寫了李瞻少小即已不同於常人的特出之舉：其讀一般人作為入門經書讀物的《詩》、《論語》、《孝經》，不僅已有一定的經學立場，能對今古文有所別擇，且其所讀亦非文從字順的通行本，而是讀毛《詩》、《論語》、《孝經》的古文寫本！

　　而這種約簡「毛《詩》古文、《論語》古文、《孝經》古文」為「毛《詩》、《論語》、《孝經》古文」的寫法其實並不少見，以碑證碑，如〈鮮于璜碑〉：「以病去官，廿有餘」，詹鄞鑫指出「『廿有餘』的『廿』只能讀兩個音節，即讀為『二十有餘』」，〔註200〕也是同樣的寫法。

　　然而衍生出的另一問題是：北朝時期有毛《詩》古文、《論語》古文、《孝經》古文流傳嗎？此一「古文」應非指漢、魏石經，理由是漢、魏石經均無

經》、《論語》……且漢時但有受《論語》、《孝經》、小學而不受一經者；無受一經而不先受《論語》、《孝經》者」，《觀堂集林》，卷四，頁179～180，呂思勉亦云：「漢人讀經，率先《論語》、《孝經》，此法相沿甚久……蓋至朱子之學大行，入學者皆先誦《四書》，而先誦《論語》、《孝經》之法乃變」，《呂思勉讀史札記（增訂本）》，下冊，頁1402，而余嘉錫對王說略有修正：「惟謂《論語》、《孝經》為漢中學之科目，則余頗疑之。……《論語》、《孝經》亦漢人小學書也」，《目錄學發微》（北京：中華書局，2007年10月），頁149～150。而在王氏舉證之外，傳世文獻與出土文獻中可以尋得漢人受經次序與年歲者，厥有數例：晚至十二歲者如東漢永元八年（96A.D.）之〈孟琁殘碑〉云：「廣四歲失母，十二隨官，受韓《詩》，兼通《孝經》二卷」，毛遠明：《漢魏六朝碑刻校注》（北京：線裝書局，2008年12月），第1冊，頁64，碑文俗字據毛說改為通行字。而魏晉時九、十歲者如張騭《文士傳》載「劉楨……年八、九歲能誦《論語》」、「王弼……年十餘歲便能誦《詩》、《書》，讀《老》、《莊》」，朱迎平：〈《文士傳》佚文〉，《古典文學與文獻論集》（上海：上海財經大學出版社，1998年6月），頁40、42，而更早者如《三國志·鍾會傳》裴松之《注》引鍾會為其母所作之〈傳〉云：「年四歲授《孝經》，七歲誦《論語》，八歲誦《詩》」，頁218，這恐怕是年歲最少的例子。又因為《孝經》、《論語》是入門讀物，故其簡冊形態也很特殊，胡平生〈《簡牘檢署考》導言〉云：「西漢中期以後，《孝經》、《論語》都是童蒙讀物，簡冊較短小，也可能有方便兒童的考慮」，王國維著，胡平生、馬月華校注：《簡牘檢署考校注》（上海：上海古籍出版社，2004年11月），頁33。

〔註199〕〔清〕魏源：《詩古微》（道光中刻二十卷本），卷首〈韓詩傳授考〉，《魏源全集》，第1冊，頁113。

〔註200〕詹鄞鑫：〈讀漢碑文字札記〉，《華夏考——詹鄞鑫文字訓詁論集》（北京：中華書局，2006年12月），頁186。

《孝經》。〔註201〕其意義可能既指「古文經」，也可能是「古文寫本」，甚至本身就兼涵「古文經」與「古文寫本」之義；但不論其涵義為「古文經」或古文寫本，六朝人似均可見毛《詩》、《論語》、《孝經》之古文經本與古文寫本：

　　《古文論語》，皇侃《論語義疏》雖云「今日所講，即是《魯論》，為張侯所學，何晏所集者也」，〔註202〕然其記《古論》甚詳：「《古文》凡二十一篇，而次第大不同……二十篇而內，辭句亦大倒錯，……其餘甚多也」，〔註203〕則當時雖如皇侃所云，無傳《古論》之學者，但應仍有其書，《七錄》載「《古文論語》十卷」，〔註204〕而敦煌不知名類書（p.3636＋p.4022）載「《古文論語》十卷，廿一篇」，〔註205〕均可為證。而《論語》的古文寫本，《汗簡》曾引及《古論語》的文字，〔註206〕宋時猶可見，則六朝應有其書。

　　《古文孝經》，劉炫《孝經述議》自云所據乃「古文孝經孔安國傳」本，其記六朝《古文孝經孔傳》之流傳經歷為：「皆及魏、蜀，似無見者。吳鬱林太守陸績作《周易述》，引《孝經》曰『閨門之內具禮矣乎』，則陸績嘗見之矣。江左晉穆帝永和十一年及孝武泰元元年，再聚朝臣，講《孝經》之義。有荀茂祖者，撰集其說，載安國於其篇首，篇內引《孔傳》者凡五十餘處，悉與今《傳》符同，是荀昶得孔本矣。及梁王蕭衍作《孝經講義》，每引《古文》……此數者所云《古文》，皆與今經不同；則梁王所見別有偽本，非真《古文》也。後魏以來，無聞見者；開皇十四年書學博士王孝逸於京市買得，以示著作郎

〔註201〕漢石經有七部：魯《詩》、《尚書》、《周易》、《春秋》、《公羊傳》、《儀禮》、《論語》，見馬衡：《漢石經集存》（上海：上海書店，2014 年 12 月），頁 1上，魏石經只有《尚書》、《春秋》、《左傳》，詳邱德修：《魏石經初探》（臺北：學海出版社，未著出版年月），頁 35～37、呂振端：《魏三體石經殘字集證》（臺北：學海出版社，1981 年 5 月），頁 53～63、趙立偉：《魏三體石經古文輯證》（北京：社會科學文獻出版社，2007 年 9 月），頁 25～26。

〔註202〕〔三國魏〕何晏集解，〔南朝梁〕皇侃義疏：《論語義疏》（北京：中華書局，2017 年 10 月），卷首〈《論語義疏》自序〉，頁 5，按：皇侃此文不應稱自序，應稱大題疏文，擬另文別詳。

〔註203〕《論語義疏》，卷首〈《論語》序〉，頁 11。

〔註204〕任莉莉：《七錄輯證》（上海：上海古籍出版社，2011 年 12 月），頁 79，其所據即《隋書・經籍志》：「梁有《古文論語》十卷，鄭玄《注》」，〔日〕興膳宏、川合康三：《隋書經籍志詳考》（東京：汲古書院，1995 年 7 月），頁 175。

〔註205〕王三慶：《敦煌類書》（高雄：麗文文化，1993 年 6 月），頁 273。

〔註206〕〔宋〕郭忠恕著，黃錫全注釋：《汗簡注釋》（武漢：武漢大學出版社，1990 年 8 月），頁 40。

王邵，邵遣送見示，幸而不滅」，〔註207〕據劉炫所述，足知南北朝俱有古文《孝經》流傳，但劉炫所記人事時地是否一一可信，則亦未必。〔註208〕至於《孝經》的古文寫本，唐宋之間屢云科斗《孝經》，《汗簡》亦曾徵引其文字，〔註209〕1983 年日本膽澤城遺址亦曾發掘約 8 世紀後半葉的日人古文《孝經》寫本。〔註210〕則六朝時當可見古文《孝經》寫本。

　　而六朝毛《詩》興盛，然六朝人是否以其為古文經，似缺乏佐證。然毛《詩》此時當有古文寫本，據《汗簡》尚引及《古毛詩》的文字，〔註211〕則六朝有毛《詩》古文寫本流傳。

　　總結上述，〈李瞻墓誌〉所謂「毛《詩》、《論語》、《孝經》古文」，可能指今古文經，也可能指經書文字的書寫形態；雖不能直接證明六朝亦有毛《詩》為古文經之說，然亦證明毛《詩》在六朝時代仍有古文寫本，可作為考察六朝時人閱讀《詩經》文本樣態的重要資料。〔註212〕

5.《隋書・經籍志》「古學」解

　　《隋書・經籍志》云「是為毛《詩》古學」，〔註213〕魏源據此云「〈志〉以毛《詩》為古學，然則三家《詩》亦猶《書》之今文歟」。〔註214〕按「古學」一詞，何休〈公羊解詁〉序〉：「是以治古學，貴文章者，謂之俗儒」，《疏》云：「《左氏》先著竹帛，故漢時謂之古學；《公羊》漢世乃興，故謂之今學。」〔註215〕此詞亦屢見於《後漢書》，其義即指古文經，如《後漢書・鄭興傳》：「興

〔註207〕〔日〕林秀一著，喬秀岩等譯：《孝經述議復原研究》，頁 98、360。

〔註208〕參喬秀岩、葉純芳：〈編後記〉，《孝經述議復原研究》，518～519。

〔註209〕黃錫全：《汗簡注釋》，頁 38。

〔註210〕李學勤：〈日本膽澤城遺址出土《古文孝經》論介〉，《走出疑古時代（修訂本）》（瀋陽：遼寧大學出版社，1997 年 12 月），頁 307～314。

〔註211〕黃錫全：《汗簡注釋》，頁 40，又參張富海：《漢人所謂古文之研究》，頁 225～226。

〔註212〕這方面的研究，參林耀潾：〈魏晉南北朝詩經接受論──以普通讀者為中心〉，《興大中文學報》第 30 期（2011 年 12 月）、〔美〕柯馬丁（Martin kern）：〈毛詩之後：中古早期《詩經》接受史〉，收在陳致主編：《跨學科視野下的詩經研究》（上海：上海古籍出版社，2010 年 3 月）、蔣方：〈試論魏晉時期毛《詩》的傳播〉，《詩經研究叢刊》第 19 輯（北京：學苑出版社，2011 年 9 月）。

〔註213〕《隋書經籍志詳考》，頁 85。

〔註214〕〔清〕魏源：《詩古微》（道光中刻二十卷本），卷首〈毛詩傳授考〉，《魏源全集》，第 1 冊，頁 121。

〔註215〕〔漢〕何休解詁，〔唐〕徐彥疏：《公羊傳注疏》，頁 4。

好古學，尤明《左氏》、《周官》」，再對照《後漢書‧儒林傳》：「中興後，鄭眾、
賈逵傳毛《詩》」，〔註216〕鄭眾傳父業，則當可推知毛《詩》應包含在「興好古
學」的「古學」中。又《新唐書‧儒學下》載元行沖〈釋疑〉亦以「古學」、「古
義」與「章句」相對：「昔孔季產專古學……有孔扶者與俗浮沈，每誠產曰：『今
朝廷率章句內學；君獨脩古義，古義非章句內學，危身之道也！』」〔註217〕

　　如上文所梳理的從《史記》、《漢書》到《隋書》之脈絡，卻在六朝至唐宋
元明間發生了一個重大的轉折：《毛詩正義》中並無毛《詩》是古文經之說，
而就筆者淺陋所知，唐宋元明幾乎沒有學者提到毛《詩》為古文經，大多都
僅是在四家《詩》的家派視野中理解毛《詩》。

6. 清人復興毛《詩》為古文經之說及其意義

　　重新注重毛《詩》為古文經，實從清人開始，然筆者見聞不廣，清人首
度重倡此說者或即臧琳，茲條列筆者所見清人之說如下：

　　（1）臧琳云：「毛《詩》為古文，齊、魯、韓為今文。」〔註218〕

　　（2）愛新覺羅‧胤禛（雍正皇帝）云：「今文出於古文，若（丘字）改用
『止』字，是未嘗迴避也；此字（引按：指丘字）本有『期』音，查毛《詩》
古文作『期』音甚多，嗣後除四書五經外，凡遇此字……，但加『阝』旁，讀
作『期』音，庶乎允協。」〔註219〕

　　（3）惠棟云：「案漢世儒者，惟鄭氏篤信古文，故……于《詩》傳毛氏，
皆古文也。」〔註220〕

　　（4）王鳴盛云：「魯俗學，毛乃古學，豈有古學反用俗字之理？」〔註221〕

　　（5）盧文弨云：「蓋鄭（玄）所注《尚書》及毛《詩》皆古文也……
歐陽大小夏侯及韓、魯《詩》，皆今文也」，又：「愚案：《詩》今古文正與《尚
書》相反，毛《詩》為古文，多作『維』；三家《詩》為今文，多作『惟』。」
〔註222〕

〔註216〕《後漢書》，卷三十六，頁328、卷六十九下，頁691。
〔註217〕《新唐書》，卷二〇〇，第7冊，頁5692，《校勘記》云「產」或作「彥」，
　　　　頁5723。按：元行沖此言本之《孔叢子‧連叢子下》。
〔註218〕〔清〕臧琳：《經義雜記》，《皇清經解諸經總義類彙編（一）》，頁484。
〔註219〕引自〔清〕俞樾：《茶香室續鈔》卷三引葉名澧《橋西雜記》，參陳垣：《史
　　　　諱舉例》，頁8。
〔註220〕〔清〕惠棟：《古文尚書考》，卷上，頁7下。
〔註221〕〔清〕王鳴盛：《蛾術編》（上海：上海書店，2012年12月），頁80。
〔註222〕〔清〕盧文弨：《經典釋文考證》，頁95、110。

（6）嚴杰（或阮元）云：「案三家《詩》今文作『東門之墠』；毛《詩》古文作『東門之壇』。」〔註223〕

（7）馬瑞辰云：「毛《詩》為古文，其經字多假借」，又：「毛公傳《詩》多古文」，又：「毛《詩》為古文，其經字類多假借……齊、魯、韓用今文，其經文多用正字。」〔註224〕

（8）陳奐云：「毛《詩》用古文，三家《詩》用今文。」〔註225〕

（9）陳立云：「兩漢經師以《春秋·左氏》、《詩·毛氏》、《禮·周禮》均稱古文，〔註226〕則《漢志》所稱『《古經》十二卷』為《左氏》無疑，《公》、《穀》為今文，故止稱『經』。」〔註227〕

（10）彭兆蓀云：「雖毛《詩》本古文，多假借字，《詁訓傳》往往以正字解經。」〔註228〕

（11）丁晏云：「漢三家《詩》多從今文，而毛公皆依古文。」〔註229〕

〔註223〕《左傳注疏》，卷三十八附《校勘記》，頁661，據《《春秋左傳注疏》校勘記序》，知阮元、嚴杰等人校勘《左傳注疏》時，主要參考〔清〕陳樹華《春秋經傳集解考正》，檢《春秋經傳集解考正》卷十八「舍不為壇」正有「惠氏（原注：士奇）云：『壇』、『墠』二字俱从『土』，而『亶』、『單』為聲，似古通用」，《續修四庫全書》，第143冊，頁94〜95，故知「案三家《詩》今文」云云，實出阮元或嚴杰。而陳樹華所引惠士奇說，檢《皇清經解春秋類彙編》中所收惠士奇《春秋說》似未見相關論述；又考陳氏〈論例〉云：「又於蔣氏（原注：元泰）貯書樓借金氏（原注：鳳翔）校本，竝紅豆齋惠氏（原注：棟）手校本」，《續修四庫全書》，第142冊，頁15，疑惠士奇或出惠棟校本所引，且驗之陳樹華此書之體例，凡第一次引某學者某著作必詳標書名與出處，如卷一「若闕地及泉」，即云「松崖惠氏（原注：棟）《左傳補註》云」，《續修四庫全書》，第142冊，頁41，又卷二「嘉耦曰妃」，引「惠氏校本」，《續修四庫全書》，第142冊，頁92，而陳氏書中第一次引惠士奇說，當在卷六「好聚鷸冠」，引「惠氏（原注：士奇）云」而未注出處，可知非引自惠士奇之《春秋說》，《續修四庫全書》，第142冊，頁294。

〔註224〕〔清〕馬瑞辰：〈《毛詩傳箋通釋》例言〉、〈《毛詩詁訓傳》名義考〉、〈毛《詩》古文多假借考〉，《毛詩傳箋通釋》，頁1、5、23。

〔註225〕〔清〕陳奐：《毛詩說》，《詩毛氏傳疏》，第4冊，頁8下。

〔註226〕引按：此說未妥，說已詳前。

〔註227〕〔清〕陳立：《公羊義疏》（北京：中華書局，2017年11月），卷一，頁5。

〔註228〕〔清〕彭兆蓀：《潘瀾筆記》，卷上，徐德明等主編：《清代學術筆記叢刊》，第38冊，頁251〜252。

〔註229〕〔清〕丁晏：《毛鄭詩釋》，卷首〈《毛詩古學》原序〉，《續修四庫全書》，第71冊，頁333，此文收入《頤志齋文集》，卷二，《清代詩文集彙編》，第587冊，頁67〜71。

（12）魏源云：「《詩》則漢初皆習齊轅固生、魯申公、韓嬰三家，惟毛《詩》別為古文。」〔註230〕

（13）桂文燦云：「在漢時毛《詩》為古文，三家《詩》為今文。」〔註231〕

（14）王玉樹云：「蓋毛《詩》為古文，齊、魯、韓三家皆為今文。古文多假借，作《傳》者每以正字釋之；今文經直作正字，故韓以詁訓代經也。」〔註232〕

（15）陳倬云：「毛《詩》用古文，三家《詩》用今文，古文多假借字，《傳》每釋以本字，而三家亦有此例。」〔註233〕

（16）黃以周云：「毛公所傳《詩》為古文。」〔註234〕

（17）陸心源云：「毛《詩》多假借字，齊、魯、韓多正字，蓋齊、魯、韓為今文，毛《傳》為古文故也。」〔註235〕

（18）繆楷云：「蓋三家今文，而毛《詩》古文，古文多借字，今文多正字。」〔註236〕

（19）陶方琦云：「毛《詩》為古文之學，三家《詩》多今文之學也。」〔註237〕

（20）王先謙云：「《詩》則魯齊韓三家立學官，獨毛以古文鳴。」〔註238〕

（21）皮錫瑞云：「當知晉宋以下，專信古文《尚書》、毛《詩》、《周官》、《左傳》，而大義微言不彰」，又：「古文毛《詩》、《左氏》，聖人皆有父，不感

〔註230〕〔清〕魏源：〈兩漢經師今古文家灋攷序〉，《湖南文徵》，卷八十，第 5 冊，頁 2751。

〔註231〕〔清〕桂文燦：《群經補證》，《廣州大典》，第 24 輯，第 4 冊，頁 372，按稿本原作「今文文」，衍一「文」字，今正，又頁 422 不誤。

〔註232〕〔清〕王玉樹：《經史雜記》，卷一，徐德明等主編：《清代學術筆記叢刊》，第 45 冊，頁 24，類似的論述又有：「凡六經皆有今古文，古文多假借，今文多正字，必取而參觀之，乃得兩通」，頁 11。

〔註233〕〔清〕陳倬：《毃經筆記》，徐德明等主編：《清代學術筆記叢刊》，第 70 冊，頁 421。

〔註234〕〔清〕黃以周：〈與陳頌芬書〉，《儆季文鈔》，卷三，《清代詩文集彙編》，第 708 冊，頁 495。

〔註235〕〔清〕陸心源：〈《毛詩傳》假借釋例〉，《儀顧堂集》，卷一，頁 13。

〔註236〕〔清〕繆楷：《詩經講義》，林慶彰等主編：《晚清四部叢刊》，第一編，第 7 冊，頁 154。

〔註237〕〔清〕陶方琦：〈《魯詩故訓纂》敘〉，《漢孳室文鈔》，卷三，《續修四庫全書》，第 1567 冊，頁 526。

〔註238〕〔清〕王先謙：《詩三家義集疏》，〈序例〉，頁 1。

天而生，為一義。」〔註239〕

（22）黃家岱云：「《詩》韓、魯、齊《傳》為今文家，〔註240〕毛《傳》為古文家。」〔註241〕

（23）金文樑云：「毛《詩》多古文，故借『介』為『界』。」〔註242〕

（24）廖平《今古學考》初以毛《詩》為古文，後又以為今文。〔註243〕

（25）岳森云：「《易》費、高……《詩》毛氏，諸經皆古文，皆古學也。」〔註244〕

（26）胡玉縉云：「不知三家為今文，毛為古文，無論三家遺說不備，即有完書，亦當並存，奚必伸彼抑此。」〔註245〕

（27）甘鵬雲云：「閱魏默深《詩古微》，意在發揮齊、魯、韓三家《詩》之微言，而豁除毛《詩》之滯例，蓋以毛《詩》為古學也。默深崇今文，闢古學……故攻《故訓傳》特甚，其實矯誣之詞，不可為訓也。」〔註246〕

（28）陳漢章云：「《後漢書·郎顗傳》……《注》謂……此毛《詩》古文家說也。」〔註247〕

（29）章炳麟云：「然則行事之詳，莫具於《左傳》，時制之備，莫美於《周官》，故言之存，亦莫尚於斯二典者，而毛氏《詩傳》次之。皆古文也。」〔註248〕

總觀上述，清人的毛《詩》為古文經之說至少有兩個脈絡：一是為了詮釋

〔註239〕〔清〕皮錫瑞：《經學通論》，卷一〈序〉，頁1～2、卷二《詩經》，頁40。

〔註240〕引按：此語欠審，魯《詩》家無傳體。詳見下文。

〔註241〕〔清〕黃家岱：〈讀毛《傳》〉，《嬹藝軒襍箸》，卷上，收入《微季所箸書五種并微孫書兩種》（國立臺灣大學圖書館藏清光緒乙末〔光緒十九年，1893年〕江蘇南菁講舍刊本），第十冊，頁21上。

〔註242〕〔清〕金文樑：〈讀陳氏《毛詩傳疏》〉，《南菁講舍文集》，收入《中國歷代書院志》，第11冊，頁311。

〔註243〕〔清〕廖平：《今古學考》，《廖平選集》，上冊，頁38、43、59、62。

〔註244〕〔清〕岳森著，吳仰湘整理：〈為學通議〉，干春松等主編：《經學的新開展（經學研究第1輯）》（北京：中國人民大學出版社，2012年11月），頁236～237。

〔註245〕〔清〕胡玉縉：〈《虛受堂文集》書後〉，《許廎經籍題跋》卷四，收入吳格整理：《續四庫提要三種》，頁752。

〔註246〕〔清〕甘鵬雲：《潛廬隨筆》，卷六，沈雲龍主編：《近代中國史料叢刊》，第963冊，頁209～210，又同書卷二云：「近人不喜古文之學者，因毛《傳》晚出，師法不明，同聲非毀，至以為西京無此學派，豈不謬哉（原注：魏默深力證毛《傳》之偽，余深非之。默深史學名家，而經學實足誤人）」，頁59。

〔註247〕陳漢章：《詩學發微》，《陳漢章全集》第1冊，頁158。

〔註248〕章炳麟著，龐俊、郭誠永疏證：《國故論衡疏證》，卷中之四〈明解故下〉，頁357。

假借字、正俗字的問題,《毛詩正義》雖早已從此一角度指出:「《傳》作『頻』者,蓋以古多假借,或通用故也」,〔註249〕但清人則更追本溯源地從毛《詩》的性質來論證,為什麼假借字會導致對經書性質的改觀呢?這牽涉到清人治學的一個基本觀念:「經傳有假借;字書無假借」,故「凡說字必用其本義,凡說經必因文求義」,〔註250〕而假借字所引起的文義問題,其實正是「經學建構」具體而微的一個環節,故引起清人的重視。二是師法家法觀念與今文學復興後,以此視角重新觀察、分類兩漢經學所致。而此說為臧琳所重新提倡,也不意義可說:謝章鋌云:「國朝乾嘉間,漢學盛行……於《詩》尊毛《傳》……而其端皆自此書(《經義雜記》)開之。若玉林先生者,殆可謂先覺矣」,〔註251〕謝氏之說,證之清代毛《詩》為古文經之說之發展,亦若合符節。

7. 毛《詩》古文說的接受史斷層與宋代毛《詩》今文說的意義

毛《詩》古文說何以在宋元明清幾乎無人提及?此一問題可能由兩個原因造成:一是用「今古文」詮釋兩漢經學史本身是相對後起且有其侷限的視角,廖平自稱「予創為今、古二派,以復西京之舊」,〔註252〕當時江瀚即致書辨難,〔註253〕而蒙文通云:「今古學之重光,實自廖師(廖平)」,〔註254〕李學勤云:「晚清以前的歷代學者,雖常論及今文、古文,卻沒有以今文為一大派,古文為另一大派的。用這樣分派的觀點來看漢代經學的,實始於四川學者廖平先生的名著《今古學考》……但從整個經學史的演變而言,這仍是一種晚近的學說」,〔註255〕故以今文、古文分派這種後起的視角,來觀察六朝至唐宋明人是否以此論述毛《詩》的性質,多無所獲。

故宋代的《詩經》研究,在某種意義上,確實是《詩經》研究史的全新局面,但所謂「全新」,其意義絕不止於一般習飫論的棄《序》言《詩》、文學闡釋;乃是從宋代開始,三家《詩》不論經本、訓詁真正從絕無師說的局面邁

〔註249〕《毛詩注疏》,卷十八之五,頁699。

〔註250〕《說文解字注》,頁426,「鬙」字段注語。

〔註251〕〔清〕謝章鋌:〈跋《經義雜記》〉,《賭棋山莊文續集》,卷二,陳慶元主編:《謝章鋌集》(長春:吉林文史出版社,2009年1月),頁91。

〔註252〕〔清〕廖平:《今古學考》,卷下,《廖平選集》,上冊,頁89。

〔註253〕〔清〕江瀚:〈與廖季平論今古學致書〉,《慎所立齋文集》,卷三,《近代中國史料叢刊》,第709冊,頁142～150。

〔註254〕蒙文通:〈井研廖師與漢代今古文學〉,《經史抉原》,頁120。

〔註255〕李學勤:〈《今古學考》與《五經異義》〉,《古文獻論叢》(上海:上海遠東出版社,1996年11月),頁318。

向亡佚的終點，於是：如何理解毛《詩》竟等於如何詮釋《詩經》。把握這一意義，後世才能在「今古文」已經成為一種經學史學說，而不復是學者窮經治學的根本原則的語境裡，理解王應麟何以如此重視朱熹《詩集傳》在宋代首採三家《詩》之創舉：「諸儒說《詩》壹以毛、鄭為宗，未有參考三家者；獨朱文公《集傳》，閎意眇指，卓然千載之上」，〔註256〕並理解毛《詩》的性質何以成為新問題，毛《詩》今文說何以萌芽於此時，以及三家《詩》學振衰起敝的關鍵何以是宋代，均非偶然。就此意義而言，毛《詩》今文說其實也是理解宋以降《詩經》學史非常深刻的切入點。

三、小結

　　一如程千帆曾經考察張若虛〈春江花月夜〉在明代以前，幾乎毫無影響，〔註257〕本文也從接受史的角度，揭示了「毛《詩》為古文經」這個在現在看來似乎始終是定論的說法，事實上在唐代以降清代以前幾乎未曾被提及。

　　本文駁毛《詩》今文說，重新論證毛《詩》為古文經之說的形成，要點有五：

　　1. 較詳細地追溯毛《詩》今文說的形成，並歸納其論據主要有河間獻王得書、劉歆議立學官、〈《說文解字》序〉、《五經異義》、《後漢書‧盧植傳》、毛《詩》在《漢書‧藝文志》著錄的位置、與《孔子詩論》比較等，逐一考辨後，說明毛《詩》今文說理據不足，不能成立。

　　2. 指出毛《詩》今文說學者應進一步詮釋將毛《詩》重新定位為今文經，對毛《詩》的流傳及詮釋史，與漢代經學史之意義。

　　3. 論證《五經異義》為今所見指稱毛《詩》為古文經的最早出處。

　　4. 疏解〈李瞻墓誌〉所謂「毛《詩》、《論語》、《孝經》古文」乃指此三書的古文寫本，否定「毛《詩》、《論語》、《孝經》、古文」的讀法。

　　5. 討論毛《詩》古文、今文說形成的曲折歷程，並反思「今古文」這一概念詮釋兩漢經學史所產生的問題。

〔註256〕〔宋〕王應麟：《詩考》（北京：中華書局，2014 年），卷首〈序〉，頁9。按梁鼎芬撰集，曹元弼校補：《經學文鈔》卷三錄此〈序〉，附按語云：「朱子考古音，徵韓《詩》，實開國朝《詩》家學派之先」，《廣州大典》，第 24 輯，第 5 冊，頁 502。

〔註257〕程千帆：〈張若虛〈春江花月夜〉的被理解和被誤解〉，《古詩考索》（北京：商務印書館，2014 年 9 月），頁 193～195。

第三節　釋《毛詩故訓傳》書名的經學意義

一、問題、範圍與方法

本節旨在辨正關於《毛詩故訓傳》書名的諸多異說，補證其書名當是「故訓」／「傳」分二類，為平列關係，並探究此一書名的意義。以下對本文的論述策略及若干必須先確定的基礎材料與範圍略作說明：

1. 重新匯集各家說法，〔註258〕分為三類檢討

第一類主張「故」／「訓」／「傳」三者各有其意義與作用，並可清楚劃分。

第二類主張「故訓」一類，「傳」一類，二者是平列的關係。

第三類在前述「故訓」與「傳」分二類說的基礎上，對「故訓」與「傳」的關係作進一步分析，大抵認為「故訓」與「傳」的關係是「故訓之傳」，即「故訓」在「傳」中有重要的意義，甚或是以「故訓」為主的「傳」。

這三類說法互相排斥，故只要證明另兩類說法不妥，剩下的一種自然接近答案；但需要申明的是：如果窮盡地分析此一問題，三類說之外，至少應該還有兩種可能的假設存在，卻很少被提及，第一種是：「詁」／「訓傳」分為兩類，「詁」一類，「訓傳」一類，但因為「訓傳」不曾作為一種體裁出現過，也很少連類成辭，故此一假設並不可取，而根據同樣的理由，「詁傳」／「訓」分為兩類的假設也不能成立。第二種是：書名與內容無關，則此一問題便沒有討論的意義，且無法論證本來無關的事物是如何無關的，因此此一假設也不足取。故《毛詩故訓傳》書名存在三種異說的格局仍然是目前最合理的。

而筆者認為上述三說中，第二說為是，但仍有須加以補證之處，並且《毛詩故訓傳》何以必須題為「故訓傳」？其書名是否指涉內容如何分類？其書名、體例是否與《爾雅》有關？是否可從與三家《詩》著作及《漢書‧藝文志》所載相關書名比較後，察知其稱名的特殊性，且探究其特殊性的經學史意義為何？本文嘗試在考辨異說時，也對上述問題作出說明。

本節的行文方式為先條列各家說法，並隨文附錄各家相關的申成、辨難意見，惟文字較長者，僅能分析其思路後加以節錄，而直引成說且無發明者，

〔註258〕之所以忝顏妄稱「重新」，實如馮浩菲云：「馬氏之後，晚近一百多年來，學界在這個問題上大多採用孔氏加馬氏的方法，雜合成說，缺乏創新之議」，但毛《傳》書名其實「亦與兩周詩解乃至整個經解有關」，頗為重要，〈《毛詩故訓傳》名義解及其它〉，《華中師範大學學報（哲社版）》第 6 期（1989年），頁 56。

則僅云「某人同」，不再具體徵引；集錄各家說法完畢後，則綜合歸納該說的思路與論據，加以總結考辨，而各家說法或前人已論及，或是可以含括在主要的思路與論據中檢討者，則不一一檢討。

2. 具體展開討論前，應先確定《毛詩故訓傳》當作「故」或作「詁」？其在六朝隋唐中被稱引時有何異名？以及傳世文獻及出土文獻中，是否有其它題為「故訓傳」的著作？

(1)《毛詩故訓傳》書名當作「故」

《毛詩正義》云：「《定本》作『故』」，〔註259〕顏師古云：「今流俗毛《詩》改『故訓傳』為『詁』字，失真耳」，〔註260〕王觀國云：「則今毛《詩》當為『故訓傳』，改『故』為『詁』者，後人妄改之也」，〔註261〕《毛詩注疏校勘記》云：「考《漢書·藝文志》作『故』……當以《釋文》本、《定本》為長」，〔註262〕以上云當作「故」者可從，理由有二：一是《漢書·藝文志》作「故」，這是《毛詩故訓傳》最早的著錄出處，且根據顏師古《注》，至少唐人所見《漢書·藝文志》本有作「故」者，二是「故」、「詁」的用法有其時代性，西漢當用「故」字，〔註263〕所以根據顏師古《注》復原的唐人作「故」之本，符合

〔註259〕《毛詩注疏》，卷一之一，頁11。而「定本」所指為何，清末以來即有「六朝定本」與「顏師古定本」二說，此一問題可參考：〔日〕野間文史：〈五經正義所引定本考〉，收在《五經正義の研究：その成立と展開》（東京：研文出版，1998年10月），頁89～122，程蘇東：〈《毛詩正義》所引《定本》考索〉，《中國典籍與文化論叢》第12期（南京：鳳凰出版社，2010年5月），頁24～44，又潘銘基：〈《毛詩正義》所引「定本」研究〉，《經學文獻研究集刊》第13輯（上海：上海書店，2015年4月），頁181～203。

〔註260〕語見《漢書·藝文志》「《魯故》二十五卷」顏師古《注》，〔漢〕班固著，陳國慶彙編：《漢書藝文志注釋彙編》（北京：中華書局，2006年10月），頁35。

〔註261〕〔宋〕王觀國：《學林》（北京：中華書局，2006年10月），卷一，頁5，標點略有補充。

〔註262〕〔清〕阮元總纂，顧廣圻分校，袁媛整理：《毛詩注疏校勘記》，劉玉才主編：《十三經注疏校勘記》（北京：北京大學出版社，2015年10月），第2冊，頁594。

〔註263〕詳下引劉師培、張以仁、馮浩菲說，任銘善亦云：「『詁』『註』二字後出，古但作『故』『注』，然『故』『注』假借字，而『詁』『註』〔引按：此『註』當作『註』，排印錯誤〕則本字也。『詁』字始見於劉歆〈與揚雄書〉……西京皆承用『故』字，其義則或為古言」，〈詁註二字義駁段氏〉，《無受室文存》（杭州：浙江大學出版社，2005年7月），頁246，標點有修改，按：「故」字已見西周金文，參李學勤主編：《字源》（天津：天津古籍出版社，2014年5月），上冊，頁250，而「詁」字晚出，目前所見可能以《古璽文編》為最早，參李圃主編：《古文字詁林》（上海：上海教育出版社，2004年12月），第3冊，頁19。

「故」字的時代性與用法，應該可以合理地推測唐朝作「故」之本實源出東漢《漢書》作「故」之本，是以《毛詩故訓傳》書名當作「故」。

另也可從宋人仿《毛詩故訓傳》著作之書名來觀察，如：晁公武《易詁訓傳》、〔註264〕《尚書詁訓傳》、〔註265〕《毛詩詁訓傳》、〔註266〕林至《楚辭故訓傳》等，〔註267〕此類書名當如林至之書題「故」字為確；然作「詁」者亦不必改，因此一異文反映當時《毛詩故訓傳》之「故」作「詁」本仍頗流行。

（2）六朝、隋、唐、宋人引《毛詩故訓傳》，筆者所知，至少有以下十三種異稱

類　別	名　稱	例　證
引《傳》稱經	毛詩	顏延之：「奄受敷錫」，李善《注》：「毛《詩》曰：『奄，大也』。」〔註268〕
直稱或泛稱其姓	毛氏	王應麟：「『韓侯出祖，出宿于屠』，毛氏曰：『屠，地名』。」〔註269〕
	毛君	賈公彥：「《詩》云：『履帝武敏歆』，毛君義與《史記》同。」〔註270〕
	毛曰〔註271〕	智騫：「《詩》云：『涕泗滂沱』，毛曰：『自目出曰涕』。」〔註272〕
泛稱各種注	毛氏注	項安世：「『鴛鴦于飛，畢之羅之』，毛氏注曰：『交于萬物

〔註264〕《宋史・藝文志》：「晁公武《易詁訓傳》十八卷」，〔元〕脫脫等：《宋史》（臺北：鼎文書局，1991年2月），頁5039。

〔註265〕《宋史・藝文志》：「晁公武《尚書詁訓傳》四十六卷」，頁5043，此二例馮浩菲《中國古籍整理體式研究》（北京：北京圖書館出版社，1997年4月），頁214，已揭出。

〔註266〕《宋史・藝文志》：「晁公武《毛詩詁訓傳》二十卷」，頁5046。

〔註267〕姜亮夫：《楚辭書目五種》（上海：上海古籍出版社，1993年2月），頁65～66。

〔註268〕〈宋郊祀歌〉，《文選》，卷二十七，頁396，按「奄」訓「大」，毛《傳》屢見，如〈皇矣〉：「奄有四方」之《傳》，《毛詩注疏》，卷十六之四，頁569，然顏詩云「奄受」，〈韓奕〉亦有「奄受北國」，惟《傳》訓「奄」為「撫」。此一引傳注稱經現象在宋以前人引《詩經》舊注中並非孤例，如《後漢書》卷六十李賢《注》引韓《詩》云：「〈賓之初筵〉，衛武公飲酒悔過也。言賓客初就筵之時，賓主秩秩然俱謹敬也；賓既醉止，載號載呶，不知其為惡也」，頁608，此處之韓《詩》顯然也是指韓《詩》的注解。又此類現象可參前揭王利器諸文。

〔註269〕《困學紀聞（全校本）》，卷三《詩》，頁402。按：此見〈韓奕〉「出宿于屠」《傳》，句末有「也」字，《毛詩注疏》，卷十八之四，頁681。

〔註270〕《周禮注疏》，卷二十二，頁340。

〔註271〕按：其它「毛云」等例同此，不再備錄。

〔註272〕《楚辭音》，《敦煌音義匯考》，頁385。此見〈澤陂〉「涕泗滂沱」《傳》，惟《傳》原作「自目」，無「出」字，《毛詩注疏》，卷七之一，頁256。

解別名		有道，取之時，于其飛，乃畢之羅之』。」〔註 273〕
	注	賈公彥：「又〈魚麗〉詩云：『魚麗于罶鱨鯊』，《注》云：「罶，曲梁。寡婦之笱。」〔註 274〕
	傳	《廣韻》：「《古詩》云：『隰有游龍』，《傳》曰：『龍即紅草也。』」〔註 275〕
	毛傳	智騫：「《詩》云：『七月鳥鶪』，毛傳云：『鶪，伯勞也』。」〔註 276〕
	毛詩傳／毛詩外傳	皇侃：「《毛詩傳》：『直言曰言，論難曰語。』」〔註 277〕而《史記．封禪書》：「其牲用騂駒」，《索隱》：「《詩傳》：『赤馬黑鬣曰騂也』」，又：「黃牛白羝羊各一云」，《索隱》：「《詩傳》云：『羝，牡羊』」。吳弘基《史拾．載補》錄此二處《索隱》為：「《毛詩外傳》云：『赤馬黑鬣曰騂』、『羝，牡羊』。」〔註 278〕
	毛公傳	蕭吉：「《毛公傳》說及京房等說，皆以土為信、水為智。」〔註 279〕
	詩傳	《廣韻》：「《詩傳》云：『充耳謂之瑱。』」〔註 280〕

〔註 273〕〔宋〕項安世：《項氏家說》（北京：中華書局，1985 年），卷四，頁 45。此見〈鴛鴦〉《傳》，惟《傳》文原作「鴛鴦，匹鳥。太平之時，交於萬物有道，取之以時，於其飛乃畢掩而羅之」，《毛詩注疏》，卷十四之三，頁 482。

〔註 274〕《周禮注疏》，卷四，頁 66，按《周禮注疏》於引文之句末均刪「也」字，見〈魚麗〉，《毛詩注疏》，卷九之四，頁 341。

〔註 275〕〔宋〕陳彭年等著，周祖謨校：《廣韻校本》（北京：中華書局，2004 年 6 月），上冊，頁 32，「葒」字下。按此見〈山有扶蘇〉《傳》，惟《傳》無「即」字，《毛詩注疏》，卷四之三，頁 172。

〔註 276〕《楚辭音》，《敦煌音義匯考》，頁 389。此見〈七月〉：「七月鳴鶪」，《毛詩注疏》，卷八之一，頁 282。則智騫引《詩》之「鳥」字當作「鳴」字。

〔註 277〕《論語義疏》，頁 3，按此一部分當是《論語義疏》疏解大題「論語」之語，整理者改稱〈自序〉，既無根據，於體例亦未當，今不取。

〔註 278〕《史記會注考證》，卷二十八，頁 498，〔明〕吳弘基著，吳敏霞校注：《史拾》（西安：三秦出版社，1996 年 9 月），頁 130，標點有修改。按：引文分見，〈駉〉、〈生民〉之《傳》，《毛詩注疏》，卷二十之一，頁 765、卷十七之一，頁 594，原作「羝羊，牡羊」，上一「羊」字《校勘記》以為衍文，據其說改。而《史拾》引《索隱》文刪「也」字，為其合併二注之痕跡，「赤馬」當作「赤身」，「毛詩外傳」之「外」字似衍，然亦非原題作「韓詩外傳」而誤為「毛詩外傳」，因《韓詩外傳》中無此文，故錄此文入「毛詩傳」條中備考。

〔註 279〕《五行大義》，卷三，〔日〕中村璋八：《五行大義校註（增訂版）》（東京：汲古書院，1998 年 5 月），頁 117，據該書「引用文獻索引」，知中村氏以《毛公傳說》為書名；然或可讀為「毛公《傳》說」，與下文「京房等說」之「說」一律。

〔註 280〕〔宋〕陳彭年等著，周祖謨校：《廣韻校本》，上冊，頁 29，「琉」字下。此見〈淇奧〉《傳》，《毛詩注疏》，卷三之二，頁 127。又它處「瑱」字，《傳》多訓為「塞耳」，義略同，如〈君子偕老〉《傳》，《毛詩注疏》，卷三之一，頁 111。

詩傳注	顏延之：「歸來藝桑竹」，李善《注》：「毛萇《詩傳注》曰：『藝，樹也。』」〔註281〕
解	傅咸：「〈大雅〉云：『乃立冢土』，毛公《解》曰：『冢土，大社也。』」〔註282〕

此外，又多誤引鄭《箋》為毛《傳》，〔註283〕類此多係隨文順義或取便而簡省，並無深意可說。而今人著作中，另有稱為《詩經詁訓傳》〔註284〕或《毛公詁訓傳》者，〔註285〕均不妥，因此二書名均未見兩漢以前任何書目著錄中。

（3）傳世文獻及出土文獻中是否亦有「故訓傳」？

兩漢時代，注解著作書名題作「故訓傳」者，今所知仍僅《毛詩故訓傳》一例；而《後漢書・儒林傳》所稱賈誼《春秋左氏傳訓詁》，〔註286〕此書名如可信，雖亦「傳訓詁」連文，然「傳」字乃《左傳》本有，非賈誼作注時另有「傳」體，故仍與《毛詩故訓傳》不同。又趙逵夫將馬王堆帛書《相馬經》中的〈大光破章〉改擬為〈大光破章故訓傳〉，〔註287〕實則帛書原無標題，內文也無相應標示，只有「大光破章」之章名，〔註288〕是以趙氏雖據《毛詩故訓

〔註281〕〈始安郡還都與張湘州登巴陵城樓作〉，《文選》，卷二十七，頁391。〈南山〉「藝麻如之何」，《傳》：「藝，樹也。」《毛詩注疏》，卷五之二，頁196，惟李善《注》亦可標點為「毛萇《詩傳》注曰」，俟考。

〔註282〕〈重表駁成粲議太社〉，〔清〕嚴可均編輯：《全上古三代秦漢三國六朝文》，《全晉文》，卷六十，頁540。按此見〈緜〉：「迺立冢土」，《傳》：「冢，大。……冢土，大社也」，《毛詩注疏》，卷十六之二，頁549。

〔註283〕〔清〕朱士端：《彊識編》：「毛《詩》曰：『春日遲遲』，鄭注曰：『遲遲，舒緩也』，按此（《初學記》）亦誤以《傳》為《箋》」，頁209，又見208，又如《文選集注》卷五九鮑明遠〈數詩〉：「庭下列歌鍾」，《鈔》曰：「《詩傳》云：『鍾鼓在庭』」，《唐鈔文選集注彙存》，頁1・530，考此所引《詩傳》即〈關雎〉之《箋》：「琴瑟在堂，鍾鼓在庭」，《毛詩注疏》，卷一之一，頁22，並非《鈔》所見毛《傳》有「鍾鼓在庭」之語。

〔註284〕如陸宗達：《訓詁簡論》（香港：中華書局，2002年5月），頁65。

〔註285〕這一名稱多見於清人著作，惟當讀作「毛公《詁訓傳》」，如〔清〕陳奐：《毛詩說》，《詩毛氏傳疏》（臺北：廣文書局，1967年11月），第四冊，頁8上，但〔日〕田中和夫著，李寅生譯：《漢唐詩經學研究》（南京：鳳凰出版社，2013年12月），頁14，讀為《毛公詁訓傳》，則不妥。

〔註286〕「梁太傅賈誼為《春秋左氏傳訓詁》，授趙人貫公」，〔南朝宋〕范曄著，〔唐〕李賢注：《後漢書》（臺北：鼎文書局，1979年11月），卷七十九下，頁691。

〔註287〕趙逵夫：〈馬王堆漢墓帛書《相馬經・大光破章故訓傳》發微〉，《古典文獻論叢》（北京：中華書局，2007年6月），頁54~61。

〔註288〕裘錫圭主編：《長沙馬王堆漢墓簡帛集成》（北京：中華書局，2014年6月），第五冊，頁169。

傳》為說，本文未可再引以說《毛詩故訓傳》，故以上二例本文討論《毛詩故訓傳》時均不取。則迄今所知傳世、出土文獻，兩漢時代書名題作「故訓傳」者，仍僅《毛詩故訓傳》。

二、「故」／「訓」／「傳」分三類說考辨

1. 茲先梳理各家說法如下

（1）《毛詩正義》

前人多以為《正義》對「故訓傳」有二說，〔註289〕而《正義》此段文字較長，茲分析其思路與步驟如下：

第一說為：

a. 釋「詁」、「訓」、「傳」名義：「『詁〔註290〕訓傳』者，注解之別名。毛以《爾雅》之作，多為釋《詩》，而篇有〈釋詁〉、〈釋訓〉，故依《爾雅》〔詁〕〔註291〕訓而為《詩》立傳。『傳』者，傳通其義也。……『詁』者古也，古今異言，通之使人知也；『訓』者道也，道物之貌以告人也。」

b. 何以只取《爾雅》之「故」、「訓」：「《爾雅》所釋，十有九篇，獨云『詁』、『訓』者……〈釋言〉則〈釋詁〉之別，故〈爾雅〉序篇〔註292〕云『釋詁』、

〔註289〕馮浩菲：〈《毛詩故訓傳》名義解及其它〉，頁55～56。而張寶三云：「則似贊同第二說也」又指出「《正義》因據二劉舊疏增刪而成……如《正義》此處所引二說，前一說篇幅特長，後一說篇幅較短，然《正義》於後說下斷云：『義或當然』，略顯突兀」，《東亞《詩經》學論集》，頁118。下引文均見《毛詩注疏》，卷一之一，頁11，不另出注。

〔註290〕按《毛詩正義》原不載經、《序》、《傳》、《箋》、《釋文》，今本實為後來注、疏合刻時附入，故文字常與《釋文》、《正義》所引不合；而欲考求《正義》所據之底本，則只能根據疏文推測，此處《正義》云「今《定本》作『故』」，顯然《正義》根據是作「詁」之本，否則只須云「《定本》同」之類即可，不必出異文，故知《正義》所據本是「詁」字。從這一思路來校勘疏文非常重要，〔日〕野間文史就針對《春秋左傳正義》作了精彩的示範，其〈自述《春秋正義校勘記》之撰作〉云：「現在所傳下來的各種『經』、『傳』、『注』文字未必與『正義』即『疏』所據的『經』、『傳』、『注』文字一致。……我們不能認為杜預《經傳集解》所據的『經』、『傳』文與先秦以來所傳的『經』、『傳』文沒有區別，阮校卻似乎不介意這種事情」，收在劉玉才、水上雅晴主編：《經典與校勘論叢》（北京：北京大學出版社，2015年4月），頁136。

〔註291〕按前文既云「篇有〈釋詁〉、〈釋訓〉」，下乃續云「依《爾雅》訓」，則此句當有「詁」字，全句應作「依《爾雅》詁訓」方可與上句對應，故此句應脫一「詁」字，今補，《毛詩注疏校勘記》亦失校。

〔註292〕前人多以為《爾雅》存在〈序〉篇，詳管錫華：《爾雅研究》（合肥：安徽大

『釋言』，通古今之字，古與今異言也；〈釋訓〉言形貌也。然則『詁訓』者，通古今之異辭，辨物之形貌，則解釋之義，盡歸于此。〈釋親〉已下，皆指體而釋其別，亦是詁訓之義，故唯言詁訓足摠眾篇之目。」楊端志說同。〔註293〕而馮浩菲云：「《正義》正說（引按：即上文所引第一說）主明『詁訓傳』之『詁訓』取義於《爾雅》之〈釋詁〉與〈釋訓〉，其說有當。」〔註294〕

　　第二說為：「今《定本》作『故』，以《詩》云『古訓是式』，毛《傳》云『古，故也』，則『故訓』者，故昔典訓，依故昔典訓而為《傳》，義或當然。」此說已接近本文所分的第三類說，詳下文。

　　而齊佩瑢云：「孔氏的說法頗有些自相矛盾，他也明知《故訓傳》是用了《詩經》『古訓是式』的意義，『故訓』本是故昔的典訓，這故昔典訓的所指，無論是師說或雅義，都尚較合理近是；然而他強要牽扯到〈釋詁〉等篇名上去，就很有些傅會了。……『故訓』的『故』字是形容詞，訓故、釋故的『故』字是名詞，二者絕不相同。……可見《故訓傳》雖亦為訓詁之作，然而『故言之傳』和『順釋故言』的立名取義都不大相同的。馬瑞辰有〈毛詩詁訓傳名義考〉一文，所說也多錯誤。」〔註295〕按齊氏評馬瑞辰「所說也多錯誤」，與其下文自相矛盾，詳下。馮浩菲云：「至於對『詁』與『訓』的分別解釋，只照顧了《爾雅》，卻忽略了毛《傳》，顯示不出毛《傳》的特點，似乎《傳》《雅》全同，此其所失。對於『傳』的解釋，亦不得要領。《正義》的又解據《定本》『詁』作『故』立說，視『故』為形容詞，不當訓詁體式看，差之一義，失之千里。似乎毛《傳》只有傳，沒有詁、訓，其說之謬，不言而明。」〔註296〕

　　（2）成伯璵云：「『詁』者，古也，謂古人之言與今有異，古謂之『厥』，今謂之『其』，古謂之『權輿』，今謂之『始』是也。『訓』者，謂別有意義，與《爾雅》一篇略同，『肅肅，敬也』，『雍雍，和也』，『戚施，面柔也』，『籧

　　　　學出版社，1996 年 12 月），頁 30～31，而蔣禮鴻則以為：「不知《爾雅序篇》是什麼書」，《蔣禮鴻語言文字學論叢》（杭州：浙江古籍出版社，1994年 12 月），頁 8，惟細考此處未必是書名，蓋「序」訓為「次」，乃謂《爾雅》之篇章次序何以如此安排；若拙說可從，則亦能解釋何以從未見有《爾雅序篇》佚文之問題，擬撰文別詳。

〔註293〕楊端志：《訓詁學》（山東：山東文藝出版社，1986 年 5 月），上冊，頁 7。

〔註294〕馮浩菲：〈《毛詩故訓傳》名義解及其它〉，頁 56。

〔註295〕齊佩瑢：《訓詁學概論》（臺北：華正書局，1999 年 9 月），頁 8，標點有增補，不過齊氏對《毛詩故訓傳》的書名沒有具體的說明，只散見頁 3、7、11～12。

〔註296〕馮浩菲：〈《毛詩故訓傳》名義解及其它〉，頁 56。

篍，口柔也』、『無念，念也』、『之子，是子也』，此謂之『訓』也。『傳』者，注之別名也，傳承師說，謂之為『傳』；出自己意，即為注」，又：「解詁訓，又注詩義，總名之為詁訓傳。」〔註297〕

（3）毛奇齡云：「假如〈關雎〉詩，必先曰：『〈關雎〉三章，一章章四句，二章章八句』，然後曰：『后妃之德也』，此是『故』也。……，故知《序》首一句連章句，是『故』也，自《序》首一句後，便是『訓』，如〈關雎〉《序》：『后妃之德也』一句，是『故』，『風之始也』至末，便是『訓』，『訓』者，推訓此一句耳，然與首句不甚合，若二人作，自〈關雎〉詩文下『興也』以後，則是『傳』，傳者，傳詩文也，然又與『故』、『訓』不必合，又若二人作。則臆『故』之為旨，故有此語，而今述之也；非謂『詁』也。『訓』者，訓此故，則可不合傳，詩文又非訓此故也，則又可不合，此可知耳。然則稱『毛故訓傳』即『毛序訓傳』，此明甚著者。」〔註298〕

（4）馬瑞辰〈毛詩詁訓傳名義考〉，〔註299〕該文文字較長，茲將馬氏的思路與步驟分析如下；但由於馬說最為通行，學者相關評述意見不少，故亦附錄學者對馬氏之說的闡發、批評：

a. 分別「章句」與「訓詁」：「『章句』者，離章辨句，委曲支派，而語多傅會，繁而不殺……『詁訓』則博習古文，通其轉注、假借，不煩章解句釋，而奧義自闢。」〔註300〕

b. 分別「故」、「訓」、「故訓」、「傳」：「蓋散言則『故訓』、『傳』俱可通稱，對言則『故訓』與『傳』異，連言『故訓』與分言『故』、『訓』者又異」，又：「蓋『詁訓』第就經文所言者而詮釋之，『傳』則並經文所未言者而引伸之，此『詁訓』與『傳』之別也」，又：「單詞則為『詁』，重語則為『訓』，『詁』第就其字之義指而證明之，『訓』則兼其言之比興而訓導之，此『詁』與『訓』之辨也。」

〔註297〕〔唐〕成伯璵：《毛詩指說》，《景印文淵閣四庫全書》（臺北：臺灣商務印書館，1983～1986年），第70冊，頁173～174、176。

〔註298〕〔清〕毛奇齡：《詩札》，卷一，《四庫全書》，第86冊，頁214。

〔註299〕〔清〕馬瑞辰：《毛詩傳箋通釋》（北京：中華書局，2015年3月），卷一，頁3～5，下引馬氏之說均出於此，不覆注。

〔註300〕關於這一問題，馬說並未詳盡，請另參林慶彰：〈兩漢章句之學重探〉，《中國經學史論文選集》（臺北：文史哲出版社，1992年10月），上冊，頁277～297、張寶三：〈漢代章句之學論考〉，《臺大中文學報》第14期（2001年5月），頁35～75。

　　然齊佩瑢云：「（馬瑞辰）文中分辨訓故和章句，訓故和傳，訓和故等之間的分別，大致尚無過誤……馬氏的說法，除了以『故訓』為『訓故』的錯誤外，其他尚無可斥之處」，〔註301〕陳紱云：「這種說法是把『詁』和『訓』區分解釋為單詞和重語，則證據略嫌不足。……上古文獻中所用的『詁』、『訓』均沒有單言、重語之義」，〔註302〕張寶三云：「若漢代解經之體，其『詁』、『訓』、『傳』三者之區別未若馬氏所述之分明，則馬氏所論，恐將流於附會也」，〔註303〕于淑娟云：「馬瑞辰將『故訓』與『訓詁』視為相同，以為『故訓』是『訓詁』連言，看似通順，實頗悖謬。……『故訓』一詞僅見《毛詩故訓傳》一處，其他典籍中無此用法。若兩者在當時通用，則絕不會僅此一例」，〔註304〕王振華云：「先儒沒有從歷史發展的角度認識訓故、故訓、訓詁、詁訓，多將它們混為一談。如馬瑞辰……不僅四詞混淆，甚至隨意更改字序、句讀。」〔註305〕

　　c. 釋《毛詩故訓傳》：「毛公傳《詩》多古文，其釋《詩》兼『詁』、『訓』、『傳』三體，故名其書為《詁訓傳》。嘗即〈關雎〉一詩言之：如『窈窕，幽閒也』、『淑，善；逑，匹也』之類，『詁』之體也；『關關，和聲也』之類，『訓』之體也；若『夫婦有別則父子親，父子親則君臣敬，君臣敬則朝廷正，朝廷正則王化成』，則『傳』之體也，而餘可類推矣。」

　　按張素卿先生指出馬說的特殊處在於：「孔（穎達）、馬（瑞辰）二氏解說『詁訓傳』，較大的差異在於他們對『傳』的了解……馬氏尚注意到『傳』體的獨特性，此則與孔氏有異」；〔註306〕但馬氏所舉「詁」、「訓」二例，皆有問題：馮浩菲云：「馬氏據《爾雅》以『窈窕，幽閒也』歸詁體，與他對毛《傳》中詁、訓兩體的區別不甚了然有關」，〔註307〕張以仁云：「但『關關』一詞，繫於〈釋詁〉，馬氏引以表『訓』體，便似乎不太妥當」。〔註308〕

〔註301〕齊佩瑢：《訓詁學概論》，頁 11～12。
〔註302〕陳紱：《訓詁學基礎》（北京：北京師範大學出版社，1991 年 9 月），頁 5。
〔註303〕張寶三：《東亞《詩經》學論集》，頁 120。
〔註304〕于淑娟：《韓詩外傳研究：漢代經學與文學關係透視》（上海：上海古籍出版社，2011 年 10 月），頁 44。
〔註305〕王振華〈《毛詩故訓傳》名義新考〉，收在曲景毅主編：《多元視角與文學文化——古典文學論集》（安徽：安徽大學出版社，2014 年 2 月），頁 30。
〔註306〕張素卿：《敘事與解釋：《左傳》經解研究》（臺北：國立臺灣大學博士論文，1997 年 5 月），頁 12。
〔註307〕馮浩菲：〈《毛詩故訓傳》名義解及其它〉，頁 58。
〔註308〕張以仁：〈從若干有關資料看「訓詁」一詞早期的涵義〉，《張以仁語文學論集》（上海：上海古籍出版社，2012 年 11 月），頁 24。張氏又曾云：「而『關

d. 省稱毛《傳》之故：「『訓故』不可以該『傳』，而『傳』可以統『訓』故，故標其總目為『詁訓傳』，而分篇則但言『傳』而已。」而以上馬氏諸說，竹添光鴻說同。〔註309〕

e. 馬說總評，馮浩菲云：「（馬瑞辰）不足之處有三點：第一，對『訓詁』一語的古今演變情況講得不系統、不清楚。比如〈烝民〉之『古訓』、《說文》之『詁訓』與『故訓傳』之『故訓』之間的演變關係是個關鍵的問題，但沒有講到。第二，對於毛《傳》故訓二體的區別還講得不夠明確，尤其對訓體的特點還把握得不夠準確。……第三，對毛《傳》中故、訓、傳三體的含義講得仍不夠充分。」〔註310〕

（5）張之洞云：「毛《詩》兼三體，故曰《詁訓傳》」，「詁」，「古言也，以今語釋古語。大率以一字解一字」，「訓」，「此釋文義」，「傳」，「傳述也，推衍經義，大率文繁於本經，有『傳義』、『傳事』兩體。」〔註311〕

（6）王闓運解《爾雅·釋訓》之「訓」時指出：「『訓』者義訓，不詁字義，但傳經義，如毛《詩》『訓』。」〔註312〕

（7）陸宗達云：「『訓詁』這兩個字連用，始於漢代的《毛詩詁訓傳》〔註313〕……『詁』是解釋『異言』的……這種對句、段、篇具體含義的解釋，就是『訓』，而「『傳』是一種發明經典大義的體例」，而其書名為「故訓傳」，乃因「毛亨註釋《詩經》雖有敘事，但卻以解釋語言為主，所以叫

關，和聲也』並非出自〈釋訓〉，而是見於〈釋詁〉」，見張素卿：《敘事與解釋：《左傳》經解研究》，頁11，引張以仁說。

〔註309〕〔日〕竹添光鴻：《毛詩會箋》（南京：鳳凰出版社，2012年6月），卷一，頁2上。

〔註310〕馮浩菲：〈《毛詩故訓傳》名義解及其它〉，頁56。

〔註311〕〔清〕張之洞：〈詁訓傳箋註解名義疏〉，《書林》第2卷第2期（1937年），頁5，標點有增補。按：〔清〕傅維森亦有〈詁訓傳箋注解名義疏〉的同題之作，《缺齋遺稿》，卷一，林慶彰等主編：《晚清四部叢刊》第10編（臺中：文听閣圖書公司，2013年3月），第98冊，頁41～44，但二文內容不同，二人所以同有此作，似是書院中師長出題與學生共作之故。

〔註312〕〔清〕王闓運：《爾雅集解》（長沙：岳麓書社，2010年8月），頁122。

〔註313〕此說又見下引陳紱、路廣正、宋子然、徐啟庭、王寧主編各書，另又見孫永選、闞景忠、季雲起：「二者（訓、詁）的連用發端於漢初的毛亨」，《訓詁學綱要》（濟南：齊魯書社，1999年9月），頁131。蘇寶榮、武建宇：「先秦時代，『詁（故）』、『訓』分開，《毛詩故訓傳》最早把『故訓』連用，合成一詞」，《訓詁學》（北京：語文出版社，2005年2月），頁144。

《毛詩詁訓傳》」。〔註314〕

（8）張以仁云：「《毛詩故訓傳》很可能是『詁』、『訓』、『傳』三者的綜合體……『訓』體是就其文字義理作適當的申述與發揮，而『傳』體則是『轉錄師說』」，又：「我頗懷疑『詁』字的造成，可能就在毛公以後許慎以前這一段時間，大家感到應該有一個專字來表示這件事情，而不當再借用『故』字」，又：「『詁』之初義恐怕就在詮釋那些難以釋讀的古字，這也就是『詁』字的本義」。〔註315〕按劉師培云：「故者，通其怡義也……西漢作『故』，東漢作『詁』」，〔註316〕馮浩菲云：「大致到了西漢末年以後，這種故字便換成詁，故與詁通用」，〔註317〕均可為張說旁證。

（9）洪誠云：「只解釋詞義，在毛《傳》就是詁訓體；有所申說發揮，在毛《傳》就是傳體。詩旨多含蓄，在毛亨時代，『詁訓』二字的意義比較狹，必須在『詁訓』之外加『傳』以補充『詁訓』之不足。……詁訓傳三項的作用只抵得現行教本的注釋，而且還不包括注音。」〔註318〕

（10）馮浩菲云：「如秦漢之際毛亨撰《毛詩故訓傳》，其中故體指基本詞匯詞義的解釋；訓體既指聯綿詞的訓釋，又指譯釋詩句；傳體指根據典訓師說，闡發詩中蘊意奧義，并通過補述有關內容，證發經義。現標碼移錄《周南‧葛覃》篇《故訓傳》一節以示例：葛之覃兮，施于中谷，維葉莫莫。①**莫莫，成就之貌。**是刈是濩，為絺為綌，服之無斁。②**濩，煮之也。**③**精曰絺，粗曰綌。**④**斁，厭也。**⑤**古者王后織玄紞，公侯夫人紘綖，卿之內子大帶，大夫命婦成祭服，士妻朝服，庶士以下各衣其夫。**其中②③④為故體，①是訓體，⑤為傳體。」〔註319〕高林如說同。〔註320〕

（11）路廣正云：「這是歷史上第一次把『故』和『訓』二字連言。『故』、

〔註314〕以上均見陸宗達：《訓詁簡論》，頁2～3。

〔註315〕張以仁：《張以仁語文學論集》，頁23～26。

〔註316〕劉師培：《國學發微》（上海：華東師範大學出版社，2015年8月），頁23～24。

〔註317〕馮浩菲：〈《毛詩故訓傳》名義解及其它〉，頁57～58。

〔註318〕洪誠：《訓詁學》，《洪誠文集》，頁5～6。

〔註319〕馮浩菲類似的說法很多，見《毛詩訓詁研究》（武昌：華中師範大學出版社，1988年8月），頁53～61，又見〈《毛詩故訓傳》名義解及其它〉，頁55～61，又見《中國古籍整理體式研究》，頁213，今據《中國古籍整理體式研究》，惟引文格式略有修改，用粗體小字加底線表示毛《傳》。

〔註320〕高林如：〈《毛詩故訓傳》書名、作者及篇卷考辨〉，《語文知識》第2期（2012年），頁78。

『訓』、『傳』三者并列,『故訓』二字解釋《詩》的詞語,《傳》是說明詩篇的思想內容。」〔註321〕

（12）王承略云:「詁、訓、傳者,毛亨注《詩》之體。詁以解釋古言古義,訓以釋詞或串解文句,傳則根據典訓師說,闡發《詩》篇蘊義。」〔註322〕

（13）徐啟庭云:「毛亨注釋《詩經》不單用『詁』或『訓』,而用『故（詁）』、『訓』、『傳』三字並列命名,自有他的用意所在……從孔穎達、馬瑞辰對《毛詩故訓傳》的『詁』、『訓』的分析,結合郝懿行、朱駿聲對《爾雅》中〈釋詁〉、〈釋訓〉的內容分析,可以清楚地看出『詁』、『訓』特指的分別:『詁』是解釋異言的,『訓』是道形貌的。」〔註323〕按徐氏未解「傳」字,觀其說多據孔穎達與馬瑞辰,則徐氏對「傳」字的理解或與孔、馬相同。

（14）洪湛侯云:「至於是書以《故訓傳》為名,皆有取義。按《漢書·藝文志》著錄《詩》凡六家,以『故』名者……以『傳』名者……今按故訓與章句不同,《漢書·揚雄傳》說揚雄、《後漢書·桓譚傳》說桓譚,兩人都是通故訓而『不為章句』,故知『故訓』與『章句』有別。馬瑞辰說……如此,則其命名皆有取義,讀此書者,是亦不可不知。」〔註324〕

（15）周光慶云:「而特別難能可貴的是,《毛詩詁訓傳》的作者們還努力使『詁訓』體與『傳』體有機結合形成新的『詁訓傳』解釋體式」,「它是由『詁』體、『訓』體、與『傳』體組合起來的一種複合型的解釋的解釋體式,其『詁』體、『訓』體和『傳』體原本也都是單行的解釋體式,各有所用,各有其長,而當它們組合起來形成一種複合整體,則又相互配合、相互貫通,從而表現出了任何單體型解釋體式所不可能具有的解釋功能」,「大致說來,作為『語言解釋』,『詁』往往先於『訓』,『訓』常常基於『詁』,但二者關係極為緊密,有時難以明確劃分……在實際運作中,『詁』與『訓』既要受文本意識的引導,又要受『傳』體的制約,但卻不能包括『傳』體,而「『詁』體側重考釋具體語境中的具體詞義,尤其是古語詞的語境義」,「『訓』體注重分析語詞的表達方式及其相應的語義,也包括情貌語詞的解釋」,「『傳』體注重在『詁』與『訓』的基礎上,體察詩人的情志,分析『美刺』的內涵,『並經

〔註321〕路廣正:《訓詁學通論》（天津:天津古籍出版社,1996年10月）,頁7。

〔註322〕董治安主編:《兩漢全書》（濟南:山東大學出版社,1999年9月）,第二冊,頁202,毛亨部分為王承略整理。

〔註323〕徐啟庭:《訓詁學》（福州:海峽文藝出版社,2001年7月）,頁1～2。

〔註324〕洪湛侯:《詩經學史》（北京:中華書局,2002年5月）,頁179。

文所未言者而引申之』，盡可能深入地發掘出詩歌蘊含的豐富義理並將其引向『經世致用』的實踐中。」〔註325〕

（16）尚繼愚云：「『故訓』的故，通『詁』，即以今語釋古語，以通言釋方言；申說其義謂『訓』；串釋文句，說明大義謂『傳』。」〔註326〕

（17）張艷云：「毛《傳》是現存最古老的完整傳註，首創故、訓、傳三體合一的訓釋體例。」〔註327〕

（18）黃靈庚云：「毛亨書名中的『故訓傳』三字是並列關係，各具意義。」〔註328〕

（19）劉毓慶、郭萬金云：「《毛詩故訓傳》有三種基本的釋詩體例，即故、訓、傳三體。……不過毛氏所謂的『故』是一個較為寬泛的概念，不像《爾雅》那樣嚴格……而毛氏則把古今異言、同字異義、方俗異稱等等內容，都容納在『故』要解決的範圍之內了。……訓是一種特殊解釋方法……此處所釋都不是單純的字意，更主要的是由其中生發伸引出的意義。……《毛詩故訓傳》又簡稱毛《傳》，顯然『傳』的意義要比『故訓』更大。『傳』是一種比較自由的闡發經義的解說體式。」〔註329〕

（20）于淑娟云：「《毛詩故訓傳》三十卷，則故、訓、傳合編為一書」，「故」者：「故字在先秦及西漢兼有古舊和事情兩種含義，解《詩》的方式稱故，是取它的這兩種意義，即講《詩》的古事舊事，也就是介紹《詩》的本事」，「訓」者：「解《詩》的方式稱為訓，當是注重知識的傳授，以解決知識難點為主……訓在經學中是一種對事物加以解釋、描述，使之事理通達的講解方式。《淮南子》中的訓體正是對訓這一講解方式的擴大……為《詩》作訓，主要包括訓詁和考辨兩種方式。訓詁是對字詞進行解釋，考辨的範圍則極其廣泛，涉及名物、器具、制度、儀式等諸多方面」，「傳」者，「就是憑藉經典

〔註325〕周光慶：《中國古典解釋學導論》（北京：中華書局，2002 年 9 月），頁 185、187、190、191、193、195，標點略有增補。

〔註326〕尚繼愚：《〈毛詩故訓傳〉（定本）提要》，收入夏傳才、董治安主編：《詩經要籍提要》（北京：學苑出版社，2003 年 8 月），頁 14。

〔註327〕張艷：《毛《傳》、《鄭箋》對《詩經》訓詁之比較》，頁 9，該書關於故訓傳三者的解釋參頁 5～6。

〔註328〕黃靈庚：《訓詁學與語文教學》（杭州：浙江大學出版社，2008 年 5 月），頁 2。

〔註329〕劉毓慶、郭萬金：《從文學到經學——先秦兩漢詩經學史論》（上海：華東師範大學出版社，2009 年 11 月），頁 421。

闡發自己理念、觀點……為《詩》作傳可以用經師自己的話語加以論述，也可以引用前人的解說……有的還是情節具體的傳說故事。」〔註330〕

（21）常森亦分為故（詁）、訓、傳三體，又：「而今文諸家，則並無『訓』體著述」，又：「漢儒所謂『傳』有廣狹多種含義。狹義之『傳』與『詁』、『訓』（或『詁訓』），故毛公之作明標為《毛詩詁訓傳》。而較廣義之『傳』則可包括『詁訓』……故而《毛詩詁訓傳》一書，後世習稱為毛《傳》（非簡單的縮略）。」〔註331〕

（22）王懷宜云：「細案毛《傳》全書，我們發現，故訓傳三體適用於不同的訓詁內容，其分工是十分明確的。『故』是對詩中基本詞彙的解釋……毛《傳》中的『訓』是理順之義……毛公或通譯全句，或補充說明詩句的言外之意，弦外之音，務使讀者明了句旨所在。……（傳）即馬氏（瑞辰）所謂『并經文之所未言者而引申之』，這就是傳體的作用。」〔註332〕

（23）夏傳才等云：「『故訓』的『故』，通『詁』，即以今語釋古語，以通言釋方言；申說其義謂『訓』；串釋文句，說明大義謂『傳』。」〔註333〕

（24）舒大剛云：「如古文毛《詩》有《故訓傳》，『故』即解釋名物故實，『訓』即串說經文意義，『傳』則引申經義而有所發揮，將故（又作詁）、訓、傳有機地結合起來，不蔓不支，與經結合緊密。」〔註334〕

（25）王振華亦分為「故」、「訓」、「傳」三類，而《故訓傳》義即「毛亨根據先儒的說解為《詩經》所作之《傳》，『故訓』指先儒的說解，『傳』則既包括解釋字詞，也包括闡發義理及補述故事，所以《毛詩故訓傳》又可簡稱為毛《傳》。」〔註335〕

（26）唐元云：「惟有《毛詩故訓傳》是以『故訓傳』為名，兼有『訓』、

〔註330〕于淑娟：〈《毛詩故訓傳》名義考釋——兼論《毛詩故訓傳》獨傳的原因〉，《孔子研究》第 3 期（2010 年），後收入《韓詩外傳研究：漢代經學與文學關係透視》，今據後者，頁 45、47、51～53、54～56。

〔註331〕常森：〈論漢代《詩經》著述之內外傳體〉，《國學研究》第 30 卷（北京：北京大學出版社，2012 年 12 月），頁 146。

〔註332〕王懷宜：《詩毛傳》訓詁隱形理念初探〉，《揚州教育學院學報》第 25 卷第 1 期（2007 年 3 月），頁 12～13。

〔註333〕夏傳才主編：《詩經學大辭典》（石家莊：河北教育出版社，2014 年 3 月），上冊，頁 344。

〔註334〕舒大剛：《儒史雜譚》（貴陽：孔學堂書局，2015 年 7 月），頁 62。

〔註335〕王振華：〈《毛詩故訓傳》名義新考〉，頁 37，對三類名稱的解釋，詳見頁 27～31、31～34、36～37。

『故』與『傳』這三種解《詩》最重要的文體。關於《毛詩故訓傳》之體，馬瑞辰《毛詩傳箋通釋・毛詩詁訓傳名義考》所言最為確當……詁、訓是針對經文的語言，經文裡有什麼詞，就訓解什麼詞，從音讀、詞義等方面訓解。傳是解讀經文中的義旨，並不是對經文字詞的解釋，而是對某一句或某一段的經文的意蘊的闡揚，它往往要發揮出經文本文所沒有明示出來，卻蘊含在微言大義之中的內涵。」〔註336〕

（27）郭持華云：「結合兩人（孔穎達、馬瑞辰）的述論，我們可以大致地梳理出：詁、訓、傳，既是各有其體、各有分工的語言解釋模式，又共同構成了一個自具系統層次的複合整體。其中，詁體側重考釋具體語境的語義，貫通『古今之異辭』；訓體注重情貌語詞的解釋，分析『重語』即語句的表達；傳體則以詞句訓、詁為基礎，就『經文所未言者而引申之』，溯求詩人的志意，分析『美』『刺』的內涵，作經世致用之引申。」〔註337〕

2.「故」／「訓」／「傳」分三類說的理據商榷

此說的主要論據是將《毛詩故訓傳》書名之取義追溯至《爾雅》，並逐一定義「故」、「訓」、「傳」的意義與範圍，個別學者也舉例《傳》文說明；但問題即為溯源《爾雅》及相關出處的預設不能成立，且未考「故」、「訓」、「傳」各自是否曾作為書名，而將各家定義比較齊觀，可知最大問題在於「訓」體的分類無所適從，故持三類說的學者很難按其標準全面分類《毛詩故訓傳》的訓詁內容。以下進一步對這些問題加以論述：

（1）前人討論「故訓傳」名義時，曾有兩個預設：《毛詩故訓傳》書名必與〈烝民〉「古訓是式」、《爾雅》有關，其實皆有問題，理由是：

〈烝民〉所謂「古訓」，乃指「聖王遺典，古昔教言」，〔註338〕與「故訓」無關。而《毛詩故訓傳》書名之取義是否根據《爾雅》，陳絃指出：「《爾雅》篇名的命名只是一種巧合，其作用是分卷，並不能以此證明『詁』『訓』在意義上的區別。只是作者把雙音詞匯集在一起，恰恰用『釋訓』二字命名而已」，

〔註336〕唐元：《經學浮沉中的文體變遷：兩漢經解文體研究》（南京：鳳凰出版社，2015年12月），頁138、140。

〔註337〕郭持華：《經典與闡釋：從「詩」到「詩經」的解釋學考察》，頁97～98。

〔註338〕參許威漢：《訓詁學導論（修訂版）》（北京：北京大學出版社，2003年7月），頁11～12，這一說法最晚可以追溯至錢大昕，許氏批評錢氏是附會經義，很有見地，錢超塵則指出「此『古訓』是個偏正詞組，不是名詞『故訓』，錢氏說不可從」，《中醫古籍訓詁研究》，頁4。

〔註339〕此說甚是，而可以補充的是：然就算毛《傳》能見《爾雅》，〔註340〕其不題為「毛詩故言訓傳」，就說明《毛詩故訓傳》不完全接受《爾雅》的〈釋故〉、〈釋言〉、〈釋訓〉之順序與體例，〔註341〕且《爾雅》無「傳」體，若《毛詩故訓傳》真根據《爾雅》，此一部分如何無中生有？以上足以證明引《爾雅》的體例來解說毛《傳》，未可信。

（2）茲將各家對故、訓、傳的定義比較如下表，各家中未詳細定義者從略：

姓　名	故	訓	傳
孔穎達	「詁」者古也，古今異言，通之使人知也	「訓」者道也，道物之貌以告人也	「傳」者，傳通其義也
成伯璵	「詁」者，古也，謂古人之言與今有異	「訓」者，謂別有意義，與《爾雅》一篇略同	「傳」者，注之別名也，傳承師說，謂之為『傳』
毛奇齡	「故」之為旨，故有此語，而今述之也；非謂「詁」也。故知《序》首一句連章句，是「故」也	「訓」者，訓此故。自《序》首一句後，便是「訓」	「傳」，傳者，傳詩文也
馬瑞辰、洪湛侯	單詞則為詁，詁第就其字之義指而證明之	重語則為訓，訓則兼其言之比興而訓導之	傳則並經文所未言者而引伸之
張之洞	古言也，以今語釋古語	此釋文義	傳述也，推衍經義

〔註339〕陳紱：《訓詁學基礎》，頁5。另則王振華〈《毛詩故訓傳》名義新考〉也有類似反思，頁24～27。

〔註340〕晚近在這一個問題上，除單篇論文外，主要有三本專門著作：丁忱：《爾雅毛傳異同考》（武昌：武漢大學出版社，1988年1月）、胡繼明：《詩經爾雅比較研究》（重慶：重慶大學出版社，1995年10月）、盧國屏：《爾雅與毛傳之研究與比較》（臺北：國立政治大學中國文學研究所博士論文，1994年），後改題《《爾雅》與毛《傳》之比較研究》（臺北：花木蘭文化出版社，2009年）。胡繼明的意見是：「毛《傳》與《爾雅》的關係應是：既有共同的來源，又各有所本，各有所宗，各有己意。它們之間不存在誰依據誰的問題」，而丁忱云：「毛依《爾雅》訓而為《詩》立傳」，盧國屏的意見主要有五：二書訓詁材料不同、二書訓詁方法內容不同、二書成書性質不同、《爾雅》非依毛《傳》成書、《爾雅》早於毛《傳》可能性較大。則根據丁、盧二氏的意見，大致可以相信《爾雅》在前，毛《傳》在後，毛《傳》應及見《爾雅》。

〔註341〕《毛詩正義》對毛《傳》不取〈釋言〉的解釋已見前引，但其說是建立在毛《傳》必用《爾雅》的前提上所作的彌縫，未必可信。黃侃云：「據沖遠此言，『毛詩詁訓傳』云者，無異言『毛詩爾雅傳』矣」，〈爾雅說略〉，《黃侃國學文集》（北京：中華書局，2006年5月），頁262，標點有修改，其說亦未確，理由同上。

陸宗達	「詁」是解釋「異言」的	這種對句、段、篇具體含義的解釋，就是「訓」	「傳」是一種發明經典大義的體例
張以仁	「詁」之初義恐怕就在詮釋那些難以釋讀的古字	「訓」體是就其文字義理作適當的申述與發揮	「傳」體則是「轉錄師說」
洪誠	只解釋詞義，在毛《傳》就是詁訓體		有所申說發揮，在毛《傳》就是傳體
馮浩菲	故體指基本詞彙詞義的解釋	訓體既指聯綿詞的訓釋，又指譯釋詩句	傳體指根據典訓師說，闡發詩中蘊意奧義，并通過補述有關內容，證發經義
路廣正	「故訓」二字解釋《詩》的詞語		《傳》是說明詩篇的思想內容
王承略	詁以解釋古言古義	訓以釋詞或串解文句	傳則根據典訓師說，闡發《詩》篇蘊義
周光慶	「詁」體側重考釋具體語境中的具體詞義，尤其是古語詞的語境義	「訓」體注重分析語詞的表達方式及其相應的語義，也包括情貌語詞的解釋	「傳」體注重在「詁」與「訓」的基礎上，體察詩人的情志，分析「美刺」的內涵，……盡可能深入地發掘出詩歌蘊含的豐富義理並將其引向「經世致用」的實踐中
尚繼愚	「故訓」的故，通「詁」，即以今語釋古語，以通言釋方言	申說其義謂「訓」	串釋文句，說明大義謂「傳」
劉毓慶、郭萬金	毛氏則把古今異言、同字異義、方俗異稱等等內容，都容納在「故」要解決的範圍之內了	此處所釋都不是單純的字意，更主要的是由其中生發伸引出的意義	「傳」是一種比較自由的闡發經義的解說體式
于淑娟	即講《詩》的古事舊事，也就是介紹《詩》的本事	為《詩》作訓，主要包括訓詁和考辨兩種方式。訓詁是對字詞進行解釋，考辨的範圍則極其廣泛，涉及名物、器具、制度、儀式等諸多方面	就是憑藉經典闡發自己理念、觀點
王懷宜	「故」是對詩中基本詞彙的解釋	毛公或通譯全句，或補充說明詩句的言外之意，弦外之音，務使讀者明了句旨所在	即馬氏（瑞辰）所謂「并經文之所未言者而引申之」

《詩經學大辭典》	（故）即以今語釋古語，以通言釋方言	申說其義謂「訓」	串釋文句，說明大義謂「傳」
舒大剛	「故」即解釋名物故實	「訓」即串說經文意義	「傳」則引申經義而有所發揮
王振華	「故訓」指先儒的說解		「傳」則既包括解釋字詞，也包括闡發義理及補述故事
郭持華	詁體側重考釋具體語境的語義，貫通『古今之異辭』	訓體注重情貌語詞的解釋，分析『重語』即語句的表達	傳體則以詞句訓、詁為基礎，就『經文所未言者而引申之』，溯求詩人的志意，分析『美』『刺』的內涵，作經世致用之引申

　　從上表可見，各家對「故」、「傳」的定義基本近似；但於「訓」體則言人人殊，而持三類說者中，周光慶亦云：「但二者（故、訓）關係極為緊密，有時難以明確劃分」，可知「故」、「訓」、「傳」分三類說最關鍵的問題是如何定義「訓」體，〔註342〕並且三分說的論者也明確意識到了劃分三者的困難之處，然這一問題的解決，必須求之於先秦兩漢是否有「訓」體著作，說詳下。

　　（3）以下對上述未及討論的說法略作說明：

　　張以仁所謂「轉錄師說」於《毛詩故訓傳》只有數例，〔註343〕亦難以為「傳」體的依據。洪誠、路廣正、周光慶有時不分別「故」、「訓」，有時又將「故」、「訓」、「傳」視作分開的三體，則亦是受《毛詩正義》以降之說影響，恐略有矛盾。劉毓慶、郭萬金解釋「訓」為「更主要的是由其中生發伸引出的意義」，王懷宜解釋「訓」為「毛公或通譯全句，或補充說明詩句的言外之意，弦外之音，務使讀者明了句旨所在」，此一定義，幾乎與「傳」無別。

〔註342〕張素卿先生也指出了問題是：「究竟『訓』體如何界定，值得學者再深入探索」，《敘事與解釋：《左傳》經解研究》，頁11。

〔註343〕毛《傳》（含《詩序》）中所見、所稱引的先師有：孔子、孟仲子、仲梁子、高子（〈絲衣〉之《序》）、孟子，共計五家七條，分見《毛詩注疏》，頁115、141、423、429、708、750、776，而黃元晟云：「至毛《傳》引某人曰僅三條」，其僅錄孟仲子二條、仲梁子一條，〔清〕黃元晟：〈毛《傳》用師說考〉，《致用書院文集》，收入《中國歷代書院志》，第13冊，頁748、劉立志：〈先秦《詩》傳《詩》說析論〉，《傳統中國研究集刊》第8輯（上海：上海人民出版社，2011年4月），頁35，認為「毛《傳》明確徵引前人之說，總計有三家五條」，均未確。

　　馮浩菲說之問題在其所定義的「訓」體條件:「訓體既指聯綿詞的訓釋,又指譯釋詩句」,必須同時滿足,或僅具其一即可?然從其舉例之「訓」體:「莫莫,成就之貌」而論,「莫莫」雖可以算是廣義的聯綿詞,但「成就之貌」只解釋文字,恐不能算是「譯釋詩句」,則馮氏大約是指滿足其中一項即可;惟馮氏所謂「譯釋詩句」的「訓」免不了也帶有若干「闡發詩中蘊意奧義,并通過補述有關內容,證發經義」的性質,則「訓」、「傳」也頗難劃分。

　　于淑娟把「故」解釋為「交待作品產生的背景、緣起」,姑且不論其只是解釋了「故」字字義,不等於書名必然取義於此,實則作為體裁與書名的「故」恐未有如此解釋者;且其所引各例均出《詩序》,〔註344〕雖然《詩序》也是毛《傳》的一部分,〔註345〕但畢竟非毛公所著,〔註346〕論毛《傳》書名而皆以〈詩序〉為證,似稍有隔閡,且《傳》中若干闡發章旨的文字又何以不能歸為于氏所謂之「故」?如前人已經指出的毛《傳》「篇末揔發一篇之《傳》」之例?〔註347〕而關於「訓」、「傳」,于氏所舉之例也有少數模稜兩可者,如〈定之方中〉之《傳》,于氏亦以為是「傳」體:「建國必卜之,故建邦能命龜,田能施命,作器能銘,使能造命,升高能賦,師旅能誓,山川能說,喪紀能誄,祭祀能語,君子能此九者,可謂有德音,可以為大夫」,此又何以不能是于氏所說之「訓」?因其亦「考辨」,亦詳解禮制,未始不符合于氏的標準。

　　而于氏對「訓」字的解說也有問題,其說主要根據與淮南王劉安有關的兩部著作立論:《淮南道訓》、《淮南子》,《淮南道訓》另詳下文辨證,此先討論于氏對《淮南子》各篇篇題「訓」字的理解:「由淮南王劉安所編著的《淮南子》,全書共21卷,其中20卷以『訓』名篇……姚範『疑『訓』字高誘自名其注解,非《淮南》篇名所有』。但《淮南子》全書中只有第21卷〈要略〉未以『訓』名篇,如果是高誘自加『訓』字以標其注,則此篇既已

〔註344〕于淑娟:《韓詩外傳研究:漢代經學與文學關係透視》,頁48~50。

〔註345〕說詳本章第五節〈毛《傳》體例之問題〉的第一部分:《詩序》附入毛《詩》產生的諸問題。

〔註346〕這一點從《詩序》與毛《傳》互有異同可知,簡陋所及,傳世典籍最早論及此一問題的應是〔唐〕丘光庭:《兼明書》,卷二,陶敏主編:《全唐五代筆記》,第三冊,頁2536,餘詳下文《〈詩序〉與毛《傳》相合相異例證匯輯》。

〔註347〕語出《毛詩注疏校勘記》,頁726,綜合各家舉證,有〈椒聊〉、〈采蘋〉、〈木瓜〉三例,其實尚可補充〈素冠〉:「我心蘊結兮,聊與子如一兮」之《傳》一例。

經加注，則無理由例外。如果從《淮南子》全書的角度來看，本身有注經傾向，〈要略〉一篇處於卷末，其內容大致是對《淮南子》全書各篇內容的總括。……不以『訓』名篇恰恰體現出總括全書的篇章性質」，〔註348〕按于說不妥，理由是：

　　一則〈要略〉篇無「訓」字，足證本當無「訓」字，而何以獨〈要略〉無「訓」字？蓋因該篇的性質相當於「序」，〔註349〕非正文，故高誘雖注此篇而不加「訓」字。二則蔣禮鴻業已證明高誘「注文凡引《淮南》篇名皆無訓字」，〔註350〕而高誘《注》中若干篇題有「訓」字，則係後人轉寫所加。

三、「故訓」／「傳」分二類，且為平列關係說考辨

1. 茲先梳理各家說法如下

　　（1）陳奐云：「毛公《詁訓傳》，『傳』者，述經之大義，『詁訓』者，所以通名物、象數、假借、轉注之用」，〔註351〕朱杰人、蔣見元說同。〔註352〕

　　（2）黃以周云：「毛公合故訓、傳為一，其書仍以訓詁為主。」〔註353〕

　　（3）劉師培云：「（故）蓋攷求字詁，專宗雅訓……『訓』與『故』同，若毛公《毛詩故訓傳》則合『故』與『傳』為一書，故以訓詁為主，復兼引事實（原注：如〈巷伯〉《傳》是也），此又一派也。」〔註354〕

　　（4）王國維云：「蓋『故訓』者，大毛公所作，而『傳』則小毛公所增益

〔註348〕于淑娟：《韓詩外傳研究：漢代經學與文學關係透視》，頁52。

〔註349〕于大成：「要略者，淮南之自敘也」，〈淮南鴻烈要略校釋〉，《淮南鴻烈論文集》（臺北：里仁書局，2005年12月），又王利器：「古書自序率在全書之末」，舉及〈要略〉，即視〈要略〉為自序，《呂氏春秋注疏》（四川：巴蜀書社，2002年1月），第一冊，頁9。惟序是否皆在書後，近來學者有不同意見，參〔日〕池田秀三著，洪春音譯：〈「序在書後」說再議〉，《傳統中國研究集刊》第7輯（上海：上海人民出版社，2010年3月），頁139～152。又關於序，另可參〔日〕內山直樹著，柳悅譯：〈漢代所見序文體例研究〉，收在方旭東主編：《日本學者論中國哲學史》（上海：華東師範大學出版社，2010年12月），頁277～289。

〔註350〕蔣禮鴻：〈續《淮南子》校記〉，《蔣禮鴻語言文字學論叢》，頁308～309。何寧：《淮南子集釋》，頁1，已引此說。

〔註351〕陳奐：《毛詩說》，《詩毛氏傳疏》，第四冊，頁8上。

〔註352〕朱杰人、蔣見元：《詩經要籍解題》（上海：上海古籍出版社，1996年9月），頁2～3。

〔註353〕〔清〕黃以周：〈再答陳善餘書〉，《黃式三黃以周合集》，第15冊，頁569。

〔註354〕劉師培：《讀書隨筆·秦漢說經書種類不同》，《劉申叔遺書》（南京：江蘇古籍出版社，1997年11月），下冊，頁1954。

也」，〔註355〕姑不論其說之是非，〔註356〕王氏將此二類分屬二作者，則其大約也將「故訓」、「傳」視為二類。

（5）呂思勉云：「毛《傳》釋字義處為訓詁，閒有引成文者，如〈小弁〉、〈綿〉之引《孟子》，〈行葦〉之引《射義》，〈瞻卬〉之引《祭義》，〈閟宮〉之引孟仲子，則所謂傳也。」〔註357〕

（6）吳承仕云：「竊謂漢儒說經之法，有故，故者體宗《爾雅》；有傳，傳者體宗《春秋傳》。傳體至廣博，《毛詩故訓傳》合二事為一，仍以詁訓為主。……故者明其字訓，傳者舉其大義，咸依經為說。……是故異文殊詁，故之事也；〈關雎〉一篇或以為美，或以為刺，傳之事也。」〔註358〕

（7）楊樹達云：「〈藝文志〉又載《詩》古文家的《毛詩故訓傳》三十卷（原注：『故訓』即『訓故』的倒文），《故訓傳》統言，似乎『故訓』與『傳』是不分別的了，其實卻不然。我們細讀其書，可以發現他的內容實在包含著兩種體裁。……不過這類的『傳』全書中不多，他所以合併，不像齊、韓的《傳》、《故》分開，或者就是因為少了的緣故罷！總而言之，不論是齊、韓的《傳》、《故》分張，或者是毛公的《訓故》與《傳》併舉，都可以說明《故》是訓詁，《傳》是《傳》，《傳》決不包括訓詁。」〔註359〕

而常森駁楊說云：「這類例子最能凸顯毛《傳》與漢代《詩經》之外傳體著述的一致性，然而大概僅有六七事，絕不代表其整體上的實質……遽然以此斷定毛《傳》之全體顯然不夠妥當（而且，此說上昧於漢代《詩經》著述實有若干不同層次的傳）」〔註360〕，又龐俊亦云：「古義閎廣，『故』、『傳』之名

〔註355〕王國維：《觀堂集林》（北京：中華書局，2013 年 11 月），《別集》卷一，頁1125。

〔註356〕詳下引宗靜航文，即專駁王氏此說，見該文頁 54～81，另如洪誠：《訓詁學》，《洪誠文集》，頁 7～8、趙茂林：〈毛《傳》成書及定型考論〉，《詩經研究叢刊（第二十四輯）》（北京：學苑出版社，2008 年 1 月），頁 184～185、劉毓慶、郭萬金：《從文學到經學──先秦兩漢詩經學史論》，頁 420，均論及王說不可信。

〔註357〕呂思勉：《呂思勉讀史札記（增訂本）》，中冊，頁 753。

〔註358〕〔唐〕陸德明著，吳承仕疏證：《經典釋文序錄疏證》（北京：中華書局，2008年 6 月），頁 76。

〔註359〕楊樹達：〈離騷傳與離騷賦〉，《積微居小學述林全編》（上海：上海古籍出版社，2007 年 8 月），頁 400～401，題下原注 1951 年作，此處所引標點略有修改。

〔註360〕常森：〈論漢代《詩經》著述之內外傳體〉，頁 160。

亦得相通。徵事者亦謂之『故』，《泰誓故》之屬是也；疏文者亦謂之『傳』，〈象傳〉、〈象傳〉、《詩故訓傳》之屬是也」，又：「傳者，轉釋經義也，是有多義：有故事之傳，有通論之傳，有駙經之傳，有序錄之傳，有略例之傳，五者皆傳之體也」，〔註361〕戴君仁亦云：「故和傳當是一類」，〔註362〕可知楊說不可從。

（8）徐復觀云：「我懷疑『《毛詩故訓傳》』的『傳』，指的即是〈大序〉。因為『序』與『傳』的基本性格相同，在兩漢可以互用……馬融的〈周官傳〉即後人之所謂〈周官序〉……由此可知『《毛詩故訓傳》』的『故訓』是解釋詩的文字；而所謂傳，是〈小序〉〈大序〉的總稱……否則『《毛詩故訓傳》』中發揮詩義的傳，何以少得與『故訓』不成比例。」〔註363〕

（9）倪其心云：「『故訓傳』的意思是兩層，一是『傳以述義』，解釋詩經本義；一是『釋故釋訓，以記古今異言』，解釋詩句詞義。」〔註364〕

（10）趙沛霖云：「（《毛詩故訓傳》）全書主要由三部分組成：序、故訓和傳。……故訓放於詩中，本《爾雅》訓釋字義，傳也在詩中，據《周禮》和其他文獻專言典制義理」，〔註365〕除去《詩序》不論，則趙氏亦分《毛詩故訓傳》為二類。

（11）屈守元云：「『傳』的著述旨趣在推衍詩義。毛《詩》現存，其書稱為『故訓傳』，實兼有『故』、『說〔訓？〕』與『傳』兩種含義。所以它有時也述古事，如《韓詩外傳》之體」，〔註366〕按屈氏「說」字不詳何據；加之巴蜀書社所印此書誤字極多，亦有屈氏原即筆誤者，〔註367〕疑「說」是「訓」字之誤，則屈氏亦分「故訓」、「傳」為二者。

（12）向熹云：「『傳』是講述《詩》的大義，『故訓』則是解釋語詞的意義。」〔註368〕

〔註361〕章炳麟著，郭誠永、龐俊疏證：《國故論衡疏證》，卷中之三：〈明解故上〉，頁 322。

〔註362〕戴君仁：〈經疏的衍成〉，《梅園論學續集》，頁 97。

〔註363〕徐復觀：《中國經學史的基礎》（臺北：臺灣學生書局，1982 年 5 月），頁 159。

〔註364〕倪其心：《校勘學大綱》（北京：北京大學出版社，1987 年 7 月），頁 97。

〔註365〕趙沛霖：《詩經研究反思》（天津：天津教育出版社，1989 年 6 月），頁 337。

〔註366〕屈守元：《韓詩外傳箋疏》（成都：巴蜀書社，2012 年 4 月），〈前言〉，頁 1。

〔註367〕如該書〈凡例〉：「余別有辨證，在《附錄》卷四」，頁 1，按實在卷三，屈氏筆誤。

〔註368〕向熹：〈《毛詩傳》說〉，《《詩經》語文論集》，頁 247。

（13）宗靜航云：「今據《漢志》所見三家詩名稱，祇有名為《說》、《雜記》、《故》或《傳》而未見名為《故訓傳》的，從名稱上已可見《毛詩故訓傳》之體例與三家詩當有分別……應該理解為成書時已經是集『故訓』與『傳』於一書。」〔註369〕

（14）王洲明云：「所謂『故訓傳』包括兩方面的內容：『故訓』恰恰是今所謂『毛傳』的內容；而『傳』恰恰是今所謂『毛序』的內容。」〔註370〕

（15）虞萬里云：「如秦漢間所傳之《毛詩詁訓傳》，即訓詁在前，傳文在後，釐然不混。傳體與訓詁體名稱、形式之混淆，已是西漢中葉以後之事。」〔註371〕

2.「故訓」／「傳」分二類，且為平列關係說之補證

本文認為此說最可信從，但須補充的是：從三家《詩》著作（尤其是《魯詩》）及《漢書·藝文志》所載注解類書名來看，至少西漢時期並不存在「訓」體著作，故可以避免三類說所產生的「訓」體定義與分類之困難。以下對此說加以補證：

（1）論三家《詩》及《漢書·藝文志》無「訓」體著作

探討西漢時期一般學者及三家《詩》學者對注解體例的認知，是了解《毛詩故訓傳》稱名有何新意的基礎，茲將四家《詩》書名、《漢書藝文志》注解類書籍書名分別製表，以便觀覽：

〔註369〕 宗靜航：〈王國維「大毛公作《故訓》小毛公作《傳》」說辨〉，《新國學》第3卷（成都：巴蜀書社，2001年12月），頁59，原文又注引洪誠，已見前，但洪說應歸入分三類者。

〔註370〕 見王洲明：〈從《漢書》稱《詩》論定《毛詩序》基本完成於《史記》之前——兼答張啟成先生的商榷〉，《河北師範大學學報（哲學社會科學版）》第30卷第3期（2007年5月），頁72，又見王洲明：〈從《漢書·藝文志》稱《詩》，看《詩》在西漢的傳本〉，《衡水學院學報》，第14卷第5期（2012年10月），頁47，今據前者。又前文引《後漢書》謝曼卿「乃為之訓」云云，以為「此前經常用的『故訓傳』的名稱不見了，『故訓』的內容謂之為『訓』，而『傳』的內容謂之為『毛詩序』了」，頁79，此亦不妥，謝曼卿另為一書，自然不必用《故訓傳》之名，不可據之論述《故訓傳》的體例。

〔註371〕 虞萬里：〈由清華簡《尹誥》論《古文尚書·咸有一德》之性質〉，《榆枋齋學林》（上海：華東師範大學出版社，2012年11月），頁27~28。

《漢書・藝文志》詩類書名分類表 〔註372〕

從書名分類		從四家《詩》分類					
類 別	書 名	類 別		書 名			
經	齊、魯、韓	齊	經	故	傳		雜記
毛詩	毛《詩》						
故	《魯故》、《齊后氏故》、《齊孫氏故》、《韓故》						
說	《魯說》、《韓說》	魯	經	故	說		
傳	《齊后氏傳》、《齊孫氏傳》、《韓內傳》、《韓外傳》	韓	經	故	說	傳(內傳、外傳)	
雜記	《齊雜記》						
		毛	毛詩	故訓	傳		
故訓傳	《毛詩故訓傳》						

《漢書・藝文志》注解類書籍書名表

類 別	書 名
經傳、經說	《老子鄰氏經傳》
	《老子傅氏經說》、《老子徐氏經說》
傳、內傳、外傳	《易傳周氏》、〔註373〕《(尚書)傳》、《齊后氏傳》、《齊孫氏傳》、《周官傳》、《左氏傳》、《公羊傳》、《穀梁傳》、《鄒氏傳》、《夾氏傳》、《(魯論語)傳》
	《韓內傳》
	《韓外傳》、《公羊外傳》、《穀梁外傳》
傳記	劉向《五行傳記》、許商《五行傳記》

〔註372〕按,據他書記載還可增補;但未必確,茲不補。另外,范麗梅:《簡帛文獻與《詩經》書寫文本之研究》(臺北:國立臺灣大學中國文學研究所博士論文,2008年10月)中有〈兩漢《詩經》解釋著作類型名稱表〉,但范氏既列出《毛詩故訓傳》,又列出毛萇《毛詩傳》,此處如果是沿用《經義考》誤說,恐怕不妥,且其書似也未見對《毛詩故訓傳》書名之取義有明確的解說,頁299~300。

〔註373〕按,《易傳周氏》之後,尚有《服氏》、《楊氏》、《蔡公》、《韓氏》、《王氏》、《丁氏》諸書,未詳是否皆蒙上文省「易傳」二字,姑附於此。

傳說	《燕傳說》
故	《魯故》、《齊后氏故》、《齊孫氏故》、《韓故》、《蒼頡故》
解故	大小夏侯《解故》
故訓傳	《毛詩故訓傳》
記	《曲臺后倉〔記〕〔註374〕》、《記》（禮類）、《樂記》、《王禹記》、《公羊顏氏記》
微	《左氏微》、《鐸氏微》、《張氏微》、《虞氏微》
章句	施、孟、梁丘《章句》、《歐陽章句》、大小夏侯《章句》、《公羊章句》、《穀梁章句》
說	《魯說》、《韓說》、《中庸說》、《明堂陰陽說》、《齊說》、《魯夏侯說》、《魯安昌侯說》、《魯王駿說》、《長孫氏說》、《江氏說》、《翼氏說》、《后氏說》、《安昌侯說》、《（弟子職）說》、劉向《說老子》
說義	《歐陽說義》
略說	《五鹿充宗略說》
議奏	《議奏》（尚書類）、《議奏》（禮類）、《議奏》（春秋類）、《議奏》（論語類）
議對	《封禪議對》
雜記	《齊雜記》、《公羊雜記》
雜傳	《雜傳》（孝經類）
雜議	《五經雜議》

　　從《漢書‧藝文志》所載與《毛詩故訓傳》時代相近的注解類書籍之書名來看，無單題為「訓」者；〔註375〕「訓」字均與其它書名連類出現，可知至少西漢並無所謂「訓」體著作。〔註376〕

〔註374〕據王念孫說補「記」字，《漢書藝文志注釋彙編》，頁47。

〔註375〕戴君仁歸納《漢書‧藝文志‧六藝略》所載著作後說：「這些著作可歸納為故、傳、說、記、章句五種；大別之，則是解故和章句兩種」，也不認為有「訓」體，頗有識見，〈經疏的衍成〉，《梅園論學續集》，頁97。

〔註376〕但王博玄：《唐代以前經籍注解體裁研究》（臺北：國立臺灣大學中國文學研究所博士論文，2013年7月），第二章〈論注解各體〉討論先唐所有注解體裁時，列出「訓」體，然其所論多是「訓」字字義的問題，未考慮「訓」體是否能成立，頁33～37。

　　而張寶三、于淑娟認為《淮南道訓》、《訓纂》、《蒼頡訓纂》等屬於「訓」體著作，〔註377〕于氏云：「上述字書都以訓纂命名。纂，指匯合、匯集、編纂、繼承，是對以往字書的整理和擴充。訓，當是指對字義的解說，屬於訓詁學範疇」，〔註378〕失考，王先謙已云揚雄《蒼頡訓纂》乃「此合《蒼頡》、《訓纂》為一」，〔註379〕則所謂「訓纂」並非「訓」體。

　　于氏又云：「《漢書·藝文志》在經學《易》類著作目錄中記載『《淮南道訓》二篇，淮南王安聘明《易》者九人，號九師說。』由此推斷，漢代經學中確有訓這種解經方式」，〔註380〕又王振華亦云：「此書（《淮南道訓》）雖附著於《易》，但其名『訓』可能與《淮南子》『訓』篇相類，指闡發抽象的理論，而不是一種固定的解經體例。」〔註381〕按：二說均不可信，因《淮南道訓》書名實是「道訓」，與《淮南鴻烈》的「鴻烈」取義近似，非「訓」體，其書名亦與注《易》體例無關，李笠即云：《淮南九師道訓》或《淮南道訓》云者，實《淮南九師書》之異名而已；〔註382〕且「道訓」一語兩漢亦多見，如「至於孝武帝，恢廓道訓」等，〔註383〕「道」是先王之道，「訓」者，蓋即《尚書·顧命》：「嗣守文、武『大訓』」、「赤刀、『大訓』、弘璧、琬琰，在西序」、「用答揚文、武之『光訓』」之「訓」，偽《孔傳》分別解為：「言奉順繼守文武大教」、「大訓，〈虞書〉典謨」、〔註384〕「用對揚聖祖文、

〔註377〕張寶三：「考《漢書·藝文志》中所載與訓有關之著作除馬氏（瑞辰）所稱《毛詩詁訓傳》外，其餘則僅《易》類有『淮南道訓二篇』……又『小學』類有《訓纂》一篇』、『揚雄《蒼頡訓纂》一篇』、『杜林《蒼頡訓纂》一篇』推其性質，當非如氏所言『重語則為訓』、『訓則兼其言之比興而訓導之』之體也」，《東亞《詩經》學論集》，頁120，按張氏駁馬瑞辰說，是，但仍以為上述諸書為「訓」體，則似一間未達。

〔註378〕于淑娟：《韓詩外傳研究：漢代經學與文學關係透視》，頁51～52。

〔註379〕王先謙：《漢書補注》，卷三十，頁885，束景南：〈《別字》即《方言》考〉，對「訓纂」何以不是注解有更詳細的考證，《文史》第39輯（1994年3月），頁212～214。

〔註380〕于淑娟：《韓詩外傳研究：漢代經學與文學關係透視》，頁53。

〔註381〕王振華：〈《毛詩故訓傳》名義新考〉，頁32。

〔註382〕李笠：〈廣段玉裁論校書之難〉，《語言文字學專刊》第1卷第2期（1936年），頁308～309，李氏自注云：「見余所著漢書藝文志箋評六藝署易類」，然此文筆者未見，俟考。

〔註383〕〔漢〕王逸章句，洪興祖補注：《楚辭補注》（臺北：藝文印書館，2000年10月，影印清李錫齡校刊汲古閣本），卷一〈離騷經敘〉，頁85。

〔註384〕按偽《孔傳》此言，指〈虞書〉中之典、謨，非泛稱「〈虞書〉、典、謨」，

武之大教」，〔註385〕而「赤刀、『大訓』、弘璧、琬琰，在西序」之「大訓」，
《尚書正義》引鄭玄云「『大訓』謂禮法，先王德教」，〔註386〕鄭玄之說，
蓋指載有「先王德教」之典冊，否則「先王德教」是抽象的法則，如何「在
西序」？不過鄭玄之說與〈顧命〉全篇「訓」字一致，較可取。則「道訓」
即謂先王之大道禮法，〔註387〕淮南王自謂其解《易》之作深有得於先王之
大道禮法，故以此為名，非關「訓」體。

（2）論《魯詩》於申公時無「訓」體、「傳」體著作

《魯詩》是否有「訓故」、「傳」的問題，乃由《史記》與《漢書》中關於
申公的記載所引起。

先討論《魯詩》是否有「訓」體：《史記‧儒林傳》云：「申公獨以《詩》
經為『訓』以教」，各本同，〔註388〕而張森楷云：「此（《史記》）無『故』字，
誤挩文」，〔註389〕李人鑒亦云：「《漢書‧藝文志》……〈儒林傳〉……『訓』
下皆有『故』字。疑此《傳》脫『故』字，當據《漢書》補」，〔註390〕二說或
可從，因《漢書‧藝文志》：「漢興，魯申公為《詩》『訓故』，而齊轅固生、燕
韓生皆為之傳」、〔註391〕《漢書‧儒林傳》：「申公獨以《詩經》為『訓故』以
教」、〔註392〕《後漢書‧儒林傳》：「《前書》：魯人申公受《詩》於浮丘伯，為

理由是《尚書》中除此之外無典、謨名篇者。

〔註385〕 分見〔舊題漢〕孔安國傳，〔唐〕陸德明音釋，〔唐〕孔穎達正義，〔舊題清〕
阮元校勘：《尚書注疏》（臺北：藝文印書館，1997 年 11 月，影印嘉慶二十
年江西南昌府學本），卷十八，頁 276、278、282。

〔註386〕《尚書注疏》，卷十八，頁 279。

〔註387〕《漢語大詞典》解釋「道訓」為「道之準則」，頁 1075，不確，因其在相關
文例中不通。

〔註388〕 〔漢〕司馬遷著，〔南朝宋〕裴駰集解，〔唐〕司馬貞索隱，〔唐〕張守節正
義，〔日〕瀧川龜太郎考證：《史記會注考證》（臺北：洪氏出版社，1986 年
9 月），卷一二一，頁 1288、〔日〕水澤利忠：《史記會注考證校補》（東京：
史記會注考證校補刊行會，1961 年 3 月），卷二二一，第 8 冊，頁 6、王叔
岷：《史記斠證》（臺北：中央研究院歷史語言研究所，1982 年 6 月），第 9
冊，頁 3259～3260。

〔註389〕 張森楷：《史記新校注稿》（臺北：中國學典館復館籌備處，1967 年），第 12
冊，六稿下，頁 6492。

〔註390〕 李人鑒：《太史公書校讀記》（蘭州：甘肅人民出版社，1998 年 10 月），下
冊，頁 1559。

〔註391〕 陳國慶：《漢書藝文志注釋彙編》，頁 41。

〔註392〕《漢書》，卷八十八，第 5 冊，頁 3608。

作『詁訓』」，〔註393〕皆云「訓故」、「詁訓」，但此非魯《詩》有「訓」體，乃「訓」、「故」同義，均為注解之泛稱；且觀上表中〈藝文志〉所著錄書名亦可知《魯詩》無「訓」體。

但金德建以為：「申公的這種《詩訓》裡面是應當也包括有《詩傳》。這其中《詩傳》的部分，就是屬於講明詩意大義，可以教人的部分。按照《史記》的原意，我們不能夠誤會在《詩訓》以外，再別有一部所謂《詩傳》的書……這部詩傳流傳到後來，便是著錄在《漢志》的《魯故》二十五卷」，〔註394〕按金氏推定的申公著作名為「《詩訓》」，顯然來自《史記》「為訓以教」，金氏理解此一「訓」字為「應該還兼作訓釋大義的意思講」，〔註395〕但就算以金氏此一說法來解釋《史記》此語，《史記》此處顯然也不是說申公作了一部《詩訓》的書，則其所定書名無據；其次，何以《詩訓》在《漢書藝文志》中改題為「《魯故》」？金氏亦不能明確解釋。

其次，討論《魯詩》是否有「傳」體，茲將相關記載比較如下：

出　處	內　容
《史記・儒林傳》	「申公獨以《詩經》為訓以教，亡傳疑，疑者則闕不傳。」〔註396〕
《漢書・儒林傳》	「申公獨以《詩經》為訓故以教，亡傳，疑者則闕弗傳。」〔註397〕
《漢書・楚元王傳》	「申公始為《詩》傳。」〔註398〕

而成伯璵云「申公為《詩》作詁訓，而無其傳」，自注：「傳即義注也。申公作詁訓，不能解《詩》之意，號曰《魯詩》」，〔註399〕成氏所據若是《漢書》，則可知其所見《漢書》亦作「亡傳」，又陸奎勳云：「以余考之，申公有訓詁，無傳義」，〔註400〕以上或云有傳、或云無傳，看似互相矛盾，各家對此大致有三說：

以為《漢書・儒林傳》「亡傳」者為是：梁玉繩云：「案：『疑』字衍，《漢

〔註393〕《後漢書》，卷七十九下，頁689。
〔註394〕金德建：〈論申公《詩訓》的性質〉，《司馬遷所見書考》（上海：上海人民出版社，1963年2月），頁42～43。
〔註395〕金德建：《司馬遷所見書考》，頁43。
〔註396〕瀧川龜太郎：《史記會注考證》，卷一二一，頁1288。
〔註397〕《漢書》，卷八十八，第五冊，頁3608。
〔註398〕〔漢〕班固，〔唐〕顏師古注：《漢書》，卷三十六，第三冊，頁1922。
〔註399〕〔唐〕成伯璵：《毛詩指說》，《四庫全書》，第70冊，頁176。
〔註400〕〔清〕陸奎勳：《陸堂詩學》，卷首〈讀詩總論〉，《續修四庫全書》（上海：上海古籍出版社，2002年4月），第62冊，頁252。

書》無之，謂申公不作《詩傳》，但教授也」，〔註401〕楊樹達云：「〈藝文志〉……魯《詩》但有《魯故》，無傳」，〔註402〕徐復觀云：「〈楚元王傳〉說『申公始為《詩》傳』的『傳』字是一時的訛誤。」〔註403〕

以為《史記·儒林傳》「亡傳疑」者為是：馬瑞辰云：「顏師古以『無《傳》』為『不為解說之傳』，其說誤也。……《太平御覽》二百三十二卷引《魯國先賢傳》曰：『漢文帝時聞申公為《詩》最精，以為博士。申公為《詩傳》，號為《魯詩》。』何休《公羊傳注》、〔註404〕班固《白虎通義》、《文選》李善《注》皆引《魯詩傳》，是《魯詩》有《傳》之證。〔註405〕考《史記·儒林傳》曰……當讀『無傳疑』為句，下云『疑者則闕弗傳』乃釋上『無傳疑』三字也，『傳』讀如『傳授』之『傳』，非『傳注』之『傳』；《漢書》說本《史記》而誤脫一『疑』字，……陸德明《經典·序錄》言……『無傳』下亦少一『疑』字，蓋承《漢書·儒林傳》之誤」，〔註406〕吳國泰云：「《漢書》『傳』下無『疑』字，當是奪文」，〔註407〕黃慶萱云：「《漢書·儒林傳》言申公『亡傳』，其下蓋脫一『疑』字，正應據《史記》補也」，〔註408〕金德建：「試想，刪去了一個『疑』字之後，《史記》的原文仍舊還是說『疑者則闕不傳』，豈不是凡屬於並沒有

〔註401〕〔清〕梁玉繩：《史記志疑》（臺北：臺灣學生書局，1970 年 7 月），卷三十五，頁 651。

〔註402〕楊樹達：《漢書管窺》（上海：上海古籍出版社，1984 年 1 月），卷九，頁 693。

〔註403〕徐復觀：《中國經學史的基礎》，頁 145。

〔註404〕按當稱《公羊經傳解詁》，所引見〈隱公五年〉，〔東漢〕何休解詁，〔唐〕徐彥疏，〔唐〕陸德明音義，〔舊題清〕阮元校勘：《公羊傳注疏》（臺北：新文豐，1977 年 1 月，影印影印嘉慶二十年江西南昌府學本），卷三，頁 36。按：舊於徐彥時代有數說，今據陳漢章：《公羊舊疏考證》定為唐人，《陳漢章全集》，第 1 冊，頁 225～226。

〔註405〕按〔清〕陶方琦：〈《魯詩故訓纂》敘〉亦云：「《文選注》、《後漢書注》皆引《魯詩傳》，則魯《詩》固有《傳》者」，《漢孳室文鈔》，卷三，《續修四庫全書》，第 1567 冊，頁 526。

〔註406〕馬瑞辰：〈魯《詩》「無傳」辨〉，《毛詩傳箋通釋》，卷一，頁 3。施之勉引梁玉繩、馬瑞辰說而無按斷，蓋以馬說為是，《史記會注考證訂補》（臺北：華岡出版有限公司，1976 年 5 月），頁 1654～1655。劉毓慶云：「馬氏說甚善」，《歷代詩經著述考（先秦—元代）》，頁 31。

〔註407〕吳國泰：《史記解詁》，第四冊下，頁 1137（頁碼每種另起），收入《居易簃叢書（六種）》（成都：巴蜀書社，2006 年 9 月），按是書約作於民國二十七年以前，見卷首佟毅〈序〉。

〔註408〕黃慶萱：《史記漢書儒林列傳疏證》（臺北：嘉新水泥公司文化基金會，1966 年 3 月），頁 5。

什麼疑義的一些詩篇，申公當時還作曾經寫有《詩傳》的嗎？怎麼能夠說申公是不作《詩傳》的呢？所以《史記》這句話裡既然說起了『疑者則闕不傳』，上面便一定應該作『無傳疑』才算妥當」，〔註409〕王叔岷云：「案『無傳』下疑字非衍，當讀『無傳疑』句。『疑者則闕不傳』，正以申『無傳疑』之義。《漢傳》疑字誤不疊耳。馬說是也」，〔註410〕沈文倬云：「《史記索隱》根據這不重疑字之文而斷為『申公不作詩傳』，其實是不對的。……《漢書》二傳不應自相矛盾，顯係前者寫誤脫疑字。」〔註411〕

以為《史記》、《漢書》所說不同義：王振華云：「細繹司馬遷之意，是說申公通過解讀《詩經》傳授先王教訓，與班固強調解釋《詩經》的字面意思不同。……《漢書》將《史記》中強調義理之『訓』換成強調字義之『訓故』，故去掉『疑』字，稱『亡傳』，即不講授義理，以與『訓故』相呼應。」〔註412〕

按王振華云：「學者多據《漢書》認為『疑』為衍字，其實是忽略了二書表達意思已發生變化」，〔註413〕似不妥，因《史記·儒林傳》、《漢書·儒林傳》此處上下文基本相同，僅一「訓」與「訓故」之異不會導致語境的巨大差異，故《漢書·儒林傳》之「亡傳」當作「亡傳疑」，同於《史記·儒林傳》；則矛盾只剩《漢書·楚元王傳》一例，然其實〈楚元王傳〉此處「傳」字意義不同者，此「傳」字乃注解之泛稱，證以《漢書·藝文志》中《魯詩》無「傳」體可知。而馬瑞辰舉證諸書所引之《魯詩傳》，實則未必定是申公所著，《魯詩》後學亦能作《傳》。

故綜上所論，申公之時《魯詩》著作，無訓體，亦當無傳體。

（3）此說中有若干說法亦有疑義

徐復觀、王洲明認為「傳」指《詩序》，恐亦不可信，因為就算加上〈大序〉，按照徐說，「發揮詩義的傳」仍然不多；而數量之多寡，似也不足作為懷疑「傳」體的理由。其所舉證「馬融的〈周官傳〉即後人之所謂〈周官序〉」，可商，此當理解為馬融《周官傳》亦有〈序〉，《周禮疏》卷首〈序周禮興廢〉、

〔註409〕金德建：《司馬遷所見書考》，頁41。
〔註410〕王叔岷：《史記斠證》，第9冊，頁3260。
〔註411〕沈文倬：〈從漢初今文經的形成說到兩漢今文《禮》的傳授〉，原載《紀念顧頡剛學術論文集》，上冊，頁94，又收入《宗周禮樂文明考論》，頁211，「前者」指《漢書·儒林傳》。
〔註412〕王振華：《《毛詩故訓傳》名義新考》，頁28～29。
〔註413〕王振華：《《毛詩故訓傳》名義新考》，頁28。

《毛詩正義》引「馬融《傳》」，孫詒讓云：「《詩・國風・周南》孔《疏》引馬融《周禮注》云……此蓋亦馬〈序〉佚文」，〔註414〕故此處或乃後人引《周官傳》之〈序〉或未詳細標示，而直接稱為《周官傳》，或者乃是兩漢以降習慣的引傳稱經，〔註415〕似未可據此逕以為「傳」即「序」。

（4）小結

綜合上述，三家《詩》著作及《漢書・藝文志》所載注解類書名中，不存在「訓」體，分三類說不能成立。而「故」與「訓」同義，「故訓」與「傳」同為《毛詩故訓傳》兩個平列的組成部分，但凡「某，某也」等形式者屬於「故訓」，其餘內容屬於「傳」，把這兩方面的內容結合在一書中，兼照大義與故訓，甚至訓詁中亦有思想，可能是其在三家《詩》之外的創舉，唐元云：「但是在對《詩經》的解讀中，多部著作以『故』為名，這意味著單單是訓詁的工作，就可以成書了，而不需再進一步的解釋」，〔註416〕可以印證這一點。此一形式也可能也與其長期在民間流傳，未立於學官有關，〔註417〕因此舉既便於誦讀、記憶、理解，也便於保存。而此一不流於繁瑣章解句說、往復辯論的新形式，亦使其在東漢以後日受重視。〔註418〕

〔註414〕〔清〕孫詒讓：《周禮正義》，卷一，第1冊，頁8，按《毛詩正義》原云：「及馬融為《周禮》之《註》，乃云……」，《毛詩注疏》，卷一之一，頁12，並未明指此為《周禮注》之文，孫說欠審，而郭沫若：〈周官質疑〉，《金文叢考》，收入《郭沫若全集・考古編》第5卷，頁122、〔日〕加藤虎之亮：《周禮經注疏音義校勘記》（上海：中西書局，2016年9月），頁17，均從孫說。

〔註415〕〔清〕崔適：《春秋復始》（北京：北京大學出版部，1918年），卷一〈公羊傳當正其名曰春秋傳〉，頁1上～2上，故吳忠匡云：「漢人引據，經傳不別者甚多，崔氏適《春秋復始》論之甚詳」，《史記太史公自序注說會纂》（哈爾濱：黑龍江人民出版社，1985年12月），頁28，又王利器有專文討論：〈古書引經傳經說稱為本經考〉，《曉傳書齋集》（上海：華東師範大學出社，1998年4月），又參朱天助：〈兩漢十翼稱經考〉，《儒家典籍與思想研究》第5輯（北京：北京大學出版社，2003年2月），後收入其《經學文獻考論》（上海：上海三聯書店，2020年12月），頁1～17。

〔註416〕唐元：《經學浮沉中的文體變遷：兩漢經解文體研究》，頁35～36。

〔註417〕這一點，從毛《傳》的若干訓詁有反覆串講的例子也可印證，如：〈采苓〉：「采苓采苓，首陽之巔」，《傳》：「興也。苓，大苦也。首陽，山名也。采苓，細事也。首陽，幽辟也。細事，喻小行也。幽辟，喻無徵也」，《毛詩注疏》，卷六之二，頁228。另外，雖河間獻王立毛《詩》博士，仍不屬於學官系統，故程元敏云：「至多為『半學官』或『準學官』」，《漢經學史》（臺北：臺灣商務印書館，2018年3月），頁69。

〔註418〕東漢以來的風氣，普遍是重訓故大義而輕視章句，詳前揭林慶彰、張寶三文，

四、「故訓」、「傳」二類，為偏正關係說考辨

1. 茲先梳理各家說法如下

此說蓋發軔於《正義》所謂「則『故訓』者，故昔典訓，依故昔典訓而為《傳》」，此後諸家又有申說：

（1）段玉裁云：「其稱『故訓傳』何也？古者傳以述義，釋故、釋訓，以記古今異言，……毛公兼其義而於故訓特詳，故不專曰『傳』，而曰『故訓傳』，是小學之大宗也」，〔註419〕又《說文解字・三上・言部》「詁」字，段玉裁注：「毛《詩》云『故訓傳』者，『故訓』猶『故言』也，謂取故言為傳也，取故言為傳，是亦詁也。」〔註420〕周中孚、〔註421〕黃焯、〔註422〕宋永培說同。〔註423〕

（2）張舜徽云：「關於『故訓傳』這三個字的語法關係，有兩種說法，一種說是並列關係……另一種說是偏正關係，『故訓』限定『傳』。漢初闡發古籍的意思都用『傳』字，『故訓傳』謂所闡發者皆在訓詁的範疇。」〔註424〕

（3）翁世華云：「而毛公之所以用『故訓傳』為書名，原是取『故訓者，故昔典訓，依故昔典訓而為傳』（孔氏《毛詩注疏》〔註425〕語）的立意。」〔註426〕

而加賀榮治稱此為「通儒之學」的形成，參〔日〕加賀榮治著，童嶺譯：〈魏晉經書解釋所顯示之方向〉，《秦漢魏晉南北朝經籍考》（上海：中西書局，2017年6月），頁173～184。

〔註419〕〔清〕段玉裁：《毛詩故訓傳定本小箋》，卷首〈題辭〉，《段玉裁遺書》，上冊，頁315。

〔註420〕〔東漢〕許慎著，〔清〕段玉裁注：《說文解字注》（杭州：浙江古籍出版社，2009年3月），頁92。

〔註421〕〔清〕周中孚：《鄭堂讀書記》（上海：上海書店，2008年12月），卷八，頁109。

〔註422〕黃焯：〈詩總論〉，《黃焯文集》（武漢：湖北教育出版社，1990年1月），頁82。

〔註423〕宋永培：《《說文》與上古漢語詞義研究》（成都：巴蜀書社，2001年6月），頁258～259。

〔註424〕引自王繼如：〈訓詁學：面對新世紀〉，《訓詁問學叢稿》（南京：江蘇古籍出版社，2001年1月），頁45，王氏並云：「本師張舜徽先生精於學術源流之學，持此說，可從」，張說原出處待考。

〔註425〕按：此當稱《正義》，因「注疏」之名是後來合刻經、注、疏、《釋文》而產生，故直引孔穎達語當稱《毛詩正義》，引經、注、疏、《釋文》的出處則當稱《毛詩注疏》，此一問題可參考張寶三：〈論標點本《十三經注疏・毛詩正義》中的幾個問題〉，《東亞《詩經》學論集》（臺北：臺大出版中心，2009年7月），頁49～58。

〔註426〕翁世華：〈從構詞法的理論論「詁訓」與「訓詁」二詞並非一個同素異序同義詞〉，《新加坡國立大學中文系學報：學叢》，第2期（1990年12月），頁279。

（4）陳紱云：「『訓』、『故』兩詞連用，始於《詩詁訓傳》。所謂『傳』，是闡發、演繹典籍文意的一種解釋體例，早在先秦就已存在了。……而毛亨解《詩經》卻重在解釋字、詞、句、章、名物制度、語法修辭等等，僅僅一個『傳』字不足以表明它與以前的『傳』之間的差異，故加了『詁訓』二字成《詩詁訓傳》，以此來說明自己解釋的重點，別於以前的『傳』。」〔註427〕

（5）王寧等云：「毛亨以『詁訓傳』為名，可以把這種注釋區別于此前的『傳』。」〔註428〕

（6）勞悅強云：「《毛詩故訓傳》的命名目的應該在於清楚說明此書所作乃『故訓』之『傳』，與一般非求本義的『傳』性質不同。」〔註429〕

（7）王博玄云：「孔穎達論《毛詩故訓傳》之得名，認為『通古今之異辭，辨物之形貌，則解釋之義，盡歸于此』……訓故（傳）之名，當為此義，而非多種體式之結合。」〔註430〕

（8）徐剛云：「毛公也非常強調他的訓釋也釋有師承的，……因此特意用『傳』來命名。……這是毛公名其書為『傳』的本意。因此，《毛詩故訓傳》，其實就是『毛《詩》古訓之傳記』的意思。」〔註431〕

2. 「故訓」、「傳」二類，為偏正關係說理據商榷

此一說仍是建立在「故訓」／「傳」分二類的基礎上，對「故訓」與「傳」的關係作進一步說明，然而亦有若干疑問：

（1）對《毛詩故訓傳》的書名作語法分析，因缺乏語境，似無太大說服力。

（2）「古訓」出自〈烝民〉，而「古訓」、「故訓」沒有必然的聯繫，說已見上文。

（3）此說釋義多有疑難之處：

如持此說者謂：「『故訓傳』謂所闡發者皆在訓詁的範疇」、「乃『故訓』

〔註427〕陳紱：《訓詁學基礎》，頁4。

〔註428〕王寧主編：《訓詁學（第2版）》（北京：高等教育出版社，2010年3月），頁43，按此書未詳細論證《毛詩故訓傳》書名之取義，僅在頁1～2引孔穎達、馬瑞辰說，然推尋此處所引數語，蓋又接近偏正關係說者，故歸入此類。

〔註429〕勞悅強：《文內文外——中國思想史中的經典詮釋》（臺北：國立臺灣大學出版中心，2010年6月），頁37。

〔註430〕王博玄：《唐代以前經籍注解體裁研究》，頁37，除此語之外，王氏似未對《毛詩故訓傳》之取義有明確的說解，但玩味最後一句，則王氏可能也不同意分「故訓」、「傳」二類之說，故權歸於此。

〔註431〕徐剛：《訓詁方法論》（北京：北京大學出版社，2015年3月），頁3。

之『傳』」，諸家以為如此解釋，才見「故訓傳」特殊之處，時則「故訓」與「傳」結合，本身就是有別於三家的創舉，不必「別於以前的『傳』」才有特出之處。

　　而持此說之學者又認為所闡發者皆在「訓詁的範疇」，也忽略了毛《傳》的義理傾向。又持此說者所謂「其實就是『毛《詩》古訓之傳記』的意思」，其意大約是說：毛公根據「毛《詩》古訓」再進一步發揮，是為傳記，然而毛《傳》中引先師之語（例已見前），皆不再申述，而反覆申述者，亦不可知其是否為「毛《詩》古訓」；再者，各家傳《詩》，沒有不秉先師古訓者，則毛《傳》似亦不必在書名中特別標示習以為常的師授關係。

　　故從以上三點而論，認為「故訓／傳」為偏正關係之說未可從。

五、小結

　　書名演替作為觀察學術思想演變的一個視角，如楊聯陞曾舉證二十四史中因「史」或「書」之書名不同而產生的體例差異；〔註432〕而「十三經」除了數目變化深深反映思想演變外，〔註433〕其實十三經中各經的書名也深可探究，如金德建指稱「論語」二字源出孔安國，〔註434〕而《儀禮》名稱從「士禮」、「禮」、「禮記」，〔註435〕演變至清代以來通行的「禮經」，其間無非是潛流不斷的禮學思想變遷所致，又程元敏云：「古文家注經，則習稱『《解詁》』，（何）休注《公羊》題曰『《解詁》』而不曰『《章句》』，則何休不僅采《古文左氏》，即著書體制，亦不嫌用古文矣」，〔註436〕則漢人解經著作稱名之重要性可想而知。而《毛詩故訓傳》稱名之所以重要，也在於其開宗明義地指示現存毛《詩》的第一部注解，在體例上就已是何等度越三家的新義。

　　故本文將歷來關於《毛詩故訓傳》書名的論述，分為三類：「故」、「訓」、

〔註432〕楊聯陞：〈二十四史名稱試解〉，《國史探微》（臺北：聯經，1983 年 3 月），頁 341～349。

〔註433〕參張壽安：〈經學研究新視域：從「知識轉型」開展「經學學術史」的研究——從歷代經數與經目的變化談起〉，《人文中國學報》第 21 期（2015 年 11月），頁 1～46，又程蘇東：《從六藝到十三經：以經目演變為中心》（北京：北京大學出版社，2018 年 1 月）。

〔註434〕金德建：〈論語名稱起源於孔安國考〉，《古籍叢考》（香港：中華書局，1986年 12 月），頁 1～2。

〔註435〕《儀禮》又稱《禮記》，簡單的解釋可見錢玄：《三禮通論》（江蘇：南京師範大學出版社，1996 年 10 月），頁 5。

〔註436〕程元敏：《漢經學史》，頁 515。

「傳」三類說；「故訓」、「傳」二類平列關係說；「故訓」、「傳」二類偏正關係說，加以考辨。

而三類說法中各家思路與舉證，不外四點：

1. 《毛詩故訓傳》書名取義與〈烝民〉、《爾雅》之關係，
2. 「古訓」、「故訓」、「詁訓」、「訓故」、「訓詁」的詞義演變與聯繫，〔註437〕
3. 與三家《詩》著作的書名比較，
4. 與《漢書·藝文志》所載注解類書名比較。

根據這四點加以綜合分析後，則《毛詩故訓傳》書名之取義為：「故訓」／「傳」分二類，二者為平列關係，而將「故訓」與「傳」結合於一書，本身就是有別於三家《詩》的創舉，此一新形式除了是毛《傳》本身的解經旨趣使然，大概也與其長期在民間流傳不無關係。而分為「故」、「訓」、「傳」三體者，不僅帶有毛《傳》書名取義必與〈烝民〉及《爾雅》相關的預設，且實難一一劃分何為「訓」、何為「傳」，又從《漢書·藝文志》及三家《詩》無「訓」體著作，所謂「道訓」、「訓纂」都不是「訓」體，西漢時代也不存在所謂「訓」體著作，可證分三體說不當。又所謂「故訓之傳」、「古訓之傳記」等說，則忽略了毛《傳》訓詁的義理傾向，也並不可取。

第四節　毛《傳》的作者與編纂歷程

一、毛《傳》作者為毛公、毛亨、毛萇、馬融考辨

唐宋以前論毛《傳》作者之史料，大抵如下，各家申論、誤說，隨文附入，並加辯正：

《漢書·儒林傳》：「毛公，趙人也。治《詩》，為河間獻王博士」，〔註438〕沈欽韓云：「班敘〈儒林〉，惟一毛公，甚為疏略，不如〔知？〕後來者所據。」〔註439〕黃元晟云：「(《漢志》)〔《漢書·儒林傳》〕但稱毛公，不著其名。」

〔註437〕宋永培：「變化的程序是：是古訓──故訓──詁訓──訓故──訓詁。在這些詞的字形中，『古、故、詁』的形音義彼此聯繫貫通，同中有異」，《當代中國訓詁學》（廣州：廣東教育出版社，2000年7月），頁90。

〔註438〕《漢書》，卷八十八，頁3614。

〔註439〕〔清〕沈欽韓：《前漢書藝文志注》，收在《二十五史藝文經籍志考補萃編》第二卷（北京：清華大學出版社，2011年9月），頁25。按標點者注云：「『如』字疑當作『知』」，今從其說。

〔註440〕馮震熙云:「（《漢書・儒林傳》）不言其名,亦無大小之稱。」〔註441〕
然張豐乾云:「根據《史記》和《漢書》兩書〈儒林傳〉的明確記載,《詩故
訓傳》均是大毛公作於家,而於小毛公其家學被河間獻王命名為『毛《詩》』」,
〔註442〕誤,彼似未檢兩書〈儒林傳〉,實則分大小毛公始見《詩譜》,又「家
學」云云亦未必確,說詳下。

鄭玄注《禮記・文王世子》:「若漢,《禮》有高堂生,《樂》有制氏,《詩》
有毛公,《書》有伏生,億可以為之也」,〔註443〕又鄭《箋》:「至毛公為《詁
訓傳》⋯⋯」,〔註444〕又《詩譜》:「魯人大毛公為《詁訓傳》於其家,河間獻
王得而獻之,以小毛公為博士」,〔註445〕馮震熙云:「(《詩譜》)始有大、小之
稱,而統繫之魯人。」〔註446〕然谷麗偉以為「竊以為此則史料中『大』、『小』
二字乃屬衍文,或是後人據陸璣《草木疏》之說而對鄭玄《詩譜》有所添加篡
改。當然,這只是一種推測」,〔註447〕谷說無據。

荀悅《前漢紀・孝成皇帝紀》:「趙人有毛公為河間獻王博士,作《詩傳》,
自謂得子夏所傳,由是為毛《詩》,未列於學官。」〔註448〕

陸璣《毛詩草木鳥獸蟲魚疏》:「荀卿授魯國毛亨,亨作《詁訓傳》以授
趙國毛萇。時人謂亨為大毛公,萇為小毛公」,〔註449〕何琇云:「《漢書》不載
大毛公之名,陸璣《毛詩草木蟲魚疏》始云毛亨。」〔註450〕馮震熙云:「(《毛

〔註440〕〔清〕黃元晟:〈毛《傳》用師說考〉,《致用書院文集》,收入《中國歷代書
　　　　院志》,第 13 冊,頁 748,按:黃稱《漢志》誤,今正。
〔註441〕〔清〕馮震熙:〈大小毛公攷〉,《尊經書院二集》,卷一,收入《中國歷代書
　　　　院志》,第 16 冊,頁 467。
〔註442〕張豐乾:《《詩經》與先秦哲學》,頁 128。
〔註443〕《禮記注疏》,卷二十,頁 395,「億」即「噫」。
〔註444〕《毛詩注疏》,卷九之四,頁 343。
〔註445〕《毛詩注疏》,卷一之一,頁 11 引。
〔註446〕〔清〕馮震熙:〈大小毛公攷〉,《尊經書院二集》,卷一,收入《中國歷代書
　　　　院志》,第 16 冊,頁 467。
〔註447〕谷麗偉:〈《毛傳詁訓傳》作者辨正〉,《古籍整理研究學刊》第 4 期（2011 年
　　　　7 月),頁 17。
〔註448〕〔漢〕荀悅著,〔晉〕袁宏著:《兩漢紀》(北京:中華書局,2005 年 3 月),
　　　　上冊,頁 435。
〔註449〕〔三國吳〕陸璣著,羅振玉新校正:《毛詩草木鳥獸蟲魚疏新校正》,卷下〈毛
　　　　詩〉,《羅振玉學術論著集》(上海:上海古籍出版社,2013 年 10 月),第四
　　　　集,頁 270。
〔註450〕〔清〕何琇:《樵香小記》,卷上,徐德明等主編:《清代學術筆記叢刊》,第
　　　　21 冊,頁 413。

詩草木蟲魚疏》）始有毛亨、毛萇之名，而以毛萇為趙人。」〔註451〕

《後漢書·儒林傳》：「趙人毛萇傳《詩》，是為毛《詩》，未得立。」〔註452〕黃元晟云：「《後漢·儒林傳》始云『趙人』，毛長傳《詩》，『長』字亦不作从艸。」〔註453〕馮震熙云：「（《後漢書·儒林傳》）始言其名。」〔註454〕按：「萇」、「長」二字傳世文獻、出土文獻均有通假例，〔註455〕然「毛萇」似本應作「毛長」，理由有三：一則「毛亨」既名「亨」，姑且不論是否真有此人且二人關係為何，若無此二人而其名為後人所連帶杜撰，則「毛萇」應作「長」，方與「亨」義相合；二乃「萇」者，應為「萇楚」之省文，〔註456〕「萇」字單用，意義不明；三則戰國竹簡〈孔子詩論〉第二十七簡作「陞又（有）『長』楚」，〔註457〕說明「萇」字晚出，若真有毛萇此人，當漢之時，似應用「長」字。

《經典釋文》引徐整云：「帛妙子授河間人大毛公，毛公為《詩故訓傳》於家，以授趙人小毛公，小毛公為河間獻王博士」，〔註458〕而何定生云：「徐整《毛詩譜暢》始言大毛公，小毛公」，〔註459〕失檢鄭玄《詩譜》致誤。

《毛詩正義》：「然則大毛公為其《傳》，由小毛公而題『毛』也。」〔註460〕

《初學記》：「荀卿授漢人魯國毛亨，作《詁訓傳》，以授趙國毛萇，時人謂

〔註451〕〔清〕馮震熙：〈大小毛公玫〉，《尊經書院二集》，卷一，收入《中國歷代書院志》，第 16 冊，頁 467。

〔註452〕《後漢書》，卷七十九下，頁 689。

〔註453〕〔清〕黃元晟：〈毛《傳》用師說考〉，《致用書院文集》，收入《中國歷代書院志》，第 13 冊，頁 48。

〔註454〕〔清〕馮震熙：〈大小毛公玫〉，《尊經書院二集》，卷一，收入《中國歷代書院志》，第 16 冊，頁 467。

〔註455〕傳世文獻見高亨、董治安：《古字通假彙典》，頁 303、出土文獻見岑仲勉：《元和姓纂四校記》（臺北：中央研究院歷史語言研究所，1991 年 12 月），下冊，頁 886、白于藍：《簡牘帛書通假字字典》，頁 268。又按：〈王夫人墓誌〉：「萇哀幽桂」、〈元遙碑〉：「萬里萇清」，趙超：《漢魏南北朝墓誌彙編》，頁 72、94，「萇」均讀是「長」之假借。

〔註456〕《說文解字·一下·艸部》：「萇，萇楚，銚弋，一曰羊桃」，《說文解字注》，頁 26。《詩·檜風·隰有萇楚》：「隰有萇楚」，《傳》：「萇楚，銚弋也」，《釋文》引《本草》：「一名羊腸，一名羊桃」，《正義》引郭樸、陸璣均謂即「羊桃」，《毛詩注疏》，卷七之二，頁 264。

〔註457〕馬承源主編：《上海博物館藏戰國楚竹書（一）》，釋文注釋，頁 156。

〔註458〕吳承仕：《經典釋文序錄疏證》，頁 79。

〔註459〕何定生：〈讀詩綱領〉，《定生論學集——詩經與孔學研究》，頁 6，補書名號。

〔註460〕《毛詩注疏》，卷一之一，頁 11。

亨為大毛公，萇為小毛公，以二公所傳，故名其《詩》曰毛《詩》」，〔註461〕王
應麟、梁益據此云：「大毛公之名唯見於此」，〔註462〕不確，且與王應麟自著
《玉海・藝文》矛盾。〔註463〕成僎云：王應麟「未考陸《疏》故也」，〔註464〕
趙鹿泉亦云：「而『毛亨』世但言其見徐堅《初學記》，不知實出陸《疏》中」，
〔註465〕惟許瀚又云：「《呂氏讀詩記》引《草木疏》但作『孫卿傳魯人大毛公，
大毛公傳小毛公』，無二毛公名，不無可疑；或呂氏略之。」〔註466〕

　　《隋書・經籍志》：「漢河間太守毛萇《傳》，鄭氏《箋》」，而姚振宗引《日
本國見在書目》「毛《詩》二十卷，漢河間太傅〔註467〕毛萇傳，鄭氏箋」云：
「按此稱『太傅』，足訂本《志》題『太守』之誤。」〔註468〕

　　《孝經序》邢昺《疏》：「傳至大毛公，名亨。大毛公授毛萇，趙人，為河
間獻王博士。先有子夏《詩傳》一卷，萇各置其篇端，存其作者。」〔註469〕

　　以上諸說之癥結，即在毛公、毛亨、毛萇（長，因流俗通用「萇」，改則
不易理解，姑仍用「萇」）三名；又有馬融、「孔子所述」作《傳》說，而趙茂
林判斷當作「毛公」，其說從史料的角度而言，較為可信，但其未論辨眾說，

〔註461〕《初學記》，卷二十一，頁498。
〔註462〕王應麟：《困學紀聞（全校本）》，卷三，頁312。〔元〕梁益：《詩傳旁通》（北
　　　　京：北京師範大學出版社，2012年3月），卷一，頁34。
〔註463〕說詳〔清〕許瀚：〈大毛公名攷〉，《攀古小廬全集》（濟南：齊魯書社，1985
　　　　年10月），上冊，卷一，頁16。按：此或因王應麟未見《毛詩草木鳥獸蟲魚
　　　　疏》，或王氏所見《草木疏》無此文，故《困學紀聞》卷三云：「《讀詩記》
　　　　引陸璣《草木疏》……」，乃從《讀詩記》轉引其文，《困學紀聞（全校本）》，
　　　　頁314。
〔註464〕成僎：《詩說考略》，卷二，《續修四庫全書》，第七十一冊，頁485。
〔註465〕趙說見許瀚：〈大毛公名攷〉，頁13引。
〔註466〕許瀚：〈大毛公名攷〉，頁13。
〔註467〕按：原書實作「傳」，孫猛《日本國見在書目錄詳考》（上海：上海古籍出版
　　　　社，2015年9月）據《弘決外典鈔》改作「傅」，又引中華書局標點本《隋
　　　　書》校勘記云：「漢代置河間國，後魏才置河間郡，毛萇應是河間王太傅」，
　　　　頁89。又按「傅」、「守」古書亦有訛例，程元敏云《史記・孔子世家》「遷
　　　　為長沙太守」，當為「太傅」，《漢學史》，頁41，又《漢書・彭宣傳》：「遷
　　　　東平太傅」，宋祁云：「『太傅』，浯化本作『太守』」，《漢書補注》，卷七十一，
　　　　頁1361。
〔註468〕〔清〕姚振宗：《隋書經籍志考證》，《二十五史藝文經籍志考補萃編》，第十
　　　　五卷第一冊，頁117，標點略有修改。
〔註469〕《孝經注疏》，卷首，頁7，文字據《校勘記》改；許瀚以為此亦當據元氏舊
　　　　文，則「元典（引按：當作『與』，原書誤）徐元固同時」，則此文亦勉強可
　　　　視作早期史料使用，《攀古小廬全集》，上冊，卷一，頁15。

徵引亦未齊備，故今略依諸說成立之先後，綜合論證。

1. 毛萇說辨證

（1）毛亨與毛萇的關係及毛萇籍貫

毛亨與毛萇之關係有三說：

一說師生，范家相云：「大毛公亨者，毛萇之師也」，〔註470〕施逸霖云：「以師生而稱大、小，於今猶然也」。〔註471〕

一說父子，萬斯同《儒林宗派》云毛萇乃「（毛）亨子」、〔註472〕本田成之云：「為獻王博士的是小毛公，作《傳》者是其父」、〔註473〕張豐乾云：「而於小毛公其家學被河間獻王命名為『毛《詩》』。〔註474〕

一說叔姪，孫猛云：「或云毛亨、毛萇乃叔姪」。〔註475〕

按以上諸說似均未見於兩漢載籍，今無可考；因二毛關係不明，則許瀚云：「二毛授受，當在文、景間」，〔註476〕亦不可確知。

毛萇籍貫，《太平寰宇記》：「毛萇宅：注《詩》，為河間博士，邑人，今有宅存。」〔註477〕又：「毛萇宅：郡人，漢時為博士，郡有宅冢，俱存，今號其處為『毛精壘』。」〔註478〕孫猛云：「毛萇故里……或云河間……或云獻縣……或云饒陽……毛萇故里，文獻不足，姑存疑焉。」〔註479〕按程元敏云：「又思大毛公既得為河間獻王博士，應為當地（河間）人，宜非魯人，而小毛公當為趙人」，此較可信，但程先生又云：「泊陸譜系，大小毛公姓名籍里周備……且云是『時人』稱之。勉從之」，〔註480〕

〔註470〕〔清〕范家相：《詩瀋》，卷二，《四庫全書》，第88冊，頁609。

〔註471〕施逸霖：〈毛《詩》傳者考〉，《孟晉雜誌》第2卷第11期，頁47。

〔註472〕〔清〕萬斯同：《儒林宗派》，卷一，《叢書集成續編》，第十五冊，頁652。

〔註473〕〔日〕本田成之著，江俠庵譯：《經學史論》，林慶彰主編：《民國時期經學叢書》第一輯，第六冊，頁209。

〔註474〕張豐乾：《《詩經》與先秦哲學》，頁128。

〔註475〕孫猛：《日本國見在書目錄詳考》，頁90。按：二人為叔姪關係之說，又見河間詩經村口傳故事，見曹廣志〈河間詩經考察報告〉，《詩經國際學術研討會論文集》，頁680。

〔註476〕〔清〕許瀚：〈大毛公名攷〉，《攀古小廬全集》，上冊，卷一，頁14。

〔註477〕《太平寰宇記》，卷六十三，頁494。

〔註478〕《太平寰宇記》，卷六十六，頁510。

〔註479〕孫猛：《日本國見在書目錄詳考》，頁90。又詳黃建芳、楊馨遠：〈詩經傳承者毛萇籍貫考〉，《衡水師專學報》2004年第2期。

〔註480〕均見程元敏：《詩序新考》，頁29。

籍　貫	出　　處
魯人	陸璣、《初學記》等
趙人	《漢書》、《前漢紀》、《後漢書》、林光朝等
齊人	樓鑰

茲一併總結上節駁毛《詩》今文說處，各家亦曾涉及的毛公籍貫問題，表列如下：

（2）毛萇說的理據與檢討

漢以降著作中，多以毛《傳》作者為毛萇，谷麗偉〈《毛傳詁訓傳》作者辨正〉已舉唐人著作五例、〔註481〕王洲明也統計若干唐人注釋中稱引毛《傳》的形式與次數，〔註482〕今補輯二家未及者三十例例如下表：

編　號	書　名	舉　例
1	《三輔黃圖》	《詩》曰：「王在靈囿，麀鹿攸伏，麀鹿濯濯，白鳥翯翯」，毛萇《注》云：「囿所以域養禽獸也，天子百里，諸侯四十里。『靈者』，言文王之有靈德也。『靈囿』，言道行於苑囿也。」〔註483〕
2	劉孝標《世說新語注》	〈大雅〉詩也。毛萇《注》曰：「訏，大也。謨，謀也。辰，時也。」〔註484〕
3	劉師知〈沈府君序集〉	陳亢有云：「趨庭學《詩》」，又聞君子毛萇亦曰：「登高能賦，可為大夫。」〔註485〕

〔註481〕谷麗偉：〈《毛傳詁訓傳》作者辨正〉，頁 15～16。

〔註482〕前揭王洲明：〈從《漢書‧藝文志》稱《詩》，看《詩》在西漢的傳本〉，頁 48，其統計者分別是《史記》三家注、《文選注》、《後漢書注》。

〔註483〕佚名著，何清谷校注：《三輔黃圖校注》（西安：三秦出版社，2006 年 1 月），卷之四，頁 269，此書當成於東漢末曹魏初，說詳該書頁 1～2。按：此見〈靈臺〉《傳》，無「『靈者』，言文王之有靈德也」二句，是否脫文，俟考，又「言道行於苑囿也」作「言靈道行於囿也」，《三輔黃圖》所引當補「靈」字，《毛詩注疏》，卷十六之五，頁 580。

〔註484〕〔南朝宋〕劉義慶著，〔梁〕劉孝標注，余嘉錫箋疏：《世說新語箋疏》（北京：中華書局，2009 年 3 月），頁 278，按：此見〈抑〉《傳》，《毛詩注疏》，頁 645，脫「猶，道」二字。然劉孝標注於它處亦有稱「毛公」者，如頁 228。另詳張明：《劉孝標《世說新語注》引書研究——經部和子部》（吉林：東北師範大學出版社，2015 年 4 月），頁 110～112。

〔註485〕〔陳〕劉師知：〈沈府君序集〉，收在《宋本藝文類聚》（上海：上海古籍出

4	徐堅等著《初學記》	毛《詩》曰:「蒹葭蒼蒼,白露為霜。」毛萇《注》曰:「蒹葭,蘆也。蒼蒼,盛也。白露降,凝而為霜。」〔註486〕
5	李泰《括地志》	《詩》云:「虞芮質厥成」,毛萇云:「虞芮之君相與爭田……」〔註487〕
6	魏徵等《隋書·經籍志》	「毛《詩》二十卷」,原注:「漢河間太守〔傳〕毛萇《傳》,鄭氏《箋》。梁有毛《詩》十卷,馬融《注》,亡。」〔註488〕
7	虞世南《北堂書鈔》	「元龜象齒,大賂南金」,原注:「《毛詩·泮水》云『憬彼淮夷,來獻其琛』,毛萇云:『元龜長尺二寸。賂,『遺』也。『南』謂荊揚。」〔註489〕
8	李善《文選注》	毛《詩》曰:「終南何有?有條有枚。」毛萇曰:「『終南』,周之名山中南也。」〔註490〕
9	李賢《後漢書注》	《詩序》:「〈關雎〉樂得淑女以配君子,憂在進賢,不淫其色。哀窈窕,思賢才,而無傷善之心。」毛萇注云:「窈窕,幽閒也。」〔註491〕

版社,2013年12月),卷五十五〈雜文部一〉,頁1513。語見〈定之方中〉《傳》,《毛詩注疏》,卷三之一,頁116,原文實作「升高能賦,師旅能誓,山川能說,喪紀能誄,祭祀能語,君子能此九者,可謂有德音,可以為大夫」。按〔唐〕李嶠著,〔唐〕張庭芳注:《李嶠雜詠注》,引作「毛《詩》曰『登高能賦也』」,據〔日〕山崎明:〈百二十詠詩注校本——本邦伝存李嶠雜詠注——〉,《斯道文庫論集》第50輯(2015年),頁348,按張庭芳引傳作經,古注常例,詳前揭王利器:〈古書引經傳經說稱為本經考〉。

〔註486〕〔唐〕徐堅著:《初學記》(北京:中華書局,1962年1月),卷二〈天部下〉,頁31。按:此見〈蒹葭〉《傳》,《毛詩注疏》,頁241,惟原文實作「白露凝戾為霜」。

〔註487〕〔唐〕李泰等著,賀次君輯校:《括地志輯校》(北京:中華書局,1980年2月),頁114～115。按:此見〈緜〉《傳》,《毛詩注疏》,頁551。

〔註488〕《隋書經籍志考證》,《二十五史藝文經籍志考補萃編》,第十五卷第一冊,頁117。

〔註489〕〔唐〕虞世南:《北堂書鈔》(北京:中國書店,1989年7月),卷三十一〈貢獻十三〉,頁72。按:此見〈泮水〉《傳》,《毛詩注疏》,頁770,原文無「長」字,句末有「也」字。

〔註490〕〔梁〕蕭統編,〔唐〕李善注:《文選》(臺北:藝文印書館,2003年3月,影印胡克家刻本),卷一〈西都賦〉,頁22。按:此見〈終南〉《傳》,《毛詩注疏》,卷六之四,頁242,今本「枚」作「梅」。

〔註491〕〔南朝宋〕范曄著,〔唐〕李賢注:《後漢書》(臺北:鼎文書局,1979年11月,縮印中華書局標點本),卷十上〈皇后紀第十上〉,頁106。按:此非謂《序》下注為毛《傳》,所引毛萇語在〈關雎〉《傳》,特未標出處而已,《毛詩注疏》,卷一之一,頁19、20。

10	張守節《史記正義》	毛萇云:「邰,姜嫄國也。后稷所生,堯見天因邰而生后稷,故因封於邰也。」〔註 492〕
11	杜佑《通典》	《詩》云:「雜佩以贈之」,毛萇曰:「珩、璜、琚、瑀、衝牙之類。」〔註 493〕
12	林寶《元和姓纂》	漢有毛公,治《詩》,趙人也,為河間獻王博士。毛萇亦治《詩》,為詁訓。〔註 494〕
13	《文選鈔》	《鈔》曰:「毛萇《詩傳》云:『步,行也。』」〔註 495〕
14	丘光庭《兼明書》	毛萇云:「雎鳩摯而有別。」〔註 496〕
15	劉昫等《舊唐書·經籍志》	「毛《詩》十卷」,原注:「毛萇撰。」〔註 497〕
16	徐鍇《說文解字繫傳》	若鄭玄本箋毛氏,而其小義多與毛萇不同,故許氏引《詩》多與毛萇不同;不得如引安國《尚書》,言盡合也。〔註 498〕
17	歐陽脩等《新唐書·藝文志》	毛萇《傳》十卷。〔註 499〕

〔註 492〕〔漢〕司馬遷著,〔南朝宋〕裴駰集解,〔唐〕司馬貞索隱,〔唐〕張守節正義,〔日〕瀧川龜太郎考證:《史記會注考證》(臺北:洪氏出版社,1986 年 9 月),卷四〈周本紀〉,頁 64。按:此見〈生民〉《傳》:「邰,姜嫄之國也。堯見天因邰而生后稷,故國后稷於邰,命使事天,以顯神順天命耳」,《毛詩注疏》,卷十七之一,頁 593。

〔註 493〕〔唐〕杜佑著:《通典》(北京:中華書局,1988 年 12 月),卷六十三〈天子諸侯玉佩劍綬璽印〉,頁 1752。按:此見〈女曰雞鳴〉《傳》,卷四之三,頁 170,原《傳》文尚有「雜佩者」三字。

〔註 494〕〔唐〕林寶著,岑仲勉校:《元和姓纂(附四校記)》(北京:中華書局,1994 年 5 月),卷五,第 1 冊,頁 563。

〔註 495〕周勛初編:《唐鈔文選集注彙存》(上海:上海古籍出版社,2011 年 8 月),第三冊,卷一一六,頁 3‧828。按:此見〈白華〉《傳》,《毛詩注疏》,卷十五之二,頁 516。

〔註 496〕〔唐〕丘光庭:《兼明書》,卷二,陶敏主編:《全唐五代筆記》,第三冊,頁 2536。按:此見〈關雎〉《傳》,原文作「雎鳩,王雎也。鳥摯而有別」,卷一之一,頁 20。

〔註 497〕〔五代〕:劉昫等著:《舊唐書》(臺北:鼎文書局,2004 年 10 月,影印中華書局標點本),第三冊,卷四十六,頁 1970。

〔註 498〕〔南唐〕徐鍇:《說文解字繫傳》(北京:中華書局,1998 年 12 月),〈通釋〉第一,頁 8,「玭」字條下「臣鍇曰」。

〔註 499〕〔宋〕歐陽脩等著:《新唐書》(臺北:鼎文書局,2004 年 10 月,影印中華書局標點本),第二冊,卷五十七,頁 1428。

18	《太平御覽‧經史圖書綱目》	《毛詩傳》 毛萇《詩注》。〔註500〕
19	《廣韻》	「据，手病。《詩》云：『予手拮据』，毛萇曰：『拮据，撠挶也。』」〔註501〕
20	程頤	漢儒如毛萇、董仲舒，最得聖賢之意，然見道不甚分明。〔註502〕
21	樂史《太平寰宇記》	閒原，《詩》云：「虞芮質厥成，文王蹶厥生。」毛萇《注》云：「虞芮之君相與爭田……。」〔註503〕
22	阮逸《文中子中說注》	毛、鄭《詩》，毛萇注，鄭玄箋也。〔註504〕
23	鄭樵《通志‧六藝略》	漢初又有趙人毛萇者，自言其《詩》傳自子夏，蓋本《論語》『起予者商』之言也。〔註505〕
24	王柏《詩疑》	是以漢初最善復古，而齊、魯、韓三《家》之詩並列於學官；惟毛萇者最後出，其言不行於天下，而獨行於北海。〔註506〕
25	呂祖謙《呂氏家塾讀詩記‧姓氏》	毛氏（原注：萇）。〔註507〕
26	吳泳〈袁商授承議郎制〉	漢毛萇以《詩》學為河間獻博士，後之為官僚而說詩者，蓋昉乎此。〔註508〕

〔註500〕〔宋〕李昉等著：《太平御覽》，第1冊，卷首，頁5。

〔註501〕〔宋〕陳彭年等著，周祖謨校：《廣韻校本》，上冊，頁69。按：此見〈鴟鴞〉《傳》，《毛詩注疏》，卷八之二，頁293。

〔註502〕〔宋〕朱熹、呂祖謙編，〔宋〕葉采集解：《近思錄》（上海：上海古籍出版社，2013年2月），卷十四，頁351。

〔註503〕〔宋〕樂史：《太平寰宇記》，收在《宋代地理書四種》（臺北：文海出版社，1963年5月），卷六，頁61。按：此見〈縣〉《傳》，《毛詩注疏》，卷十六之二，頁551。

〔註504〕〔隋〕王通著，〔宋〕阮逸注：《文中子中說》，卷二〈天地〉，頁11。

〔註505〕〔宋〕鄭樵著，顧頡剛輯點：《詩辨妄》，附錄二，《續修四庫全書》，第五十六冊，頁244。

〔註506〕〔宋〕王柏：《詩疑》，卷二，《續修四庫全書》，第57冊，頁223。

〔註507〕〔宋〕呂祖謙：《呂氏家塾讀詩記》，《呂祖謙全集》，第4冊，頁791。

〔註508〕〔宋〕吳泳：〈袁商授承議郎制〉，此文吳氏《鶴林集》未收，據欒貴明：《四庫輯本別集拾遺》（北京：中華書局，1983年10月），上冊，頁383，標點有修改。

27	趙次公《杜詩趙次公先後解》	今杜公詩之「酤」字，若用毛萇「一宿曰酤」言之，則不成詩句。〔註509〕
28	蔡夢弼《草堂詩箋》	毛萇《詩傳》：「萱草令人忘憂。」〔註510〕
29	釋子山《夾注名賢十抄詩》	《詩》：「青青子衿」，毛萇《傳》：「青衿，青領也。學子之服。」〔註511〕
30	脫脫等《宋史·藝文志》	「毛《詩》二十卷」，原注：「漢毛萇為《詁訓傳》，鄭玄《箋》。」〔註512〕

而毛萇說的來歷，成僎云：「《隋書·經籍志》⋯⋯直誤『亨』為『萇』爾」，〔註513〕何琇云：「然宋以來並云毛萇，不云毛亨，疑不明」，〔註514〕夏炘云：「《後漢書·儒林傳》：『趙人毛萇傳《詩》，是為毛《詩》』，《隋書·經籍志》因之⋯⋯不知〈儒林傳〉『趙人毛萇傳《詩》』之『傳』讀平聲，謂由毛萇而傳之」，〔註515〕王玉樹云：「《隋書·經籍志》⋯⋯是《詩傳》始稱作自毛萇，流俗沿襲，莫之能改矣」，〔註516〕莫伯驥云：「按此書（《呂氏家塾讀詩記》）所列說《詩》姓氏，首述毛萇，自是仍前人之誤，《四庫總目提

〔註509〕〔唐〕杜甫著，〔宋〕趙次公注，林繼中輯校：《杜詩趙次公先後解輯校》（上海：上海古籍出版社，1994 年 12 月），下冊，頁 664。按：此見〈伐木〉：「無酒酤我」，《傳》：「酤，一宿酒也」，《毛詩注疏》，卷九之三，頁 329。

〔註510〕〔唐〕杜甫著，〔宋〕魯訔編次，〔宋〕蔡夢弼箋：《草堂詩箋》（臺北：廣文書局，1971 年 9 月），卷十一，頁 279。按：此見〈伯兮〉《傳》，惟〈伯兮〉：「焉得諼草」，《傳》：「諼草令人忘憂」，《釋文》：「『諼』本又作『萱』」，《毛詩注疏》，卷三之三，頁 140。

〔註511〕〔高麗〕釋子山注，查屏球整理：《夾注名賢十抄詩》（上海：上海古籍出版社，2005 年 8 月），卷上，頁 33，文字據整理者說補。按：此見〈子衿〉《傳》，《毛詩注疏》，卷四之四，頁 179，惟「學子之服」《傳》作「學子之所服」。

〔註512〕〔元〕脫脫等著：《宋史》（臺北：鼎文書局，2004 年 10 月，影印中華書局標點本），第六冊，卷二百二，頁 5045。

〔註513〕〔清〕成僎：《詩說考略》，《續修四庫全書》，第 71 冊，頁 486。

〔註514〕〔清〕何琇：《樵香小記》，卷下，徐德明等主編：《清代學術筆記叢刊》，第 21 冊，頁 420。

〔註515〕〔清〕夏炘：《讀詩劄記》，卷二，《續修四庫全書》，第 70 冊，頁 621。

〔註516〕〔清〕王玉樹：《經史雜記》，卷一，徐德明等主編：《清代學術筆記叢刊》，第 45 冊，頁 21。

要》孜證最確，實足正之」，〔註517〕馮震熙云：「(《隋書·經籍志》)又誤《傳》
為萇作」，〔註518〕吳承仕云：「隋唐以來並以作《傳》者為毛萇，蓋考之不
審耳」，〔註519〕胡樸安云：「《隋志》所云，殊為錯誤」，〔註520〕張舜徽云：
「可知作《傳》者乃毛亨，傳其學者為毛萇，特毛《詩》之名，由萇為博士
時始立耳。修《隋志》者誤讀范書《儒林傳》，而以『傳授』之『傳』為『傳
注』之『注』，乃直題《毛詩故訓傳》曰：『漢河間太守毛萇傳，鄭氏箋』」，
〔註521〕洪乾祐云：「至於歷代的書志題為毛萇撰的，皆屬錯誤」，〔註522〕洪
誠云：「由於范曄書一字之誤解，遂生千載紛爭，不可究詰，得張（舜徽）
說可以解惑。」〔註523〕

　　張舜徽之說出後，影響最大，但細究其說亦前有所承，如何琇、王玉樹、
馮震熙等皆已指出誤自《隋志》始；張說與之相較，只是在何琇提供的誤讀
理據上加以修補，始之更嚴密而已，實無太大的貢獻。惟據上表所考，非《隋
書·經籍志》始誤，乃魏晉以降已有此誤說，所據亦非《後漢書·儒林傳》，
故張說仍可修正，《隋志》不過是反映魏、晉以來毛萇說流行的結果，未必為
其誤讀《後漢書》所致，故不能全歸咎於《隋志》。

　　而谷麗偉又重申毛萇乃毛《傳》之作者，但其說誤讀《漢書·楚元王傳》：
「申公始為詩傳，號『魯詩』」的「始為」二字，以為申公乃作《詩經》之《傳》
的第一人，所以更推論「既然魯申公於高后之時『始為詩傳』，先於齊、魯及
毛，則《齊詩傳》與《韓詩傳》的撰寫年代應在文、景之時……據陸璣之說，
大毛公受業於荀卿……即便大毛公弱冠受學，至文景之時，年已近百，恐未
必有精力撰寫《詁訓傳》」，〔註524〕然〈楚文元王傳〉乃謂申公自此時開始作

〔註517〕〔清〕莫伯驥：《五十萬卷樓藏書目錄初編》（臺北：廣文書局，1967年），
　　　　頁140。
〔註518〕〔清〕馮震熙：〈大小毛公孜〉，《尊經書院二集》，卷一，收入《中國歷代書
　　　　院志》，第16冊，頁467。
〔註519〕吳承仕：《經典釋文序錄疏證》，頁81。
〔註520〕胡樸安：《中國訓詁學史》（臺北：臺灣商務印書館，1980年9月），頁
　　　　151。
〔註521〕張舜徽：《廣校讎略》，頁23。
〔註522〕洪乾祐：《漢代經學史》，上冊，頁715。
〔註523〕洪誠：《訓詁學》，《洪誠文集》（南京：江蘇古籍出版社，2000年8月），頁
　　　　7。
〔註524〕谷麗偉：〈《毛傳詁訓傳》作者辨正〉，頁16。

「詩傳」，〔註525〕因為元王「諸子皆讀《詩》」之故，則《漢書》文義自指申公一人而言，不容曲解；且《荀子・大略》：「〈國風〉之好色也，《傳》曰：『盈其欲，而不愆其止』」，〔註526〕則先秦《詩》早已有《傳》，〔註527〕焉得理解為申公乃作《詩經》之《傳》的第一人？故谷氏據申公作傳的「始為」二字，論證毛《傳》晚出、晚作，因而重申毛萇時代較晚，其作毛《傳》較為合理；其實不可信。〔註528〕

2. 馬融說辨證

毛《傳》為馬融所作之說，發自清人，何焯云：「范氏（范曄）世有經學，其言多有根柢，後儒但據此〈傳〉言《詩序》之出于（衛）宏；而不悟毛《傳》之出于（馬）融，何也？或疑馬融別有《詩傳》，亦非，范氏明與

〔註525〕但申公此書書名是否即題為「詩傳」，不無疑義，因為「傳」字可以是泛稱，另詳下文。

〔註526〕據王天海《荀子校釋》（上海：上海古籍出版社，2009年10月，下冊），頁1087；但標點從洪湛侯《詩經學史》，頁95。而陳澧云：「《荀子》曰……據此，則周時〈國風〉已有傳矣……此皆不知何時之《傳》也」，《東塾讀書記》，卷六，《陳澧集》，第2冊，頁108，程元敏亦云：「『傳曰』，不知所指，但為舊說無疑」，《王柏之詩經學》（臺北：嘉新水泥公司文化基金會，1968年10月），頁25，然呂思勉云：「陳氏（澧）所引，實皆孔門《詩傳》，謂『不知何時之《傳》』者，誤也。然孔子以前，《詩》確已自有《傳》，《史記・伯夷列傳》引《軼詩傳》是也」，《呂思勉讀史札記（增訂本）》，中冊，頁749，標點有修改，惟呂氏認為《軼詩傳》是《詩經》之《傳》，恐誤，潘重規：〈史記伯夷列傳稱「其傳曰」考釋〉：「是『其』字即指伯夷，『其傳』即指伯夷之傳，文義確鑿，不容轉移」，其〈傳〉「即《世本》之傳也」，《大陸雜誌語文叢書：通論・經學》（臺北：大陸雜誌社，1963年），頁174。其實此「傳」字亦或可理解為注解之泛稱，如〔清〕俞樾《荀子詩說》引此云：「所引『傳』文，必是根牟子以前相承之師說，實為毛《傳》之先河」，《曲園襍纂》，卷六，《春在堂全書》（臺北：中國文獻出版社，1968年），第3冊，頁1391。而《荀子》書中屢有「傳曰」，虞萬里云：「其（《荀子》）引『傳曰』二十條，有十三條也綴以『此之謂也』，可見他將『傳』之功用視同《詩》《書》……傳曰之語大多凝鍊精闢，類同格言」，〈《孔子詩論》應定名為「孔門詩傳」論〉，《榆枋齋學林》，頁71～72。

〔註527〕如海昏侯《詩經》簡文已有訓詁，若干處更自稱「傳曰」，參〈海昏竹書《詩》初讀〉，朱鳳瀚主編：《海昏簡牘初論》（北京：北京大學出版社，2020年12月），頁111～115。

〔註528〕又谷氏尚有〈毛《傳》與河間古文諸經關係考〉，《東北師大學報（哲學社會科學版）》總第267期（2014年第1期），以〈《毛傳詁訓傳》作者辨正〉為基礎，雖從不同的角度補充毛萇說，但結論仍同，茲不再討論。

《鄭箋》連類言之矣」，〔註529〕後有汪式齋亦據何焯說，〔註530〕皮錫瑞又據何說引申：「毛《傳》多空衍，且多望文生義，……斷非六國時人作，且並不似漢初；何氏據《後漢書》以為馬融，似近之。或毛公但傳古文經，馬始為作《傳》耳，惟鄭君受業於馬，不以為馬作而竟以為毛公，則不可解；豈馬嘗自託於毛，鄭信其師說耶」，〔註531〕黃淬伯雖未引及前述二說，而亦指稱為馬融所作：「余深疑《詩傳》之作，出自馬融。蓋毛萇傳《詩》，就學派言也。馬氏作《傳》，而曰《毛詩傳》，是乃本毛氏學以為解詁，非謂《傳》文之出於毛氏也。」〔註532〕

實則王鳴盛云：「且何氏何獨未之思乎？《毛詩故訓傳》三十卷，載《漢·藝文志》，此《志》出劉歆班固手，二人安知後有馬融欲作此《傳》而豫載于此？道破不值一笑」，〔註533〕丁晏亦舉七證駁馬融作之說，〔註534〕于維杰云：「何氏說雖有據，而《漢志》已列《毛詩詁訓傳》，仍當以融別有《詩傳》為是」，〔註535〕黃焯云：「古時傳、注通言，馬融所作蓋《毛詩注》，與毛亨之《傳》無涉」，〔註536〕惟諸家所駁尚未盡：

（1）《後漢書·儒林傳》：「中興後，鄭眾、賈逵傳毛《詩》，後馬融作《毛詩傳》，鄭玄作《毛詩箋》」，〔註537〕此文明云「中興後」毛《詩》學之新發展，馬融與鄭玄固然「連類言之」，因其同是毛《詩》之學，非同一書之謂；且《漢書·藝文志》早已著錄《毛詩故訓傳》，若毛《傳》出於馬融，則《漢

〔註529〕〔清〕何焯：《義門讀書記》（北京：中華書局，2006年6月），卷二十四，頁402。

〔註530〕汪式齋待考，見〔清〕丁晏：〈答汪式齋論毛《傳》非馬融作書〉，《頤志齋文集》，卷二，《清代詩文集彙編》，第587冊，頁81。

〔註531〕〔清〕皮錫瑞：《師伏堂筆記》，卷二，《皮錫瑞全集》，第8冊，頁743，標點略有修改。而皮氏《經學通論》云：「案何氏說雖有據，而《漢志》已列《毛詩詁訓傳》，仍當以融別有《詩傳》為是」，卷二，頁19，二說不同，《經學通論》近是，詳下。

〔註532〕黃淬伯：〈詩傳箋商兌〉，收在《唐代關中方言音系》（南京：江蘇古籍出版社，1998年9月），頁257，標點有增補。

〔註533〕〔清〕王鳴盛：《蛾術編》，卷五，頁79，標點有修改。

〔註534〕〔清〕丁晏：〈答汪式齋論毛《傳》非馬融作書〉，《頤志齋文集》，卷二，《清代詩文集彙編》，第587冊，頁81～84。

〔註535〕于維杰：〈鄭玄詩譜考正〉，《學粹》第4卷第3期（1962年4月），頁14～15。

〔註536〕黃焯：《黃焯文集》，頁51，標點有增補。

〔註537〕《後漢書》，卷七十九下，頁691。

書‧藝文志》何以能預先著錄？況且馬融、鄭玄本係師徒，若今本毛《傳》是馬融所作，鄭玄提及毛《傳》時何以說「至毛公為《詁訓傳》」、〔註538〕「魯人大毛公為《詁訓傳》於其家」、〔註539〕「（毛《傳》）既古書」、〔註540〕「後得《毛詩傳》」〔註541〕，據此可知馬融說殊不通。

（2）何焯又云：「謝曼卿為其訓，明毛《詩》雖傳，無《序》、《傳》也」，〔註542〕此亦非是，馮浩菲云「毛《詩》訓詁，陸續有作，原不限於《毛詩故訓傳》一種」，故「謝氏訓毛《詩》……都是他們自己的作品，與……毛亨《毛詩故訓傳》，是兩回事，各不相覆」，〔註543〕是，蓋謝曼卿所見是單行毛《詩》經文本，未及見毛《傳》（畢竟連鄭玄也「後乃得毛公《傳》」），〔註544〕故乃自為之訓，不足證明當時無毛《傳》。〔註545〕

（3）《經典釋文‧毛詩音義》中有明引馬融《傳》之文：「馬融、《韓詩》本並作『杻』」，〔註546〕足證六朝人所見毛《傳》與馬融《傳》明是二本，不得謂馬融《傳》即毛《傳》。

3. 毛亨、毛公說

廖用賢云：「毛亨，漢，作《詩詁訓》，以授毛萇。作小《序》，故曰『毛《詩》』，亨為大毛，萇為小毛」，〔註547〕毛奇齡云：「鄉但解毛萇作毛《傳》，從來亦如是；此否耳，魯人大毛公毛享〔亨〕作《故訓傳》，授之趙人小毛公萇，既而河間獻王得以獻之，始以萇為博士，則是毛享〔亨〕作毛《傳》，

〔註538〕《毛詩注疏》，卷九之四，頁343。

〔註539〕《毛詩注疏》，卷一之一，頁11引「《譜》云」，當是鄭玄《詩譜》。

〔註540〕〔三國魏〕鄭小同編，〔清〕皮錫瑞疏證：《鄭志疏證》（臺北：世界書局，1982年），卷三，頁11上。

〔註541〕《鄭志疏證》，卷六，頁14上。

〔註542〕《義門讀書記》，頁402。

〔註543〕馮浩菲：《毛詩訓詁研究》，頁64、66。

〔註544〕語見《鄭志疏證》，卷三，頁11下。

〔註545〕〔清〕沈欽韓則以為《五經異義》中所載之《毛詩說》為謝曼卿所作，《漢書藝文志疏證》，《二十五藝文經籍志考補萃編》第二卷，頁26，雖證據不足，可備一說。

〔註546〕《毛詩注疏》，卷一之二，頁35。又詳李威熊：〈馬融經注輯佚〉，《馬融之經學》，頁809～813。

〔註547〕〔明〕廖用賢：《尚友錄》，卷七，收入《中華漢語工具書書庫》，第77冊，頁531，又該書毛萇條云「漢，河間獻王博士，註《詩》，號為毛《詩》，行于世」。

詎葚作耳」，〔註548〕惠棟云：「毛公傳《詩》，世謂趙人毛葚撰，而不知為大毛公也」，〔註549〕迮鶴壽云：「世謂小毛公作《傳》，非也」，〔註550〕孫志祖云：「然則作《詩傳》者毛亨，非毛葚，審矣」，〔註551〕《四庫全書總目提要》：「今參稽眾說，定作《傳》者為毛亨」，〔註552〕陳奐云：「毛公名亨，作《詁訓傳》」，〔註553〕王玉樹云：「據此二說（鄭玄、陸璣），是作《傳》者乃毛亨，非毛葚也」，〔註554〕黃式三云：「小毛公葚為詩博士，而《詩傳》乃作于大毛公亨」，〔註555〕梁紹熙、黎承云：「《傳》作自大毛公（原注：非小毛公也，《四庫總目》辯之已詳）」，〔註556〕丁晏云：「魯人大毛公亨為《故訓傳》」，〔註557〕黃以周云：「大毛公作《故訓傳》」，〔註558〕馮震熙云：「西漢祇有一毛公，無大、小之分；分大、小毛公者，皆六朝經師之臆說。……今以班書為斷，竊謂毛公一人而已，無大、小之別」，〔註559〕章炳麟云：「今之《詩傳》乃大毛公所作，當稱毛亨《詩傳》；而世皆誤以為毛葚，不可不

〔註548〕〔清〕毛奇齡：《詩札》，卷一，《四庫全書》，第86冊，頁213，毛亨當作毛亨，此文疑脫誤甚多，俟用它本校正。

〔註549〕〔清〕惠棟：《九經古義》，《皇清經解諸經總義類彙編（一）》，頁311，又頁297云「後儒以為毛葚作《詩傳》，非也」。但惠氏又有引毛《傳》而稱為毛葚者，如：「毛葚曰：『意，歎也』」，《九經古義》，頁282，蓋一時失照。

〔註550〕〔清〕王鳴盛：《蛾術編》，卷五，頁77附。

〔註551〕〔清〕孫志祖：《讀書脞錄續編》，《皇清經解諸經總義類彙編（二）》，頁2314，〔清〕李祖望：《詩經集義》，《江都李氏所著書》，第六冊，屈萬里、劉兆祐主編：《明清未刊稿彙編初集》（臺北：聯經，1976年7月），頁2150，說同。

〔註552〕魏小虎：《四庫全書總目彙訂》（上海：上海古籍出版社，2012年12月），第一冊，頁450。

〔註553〕〔清〕陳奐著，王欣夫輯：《三百堂文集》，卷上〈《毛詩傳疏》自序〉，《清代詩文集彙編》，第553冊，頁205。

〔註554〕〔清〕王玉樹：《經史雜記》，卷一，徐德明等主編：《清代學術筆記叢刊》，第45冊，頁21。

〔註555〕〔清〕黃式三：〈讀學校攷二〉，《儆居集》，卷二，《清代詩文集彙編》，第563冊，頁572。

〔註556〕〔清〕梁紹熙、黎承：《經學源流大義》，《廣州大典》，第24輯，第5冊，頁5。

〔註557〕〔清〕丁晏：《毛鄭詩釋》，卷首〈《毛詩古學》原序〉，《續修四庫全書》，第71冊，頁333。

〔註558〕〔清〕黃以周：〈子思學詩說〉，《儆季文鈔》，卷一，《清代詩文集彙編》，第708冊，頁454。

〔註559〕〔清〕馮震熙：〈大小毛公攷〉，《尊經書院二集》，卷一，收入《中國歷代書院志》，第16冊，頁467。

正也」，〔註560〕胡玉縉云：「《詩毛傳》為毛亨作，其人生當六國，在暴秦燔書前」，〔註561〕胡熊鍔云：「毛公（原注：非小毛公也，《四庫總目》辨之已詳）」，〔註562〕安井小太郎云：「由秦王政至景帝二年，其間八十三年，得容毛亨、毛萇二人，故定為《詁訓傳》者毛亨，為獻王博士者毛萇」，〔註563〕程元敏云：「《詩詁訓傳》應為魯人大毛公（亨）所作，先於其私家成書，以授小毛公（萇）」。〔註564〕

　　此類之說符合東漢以降的大毛公毛亨說，如朱季海所謂「是季漢人並以《故訓傳》乃大毛公作」；〔註565〕但考之東漢以前文獻，則只作「毛公」，故趙茂林：「《毛詩故訓傳》的作者應該是毛公，題為毛亨或毛萇，都是不正確的」，〔註566〕趙氏此說從文獻來源而言，較有根據，且可避免無謂紛擾，是以當從趙說。

4. 小結

　　張舜徽認為《隋志》誤讀《後漢書·儒林傳》而題「毛萇傳」之說，頗為學者信從；唯其說未盡是，蓋如前文所舉之例，魏、晉以降已誤解為毛萇作《傳》，致誤者非《隋志》，致誤者所據亦非《後漢書·儒林傳》。《隋志》毋寧只是反映魏、晉以來毛萇說流行的結果。而就今日可見文獻而言，毛《傳》作者應是毛公。

二、毛《傳》成書時限

　　學者考證毛《傳》成書的時間，因缺乏直接證據，故大抵根據只能從毛《傳》引書，及河間獻王立毛公為博士的線索考察其成書時限：

　　1. 杜其容云：毛《傳》引及〈王制〉，「則上距〈王制〉之著成之歲（文帝十六年），不及百二十年，亦即毛《傳》之成書，不出於此一百二十年之

〔註560〕章炳麟：《國學略說》，頁73。

〔註561〕胡玉縉：《許廎學林》（臺北：世界書局，2015年6月，影印北京中華書局本），頁243。

〔註562〕胡熊鍔：《經學通論》，林慶彰主編：《民國時期經學叢書》第三輯，第一冊，頁51。

〔註563〕〔日〕安井小太郎：〈毛詩詁訓傳撰者考〉，《東華》第68集，頁36上。

〔註564〕程元敏：《詩序新考》，頁32，原書之雙行小字今以括號表示。

〔註565〕朱季海：《初照樓文集》，頁418。

〔註566〕趙茂林：〈毛《傳》成書及定型考論〉，《詩經研究叢刊（第二十四輯）》，頁183。

間。……則是毛《傳》出於河間獻王之說，證以毛《傳》引書之實際情形，其情勢恰合，知漢儒舊說，固信而有徵也。」〔註567〕吳萬鍾亦云：「毛詩的主要部分《序》和《傳》是最古而且完整地保存下來的注解本，其詩說初步形成於大約漢初文帝期間。」〔註568〕

2.趙茂林云：「毛公為河間獻王博士，而河間獻王劉德于景帝前元二年（公元前155）立，于武帝元光五年（公元前130）薨。又據《漢書·百官公卿表》漢景帝中元五年（公元前145），『令諸侯王不得復治國，天子為置吏，改丞相曰相，省御史大夫、廷尉、少府、宗正、博士官，大夫、謁者、郎諸官長丞皆損其員』。則毛《傳》的成書應該在景帝前元二年至中元五年間」，〔註569〕而其定型，則「哀帝建平元年至元帝元始五年間」始完成。〔註570〕

3. 杜、趙二家之說大致可從，但是根據引書此一線索也自有其限制：

馮浩菲云：「《周官》得自河間，《左傳》立學官甚晚，都是事實，但不能作為周秦間諸儒不能見此兩書的理由。……周秦之際既無秦火和挾書律，又無今古文之爭，而且此二書成之頗早，彼時諸儒何由不得見之？」〔註571〕馮說已指出部分問題，然更重要的是：古書散佚實多，今人以為某二書內容相似，未必該二書即彼此援引；而可能是共同根據更早的來源，以致內容相似。〔註572〕而論及毛《傳》引書時，學者多致疑於毛《傳》與《左傳》、《周禮》的關係，然此可舉二例為旁證：

（1）段熙仲云：「然《漢書·叔孫通傳》云：『〔數歲，〕陳勝起，二世召

〔註567〕杜其容：〈詩毛氏傳引書考〉（臺北：國立臺灣大學圖書館藏手寫油印本，1953年），頁19下～20上。另詳洪誠：〈九卿說〉附錄〈《王制》淵源索隱〉，《中國經學》第10輯，頁18～20。

〔註568〕吳萬鍾：《從詩到經——論毛詩解釋的淵源及其特色》，頁15。

〔註569〕趙茂林：〈毛《傳》成書及定型考論〉，頁183～184。

〔註570〕趙茂林：〈毛《傳》成書及定型考論〉，頁199。

〔註571〕馮浩菲：《毛詩訓詁研究》，上冊，頁291。

〔註572〕例如《荀子·不苟》與《楚辭·漁父》有相似文句，王應麟云：「荀卿適楚，在屈原後，豈用《楚辭》語歟？抑二子皆述古語也？」《困學紀聞（全校本）》，卷十，頁1194。關於這種思考方式，李銳曾追溯其譜系：《同文與族本——新出簡帛與古書形成研究》（上海：中西書局，2017年4月），頁4，但未溯及《困學紀聞》。又鄗同麟：《宋代文獻引《春秋》研究》（北京：中國社會科學出版社，2015年4月），頁11，論及《韓詩外傳》、《公羊傳》幾乎相同的內容時，也指出：「這恐怕不是因為某書襲用了另一書，而是兩書參考了同一種材料。」

博士諸儒生，問曰：『楚戌卒攻蘄入陳，於公如何？』博士諸生三十餘人前曰：
『人臣無將。將則反，罪死無赦。〔願陛下急發兵擊之。〕』博士諸生三十餘人
同然一辭，與公羊家說合，知先秦時雖未著竹帛，然口授所傳，亦無二致也。」
〔註573〕《公羊傳》此時明未著竹帛，而博士與之相合，未必是引《公羊傳》，或
有更早的共同來源；而段氏以為博士皆口受公羊家說，亦通。

（2）叔孫通之時應未能引用於漢世晚出的《左傳》，〔註574〕然許慎《五
經異義》云：「叔孫通制禮以為『天子無親迎』，從《左氏》義也」，〔註575〕可
證彼此內容相似，未必就是互相援引，則因《左傳》、《周禮》而引起的毛《傳》
著作年代及增補問題，恐亦須重新檢討。

三、毛《傳》內容的形成順序與後人增補考辨

1. 毛《傳》內容的形成順序

徐建委〈《詩》的編次與毛《詩》的形成〉：「毛《傳》必然面臨重複注釋
的問題。它如何避免重複？……還有一些重複出現的字、詞……或《風》的
注釋以《雅》、《頌》的注釋為基礎」，〔註576〕所以：「說明《風》、《雅》、《頌》
之《傳》在最原初的時候，很可能是先後撰述的，即《風》《雅》最初并非并
行編排於一書。這恐怕與二《雅》的經典化較早有關。……故最早對《詩》作
注，應該開始於《雅》和《頌》。待《風》詩編成之後，始有對《風》作注」，
〔註577〕故：「毛《傳》相對古老的注釋卻顯示，毛《詩》的原始文本順序應該
是《雅》在《風》前，三《頌》的次序未知。」〔註578〕

惟徐氏也自認「或謂此篇文獻不足，推論居多，恐不足凭」，〔註579〕誠
為其侷限；然該文可商榷之處尚多：

首先，「待《風》詩編成之後」頗不可解，毛《傳》難道自行編《詩》？
或者竟毛公作《故訓傳》時即編《詩》之時，故待《詩》編成始能注之？此顯

〔註573〕段熙仲：《春秋公羊學講疏》，頁9，引文據《漢書》補足。
〔註574〕程元敏先生以為叔孫通「其明引《左氏》」，語似偶失照，因程先生下文即云「是
　　　　書，秦火之後，人間它無有，唯張蒼家獨存一部」，《漢經學史》，頁29、34。
〔註575〕《五經異義疏證》，頁173～174。
〔註576〕徐建委：〈《詩》的編次與毛《詩》的形成〉，《復旦學報（社會科學版）》2017
　　　　年第2期，頁63。
〔註577〕徐建委：〈《詩》的編次與毛《詩》的形成〉，頁71。
〔註578〕徐建委：〈《詩》的編次與毛《詩》的形成〉，頁72。
〔註579〕徐建委：〈《詩》的編次與毛《詩》的形成〉，頁73。

然失考。況且毛《傳》作注時，〈風〉、〈雅〉、〈頌〉應早已編成，〔註580〕毛
《傳》亦不應抱殘守缺於僅有〈雅〉、〈頌〉之殘本；也很難相信鄭玄稱為「義
又宜」的毛《傳》，居然對《詩》沒有具體、全盤的掌握，而是破碎且不連貫
注〈雅〉、〈頌〉，再注〈風〉。且如前引《荀子‧大略》所引〈國風〉之《傳》，
足以說明毛《傳》以前人作《傳》，〈國風〉亦有注；又若以〈風〉的經典化較
晚作毛《傳》晚注〈風〉的理由，則此《傳》或可旁證戰國以前人於國風亦非
不重視，則晚注之理據亦欠妥。

其次，而該文的根據在於毛《傳》嚴格遵循「後注簡省原則」，〔註581〕然
而這一原則實際上無可驗證，因為毛《傳》沒有任何凡例，而且今日所見毛
《傳》如徐氏所言「顯得錯亂而無序，亦不可理解」；則徐氏是如何從毛《傳》
得出這一原則呢？徐氏說「讀古書，發現這一基本做法是很容易的」，〔註582〕
亦即：從以後律前的想法而言，毛《傳》也應該必然嚴格遵循「後注簡省原
則」，但證據本身也是假設，這是徐氏該文最關鍵的問題。〔註583〕

事實上，古書是否嚴格遵循「後注簡省原則」？或者說，若遵循「後注
簡省原則」，作注者是否自覺？這一問題，最可供參照的，可以舉出幾個漢人
注解為證：

（1）如〈甫田〉「農夫之慶」一句，第二章已見：「我田既臧，農夫之慶」，
鄭《箋》：「臧，善也。我田事已善，則慶賜農夫……」，而第四章：「黍稷稻
粱，農夫之慶，鄭《箋》：「慶，賜也。年豐則勞賜農夫益厚……」，〔註584〕
顯然〈甫田〉一詩兩見的「農夫之慶」意義無別，而鄭玄於第二章不出「慶，
賜也」，只在順釋文義時說「則慶賜農夫」，反而直到第四章才出「慶，賜也」
之義項；同一詩同一句同一意義尚且非「後注簡省」，可見所謂「後注簡省
原則」殆未必然，否則按徐氏的邏輯，鄭玄注〈甫田〉也從第四章注起？顯

〔註580〕 否則，先秦載籍屢稱《詩》三百，如何解釋？朱東潤：「則此書成書之日，
　　　　　必與孔子同時，或略先於孔子，故《論語》有『《詩》三百』之說」，《詩三
　　　　　百篇探故》（上海：上海古籍出版社，1981年11月），頁68、劉操南云：「一
　　　　　『詩』字足矣，何必屢言篇數『三百』」，《詩經探索》，頁16～17，均誠一語
　　　　　中的。
〔註581〕 徐建委：〈《詩》的編次與毛《詩》的形成〉，頁63、73。
〔註582〕 徐建委：〈《詩》的編次與毛《詩》的形成〉，頁63。
〔註583〕 然而張舜徽早就舉證毛《傳》「凡字數出者，又不限於首見發《傳》」，《廣校
　　　　　讎略》，頁118。
〔註584〕 《毛詩注疏》，卷十四之一，頁468、471。

係不然。

又《周禮·天官·司裘》:「王乃行羽物」,鄭玄《注》:「而大班羽物」,不明解「行」字,而《周禮·夏官·羅氏》:「行羽物」,鄭玄《注》:「『行』謂賦賜」,〔註585〕知「班」亦「賦賜」之義,二處「行羽物」義同。然此處亦非後注簡省,可證徐說不然。

（2）《楚辭章句》的〈九辯〉公案:眾所周知,唐宋人所見《楚辭》已是按作者生卒排列之本,但與《楚辭釋文》中〈九辯〉在第二篇的次序不合;而王逸在屈原作品之後各篇,若文辭相似而前文已注,則例稱「皆解於……」、「已解於……」、「見……」、「皆已解在……」,〔註586〕故朱曉海指出:「『皆解』即『已解』,並『皆已解』之省言」,〔註587〕則洪興祖所云「按〈九章〉第四,〈九辯〉第八,而王逸〈九章〉《注》云:『皆解於〈九辯〉中』,知《釋文》篇第,蓋舊本也」,〔註588〕或可信。是以對照王逸之例,王逸明確遵守且意識「後注簡省原則」,因此可以據此語及《楚辭釋文》復原古本《楚辭》篇次,及其篇次的意義。〔註589〕

然徐氏所論毛《傳》「後注簡省原則」,證據既未必成立,又缺乏外證,其說實難信從。相反地,若毛《傳》有「後注簡省原則」,則毛《傳》的注解與原文次序也應存在嚴格的對應關係,但事實上,毛《傳》也未必嚴格遵守「文本次序」與注解順序的對應(說已詳前)。故原文與注解既已不盡嚴格遵守次序,則「後注簡省原則」亦不必然,據此推測毛《傳》成書歷程不可信。

2. 毛《傳》的增補問題

毛《傳》確有疑似後人增補之處,如〈采苓〉一例,各家多未舉出:「采苓采苓,首陽之巔」,《傳》:「興也。苓,大苦也。首陽,山名也。采苓,細事也。首陽,幽僻也。細事,喻小行也。幽僻,喻無微也」,〔註590〕此一例不斷申成前文,確實不無後人逐步增益之疑慮;但未始不可理解為初著著竹帛時仍保留當日口傳大義的情景——蓋毛公講授時逐步引導,以啟發聽者,亦未

〔註585〕 分見《周禮注疏》,頁 107、465。

〔註586〕 各舉一例,分見《楚辭補注》,頁 403、392、250、417。

〔註587〕 朱曉海:《漢賦史略新證》(西安:陝西人民出版社,2004 年 6 月),頁 154。

〔註588〕 《楚辭補注》,目錄,頁 7。按王逸語見〈哀郢〉,頁 227。

〔註589〕 參湯炳正:〈《楚辭》成書之探索〉,《屈賦新探》(濟南:齊魯書社,1984 年 2 月)、朱曉海:《漢賦史略新證》,頁 150~157。

〔註590〕 《毛詩注疏》,卷六之二,頁 228。

必無此可能。

而宋代開始，李樗就已指出「毛《詩》所傳，亦非成於一人之手，至於前後相因襲，綴緝而成其書」，〔註591〕而近代學者始詳細的闡發以下問題：毛《傳》是否經後人增補？增補者為誰？增補之處為何？

（1）陸奎勳云：「大毛公本自有《傳》，別出一卷附尾，今所存篇題及《小序》首句是也。《故訓傳》三十卷，乃成自小毛公萇者，但萇既為河間獻王博士，參校古經，則於大毛之《傳》，或有乖牾，亦不能已於改定矣」，〔註592〕其後王國維云：「蓋『故訓』者，大毛公所作，而『傳』則小毛公所增益也」，〔註593〕王氏此說，洪誠、宗靜航、趙茂林等有駁。〔註594〕

（2）陶方琦：「又疑近時毛《詩》亦非定本，歷檢唐人類書、字書、史傳、志注所引毛《詩》，與今本有異，安知今本不有三家《詩》糅襍其中？」〔註595〕

（3）本田成之云：「但是毛《傳》的本身，完全簡潔而得要領，可為經注的典型。據余輩所考察，今的毛《傳》，像經過謝曼卿，或其他後漢人所改竄的」，〔註596〕然其所舉證：一則毛《傳》於〈生民〉改變神話為合理的解釋，一則前漢經注無此「整齊和簡潔」的，均不足信，如上舉〈采苓〉，何簡潔之有？又〈生民〉之說，自是古文家特色，不能反據此致疑毛《傳》。

（4）蔣禮鴻云：「由於漢代有兩個姓毛的人（毛亨和毛萇）給《詩》作了注解，所以叫《毛詩詁訓傳》」，〔註597〕其說蓋本王國維。

〔註591〕〔宋〕李樗、黃櫄：《毛詩李黃集解》，卷一，《四庫全書》，第71冊，頁5。

〔註592〕〔清〕陸奎勳：《陸堂詩學》，卷一〈大小序辨〉，《續修四庫全書》，第62冊，頁259。

〔註593〕王國維：〈書《毛詩故訓傳》後〉，《觀堂集林》，頁1125，周光慶：〈《詩經》毛朱解釋模式比較〉引此文而稱「王國維的論斷最為中肯」，鄭遠漢主編：《黃侃學術研究》（武漢：武漢大學出版社，1997年5月），頁322。

〔註594〕洪誠：《訓詁學》，《洪誠文集》，頁7～8、宗靜航：〈王國維「大毛公作《故訓》小毛公作《傳》」說辨〉，頁54～81、趙茂林：〈毛《傳》成書及定型考論〉，頁184～185。又劉毓慶、郭萬金：《從文學到經學──先秦兩漢詩經學史論》，頁420，也約略提及王說不可信。

〔註595〕〔清〕陶方琦：〈《魯詩故訓纂》敘〉，《漢孳室文鈔》，卷三，《續修四庫全書》，第1567冊，頁526。

〔註596〕〔日〕本田成之著，江俠庵譯：《經學史論》，林慶彰主編：《民國時期經學叢書》第一輯，第六冊，頁209。

〔註597〕蔣禮鴻：〈訓詁學略說〉，《蔣禮鴻語言文字學論叢》，頁8。

（5）張寶三云：「毛《傳》全書中不免有體例不純之處，此或因傳承過程中有所增添之故。」〔註598〕

（6）近來學者則多指稱貫長卿、徐敖曾增補毛《傳》，錢澄之已云：「孔穎達謂貫長卿傳之於前，鄭康成箋之於後，疑別有《傳》焉」，〔註599〕田中和夫云：「原毛《傳》大抵經貫長卿、徐敖等人參與編撰，後又經後漢衛宏附以《詩序》，遂形成今日之《毛公訓詁傳》。」〔註600〕按田中和夫所謂衛宏附入，不可信；又其雖指出貫長卿、徐敖二人，但未見發揮，嗣後趙茂林始詳加論證：

a.「毛《傳》有自相矛盾者，顯示出後人續補的痕迹」，趙氏舉證〈葛覃〉、〈騶虞〉、〈匏有苦葉〉。〔註601〕但「自相矛盾」不一定就是「續補」所致，也可能是隨文順義，或偶爾未照所致。

b.「毛《傳》曾經後人的續補，由毛《詩》（引按：疑當作毛《傳》）的體例也可以說明」，而趙氏主要根據馮浩菲的研究，指出「就馮氏所述而言，毛《傳》的體例非常繁雜……毛《傳》體例的繁雜，恰說明其不出於一人之手」，〔註602〕此說不可信，因毛《傳》本身並未說明其凡例，趙氏據後人歸納的體例來論證毛《傳》本身的性質，實未得要領。且趙氏所舉之例如「連訓」、「輾轉相訓」、「連類及之例」、「一詞兩解」、「同義不同解」、「上下章不同解」等等，〔註603〕即如鄭玄一人所作《毛詩箋》，亦有此情況，如鄭玄解《詩》中五見的「昭假」，即前後異說，〔註604〕亦其證。

c. 趙氏論證貫長卿增補毛《傳》，根據大抵是：「毛公與貫公同為河間獻王博士，毛公即使不通《左傳》，還是有作《傳》時參閱《左傳》的可能性的。但就精熟度而言，應該不會超過傳《左傳》的貫長卿。而據《漢書·儒林傳》，毛公又授《詩》貫長卿，那麼，貫長卿依據《左傳》引《詩》說《詩》材料，對《毛公傳》（引按：此名稱不辭，當作毛《傳》）進行增益，

〔註598〕張寶三：《東亞《詩經》學論集》，頁122。

〔註599〕〔清〕錢澄之：《田間詩學》（合肥：黃山書社，2005年7月），頁31。

〔註600〕田中和夫：《漢唐詩經學研究》，頁14，按：《毛公訓詁傳》之稱既無據又不辭，當作《毛詩故訓傳》。

〔註601〕趙茂林：〈毛《傳》成書及定型考論〉，頁185～188。

〔註602〕趙茂林：〈毛《傳》成書及定型考論〉，頁188。

〔註603〕趙茂林：〈毛《傳》成書及定型考論〉，頁188～193。

〔註604〕參屈萬里：〈詩三百篇成語零釋〉，《書傭論學集》（臺北：臺灣開明書店，1980年2月），頁181～183。

也就在情理之中了。」〔註605〕趙氏又指出徐敖增補之處主要是:「徐敖入六『笙詩』和〈小雅‧都人士〉於毛《詩》,且對《序》、《傳》進行了一定的補充和整理。」〔註606〕

按趙氏論證貫長卿與徐敖增補毛《傳》,基本根據毛《詩》傳授譜系為說,前提當然是此一傳授譜系必須可信,然此又難於檢證;其次,此一傳授譜系中為何只有貫長卿與徐敖增補了毛《傳》?亦即:貫長卿傳解延年,解延年傳徐敖,而解氏何以不增補而待徐敖始為增補?這正是據傳經譜系立說的侷限。

且毛《傳》中明引先師之說四處,皆具載姓名:孔子、孟仲子、仲梁子、高子;對照景帝時書於竹帛的《公羊傳》其引先師,亦皆標舉姓名。〔註607〕而後學增補師法,可能亦署其名,《五經異義》:「《詩》魯說:『丞相匡衡以為殷中宗、宣王皆以時毀』」,〔註608〕或可為證,則若貫長卿、徐敖增補,漢人未容不知;但貫、徐增補之事在兩漢文獻中都缺乏證據,鄭玄也未指出此事,故趙說究屬推測。

3. 總論毛《傳》後人增補說的問題

綜合上述各家關於毛《傳》有無後人增補的論述,可以發現各家的思路與理據,主要有三:

首先,根據毛《詩》的傳經譜系,將大毛公、小毛公等問題,以毛《傳》成書時有所增補來解釋,這是將傳經譜系的問題投射到毛《傳》上,將綿邈無考的史事問題消弭為一個文獻學上較容易處理的問題;相反地,或者是將毛《傳》的問題放在傳經譜系中求其解釋,即在傳經譜系中,尋找毛《傳》的增補者。但是溯其原始,傳經譜系跟毛《傳》是否增補,本來就不一定有密切的關聯。

其次,則指出毛《傳》有「乖牾」、「體例不純」、「自相矛盾」、「體例非常繁雜」之處,以此說明毛《傳》有後人增補;但「乖牾」、「體例不純」、「自相矛盾」、「體例非常繁雜」為什麼一定意味著後人增補?此說背後隱藏的觀念其實是:如為一人之作,則必然「不乖牾」、「體例純」、「不自相矛盾」、「體例不繁雜」?揭示其觀念後,讀者自然知道:一人之作仍然可能「乖牾」、「體例不純」、「自相矛盾」、「體例非常繁雜」,所以根據這些現象來論證毛《傳》有

〔註605〕趙茂林:〈毛《傳》成書及定型考論〉,頁196。
〔註606〕趙茂林:〈毛《傳》成書及定型考論〉,頁199。
〔註607〕具體時間,段熙仲以為不晚於「孝景六年後」,《春秋公羊學講疏》,頁 9~10。又詳程元敏:《漢經學史》,頁57。
〔註608〕《五經異義疏證》,頁70,陳氏以為「魯」當作「齊」,未必可信。

後人增補之處，並不是有力的證據，因為本田成之不正是根據毛《傳》「完全簡潔而得要領」這一完全相反的理由，來論證其經過後人增補嗎？

最後，乃根據先秦兩漢的成書慣例，指出彼時的著作大抵不盡是作者自著，而多有後人增補之處，以此例彼，則毛《傳》也當非一人所作；但是這種思考方式的侷限是：第一部出人一人之手的私家著作出現時，〔註609〕其實不就是無跡可尋，無法以此例彼的嗎？萬一毛《傳》正是第一部成於一人之手的解經專著，又如何能援先秦兩漢的成書慣例論證其不合慣例呢？

因此，本書在綜合考慮前人論述、且沒有新材料可據的情況下，指出目前仍然沒有否定毛《傳》為一人所作的理由。

第五節　毛《傳》體例之問題

本節主要分為：《詩序》附入毛《詩》產生的諸問題；毛《傳》「推改什首」；毛《傳》始為章句；毛《傳》始標興；特殊《傳》例；《毛詩正義》中的「毛以為」六部分論述。

清人關於毛《傳》體例，多單篇考釋文字，〔註610〕或如段玉裁《毛詩故訓傳定本小箋》散附各經文之下，或附見於《詩經》專著中，如陳啟源、〔註611〕陳奐等，〔註612〕較少專就體例別作一書，而劉恭冕曾擬撰《毛詩釋例》，今亦不詳成書與否，〔註613〕林柏桐亦曾撰《毛詩傳例》，書亦似亡佚；〔註614〕民初舒立淇亦曾撰《毛詩訓詁傳釋例》，〔註615〕其書存亡亦不可知。

〔註609〕參羅根澤：〈戰國前無私家著作說〉，《諸子考索》（香港：學林書店，1977年），頁13～62，羅氏所承認的最早私家著作，可能是《論語》，見16。

〔註610〕除前文所舉者外，如〔清〕臧琳：〈毛《傳》文例最古〉，《經義雜記》，《皇清經解諸經總義類彙編（一）》，頁495、〔清〕陳澧：〈校毛《傳》「也」字說〉，《東塾集》，卷一，《陳澧集》，頁19～20。

〔註611〕〔清〕陳啟源：《毛詩稽古編》，卷二十五至卷三十，頁841～1144。

〔註612〕詳〔清〕陳奐：《毛詩說》，《詩毛氏傳疏》，第四冊。

〔註613〕〔清〕劉毓崧：〈與劉叔俛書〉：「接奉賜函，承示欲撰《毛詩釋例》，此乃有功古人之作」，《通義堂文集》，卷二，《續修四庫全書》，第一五四六冊，頁301。

〔註614〕張壽林：〈清代詩經著述考略〉，《張壽林古典文學論著》（臺北：中央研究院中國文哲研究所，2009年12月），頁748～749。

〔註615〕據〈批舒立淇文字指歸二卷說文解字便箋一卷說文解字舉隅一卷毛詩訓詁傳釋例一卷均不適教科書之用准自行出版〉，《教育公報》第3年第1期（1916年），頁66。

至於今人論及毛《傳》體例者，以張舜徽〈《毛詩故訓傳》釋例〉、施炳華〈毛傳釋例〉較為詳備，然多偏重於字句異同。各家歸納毛《傳》體例者，趙振鐸分為五類：〈詩序〉、釋詞、詮句、標出興體、離經析句、〔註616〕白兆麟分為五類：概述題旨、解釋詞義、串講句意、揭示手法、辨章析句，〔註617〕實則多是討論其訓詁條例、方式而已；本節所謂「體例」，則指涉及解經觀念與思想的方法層面內容。

一、《詩序》附入毛《詩》產生的諸問題

以下討論三家《詩》是否有《序》，毛《傳》分置《序》於各篇之首，毛《傳》不注《序》三個問題；至於毛《傳》與《詩序》相合相異的問題，另詳下文。

1. 四家《詩》惟毛《詩》有《序》

前人或主張三家《詩》亦有《序》，然據程元敏《詩序新考》所論，則三家無《序》，僅毛《詩》有《序》。程先生論據大致可歸納為以下數點：

（1）早期文獻未徵引三家《詩》之《序》：「遍檢書本文獻所引逸文，乃知漢至南北朝文章，從未載見三家《詩》序」，〔註618〕實「皆係三家《詩》之傳（原注：去聲）說，而非三家《詩序》。……惟所引《韓詩序》五篇，但尚非兩漢傳本固有，出自南北朝末葉撰作。」〔註619〕

（2）漢石經《魯詩》無《序》：「第考據殘石字，灼見《魯詩》碑無《詩序》，其參校本《齊》《韓》詩本，故亦不可能有《詩序》。……書本地下，二重證據，鐵案如山！」〔註620〕

（3）學者或以為《阜陽漢簡詩經》亦有《序》，但後來該書整理者胡平生放棄此說；〔註621〕而程先生駁之，以為是阜簡之《傳》。〔註622〕其實就文

〔註616〕趙振鐸：《訓詁學史略》（河南：中洲古籍出版社，1988 年 3 月），頁 42～47。

〔註617〕白兆麟：《新著訓詁學引論》（上海：上海辭書出版社，2005 年 6 月），頁 120～122。

〔註618〕程元敏：《詩序新考》，封底，補書名號，下同，又頁 137～184。

〔註619〕程元敏：《詩序新考》，頁 2～3，又頁 43。

〔註620〕程元敏：《詩序新考》，頁 3，又頁 202、225。

〔註621〕最早見於胡平生、韓自強：〈阜陽漢簡《詩經》簡論〉，《文物》第 8 期（1984 年），頁 19；然該文收入胡平生、韓自強《阜陽漢簡詩經研究》（上海：上海古籍出版社，1988 年 5 月）時，已刪去，則是放棄此說，張寶三云：「可見二先生當已發現其說不妥而加以修正」，〈《詩經》研究中之文獻解讀問題〉，頁 15。

〔註622〕程元敏：《詩序新考》，頁 87～90。

字本身而言，沒有絕對證據證明其為〈詩序〉，而《阜陽漢簡詩經》雖無書名，但其簡文則明確有幾章幾句之殘簡可以確定必是《詩經》。

（4）毛《詩》傳《詩》又傳《序》、《毛詩序》即「傳」體之一。〔註623〕

（5）《詩序》之形成：「蓋初成於戰國晚葉，遞傳至漢初，毛公總而成之；第觀毛《傳》與毛詩或有違戾，則今本《毛詩序》亦有後師續補之文」，〔註624〕「要之，毛《傳》、《毛序》首句，毛公初作（恐難免後師更改），《續序》非止一人手撰，然均前漢初葉定著」，〔註625〕而「衛敬仲別自作《毛詩序》，非今所傳與毛《傳》鄭《箋》本併刊之《毛詩序》也」，〔註626〕此說因「後世未精讀陸《疏》，紛繽若是，皆自擾也」。〔註627〕

惟程先生說於前人指為三家《詩》之《序》者，多改判為三家《詩》之《傳》，〔註628〕即如《阜陽漢簡詩經》亦然；但「傳」與「序」如何劃分？這是判斷三家《詩》是否有《序》最關鍵的問題，但程先生書中似未有明確的解釋，此仍有待進一步討論。

如上所述，既惟毛《詩》有《序》，則毛《詩》家編《序》入經文，至少須先處理以下問題：第一，《序》本是單行解經著作，應獨立成卷，或依內容分屬各詩之前？第二，《序》既收入《詩》中，《傳》是否應注《序》？以下分就此二問題加以討論：

2. 毛《傳》分置各篇之《序》

依鄭玄之說，《傳》採取的作法乃是將《序》散入各詩之前，〈南陔・白華・華黍〉之《序》，《箋》云：「至毛公為《詁訓傳》，乃分眾篇之《義》各置於其篇端云」，〔註629〕而《毛詩正義》：「毛《傳》……以分置篇首」，〔註630〕

〔註623〕程元敏：《詩序新考》，頁106～107。
〔註624〕程元敏：《詩序新考》，頁91。
〔註625〕程元敏：《詩序新考》，頁102，書名號有修改。
〔註626〕程元敏：《詩序新考》，封底，又頁123～135。
〔註627〕程元敏：《詩序新考》，頁128。
〔註628〕程元敏云：「而《詩》本無達詁，作者采者編者讀者體會又多殊異，故其義難明，待於《詩序》數語定一篇之大旨……《四家詩》人說《詩》，認知早已及此，定《詩》旨於傳注之中……今三家殘文猶可見什佰之一」，程元敏：《詩序新考》，頁165。
〔註629〕《毛詩注疏》，卷九之四，頁343。
〔註630〕《毛詩注疏》，卷一之一，頁11。

又：「篇端之《序》，毛所分置。」〔註631〕據此，尚可得到一個結論是：毛《詩》經文與《詩序》合併，始於毛《傳》。

3. 毛《傳》不注《序》——兼阮刻本《毛詩注疏》「標起止」補正

（1）問題的提出

舊說以為《詩》各詩《序》下注為鄭《箋》：

《鄭志》載張逸云：「此《箋》云。〔註632〕周仲文〔註633〕以《左氏》論之，『三辟之興皆在叔世』，謂三代之末，即『二叔』宜為夏、殷末也」，〔註634〕按〈常棣序〉下注：「周公弔二叔之不咸」，〔註635〕〈常棣〉一詩之《傳》、《箋》除此以外再無云「二叔」者，可證張逸所云之《箋》指〈常棣〉《序》下注，亦可知漢人已以《詩》各詩《序》下注為鄭《箋》，此乃指稱《詩序》下之注解為鄭《箋》的最早出處。

蕭統《文選》卷四十五《毛詩序》題「鄭氏箋」，〔註636〕余蕭客特別重申《毛詩序》中的注解皆是鄭《箋》：「盡本條皆鄭玄《毛詩箋》，下四條同。」〔註637〕

沈重云：「今謂此《序》止是〈關雎〉之《序》……並是鄭注，所以無『《箋》云』者，以無所疑亂故也〔註638〕。」〔註639〕

〔註631〕 《毛詩注疏》，卷九之一，頁313。

〔註632〕 按當標作句號，即指〈常棣序〉下注解，單用一「云」字表「云云」而不詳舉全文。若不標為句號而連下讀，則〈常棣序〉下注解無「周仲文」之語，故知當標句號。

〔註633〕 孔穎達云周仲文者「蓋漢世儒者也」，《毛詩注疏》，卷九之二，頁320，〔清〕皮錫瑞《鄭志疏證》引惠棟云：「周氏者，漢儒說《春秋》者周仲文也」，《皮錫瑞全集》，第三冊，頁235。

〔註634〕 《毛詩注疏》，卷九之二，頁320。

〔註635〕 《毛詩注疏》，卷九之二，頁320～321。按此語見《左傳·昭公六年》，無「在」字，《左傳注疏》，卷四十三，頁750。

〔註636〕 《文選》，頁648～649。

〔註637〕 〔清〕余蕭客：《文選音義》，卷八，許逸民主編：《清代文選學名著集成》（揚州：廣陵書社，2013年11月），第一冊，頁359。

〔註638〕 按《毛詩注疏》，卷一之一，「鄭氏箋」下引鄭玄《六藝論》：「註詩宗毛為主，其義若隱略，則更表明；如有不同，即下己意，使可識別也」，頁12，陸德明說本此，鄭明云「使可識別也」，且觀各《詩》正文，若毛無《傳》，亦云「《箋》云」，如〈周南·關雎〉「左右采之」句下無《傳》，鄭亦云「《箋》云」（頁22），陸說恐未為得。

〔註639〕 《毛詩注疏》，卷一之一，頁12，「關雎后妃之德也」下。〔清〕王謨輯本《毛詩義疏》本此，《漢魏遺書鈔》（京都：中文出版社，1981年），頁186。

　　劉瓛云：「《箋》以為『當文王與紂之時』。」〔註640〕按〈行露〉之《序》
下《箋》：「當文王與紂之時」，故知劉瓛以此為鄭《箋》。

　　孔穎達云：「毛《傳》不訓《序》者，以分置篇首，義理易明，性好簡
略，故不為《傳》。鄭以《序》下無《傳》，不須辨嫌，故注《序》不言『箋』」，
〔註641〕又：「毛公雖不注《序》，推〈鴟鴞〉之《傳》……。」〔註642〕

　　賈公彥云：「『勺』即〈周頌・酌〉，《序》云：『〈酌〉，告成大武也。言能
酌先祖之道，以養天下也』，鄭注云：『周公居攝六年所作』是也。」〔註643〕
按賈公彥引〈酌〉《序》之注而稱鄭注，可見其亦以為《序》下注為鄭《箋》。

　　成伯璵云：「其餘眾篇之小序，子夏唯裁初句耳，至『也』字而止。……
其下皆是大毛自以詩中之意而繫其辭也；後〔註644〕人見《序》下有注，又云
東海衛宏所作，事雖兩存，未為允當，當是鄭玄於毛公《傳》下即得稱『箋』。
於毛公《序》末，略而為注耳。」〔註645〕

　　丘光庭云：「或曰：『既非毛作，毛為《傳》之時，何不解其《序》也？』
答曰：『以《序》文明白，無煩解也。』」〔註646〕

　　程大昌云：「若使（衛）宏《序》先毛而有，則《序》文之下，毛公亦應
時有訓釋；今惟鄭氏有之，而毛無一語，故知宏《序》必出毛後也。」〔註647〕

　　《六經奧論》：「《序》有鄭注而無鄭《箋》，〔註648〕其不作于子夏明矣。
毛公于《詩》，第為之《傳》，其不作《序》又明矣。」〔註649〕

〔註640〕《毛詩注疏》，卷一之四，頁55引〔南朝齊〕劉瓛《毛詩序義疏》，〔清〕馬
　　　　國翰：《玉函山房輯佚書》（揚州：廣陵書社，2004年11月，影印光緒十年
　　　　楚南湘遠堂刊本）所輯《毛詩序義疏》無此條，頁627。
〔註641〕《毛詩注疏》，卷一之一，頁11，但程元敏以為此說不確，詳《詩序新考》，
　　　　頁105。
〔註642〕《毛詩注疏》，卷八之三，頁301。
〔註643〕《周禮注疏》，卷二十三，頁350，下文〈維清〉之例從略。又〈酌〉《序》
　　　　鄭《箋》無「所作」二字，《毛詩注疏》，卷十九之四，頁752。
〔註644〕《詩序新考》引作「詩」，誤，頁123。
〔註645〕〔唐〕成伯璵：《毛詩指說》，《四庫全書》，第70冊，頁174，「當是鄭玄」
　　　　數句，文義冗沓，疑有誤。
〔註646〕〔唐〕丘光庭：《兼明書》，卷二，陶敏主編：《全唐五代筆記》，第三冊，頁
　　　　2536。
〔註647〕〔宋〕程大昌：《考古編》（北京：中華書局，2008年12月），卷二，頁26。
〔註648〕按此二句疑有誤。
〔註649〕〔宋〕鄭樵著，顧頡剛輯點：《詩辨妄》，附錄三，《續修四庫全書》，第五十
　　　　六冊，頁250。此書舊題鄭樵著，而《詩序新考》云：「此書乃宋末甚至更晚

朱熹云：「及至毛公引（《詩序》）入經，乃不綴篇後而超冠篇端，不為注文而直作經字，不為疑辭而遂為決辭。」〔註650〕

魏了翁云：「《序》下無毛《傳》，故《序注》不別以『箋』」，〔註651〕又云：「毛《傳》簡要平實，無臆說，無改字，於《序》文無所與，猶足以存舊聞，開來哲」，〔註652〕按：「無所與」即「無所許」，此言毛《傳》不用《序》說，失考，說詳下節；然此亦可為毛《傳》不注《序》之旁證。

陳櫟云：「至毛氏為《詩訓傳》，始引《序》入經，分置各篇之首，不為注文，而直作經字」，〔註653〕按：「直作經字」，指《序》與經文均大字直書，儼然同於經文，非如注文之雙行小字。

王鳴盛云：「毛公既以《序》分置篇首，性好簡略，但作《詩傳》而不為《序》作《傳》，至康成遂為作《箋》。」〔註654〕

姚際恆云：「毛《傳》不釋《序》，且其言亦全不知有《序》者。……毛公不見《序》，從來人罕言者，何也？則以有鄭氏之說。」〔註655〕

段玉裁云：「《序》為毛公所自述，故傳《詩》而不傳《序》也。」〔註656〕

莊有可云：「今《序》又有《箋》無《傳》，其為毛公之徒所作無疑，而謂可盡信乎？」〔註657〕

俞正燮云：「知《毛序》、毛《傳》必是一人所作，故《序》無《傳》也。」〔註658〕

人偽脫，非大儒鄭樵撰」，頁109，詳楊新勛：〈《六經奧論》作者與成書考〉，《宋代疑經研究》（北京：中華書局，2007年4月），頁357～366。

〔註650〕〔宋〕朱熹：《詩序辨說》，《續修四庫全書》，第五十六冊，頁261。

〔註651〕〔宋〕魏了翁：《毛詩要義》，《續修四庫全書》，第五十六冊，頁307，原書卷一上頁2上批語。

〔註652〕〔宋〕魏了翁：〈《白石詩傳》序〉，〔清〕朱彝尊：《經義考》，卷一○九，頁583。黃淵《詩解》序〉云：「毛葚於《序》猶無所與」，說本此，《經義考》，卷一一○，頁587。

〔註653〕〔元〕陳櫟：〈《詩經句解》序〉，《定宇集》，卷一，《文淵閣四庫全書》，第1205冊，頁162。

〔註654〕〔清〕王鳴盛：《蛾術編》，卷五，頁77，標點有增補。

〔註655〕〔清〕姚際恆：〈詩經論旨〉，《詩經通論》，頁2～3（頁碼另起）。

〔註656〕〔清〕段玉裁：《段玉裁遺書》，頁315。

〔註657〕〔清〕莊有可：〈《毛詩序說》序〉，《慕良雜著》，卷三，徐德明等主編：《清代學術筆記叢刊》，第32冊，頁221。

〔註658〕〔清〕俞正燮：〈毛《詩》《傳》、《序》一人所作論〉，《癸巳類稿》，卷二，《俞正燮集》（合肥：黃山書社，2005年9月），第一冊，頁62～64。

宋翔鳳云：「《毛詩序》乃毛氏一家之《序》，故齊、魯、韓則別有《序》。《序》與《傳》一人之作，故不為《序》作《傳》。」〔註659〕

迮鶴壽云：「今案《詩》之傳說，子夏所傳而毛公述之，則《序》亦子夏所傳而毛公述之。唯毛公所自述，故《傳》《詩》而不《傳》《序》。」〔註660〕

夏炘云：「《序》果子夏所作，毛公作《傳》，何不釋《序》一字，亦無一語及《序》？」〔註661〕

胡玉縉云：「(《爾雅》)〈敘〉篇本敘各篇名義，文極顯明，無取注釋。《毛詩詁訓傳》於大、小《序》，全不發《傳》，即其先例。」〔註662〕

鄭振鐸云：「《詩序》之出，如在毛公以前，則毛公之《傳》，不應不釋《序》。」〔註663〕

張西堂云：「毛公為《詩》作《傳》，但未曾解釋《詩序》，尤其是毛《傳》與《序》時時自相違戾，這便是《序》非毛公所作的鐵證。」〔註664〕

黃彰健云：「毛傳對詩序未作注解，而鄭玄則予以注解。」〔註665〕

程元敏云：「鄭氏箋毛《傳》，於《序》則只直『注』不稱『箋云』，可見《序》本無毛氏《傳》，故鄭注《序》不稱『箋』也。」〔註666〕

以上各說均言毛不注《序》，是，但對此一現象的詮釋則未必皆是，因為各家未詳考《序》、《傳》相合相異之例證（詳下文）；且各說還忽略了：十行本《毛詩注疏》、〔註667〕阮刻本《毛詩注疏》〔註668〕中有三處《序》下注解的標起止都作「傳」，則是毛《傳》亦注《序》？

〔註659〕　〔清〕宋翔鳳：〈致王引之書〉，賴貴三主編：《昭代經師手簡箋釋》（臺北：里仁書局，1999年8月），頁389，標點有增補。

〔註660〕　〔清〕王鳴盛：《蛾術編》，卷五，頁77附，標點有增補。

〔註661〕　〔清〕夏炘：《讀詩劄記》，卷一，《續修四庫全書》，第70冊，頁617。

〔註662〕　〔清〕胡玉縉：《許廎學林》，卷九〈答問〉，頁215。

〔註663〕　鄭振鐸：〈讀《毛詩序》〉，《鄭振鐸全集》（石家莊：花山文藝出版社，1998年11月），第四卷，頁20，補書名號。

〔註664〕　張西堂：《詩經六論》，頁129。

〔註665〕　黃彰健：《經今古文學問題新論》（臺北：中央研究院歷史語言研究所，1982年11月），頁314。

〔註666〕　程元敏：《詩序新考》，頁106。程氏另有論據，詳下文。

〔註667〕　《足利學校藏宋刊附釋音毛詩注疏》（東京：汲古書院，1977年）。

〔註668〕　阮元校刻《毛詩注疏》選用的底本自稱宋十行本，其實乃元刻明修本，參李慧玲：《阮刻《毛詩注疏（附校勘記）》研究》（上海：華東師範大學中國古典文獻學博士學位論文，2008年），頁21～26。

　　按《詩》311 首各《序》的注解情況，可分有注、無注、無說三類，如下表：

分　類		數　目
一、各詩〈序〉下無注者		87 首
二、各詩〈序〉下有注者	1.《正義》云《傳》者	3 首
	2.《經典釋文》、《正義》云《箋》者	166 首
	3.《正義》未云《傳》或《箋》者	55 首

　　則《毛詩注疏》前後文自相矛盾，此問題頗可究詰。

　　（2）阮刻本《毛詩注疏》三例「標起止」誤作「傳」校釋

　　此三例如下：

　　a.〈庭燎〉之《序》下注：「諸侯將朝宣王，以夜未央之時，問夜早晚。美者，美其能自勤以政事。因以箋者，王有雞人之官，凡國事為期則告之以時，王不正其官，而問夜早晚」，南宋十行本、阮刻本孔穎達《毛詩注疏》：「《傳》『諸侯』至『早晚』」。〔註669〕

　　b.〈都人士〉之《序》下注：「服謂冠弁衣常也〔註670〕。古者，明王時也。長民謂凡在民上倡率者也。變易無常謂之貳。從容謂休燕也，休燕有常則朝夕明矣。壹者，專也，同也」，南宋十行本、阮刻本孔穎達《毛詩注疏》：「《傳》『服謂』至『同也』」。〔註671〕

　　c.〈文王〉之《序》下注：「受命，受天命而王天下，制立周邦」，南宋十行本、阮刻本孔穎達《毛詩注疏》：「《傳》『受命』至『周邦』」。〔註672〕

　　然此三例皆非是，前人雖已有論及者，但只零星論及一二例，證據亦不足，〔註673〕茲重理如下：

〔註669〕足利本《毛詩註疏》，第二卷，頁 1128、《毛詩注疏》，卷十一之一，頁 374。

〔註670〕七字一句，《毛詩注疏》云：「冠弁在首，衣裳在身，皆是體之所服」，頁 510，則「常」即「裳」，此注只解〈序〉文「周人刺衣服無常也」之「服」，非釋〈序〉文之「無常也」。

〔註671〕足利本《毛詩註疏》，第三卷，頁 1532、《毛詩注疏》，卷十五之二，頁 510。

〔註672〕足利本《毛詩註疏》，第三卷，頁 1599、《毛詩注疏》，卷十六之一，頁 531。

〔註673〕參趙茂林：〈李學勤主編標點本《毛詩注疏》點校獻疑〉，中國詩經學會、河北師範大學編：《詩經研究叢刊》第 17 輯（北京：學苑出版社，2009 年），頁 378。〔漢〕毛亨傳，〔漢〕鄭玄箋，〔唐〕孔穎達疏，〔唐〕陸德明音釋，朱傑人、李慧玲整理：《毛詩注疏》（上海：上海古籍出版社，2013 年），中冊，頁 950、970。

〈庭燎〉之《序》下注，阮刻本孔穎達《毛詩注疏》標起止為：「《傳》『諸侯』至『早晚』」，然《毛詩注疏》又云：「鄭知一言之內兼有箴、美者」〔註674〕，此「鄭」即鄭玄，二處必有一誤。按〈東方未明〉之《正義》又云「《庭燎》《箋》云『王有雞人之官』」，〔註675〕正引《序》下注而作「《箋》」，是《毛詩正義》當時所標仍應是「箋」字，後來刊刻致誤。

〈都人士〉之《序》下注，阮刻本孔穎達《毛詩注疏》標起止為：「《傳》『受命』至『周邦』」，然《毛詩注疏》又云：「故《箋》直云『有常』，不言服，明其非服也」〔註676〕，一云「《傳》」，一云「《箋》」，亦必有一誤。

〈文王〉之《序》下注，阮刻本孔穎達《毛詩注疏》標起止為：「《傳》『受命』至『周邦』」，然《毛詩注疏》又云：「文王受命，毛無明說」，〔註677〕按〈文王〉之《序》：「文王受命作周也」，《序》下注云：「受命，受天命而王天下」，若〈文王序〉下注是毛《傳》，《毛詩注疏》不當云：「文王受命，毛無明說」，故可反推〈文王序〉下注乃鄭《箋》。

且日藏《南宋刊單疏本毛詩注疏》〈庭燎〉、〈都人士〉、〈文王〉「標起止」處皆作「《箋》」：〈庭燎〉《序》下「標起止」作「《箋》『諸侯』至『早晚』」，〔註678〕〈都人士〉之《序》下「標起止」作：「《箋》『服謂』至『同也』」，〔註679〕〈文王〉之《序》下「標起止」作「《箋》『受命』至『周邦』」，〔註680〕此為標起止作「箋」的版本證據。

故可知阮刻本《毛詩正義》中三處《序》下注解的標起止作「傳」者誤，毛《傳》不注《序》。然而毛《傳》何以不注《序》，鄭《箋》又何以注序？此亦不無微意可說，說詳下章論鄭《箋》處。

二、釋鄭《箋》所謂毛《傳》「推改什首」

1. 鄭玄曾指出毛《傳》移改《詩》、《詩序》次序，並修改《詩序》文字，相關論述有二處：

〔註674〕《毛詩注疏》，卷十一之一，頁 374。
〔註675〕《毛詩注疏》，卷五之一，頁 192。
〔註676〕《毛詩注疏》，卷十五之二，頁 510。
〔註677〕《毛詩注疏》，卷十六之一，頁 531。
〔註678〕《南宋刊單疏本毛詩正義》（北京：人民文學出版社，2012 年 1 月），頁 184。
〔註679〕《南宋刊單疏本毛詩正義》，頁 272。
〔註680〕《南宋刊單疏本毛詩正義》，頁 287。

（1）〈南陔〉、〈白華〉、〈華黍〉之《序》，《箋》云：「此三篇者，〈鄉飲酒〉、〈燕禮〉用焉，曰『笙入，立于縣中，奏〈南陔〉、〈白華〉、〈華黍〉』是也，孔子論《詩》，『雅、頌各得其所』，時俱在耳。篇第當在于此，遭戰國及秦之世而亡之，其義則與眾篇之義合編，故存。……又闕其亡者，以見在為數，故推改什首遂通耳，而下非孔子之舊」，按「而」訓為「以」，「而下」即「以下」，又《正義》：「此三篇之《序》，無詩可屬，故連聚置於此也。既言毛公分之，則此詩未亡之時，什當通數焉。今在什外者，毛公又闕其亡者，以見在為數，推改什篇之首，遂通盡〈小雅〉云耳。是以亡者不在數中。『從此而下非孔子之舊矣』，言『以下非』；則止〈鹿鳴〉一什是也」，〔註681〕據《正義》所釋之《箋》義，則《箋》以為只有〈鹿鳴〉之什是孔子之《詩》舊貌。故《毛詩注疏》卷九之四末題「〈鹿鳴〉之什十篇，五十五章，三百一十五句」，雖實際是 13 篇，但不計〈南陔〉、〈白華〉、〈華黍〉；而〈南有嘉魚〉之什亦稱十篇，情況同此。

（2）〈十月之交〉之《序》，《箋》云：「作《詁訓傳》時移其篇第，因改之耳」，〔註682〕指毛《傳》改「厲王」為「幽王」，故《箋》又改為：「當為刺厲王」。而阮元云：「子夏以二詩相連為篇，弟非毛公作《訓詁〔詁訓〕傳》時所得移改，鄭《箋》說非也」，又：「（鄭玄）又謂毛作《訓詁〔詁訓〕傳》時移其篇第，言亦無徵」，〔註683〕丁晏云：「鄭氏見笙詩次第與《儀禮》不合，遂疑毛公推改什首」，〔註684〕皮錫瑞云：「毛以六笙詩入《詩》，非；鄭欲改什，尤非」，〔註685〕李錦煜、趙茂林云：「《韓詩》〈十月之交〉四篇位置與毛《詩》相同，恰證明鄭玄之說的錯誤。而依照鄭玄之說，只能得出齊、韓《詩》學者據毛《詩》改動篇次的荒謬結論」，〔註686〕按李、趙云據《韓詩》，實則《韓詩》無存，不能確知其篇次。

而李霖則指出「鄭玄作《詩譜》，坐實和強化了《詩序》所示詩篇間的關聯，甚至不惜質疑和改易毛《詩》現有的次序」，又：「鄭玄調整毛《詩》篇

〔註681〕《毛詩注疏》，卷九之四，頁 343。
〔註682〕《毛詩注疏》，卷十二之二，頁 405。
〔註683〕〔清〕阮元：〈《詩·十月之交》四篇屬幽王說〉，《揅經室集》，頁 84、85，二處「訓詁傳」均當作「詁訓傳」。
〔註684〕〔清〕丁晏：〈毛公推改什首辨〉，《頤志齋文集》，卷二，《清代詩文集彙編》，第 587 冊，頁 75。
〔註685〕〔清〕皮錫瑞：《經學通論》，卷二，頁 36，又見同卷頁 53～54。
〔註686〕李錦煜、趙茂林：〈毛《詩》的《序》《傳》歧異原因析論〉，頁 73。

次，也有不惜反對現有《詩序》的（認為毛公竄改了《詩序》），如〈小雅‧十月之交〉以下四篇」，〔註687〕則重點不在其有無根據或正確與否，乃其經學意圖為何？

2. 鄭玄指稱毛《傳》「推改什首」用意為何？除鄭玄所見毛《詩》與毛《傳》所據之毛《詩》不同此一假設外，大概另有二原因：

（1）〈六月〉之《序》通論〈小雅〉各詩時，次序與今本不同：

比較項目	詩　篇
〈六月〉之《序》所記篇次	鹿鳴、四牡、皇皇者華、常棣、伐木、天保、采薇、出車、杕杜、魚麗、南陔、白華、華黍、由庚、南有嘉魚、崇丘、南山有臺、由儀、蓼蕭、湛露、彤弓、菁菁者莪。〔註688〕
今本《毛詩注疏》篇次	鹿鳴、四牡、皇皇者華、常棣、伐木、天保、采薇、出車、杕杜、魚麗、南陔、白華、華黍、南有嘉魚、南山有臺、由庚、崇丘、由儀、蓼蕭、湛露、彤弓、菁菁者莪、六月、采芑、車攻、吉日。

故〈小大雅譜〉之《正義》推衍鄭說：「〈由庚〉在〈嘉魚〉前矣，不云自〈由庚〉者，據見在而言之，鄭所以不數亡者，以毛公下〈由庚〉以就〈崇丘〉；若言自〈由庚〉，則不包〈南有嘉魚〉，故不得言也。既不得以〈由庚〉為成王詩首，則〈華黍〉不得為武王詩末，故上說文、武之詩，不言至〈華黍〉也」，又：「〈華黍〉、〈由庚〉本相連比，毛氏分《序》，致其篇端，使〈華黍〉就上，〈由庚〉退下，則毛意亦以〈由庚〉以下為成王之詩也。不然，亡詩六篇自可聚在一處，何須分之也？」〔註689〕

（2）鄭玄認為〈十月之交〉、〈雨無正〉、〈小旻〉、〈小宛〉四首均應為刺厲王，而非今本《詩序》的刺幽王，則此四首的次序也應發生變化，故〈小大雅譜〉之《正義》云：「以〈南陔〉等六篇，子夏為《序》，當孔子之時未亡，宜次在什中。今亡詩之下，乃云『有其義而亡其辭』，置之什外，不在數中，明非孔子之舊矣。本〈十月之交〉等四篇，在〈六月〉之上，則孔子什首，〈南陔〉復為第二，〈彤弓〉為第三，〈鴻鴈〉為第四，〈節南山〉為第五，〈北山〉為第六，〈桑扈〉為第七，〈都人士〉為第八，以下適十篇，通及〈大雅〉與〈頌〉，皆其舊也。〈蕩〉及〈閔予小子〉皆十一篇者，以本取十篇為卷，一篇

〔註687〕均見李霖：〈從《大雅‧思齊》看鄭玄解《詩》的原則〉，《中國經學》第15輯，頁65。

〔註688〕《毛詩注疏》，卷十之二，頁357。

〔註689〕分見《毛詩注疏》，卷九之一，頁308、309。

不足為別首，故附于下卷之末，亦歸餘於終之義。毛公推改什首，〈魚藻〉十四篇亦同為卷，取法於〈大雅〉與〈頌〉也。若然，則〈鴻鴈〉之什乃仍孔子之舊；言『非』者，以毛公闕其亡者，以見在為數，志在推改，而〈鴻鴈〉偶與舊合，非毛意，故存之也。」〔註690〕

按《正義》所謂「本〈十月之交〉等四篇，在〈六月〉之上」，乃因鄭《箋》認為此〈十月之交〉四首應是刺厲王，當移在〈六月〉之《序》所謂「宣王北伐也」之上，故認定此為孔子定《詩》舊次，而毛《傳》推改什首。

此中是非，將今本《毛詩注疏》各什次序及所容納的詩篇，與《正義》所云推改前之貌比較，即可一目了然。茲將今本《毛詩注疏》中〈小雅〉至〈商頌〉十三什的次序表列如下：

什　首	詩篇名
1.〈鹿鳴〉之什詁訓傳第十六（共13首）	鹿鳴、四牡、皇皇者華、常棣、伐木、天保、采薇、出車、杕杜、魚麗、南陔、白華、華黍
2.〈南有嘉魚〉之什詁訓傳第十七（共13首）	南有嘉魚、南山有臺、由庚、崇丘、由儀、蓼蕭、湛露、彤弓、菁菁者莪、六月、采芑、車攻、吉日
3.〈鴻鴈〉之什詁訓傳第十八（共10首）	鴻鴈、庭燎、沔水、鶴鳴、祈父、白駒、黃鳥、我行其野、斯干、無羊
4.〈節南山〉〔註691〕之什詁訓傳第十九（共10首）	節南山、正月、十月之交、雨無正、小旻、小宛、小弁、巧言、何人斯、巷伯
5.〈谷風〉之什詁訓傳第二十（共10首）	谷風、蓼莪、大東、四月、北山、無將大車、小明、鼓鍾、楚茨、信南山
6.〈甫田〉之什詁訓傳第二十一（共10首）	甫田、大田、瞻彼洛矣、裳裳者華、桑扈、鴛鴦、頍弁、車舝、青蠅、賓之初筵
7.〈魚藻〉之什詁訓傳第二十二（共14首）	魚藻、采菽、角弓、菀柳、都人士、采綠、黍苗、隰桑、白華、緜蠻、瓠葉、漸漸之石、苕之華、何草不黃
8.〈文王〉之什詁訓傳第二十三（共10首）	文王、大明、緜、棫樸、旱麓、思齊、皇矣、靈臺、下武、文王有聲

〔註690〕《毛詩注疏》，卷九之一，頁313。

〔註691〕呂祖謙始以為〈節南山〉古只稱作〈節〉，後遂亦有本其說改稱為「〈節〉之什」者，非是，《孔子詩論》、熹平石經魯《詩》殘石並作「即（節）南山」可證，說詳虞萬里：〈從熹平殘石與竹簡《緇衣》看清人四家詩研究〉，頁282～283。

9.〈生民〉之什詁訓傳第二十四（共 10 首）	生民、行葦、既醉、鳧鷖、假樂、公劉、泂酌、卷阿、民勞、板
10.〈蕩〉之什詁訓傳第二十五（共 11 首）	蕩、抑、桑柔、雲漢、崧高、烝民、韓奕、江漢、常武、瞻卬、召旻
11.〈清廟〉之什詁訓傳第二十六（共 10 首）	清廟、維天之命、維清、烈文、天作、昊天有成命、我將、時邁、執競、思文
12.〈臣工〉之什詁訓傳第二十七（共 10 首）	臣工、噫嘻、振鷺、豐年、有瞽、潛、雝、載見、有客、武
13.〈閔予小子〉之什詁訓傳第二十八（共 11 首）	閔予小子、訪落、敬之、小毖、載芟、良耜、絲衣、酌、桓、賚、般

而據《毛詩正義》所說，將毛《傳》「推改什首」前、後之差異表列如下：

異同	今本《毛詩注疏》什首	《正義》所論毛《傳》推改前之什首（所容納詩篇不同者附）	
同	〈鹿鳴〉之什	〈鹿鳴〉之什	
異	〈南有嘉魚〉之什〈鴻鴈〉之什〈節南山〉之什〈谷風〉之什〈甫田〉之什〈魚藻〉之什	〈南陔〉之什	南陔、白華、華黍、南有嘉魚、南山有臺、由庚、崇丘、由儀、蓼蕭、湛露
		〈彤弓〉之什	彤弓、菁菁者莪、十月之交、雨無正、小旻、小宛、六月、采芑、車攻、吉日
		〈鴻鴈〉之什	鴻鴈、庭燎、沔水、鶴鳴、祈父、白駒、黃鳥、我行其野、斯干、無羊
		〈節南山〉之什	節南山、正月、小弁、巧言、何人斯、巷伯、谷風、蓼莪、大東、四月
		〈北山〉之什	北山、無將大車、小明、鼓鍾、楚茨、信南山、甫田、大田、瞻彼洛矣、裳裳者華
		〈桑扈〉之什	桑扈、鴛鴦、頍弁、車舝、青蠅、賓之初筵、魚藻、采菽、角弓、菀柳、
		〈都人士〉之什	都人士、采綠、黍苗、隰桑、白華、綿蠻、瓠葉、漸漸之石、苕之華、何草不黃
同	〈文王〉之什〈生民〉之什〈蕩〉之什〈清廟〉之什〈臣工〉之什〈閔予小子〉之什	〈文王〉之什〈生民〉之什〈蕩〉之什〈清廟〉之什〈臣工〉之什〈閔予小子〉之什	

讀者可以發現，推改前較今本多出一「什」，因推改前計入六首笙詩，又將各什統一整齊劃分為十篇，所以多出十篇，溢出一「什」。而後人或以為「蘇子由始以〈南陔〉為次什之首」，〔註692〕則係失考《毛詩正義》之誤說。

3. 各「什」所容納篇數之問題

茲將今本《毛詩注疏》中各「什」所容納的篇數分計為下表：

容納篇數	「什」名
10篇	〈鴻鴈〉之什、〈節南山〉之什、〈谷風〉之什、〈甫田〉之什、〈文王〉之什、〈生民〉之什、〈清廟〉之什、〈臣工〉之什
11篇	〈蕩〉之什、〈閔予小子〉之什
13篇	〈鹿鳴〉之什、〈南有嘉魚〉之什
14篇	〈魚藻〉之什

按〈鹿鳴〉之什、〈南有嘉魚〉之什有十三篇者，前引《正義》已云乃不計亡詩六首之故。而其餘各什參差不齊，成伯璵云：「〈雅〉、〈頌〉章數亦謂之『什』，大略蓋以十章為一別耳……〈頌〉中無十篇，亦謂之『什』者，後人因加之」，〔註693〕王觀國《學林》云：「〈國風〉不言『什』，而〈雅〉、〈頌〉言『什』者，蓋《詩》以十篇為什，周南十一篇，召南十四篇，邶十九篇，鄘十篇，衛十篇，王十篇，鄭二十一篇，齊十一篇，魏七篇，唐十二篇，秦十篇，陳十篇，檜四篇，曹四篇，豳七篇，凡此皆多寡不等，故不稱『什』也。〈雅〉、〈頌〉皆十篇為聯，故皆稱『什』，惟〈魚藻〉之什十四篇，〈蕩〉之什十一篇，〈閔予小子〉之什十一篇，亦謂之『什』者，過乎十則亦稱『什』，舉其成數耳；若夫不及十，則不稱『什』，故〈駉頌〉止四篇，〈那頌〉止五篇，而皆不稱『什』，此其可見也」〔註694〕，其說近是。而今

〔註692〕此乃〈潛研堂答問〉中問者之語，而錢大昕未駁其誤，見〔清〕錢大昕：〈答問三·詩〉，《潛研堂文集》，卷六，《嘉定錢大昕全集》（南京：江蘇古籍出版社，1997年12月），第九冊，頁74。並參蘇轍：《詩集傳》，卷十，頁410，又：李冬梅：《蘇轍《詩集傳》新探》（成都：四川大學出版社，2006年1月），頁168～171。而〔宋〕劉克《詩說》云：「〈小雅〉之詩凡七十有四，世傳毛氏之《詩》而六亡詩不與於什，附見於〈鹿鳴〉、〈南有嘉魚〉之中，呂成公依蘇氏更之，六亡詩得與於什，遂有〈彤弓〉、〈祈父〉、〈小旻〉、〈北山〉、〈桑扈〉、〈都人士〉之什，而其次序則依《六月》《詩序》之文，謂與〈鄉飲酒〉、〈燕禮〉奏樂之次皆合」，《續修四庫全書》，第57冊，頁3。

〔註693〕〔唐〕成伯璵：《毛詩指說》，《四庫全書》，第70冊，頁174。

〔註694〕〔宋〕王觀國：《學林》（北京：中華書局，2006年10月），頁5～6，標點有修改。

本《毛詩注疏》卷二十之一題「駉之什詁訓傳第二十九」者，乃自六朝以來已誤衍「之什」二字之本，《校勘記》已辨其非，可從。〔註695〕惟《校勘記》之說尚可補《毛詩指說》與《學林》為據，證明唐宋人亦多以無「之什」二字為是；且〈魯頌〉、〈周頌〉卷末計篇數字數時，亦僅稱「〈駉〉四篇二十三章二百四十三句」、「〈那〉五篇十六章百五十四句」，〔註696〕知「之什」二字確不當有。

　　但僅就數目多寡為說，還是很難理解：多寡不均之處，未必不可以強為整齊，以及分「什」究竟有何必要；馮浩菲提供了另一條線索：「其（《左傳》）稱《詩》名目大致有四種……沒有什名，但有『某某之三』這樣的說法，如『工歌〈文王〉之三』……『歌〈鹿鳴〉之三』……今皆在該什之首。這與配樂有關。」〔註697〕然則所謂「什」，主要與配樂有關，是特標「什」的目的；至於各「什」中所容納的篇數，應只是附帶條件。

三、從傳世、出土文獻論毛《傳》始標章句於各《詩》之末

　　先秦兩漢人稱《詩》引《詩》解《詩》，已有「章」的概念，傳世、出土文獻皆可證：

　　1.《左傳》僖公二十四年：「富辰諫曰：……召穆公思周德之不類，故糾合宗族于成周而作詩，曰：『常棣之華，鄂不韡韡，凡今之人，莫如兄弟』，其四章曰：『兄弟鬩于牆，外禦其侮』」，〔註698〕其將所引〈常棣〉之文稱為「四章」，與毛《詩》合。〔註699〕

　　2.〈東山〉之《序》：「一章言其完也，二章言其思也，三章言其室家之望女也，四章樂男女之得及時也」，〔註700〕《序》中論及《詩》之分章者僅此一例，而其分四章，亦與毛《傳》合。

　　3.〈孔子詩論〉第十四簡云：「其四章則愈矣！」〔註701〕

　　故從以上引《詩》稱章之例，學者或以為：「章句本專施于《詩》，其後離

〔註695〕《毛詩注疏》，卷二十之一附《校勘記》，頁771。

〔註696〕分見《毛詩注疏》，頁784、806。

〔註697〕馮浩菲：《毛詩訓詁研究》，頁49。

〔註698〕《左傳注疏》，卷十五，頁256。《左傳》其它例證尚多，參張素卿：《左傳稱詩研究》，頁203～205，惟該書引富辰此例誤作僖公二十年。

〔註699〕《毛詩注疏》，卷九之二，頁321。

〔註700〕《毛詩注疏》，卷八之二，頁294。

〔註701〕《上海博物館藏戰國楚竹書（一）》，圖版頁26，釋文注釋頁143。

析眾書文句者，亦有章句」、〔註702〕「『章句』之學的產生，是從研究《詩經》開始的」，〔註703〕當可從。

　　而張素卿先生指出：「然則詩有篇名，以及分章，乃是春秋諸國《詩》所共具的體製」，〔註704〕但問題在於「分章」用什麼形式表現？或者雖有分章的意識，但卻始終沒有落實在《詩經》的文本中？試參照以下的出土文獻例證：

　　1. 出土的簡牘帛書中多有各種符號，〔註705〕一般起分別上下文，提示起止的作用。則《詩經》簡文，可能各章之末也有此類標記，故讀者可知其章數。據悉安徽大學所藏戰國《詩經》簡「每篇結束之後以一墨點標記」，〔註706〕又郭店〈緇衣〉第47簡已明確標示「二十又三」，〔註707〕總計〈緇衣〉全文章數；但以上二例並未或僅偶一為之，並未逐章標識，或因出土時只有部分，未能類推全《詩》皆然，難以論證其有明確分章、且標識章句的意識。

　　2.《阜陽漢簡詩經》每篇之末，記該篇字數，如S002簡：「〈南有杕木〉冊八字」；每一風之後，總計該風篇數與字數，如S144簡：「右十二篇八……」，整理者推測為：「右方唐國　凡十二篇八百一十四字」之殘文，〔註708〕故胡平生、韓自強指出：「《阜詩》不計章數、句數，卻記下了毛《詩》所沒有的總字數」；〔註709〕但胡平生指出《阜陽漢簡詩經》的一個特殊現象：「在一百七十多簡片中絕沒有將一首詩的前後兩章寫在同一片簡上的情形……《阜詩》的詩篇可能是一章一章地分開抄寫的」，〔註710〕則也許其它《詩經》書寫於

〔註702〕黃侃：《文心雕龍札記》，頁157。

〔註703〕謝棟元：〈學問章句宜由章句訓詁起〉，謝棟元著，李秀坤編：《謝棟元語言學論稿》（上海：上海外語教育出版社，2016年5月），頁181。

〔註704〕張素卿：《左傳稱詩研究》，頁204。

〔註705〕駢宇騫：《二十世紀出土簡帛綜述》，頁127～146。

〔註706〕黃德寬：〈安徽大學藏戰國竹簡概述〉，《文物》第9期（2017年），頁54。

〔註707〕《郭店楚墓竹簡》，圖版頁20，釋文注釋頁131、137。又上博簡〈緇衣〉第二十四枚簡，墨釘後有兩字殘文，黃人二認為是「校勘者總結本篇章數之記錄」，〈簡論先秦兩漢書手抄寫後校勘之大概〉，謝維揚、朱淵清主編：《新出土文獻與古代文明研究》（上海：上海大學出版社，2004年12月），頁310，此一問題尚可參來國龍：〈論戰國秦漢寫本文化中文本的流動與固定〉，《簡帛》第2輯，頁525。

〔註708〕以上分見胡平生、韓自強：《阜陽漢簡《詩經》研究》，頁2、18～19。

〔註709〕胡平生、韓自強：《阜陽漢簡《詩經》研究》，頁19。

〔註710〕胡平生：〈阜陽漢簡《詩經》簡冊形制及書寫格式之蠡測〉，《阜陽漢簡詩經研究》，頁90。

簡帛時，也多是一章一簡，故各家稱引，得稱章數。然而這畢竟還是避免讀者混淆上下文的消極作為，不是有意識地標識章句於《詩經》文本中。

以上這些例證顯然說明：先秦兩漢《詩經》書於竹帛時，雖已有分章的意識，也可能嘗試從其它線索使讀者了解章句之分；但畢竟至今傳世、出土文獻始終未見早於毛《傳》而明確標識章句於《詩經》文本中的例證。故正式將全《詩》逐一分章，並明確標示幾章幾句於該詩之末者，仍當以毛《傳》為最早，故《毛詩正義》云：「《六藝論》云：『未若有今《傳訓》〔註719〕章句』，明為《傳訓》以來，始辨章句。或毛氏即題，或在其後人，未能審也」〔註712〕又：「以其毛公之前，未有篇句訓詁」，〔註713〕其說仍未被推翻。

四、毛《傳》始標興

不論從傳世文獻或出土文獻而言，〔註714〕至今以「興」字標注於《詩》原文以闡發《詩》旨者，仍始於毛《傳》。而毛《傳》標興多見於首章，惟《箋》於毛《傳》所標之興，有同意毛《傳》者，〔註715〕有毛《傳》標興而《箋》不以為興者，〔註716〕有毛《傳》不標興而《箋》增補者；〔註717〕至於《毛詩

〔註710〕按「傳訓」原乃注解之泛稱，如《毛詩正義》：「漢初為傳訓者，皆與經別行」，卷一之一，頁12，但參考上下文語境，知此處所指乃《毛詩故訓傳》，故此當按照《正義》的理解來標點。

〔註712〕《毛詩注疏》，卷一之一，頁23。

〔註713〕《毛詩注疏》，卷九之一，頁313。

〔註714〕按《左傳》中已有「賦」（多僅云賦某詩，非六義之「賦」，然六義之「賦」或從此得到一部分的啟發）、「比」（《左傳‧文公七年》：「〈葛藟〉猶能庇其本根，故君子以為比，況國君乎」，《左傳注疏》，卷十九上，頁316，有學者將此看作六義之「比」，如鄭毓瑜：〈《詩大序》的抒情界域〉，《文本風景——自我與空間的相互定義》，頁261）；《孔子詩論》中均未見「賦比興」，陳桐生：《《孔子詩論》研究》（北京：中華書局，2004年12月），頁206，已經指出此一點；但不能排除是出土時殘損所致。

〔註715〕如〈葛覃〉：「葛之覃兮，施于中谷，維葉萋萋」，《傳》：「興也」，《箋》：「此因葛之性以興焉，興者，葛延蔓於谷中，喻女在父母之家，形體浸浸日長大也。葉萋萋然，喻其容色美盛」，《毛詩注疏》，卷一之一，頁23，據《校勘記》改。

〔註716〕如〈伐木〉：「伐木丁丁，鳥鳴嚶嚶」，《傳》：「興也」，《箋》：「『丁丁』、『嚶嚶』，相切直也。言昔日未居位，在農之時，與友生於山巖伐木，為勤苦之事，猶以道德相切正也。『嚶嚶』，兩鳥聲也。其鳴之志，似於有友道然，故連言之」，《正義》：「大意與毛同，唯不興為異耳」，《毛詩注疏》，卷九之三，頁327。

〔註717〕如〈四月〉：「四月維夏，六月徂暑」，《傳》：「徂，往也。六月火星中，暑盛

正義》基本均同意《傳》、《箋》所標之興，但多於《傳》、《箋》不標興處大量補興──也許可稱為六朝至唐的「補興運動」。〔註718〕

而毛《傳》標興仍有若干問題須檢討：

1. 毛《傳》標興次數

此一問題至今仍有檢討的必要，目前共有 114、115、116、117、118 次諸說；〔註719〕而討論諸說是非之前，應先確定統計的標準：

（1）確定版本，如用阮刻本《毛詩注疏》，應直接計算《傳》文得出次數；若參用《毛詩注疏校勘記》等說校訂，則所得的兩個次數應分列。

（2）每一首詩中，除非毛《傳》標示在不同章不同句，否則都只能算一次。

（3）毛《傳》標興相關的術語，如：「興也」、「以興」，皆屬標興，均應計入；個別特殊之處，如：「憂者之興也」，也屬標興，亦計入，說詳下文。

而往矣」，《箋》：「『徂』猶『始』也。四月立夏矣。至六月乃始盛暑，興人為惡亦有漸，非一朝一夕」，《毛詩注疏》，卷十三之一，頁 442。

〔註718〕「補興運動」一詞為本文杜撰。補興之例如〈靜女〉：「匪女之為美，美人之貽」，《傳》：「非為其徒說美色而已，美其人能遺我法則」，《箋》：「遺我者，遺我以賢妃也」，《正義》：「以興我願有人自深宮之所，歸我以貞信之女，信美好而又異者，我則進之為人君之妃」，《毛詩注疏》，卷二之三，頁 105，據《校勘記》改。其它問題參安性栽：〈論《孔疏》之「興」〉，《湛江海洋大學學報》第 25 卷第 2 期（2005 年 4 月），頁 103～107。

〔註719〕此處不追溯諸說的最早出處，僅略舉數家以代表：114 次者，〔清〕焦循：《易餘籥錄》，卷一〈毛《詩》標興〉，徐德明等主編：《清代學術筆記叢刊》，第 37 冊，頁 6，焦氏逐篇條列，並標記所在章、句位置。115 次者，李辰冬：〈六義的發現（上）〉、〈六義的發現（下）〉，均收入《大陸雜誌語文叢書：通論·經學》，頁 221～226、余培林：〈毛《傳》標興之商兌〉，《詩經研究叢刊》第 4 輯（北京：學苑出版社，2003 年 1 月），頁 1、汪祚民：《詩經文學闡釋史（先秦─隋唐）》（北京：人民文學出版社，2005 年 3 月），頁 160～161，逐篇表列、雷學軍：〈毛《傳》標興探〉，《海南師範大學學報（社會科學版）》第 23 卷第 4 期（2010 年），頁 109、114～115，其否定〈有駜〉是標興。116 次者，見朱自清：《詩言志辨》，《朱自清古典文學論文集》（臺北：源流出版社，1982 年 5 月），頁 236、魏耕原：〈毛公標興分類普查與取義特徵〉，《文學遺產》第五期（2017 年），頁 25，逐篇表列。117 次者，王承略：〈《毛詩故訓傳》標『興』含義新解〉，《晉陽學刊》第 3 期（2003 年），頁 71、又見王承略：〈毛《詩》興義與序義比較研究〉，《儒家典籍與思想研究》第二輯（北京：北京大學出版社，2010 年 5 月），頁 67。118 次者，裴普賢：〈詩經興義的歷史發展〉，《詩經研讀指導》，頁 189～190，裴氏表中僅有 115 次，其於後文又據它證推定為 118 次。

　　根據上述三標準，重新統計阮刻本《毛詩注疏》的結果是：毛《傳》標興116次，其形式為：「興也」114次、「憂者之興也」1次、「以興」1次（〈鹿鳴〉之「以興」不覆計，說詳下）。

　　則114、115、117、118次說者何以致誤？114次為焦循之說，按焦氏既承認「標興多在首章；惟〈車鄰〉標於次章，然則一詩之中不必全篇皆興也。於〈振鷺〉標興，明不獨〈風〉、〈雅〉有之，〈頌〉亦有之也」，〔註720〕則不應否定〈南有嘉魚〉、〈有駜〉為標興，故焦氏應失檢〈南有嘉魚〉與〈有駜〉二例。115次說者，於〈有駜〉一例或失檢，或認識不清，或否定此例為興，如裴普賢不認為「以興」是明確的證據，必以為〈有駜〉「一定《傳》文原來也有『興也』兩字，後來傳寫時遺漏了」，〔註721〕恐係多此一舉；裴氏又據〈燕燕〉、〈四月〉之鄭《箋》均有興，認為此二處毛《傳》亦脫「興也」，故毛《傳》標興當有118次，〔註722〕亦無據，因鄭《箋》補興之處亦多。117次說者，王承略云：「毛《傳》明標『興也』共116次，另有1次標『以興』，所以毛《傳》定為『興』的詩篇實際上共有117篇」，〔註723〕誤，「興也」實僅114次，另1次是「憂者之興也」，二者不應混同，而標「以興」實有2次，見〈鹿鳴〉、〈有駜〉，但僅可計算為1次；因〈鹿鳴〉已有「興也」，與「以興」所標為同章同句，故其「以興」不覆計。而王承略所謂「另有1次標『以興』」，即指〈有駜〉，然其實〈有駜〉一例116次說者早已計入，蓋王氏誤以為116次說者不計〈有駜〉，故增為117次，失考。

　　故毛《傳》標興116次，朱自清《詩言志辨》以降之舊說不誤，只是未詳細說明理據而已。

2. 毛《傳》自解興義

　　毛《傳》只有三次簡略地解釋其標興之取義；〔註724〕其餘無「以興」等

〔註720〕〔清〕焦循：《易餘籥錄》，卷一〈毛《詩》標興〉，徐德明等主編：《清代學術筆記叢刊》，第37冊，頁7。

〔註721〕裴普賢：《詩經研讀指導》，頁193，增書名號。

〔註722〕裴普賢：《詩經研讀指導》，頁194。

〔註723〕王承略：〈毛《詩》興義與序義比較研究〉，頁67。

〔註724〕田中和夫：〈論《詩經》的「興」〉，《漢唐詩經學研究》，頁4〜5，已經將此三例一起討論，卓有識見；但田中氏誤引成〈有駜〉的第二章，今正，同書頁13不誤；又田中氏僅將此三例稱為「起興」，如此則未能見出這三例的價值。

語而亦解釋文義者，嚴格來說，不能視為毛《傳》自解興義。毛《傳》三次自解興義者如下：

（1）〈卷耳〉第一章：「采采卷耳，不盈頃筐」，《傳》：「憂者之興也。采采，事采之也。卷耳，苓耳也。頃筐，畚屬，易盈之器也。」〔註725〕按「憂者之興也」當是標興，理由如下：

a. 以注解次序而言，此語在「采采，事采之也」之前，亦即：在〈卷耳〉第一句之前，這說明「憂者之興也」不是〈卷耳〉第一章任何一字一句的單獨訓詁。

b. 毛《傳》其它標興之例與「憂者之興也」所處位置相同。

c. 若「憂者之興也」是解釋「采采卷耳，不盈頃筐」之義，沒有理由只說一句，且用「也」字絕句，不與下文相連；更何況毛《傳》串講文義，一般多在訓詁義項之後，此亦不合條例。

故知「憂者之興也」是標「興」，《正義》云：「言興取其憂而已，不取其采菜也」，此說不合句法，因「憂者之興也」一句中，「憂者」是主語，義即「采采卷耳」當從「憂者」的角度理解。

（2）〈鹿鳴〉第一章：「呦呦鹿鳴，食野之苹」，《傳》：「興也。苹，蓱也。鹿得蓱，呦呦然鳴而相呼，懇誠發乎中，以興嘉樂賓客，當有懇誠相招呼以成禮也。」〔註726〕這是毛《傳》解釋〈鹿鳴〉為「燕群臣嘉賓」之詩，其句首是「呦呦鹿鳴，食野之苹」的文義關聯。

（3）〈有駜〉第一章：「振振鷺，鷺于下。鼓咽咽，醉言舞，于胥樂兮」，《傳》：「振振，群飛貌。鷺，白鳥也，以興絜白之士。咽咽，鼓節也。」〔註727〕此例較為特殊，因毛《傳》未標「興也」，而僅云「以興」，朱自清云：「而《小雅·鹿鳴》首章次句下《傳》云……那麼，〈有駜〉篇也可以算是興詩了。不注『興也』，是因為前有『駜彼乘馬』一喻，與別的興之前無他喻者不一例。但是為什麼偏要在六句『鷺于下』下創一例呢？原來〈周頌〉有〈振鷺〉篇，首四句云：『振鷺于飛，于彼西雝。我客戾止，亦有斯容。』《傳》於次句下云：『興也。...鷺，白鳥也。』詩意以『振鷺』比『客』，毛氏特地指出鷺是白鳥，正是所謂『以興絜白之士』的意思。……後者（〈振鷺〉）既然是興，前者（〈有駜〉）

〔註725〕《毛詩注疏》，卷一之二，頁33。
〔註726〕《毛詩注疏》，卷九之二，頁315。
〔註727〕《毛詩注疏》，卷二十之一，頁766。

自然也該是興了。」〔註728〕

　　朱說近是，然尚可補充：〈振鷺〉之「客」，毛《傳》以為乃「二王之後」來周助祭，〔註729〕與〈有駜〉之「士」身分不同。而〈有駜〉以「鷺」興「士」，蓋以別於上文之「駜」，因「駜」喻「臣」（毛《傳》云：「馬肥彊則能升高進遠，臣彊力則能安國」），〔註730〕早已「夙夜在公」，自是舊臣，故《正義》云：「既言君臣相與明義明德，別言絜白之士羣集君朝，則絜白之士謂舊臣之外新來者也」，〔註731〕然「新來之臣」說是否合於毛《傳》，則不可知。

　　但雷學軍反駁朱自清說，以為〈有駜〉一例不是興，其主要論據有二：

　　a.〈鹿鳴〉與〈有駜〉類比的有效性：「朱自清由〈鹿鳴〉之興推出〈有駜〉之『振振鷺』二句也是興，所運用的是類比推理……在邏輯上，類比推理是一種或然性推理，由類比推理得出的結論是一種或然性的結論，因而朱自清由類比推理得出的〈有駜〉之『振振鷺，鷺於下』也是興的結論並不具有必然性。……而〈鹿鳴〉之興與〈有駜〉之『振振鷺，鷺於下』的位置並不相同，〈鹿鳴〉之興在首章章首，〈有駜〉之『振振鷺，鷺於下』在首章章中，也就是說朱自清在進行類比推理時，相比較物件的相同屬性並不多；同時，毛《傳》標興，並不是所有興句的注釋中都有『以興』……可見，『以興』並非毛《傳》『興也』的必注之詞。」〔註732〕

　　b. 對〈有駜〉的「以興」重作解釋：「〈振鷺〉……是一個暗喻興句，只有這四句詩句合在一起才是興，其中任何一句詩單獨獨立都不是興，朱自清將〈振鷺〉興句的一句『振鷺于飛』視為興，不自覺地在邏輯上犯了以偏概全和偷換概念的錯誤。……而在對〈有駜〉之『振振鷺，鷺於下』的注釋中，卻沒有『興也』的明確表示，這說明毛公並沒有將〈有駜〉之『振振鷺，鷺於下』視為興。可是毛《傳》為什麼要說『以興』呢？其實，毛《傳》中的『以興』就是『以喻』之意，因為興都是喻。『鷺，白鳥也，以興潔白之士』就是以白鳥喻潔白之士的意思。」〔註733〕

〔註728〕朱自清：《詩言志辨》，頁237～238。參裴普賢：《詩經研讀指導》，頁193～194。

〔註729〕《毛詩注疏》，卷十九之三，頁730。

〔註730〕《毛詩注疏》，卷二十之一，頁766。

〔註731〕《毛詩注疏》，卷二十之一，頁766。

〔註732〕雷學軍：〈毛《傳》標興探〉，頁114。

〔註733〕雷學軍：〈毛《傳》標興探〉，頁114～115。

　　按雷說不可信，因毛《傳》所標〈鹿鳴〉與〈有駜〉固然句數不同，但從章數來看，都在第一章，則從其大者著眼，亦無不同。其又批評朱自清只將「振鷺于飛」一句視為興，沒有根據，前揭朱氏文中引足〈振鷺〉四句，不是單獨解釋「振鷺于飛」一句。至於雷氏把「以興」解釋成「以喻」，尤其無據，毛《傳》多見「喻」字，何以此處獨用「興」字表示「喻」義？況且把「以興」解成「以喻」，毛《傳》從無此用法；雷氏寧願相信自我作古的「『以興』就是『以喻』之意」之說，反而不信〈鹿鳴〉「以興」跟〈有駜〉「以興」的關聯，其邏輯比之其所批評的朱自清又如何？

　　故從上述三例才能推知毛《傳》所體認的興義為何；然而興也只是漢儒對《詩》旨的一種體認，故追究其原意為何，或進而以此返本開新結合民俗學、〔註734〕人類學、〔註735〕文學理論，〔註736〕並無太大意義；因今日大可用更仔細周密的理論結構描述《詩》藝。不過，歷時地研究興義發展對彼時文學理論之影響，則或尚有賸義可說，甚至判為比、興或賦，與宋代「淫詩」公案大有關係，程元敏指出：「以比、興與賦體解詩，往往為貞、淫之分野：關係至大。〈野有死麕〉，較任何〈風〉篇為淫，以其在〈召南〉，朱子不敢輕議，故解首章先云『興也』，繼而，『或曰：賦也。』所以閃爍其詞者……若無所顧忌則朱當解『誘』為『挑誘』，且以賦體說各章，則〈野麕〉淫矣」，而朱熹所定30篇淫詩中，「朱子以賦體解之者最多，凡十七篇，四十五章」，朱子後學深知此間三昧，故「大凡朱派後學，欲不從朱子之解某篇為淫者，往往變更其『賦、興』為『比』體」。〔註737〕

五、特殊《傳》例：「篇末捴發一篇之《傳》」、毛《傳》存異說

　　前文已討論：毛《傳》所引先師、毛《傳》訓詁義項與經文次序不對應、毛《傳》踵覆之例諸體例問題，此處另補說毛《傳》二種值得注意之處：

1.「篇末捴發一篇之《傳》」

　　《毛詩注疏校勘記》：「此（〈椒聊〉）《傳》言『聲之遠聞也』，乃篇末捴

〔註734〕顧頡剛：〈論興詩〉，《史林雜識初編》（北京：中華書局，2005年1月），頁257~261。

〔註735〕趙沛霖：《興的起源》（北京：中國社會科學出版社，1987年11月）。

〔註736〕陳昭瑛：〈孔子詩樂美學中的「整體性」概念〉，《儒家美學與經典詮釋》（臺北：臺大出版中心，2005年8月）。

〔註737〕程元敏：《王柏之詩經學》，頁68、85、122，增書名號，又見頁148。

發一篇之《傳》，……篇末捻發《傳》，毛氏每有此例，如〈采蘋〉、〈木瓜〉之
屬是矣」，〔註738〕陳奐《毛詩說》云：「統釋全章之例……有見於末章者，〈木
瓜〉引孔子說苞苴之禮之類是也」，〔註739〕胡承珙云：「發傳之例，……有後
經以終事者，〈采蘋〉末章引〈昏義〉文，〈木瓜〉末章引孔子語之類是也」，
〔註740〕張舜徽亦舉〈采蘋〉為「總釋全篇大旨，……或於末章發之」之例，
〔註741〕黃焯則亦舉毛《傳》訓釋〈泉水〉之地名為「發解先後無定（或於後
章，或於後篇）」之例。〔註742〕

　　綜上諸家所考，僅得〈椒聊〉、〈采蘋〉、〈木瓜〉三證，其實尚可補充三
例，並略修正「篇末捻發」之說：

　　（1）〈素冠〉：「我心蘊結兮，聊與子如一兮」，《傳》：「子夏三年之喪畢，
見於夫子，援琴而絃，衎衎而樂作，而曰：『先王制禮，不敢不及。』夫子曰：
『君子也。』閔子騫三年之喪畢，見於夫子，援琴而弦，切切而哀作，而曰：
『先王制禮，不敢過也。』夫子曰：『君子也。』子路曰：『敢問何謂也？』夫
子曰：『子夏哀已盡，能引而致之於禮，故曰『君子也』。閔子騫哀未盡，能自
割以禮，故曰『君子也』。夫三年之喪，賢者之所輕，不肖者之所勉。』」《正
義》云：「《傳》以此篇既終，捻三章之義」，〔註743〕是，此例各家失檢。

　　（2）每章章末亦捻發章義，〈陟岵〉第一章：「上慎旃哉，猶來無止」，
《傳》：「旃，之。猶，可也。父尚義。」第二章：「上慎旃哉，猶來無棄」，
《傳》：「母尚恩也」，第三章：「上慎旃哉，猶來無死」，《傳》：「兄尚親也」，
《正義》云：「『父尚義』者，解孝子所以稱父戒己之意，由父之於子尚義，故
戒之。二章《傳》曰『母尚恩』，卒章《傳》曰『兄尚親』，皆於章末言之，俱
明見戒之意，以其恩義親故也」，〔註744〕此雖與「篇末捻發」略有不同，但亦
於每章章末捻發一章大義。

　　（3）於相連數篇之最後一篇闡發詩義，如：〈敬之〉：「維予小子，不聰

〔註738〕《毛詩注疏》，卷六之一附《校勘記》，頁221。
〔註739〕陳奐：《毛詩說》，《詩毛氏傳疏》，第四冊，頁4下。
〔註740〕胡承珙：〈復陳碩甫書〉，《求是堂文集》，卷三，《續修四庫全書》，第1500
　　　　冊，頁257。
〔註741〕張舜徽：《廣校讎略》，頁129。
〔註742〕黃焯：《黃焯文集》，頁98。
〔註743〕《毛詩注疏》，卷七之二，頁264。
〔註744〕以上均《毛詩注疏》，卷五之三，頁209。

敬止，日就月將，學有緝熙于光明，佛時仔肩，示我顯德行」，《傳》:「小子，嗣王也」，《毛詩正義》云:「上二篇亦有『小子』，於是始解者，舉下以明上」，〔註745〕按「上二篇」即〈訪落〉、〈閔予小子〉之「維予小子」，而〈敬之〉之《序》云:「群臣進戒嗣王也」、〈閔予小子〉之《序》云「嗣王朝於廟也」、〔註746〕〈訪落〉之《序》云:「嗣王謀於廟也」；〔註747〕而〈敬之〉下一首〈小毖〉之《序》雖云:「嗣王求助也」，但經文已無「維予小子」。〔註748〕知〈閔予小子〉、〈訪落〉、〈敬之〉在《詩序》、毛《傳》的體認中自成系列，即以「小子」與「嗣王」為關鍵，則毛《傳》不僅於篇末捻發大義，實也於章末、聯貫的篇章之末捻發大義。

此外，傳世古書注解亦有「篇末捻發一篇」大義之例，如《周易·同人·上九》之《象辭》:「同人于郊，志未得也」，王弼《注》:「凡處同人而不泰焉，則必用師矣，不能大通，則各私其黨，而求利焉。楚人亡弓，不能亡楚，愛國愈甚，益為它災。是以同人不弘剛健之爻，皆至用師也」，《周易正義》云:「『凡處同人而不泰焉，則必用師矣』者，王氏《注》意，非止〈上九〉一爻，乃總論〈同人〉一卦之義」，〔註749〕又《周易·謙·上六》之《象辭》，王弼《注》:「而皆無『兇』、『咎』、『悔』、『吝』者……」，〔註750〕亦於〈謙〉卦最末總論何以〈謙〉卦皆無「兇」、「咎」、「悔」、「吝」等語之問題，即其例。

2. 修正毛《傳》存異說之處當僅四例

劉師培曾舉「《傳》備兩解例」、〔註751〕施炳華亦舉出毛《傳》「《傳》備兩解」四例，〔註752〕向熹也指出毛《傳》有「兩義並存」之例；〔註753〕然馮浩菲云:「毛《傳》中稱『或曰』只此一例（引按:指〈天保〉)」，〔註754〕非

〔註745〕《毛詩注疏》，卷十九之三，頁740。
〔註746〕《毛詩注疏》，卷十九之三，頁738。
〔註747〕《毛詩注疏》，卷十九之三，頁739。
〔註748〕《毛詩注疏》，卷十九之四，頁745。
〔註749〕《周易注疏》，卷二，頁45。
〔註750〕《周易注疏》，卷二，頁48。
〔註751〕劉師培:《毛詩詞例舉要（詳本)》，《劉申叔遺書》，頁373，按劉氏把引先師說也計入，今斟酌去取。
〔註752〕施炳華:〈毛傳釋例〉，頁91～93。
〔註753〕向熹:《詩經語文論集》，頁267。
〔註754〕馮浩菲:《毛詩訓詁研究》，上冊，頁286。

是。

但討論毛《傳》存異說例之前，應先特別注意毛《傳》有針對同一字前後反覆解釋，但並非存異說者，如：〈六月〉：「元戎十乘，以先啟行」，《傳》：「元，大也。夏后氏曰『鈎車』，先正也，殷曰『寅車』，先疾也，周曰『元戎』，先良也」，〔註755〕此先解釋「元」字字義，再解「元戎」的文本義，並非前後異說；此種訓釋方式亦習見於它書：如《周禮・春官・大宗伯》：「王執鎮圭」，鄭玄《注》：「鎮，安也，所以安四方。鎮圭者，蓋以四鎮之山為瑑飾，圭長尺有二寸」，〔註756〕亦先解字義，後解文本義，可證。又毛《傳》行文最復沓者如〈采苓〉：「采苓采苓，首陽之巔」，《傳》：「興也。苓，大苦也。首陽，山名也。采苓，細事也。首陽，幽辟也。細事，喻小行也。幽辟，喻無徵也」，〔註757〕此層層闡發，也並非先後異說。

故綜合各家所舉之例，共得〈常棣〉、〈瞻彼洛矣〉、〈天保〉、〈緜〉、〈有瞽〉、〈閟宮〉六例，然〈常棣〉、〈瞻彼洛矣〉二例，實非存異說者，故毛《傳》存異說者僅四例。茲將此六例校訂如下：

（1）〈常棣〉：「儐爾籩豆，飲酒之飫」，《傳》：「儐，陳。飫，私也，不脫屨升堂謂之飫」，《箋》：「『私』者，圖非常之事，若議大疑於堂，則有飫禮焉；聽朝為公。」〔註758〕而「飫」字通「醊」、「醧」、「飴」、「餟」，〔註759〕義皆相近。

前人論「飲酒之飫」及其相關禮制，尚有賸義。〔註760〕此處其實問題有

〔註755〕 《毛詩注疏》，卷十之二，頁359。

〔註756〕 《周禮注疏》，卷十八，頁280。

〔註757〕 《毛詩注疏》，卷六之二，頁228

〔註758〕 《毛詩注疏》，卷九之二，頁322。

〔註759〕 參魯洪生主編：《詩經集校集注集評》，頁3685。惟「餟」字該書失檢，今補，說見〔清〕陳啟源：《毛詩稽古編》，卷九，頁309。又以上諸字相通之理，詳陳漢章：〈讀毛《詩》「飲酒之飫」《傳》（原注：辛卯）〉，《綴學堂初稾》（哈佛大學燕京圖書館藏光緒十九年〔1893年〕象山陳氏刊本），卷一，頁10上～11上，該書現已全文掃描公布在 https://hollis.harvard.edu/primo-explore/fulldisplay?vid=HVD2&docid=HVD_ALEPH007358448&context=L&search_scope=default_scope，此文《詩經集校集注集評》亦失收。

〔註760〕 如陳漢章：〈讀毛《詩》「飲酒之飫」《傳》〉，《綴學堂初稾》，卷一，頁10上～11上。近代除《詩經》專著外，大約只有段赫靜：《《詩經・小雅・常棣》研究》（太原：山西大學碩士論文，2012年6月），頁31～34，搜集材料尚為齊備，但未有明確結論；其餘如孔德凌：《《詩經》宴飲詩與周代禮樂文化

三：一則毛《傳》文字是否有誤？二則，毛《傳》文字若不誤，「私」字如何理解？「飫」與「私」的關係為何？三則，「飫」、「私」、「不脫屨」三者是否存在矛盾？而燕私是否不脫屨（即「跣」）？〔註761〕下文逐一論證：

a. 毛《傳》文字應不誤

段玉裁、〔註762〕李富孫、〔註763〕黃以周、〔註764〕胡玉縉均主張刪去「不脫屨升堂謂之飫」之「不」字，〔註765〕以為刪去此「不」字，毛《傳》前後文義才能相合；又陳奐主張「不」字為「下」字之誤，當作「下脫屨升堂謂之飫」；〔註766〕而馬瑞辰、〔註767〕林昌彝、〔註768〕顧廣譽均批評此一改字解經的作法，〔註769〕陳漢章云：「段氏若膺、陳氏碩甫勤求毛義；說此《傳》類以為誤衍，疏矣」，〔註770〕黃焯亦云段玉裁、陳奐「似皆未諦」，〔註771〕以上不改字之說大致可從，但尚須深入考辨，因段、陳之說除缺乏異文佐證外，對相關禮制的說解似也不盡正確，說詳下。

的變遷》（山東：曲阜師範大學碩士論文，2004年4月）、馬海敏：《《詩經》燕饗詩考論——周代燕饗禮制度與燕饗詩關係研究》（北京：首都師範大學博士論文，2007年5月）、張蘇羅：《《詩經》燕饗詩與周代禮樂文化的構建》（廣州：暨南大學碩士論文，2010年6月）、張雪松：《周代禮樂儀式与《詩經》宴飲詩》（黑龍江：哈爾濱師範大學碩士論文，2012年5月）、韓婷：《周代燕饗禮儀考論》（西安：陝西師範大學碩士論文，2013年5月），雖偶或論及，較少參考價值。

〔註761〕許維遹：〈饗禮考〉：「脫屨則跣矣，於是乎脫屨亦謂之跣……跣亦謂之解韈」，收在耿素麗、胡月平選編：《三禮研究》（北京：國家圖書館出版社，2009年5月），第二冊，頁905。

〔註762〕段玉裁又主張改「飫私」為「燕私」，見《毛詩故訓傳定本小箋》、《詩經小學》，《段玉裁遺書》，頁371、499，又見《說文解字注》，頁221（「餪」字）、749～750（「醅」字），若作「燕私」，訓詁義項之次序即混亂，其說似非。

〔註763〕〔清〕李富孫：《詩經異文釋》，《續修四庫全書》，第七十五冊，頁192。

〔註764〕〔清〕黃以周：《禮書通故》（北京：中華書局，2007年4月），卷二十四，頁1077～1078。

〔註765〕胡玉縉：「『不』為衍字，當以段說為正」，《許廎經籍題跋》卷四，《續四庫提要三種》，頁759。

〔註766〕陳奐：《詩毛氏傳疏》，卷十六，第二冊，頁7下。

〔註767〕馬瑞辰：《毛詩傳箋通釋》，頁506。

〔註768〕〔清〕林昌彝：《三禮通釋》（北京：北京圖書館，2006年11月），卷一〇二，頁601。

〔註769〕顧廣譽：《學詩詳說》，卷十六，《續修四庫全書》，第七十二冊，頁154。

〔註770〕陳漢章：〈讀毛《詩》「飲酒之飫」《傳》〉，《綴學堂初稾》，卷一，頁11上。

〔註771〕黃焯：《詩疏平議》，頁245。

b. 飫禮不脫屨，燕私脫屨

《國語・周語中》：「王公立飫，則有房烝」，韋昭《解》：「諸侯禮之〔註772〕立成者為飫」，所謂「立成」，見〈周語中〉：「故立成禮烝而已」，韋昭《解》：「立成，不坐也。」〔註773〕是以飫禮立而不坐，故《國語・魯語下》：「繹不進飫則退」，韋昭《解》：「立曰飫，坐曰宴。」〔註774〕既然飫禮立，自然不脫屨；而「私」如為燕私，則應脫屨，故問題即在：毛《傳》「私」字如何理解？燕私是否不脫屨？「飫，私，不脫屨升堂謂之飫」是否有矛盾？

但或以為《國語》與〈常棣〉之「飫」不同，如汪遠孫云：「〈小雅〉：『飲酒之飫』，亦非『立成』之『飫』」，〔註775〕黃以周亦云：「《詩》之飫，非〈周語〉之飫」，〔註776〕二說似欠分明，此處當分為兩層次論述：〈常棣〉之「飫」確非飫禮之義，該句之「飫」當訓作「厭」；〔註777〕然毛《傳》正是以飫禮論〈常棣〉，故欲論究毛《傳》之是非，當仍以毛《傳》所體認的飫禮為準。

c. 毛《傳》「私」即燕私，及燕私儀節有不脫屨之時

毛《傳》之「私」字當指「燕私」，〔註778〕但《箋》不以為《傳》有矛盾，關鍵即在不以為《傳》之「私」字為燕私，〔註779〕《箋》以「圖非常之事，

〔註772〕「禮之」雖亦可通，疑當倒作「之禮」為是。

〔註773〕以上均〔三國〕韋昭解，徐元誥集解：《國語集解》（北京：中華書局，2002年6月），頁58～59。

〔註774〕《國語集解》，頁199，據徐元誥說改。

〔註775〕《國語集解》，頁199，標點略有增補。

〔註776〕黃以周：《禮書通故》，卷二十四，頁1078，黃焯《毛詩鄭箋平議》，頁124，說同。又陳奐云：「鄭《箋》不用〈魯語〉之『飫』以申『飫，私』之訓，而用〈周語〉立成之『飫』為說，誤解經之『飫』字，并誤解《爾雅》、毛《傳》釋『飫』為『私』之義」，《詩毛氏傳疏》，第二冊，卷十六，頁7下。

〔註777〕此一解釋《詩經》專著中最早大約始於〔宋〕蘇轍：《詩集傳》：「飫，厭也」，《續修四庫全書》，第五十六冊，頁85，〔清〕陳啟源：「今作『厭飫』解，則始於蘇氏」，《毛詩稽古編》，卷九，頁309，而顧廣譽云：「要之，『飫』字之解以蘇氏訓『厭』為直截」，《學詩詳說》，卷十六，頁154。然此前該說亦已萌芽，如〈兩都賦〉：「登降飫宴之禮」，呂向云：「食飽而飲酒曰『飫宴』也」，〔梁〕蕭統編，〔唐〕李善等注：《六臣注文選》（臺北：臺灣商務印書館，1979年11月，《四部叢刊正編》景印上海涵芬樓藏宋刊本），卷一，頁40。

〔註778〕〔清〕龍啓濤云：「以非公燕，故毛訓『私』」，《毛詩補正》，《四庫未收書輯刊》（北京：北京出版社，2001年1月），第捌輯，第一冊，頁553。

〔註779〕林昌彝以為鄭《箋》「當本《國語》，非不能辨也」，《三禮通釋》，頁601，此只是可能因素之一，林說未盡是。

若議大疑於堂」解「私」，蓋據〈常棣〉之《序》云：「閔管蔡之失道」，及詩中云：「兄弟急難」、「兄弟鬩于牆」而發，《箋》此一讀法，與毛《傳》將「飫」視為「不脫屨」的「飫禮」，其實均是以經義改讀，應不合〈常棣〉詩意。

但如此仍未解決「燕私脫屨」與「不脫屨升堂謂之飫」、「立飫」的矛盾，如段玉裁既以為：「飫（引按：此『飫』字指『立飫』）必屨而升堂」，則立飫不脫屨，故段氏刪改毛《傳》之「不脫屨升堂謂之飫」作「脫屨升堂謂之飫」，此乃段玉裁為了調和《詩》、《國語》、《爾雅》三者間的矛盾：「毛公知《詩》『飫』非《國語》『飫』也，故足之曰『脫屨升堂謂之飫』……以《詩》、《爾雅》之『飫』，別《國語》之『飫』，以『脫屨升堂』說《爾雅》之『私』，毛義也」，〔註780〕即段氏以為《詩》、《爾雅》是私飫，脫屨，《國語》是立飫，不脫屨，故刪「不脫屨升堂謂之飫」之「不」字，因飫私本應脫屨；但林昌彝云：「段氏既知飫私非立飫，而以毛《傳》『不脫屨升堂』，以『不』為衍字，於說鑿矣」，〔註781〕林說並未指出段說的問題乃是失考燕禮儀節及毛《傳》此處隨文釋義的用心，說詳下。而陳奐改為「下脫屨升堂謂之飫」，則本在堂上，又入堂下脫屨，又再升堂，此恐非毛《傳》解〈常棣〉的用意，且如此解釋燕禮儀節亦不可從。

故段說的貢獻在於指出「立飫」與「飫私」（亦即「飫燕」）的分別，但其說改字解經，於禮制的說解也有若干問題，是以後人多修正其說：

馬瑞辰云：「『飫私』之『飫』，與『立飫』之『飫』，當是二義。……『立飫』以立為禮，『飫燕』則坐；『立飫』不脫屨而升堂，『飫私』則跣。……蓋廣異義，不云『一曰』者，省文也。鄭《箋》蓋誤合為一，故以『私』為『圖非常之事』耳」，〔註782〕施炳華云：「是《傳》文『私』謂燕私，『飫』謂立飫也」，〔註783〕按馬、施二說尚有可疑，一則未駁《毛詩正義》，二則不明古人所謂燕禮脫屨等語，係特別標舉燕私與其它儀節差異之處的省稱，並非燕私

〔註780〕以上均《說文解字注》，頁749。

〔註781〕林昌彝：《三禮通釋》，頁601。

〔註782〕馬瑞辰：《毛詩傳箋通釋》，頁505～506，黃焯《毛詩鄭箋平議》、《詩疏平議》同，分見頁124、頁245～246。又郝懿行、黃焯、王禮卿皆從馬瑞辰說，郝見《爾雅義疏》（臺北：藝文印書館，1987年10月），頁482～483，黃見前揭，王見《四家詩恉會歸》（臺中：青蓮出版社，1995年10月），第三冊，頁1078。

〔註783〕施炳華：〈毛傳釋例〉，頁92～93。

全程皆脫屨，燕私儀節中實亦有不脫屨之時。茲就此二疑點疏釋如下：

《毛詩正義》云：「〈燕禮〉云：『皆脫屨乃升堂』，〈少儀〉云：『堂上無跣，燕則有之』，是燕由坐而脫屨，明飲立則不脫矣」，〔註784〕按《毛詩正義》所謂「〈燕禮〉云：『皆脫屨乃升堂』」者，又見《禮記正義》：「云『將燕，降，說屨乃升堂』者，〈燕禮〉文也」，〔註785〕但檢《儀禮·燕禮》並無此文，〈燕禮〉惟云「賓反入，及卿大夫皆脫屨，升就席」，鄭玄《注》：「凡燕坐必脫屨，屨賤，不在堂也」，〔註786〕未詳《毛詩正義》、《禮記正義》何據，或是誤引。〔註787〕而〈少儀〉原文實作「凡祭於室中、堂上，無跣；燕則有之」，鄭玄注：「祭不跣者，主敬也。燕則有跣，為歡也」，〔註788〕則《毛詩正義》所引亦失原意。

惟《毛詩正義》其實並未舉出飲有「不脫屨」之證，只是指出燕私既然脫屨，飲雖是「私」而非「燕私」（《正義》於此蓋用《箋》說），則不脫屨，其論證其實尚有缺環，《正義》對燕私儀節之理解亦未盡確。

考〈常棣〉應屬燕私，本詩下文云：「兄弟既具，和樂且孺」，《傳》云：「王與親戚燕，則尚毛」，〔註789〕可證。且據毛《傳》它處所言應可推證毛《傳》以為〈常棣〉亦是燕私：〔註790〕

（a）〈湛露〉：「厭厭夜飲，不醉無歸」，《傳》：「厭厭，安也。夜飲，燕私也。」〔註791〕

〔註784〕《毛詩注疏》，卷九之二，頁322。

〔註785〕《禮記注疏》，卷三十五，頁632。

〔註786〕《儀禮注疏》，卷十五，頁174，參考〔清〕胡培翬、楊大堉：《儀禮正義》（臺北：鼎文書局，1973年5月），卷十二，頁205。《武威漢簡》甲本〈燕禮〉同，參張煥君、刁小龍：《武威漢簡「儀禮」整理與研究》（武漢：武漢大學出版社，2009年11月），頁252～253。

〔註787〕按五經正義中引〈燕禮〉多可疑，如呂友仁亦曾指證《禮記正義》誤引〈燕禮〉之例，《經學識小錄》（上海：上海古籍出版社，2017年9月），下冊，頁369。

〔註788〕《禮記注疏》，卷三十五，頁632。

〔註789〕《毛詩注疏》，卷九之二，頁322，「尚毛」，《正義》謂「以毛髮年齒為次第也」。

〔註790〕胡承珙：「可見《傳》意謂飲即是燕，經文四句相承，必非上二句言飲，下二句言燕」，《毛詩後箋》，卷十六，《續修四庫全書》，第六十七冊，頁365，故李黼平《毛詩紬義》，《續修四庫全書》，第六十八冊，頁111、包世榮《毛詩禮徵》，《續修四庫全書》，第六十九冊，頁192。

〔註791〕《毛詩注疏》，卷十之一，頁350，據《校勘記》改，段玉裁《說文解字注》說同，頁749。

（b）〈楚茨〉：「諸父兄弟，備言燕私」，《傳》：「燕而盡其私恩」，《箋》：「祭祀畢，歸賓客之俎，同姓則留與之燕，所以尊賓客、親骨肉也。」〔註792〕

　　而更重要的是，燕禮也並非自始至終均脫屨，古人多稱燕禮脫屨，大約是為了突出燕禮的特色使然，究其本意，非謂燕禮全程皆脫屨，故錢玄云：「凡行燕禮之飲，在主人與賓介獻酢酬及旅酬時，皆不脫屨。至撤俎後行無算爵時，乃脫屨升坐」，〔註793〕是，故賈逵亦有「不脫屨升堂曰宴」之說。〔註794〕且據〈常棣〉所云，此時尚是「儐爾籩豆，飲酒之飫」，未至於無算爵時，理當不脫屨，知「飫，私也，不脫屨升堂謂之飫」文從字順，並無誤字，也非存異說之例；乃是毛《傳》顧及〈常棣〉脈絡的隨文釋義。

　　上文既已疏證「飫，私也。不脫屨升堂謂之飫」，補充辨正異說如下：

　　（a）《初學記》引《韓詩外傳》云：「不脫屨而即席謂之『禮』〔註795〕；跣而上坐謂之『宴』；能飲者飲，不能飲者止，謂之『醧』；閉門不出客，謂之『湎』」，〔註796〕「跣而上坐謂之『宴』」，也是簡略的概括，不是燕禮儀節全貌，未足據。

　　（b）「飫，私」亦見《爾雅·釋言》，毛《傳》是否直引《爾雅》，〔註797〕不顧《詩》義是否切合？按〈釋言〉無語境可旁證其「私」字究為何義；然如上述疏通，知毛《傳》如係引《爾雅》，亦無矛盾。而段玉裁釋《爾雅》「飫，

〔註792〕《毛詩注疏》，卷十三之二，頁458，據《校勘記》改。

〔註793〕錢玄：《三禮通論》，〈禮儀編·禮儀通例·脫屨之儀〉，頁534。

〔註794〕《國語集解》，頁58，惟汪遠孫、徐元誥認為應刪去「不」字，非是，今補。另參張以仁：〈《國語》舊注輯校〉，《張以仁先秦史論集》（上海：上海古籍出版社，2010年1月），頁189。

〔註795〕胡承珙云：「此句『禮』當作『飫』」，非是，《毛詩後箋》，頁365。

〔註796〕《初學記》，卷十四〈饗讌〉，頁348，又見《太平御覽》（臺北：臺灣商務印書館，1997年7月）卷八四五〈飲食部三·酒下〉引，頁3906，而李善《文選注》引《韓詩章句》：「飲酒之禮，下跣而上坐者謂之『宴』」，頁34。按馬瑞辰《毛詩傳箋通釋》以為《初學記》所引乃《韓詩內傳》，誤，且其引文亦多衍、誤。許維遹〈饗禮考〉據《太平御覽》所引者以為是《韓詩內傳》佚文，頁905，亦非是。又各家多以為「醧」即「飫」，馬國翰則以為「『飫』作『醧』，與毛《詩》字異，『醧』字訓義亦不同」，《目耕帖》（臺北：世界書局，2009年9月），卷十六，頁52上。

〔註797〕一般認為《爾雅》出於毛《傳》之前，比較詳細的論述參盧國屏《《爾雅》與毛《傳》之比較研究》，其結論大致有五：二書訓詁材料不同、二書訓詁方法內容不同、二書成書性質不同、《爾雅》非依毛《傳》成書、《爾雅》早於毛《傳》可能性較大。

私」之「私」為「安食」之義,《說文解字・五下・食部》「飤」字段玉裁《注》:
「〈釋言〉曰:『飤,私也』,『私』即安食之謂,此非〈周語〉『房烝』、『立成』
之『飤』,亦非毛《傳》『脫屨升堂』之『飤』。其字下與『飽』、『餉』、『饒』、
『餘』相屬,則其義略同也。」〔註798〕段說不可信,一則「私」罕見有訓為「安
食」者,〔註799〕二則〈釋言〉下文乃「孺,屬也」,「飤,私也」與「孺,屬也」
相連,明指〈常棣〉而言,但「安食」之義解「飲酒之飤」恐不通。三則「飽」、
「餉」、「饒」、「餘」等字聯屬,自是《說文解字》之繫聯,不足以佐證《爾雅》。

　　故毛《傳》此例並無矛盾,不應視作存異說之例。

　　(2)〈天保〉:「俾爾單厚,何福不除」,《傳》:「俾,使。單,信也。或
曰:『單,厚也。除,開也。』」《毛詩正義》云:「毛於『單』字自作兩解」,
〔註800〕又段玉裁云:「毛兩釋,皆謂『單』為『亶』之假借」,〔註801〕馬瑞辰
說同。〔註802〕然馮浩菲以為:「《正義》……恐未妥。竊以為此與東京學者『或
曰』說一例,即表示不定指引他人說」,〔註803〕馮說無據,毛《傳》引先師說
多具載出處;況且也缺乏否定毛《傳》自作兩解的理由。

　　(3)〈瞻彼洛矣〉:「韎韐有奭,以作六師」,《傳》:「韎韐者,茅蒐染韋
也。一入曰韎韐,所以代韠也。天子六軍。」〔註804〕按此例各家皆無,乃向
熹舉出,惟向氏引作:「韎韐者,茅蒐,染草也;一曰,韎韐所以代韠也」,
〔註805〕故以為存異說,其實非是,《毛詩注疏校勘記》已校「草」當作「韋」,
「一曰」當作「一入曰」,〔註806〕向氏失檢,則此亦非存異說之例。

　　(4)〈緜〉:「古公亶父,陶復陶穴,未有家室」,《傳》:「古公,豳公也。
『古』言『久』也。亶父,字。或殷以名言,質也。」《正義》:「以周制論之,
『甫』必是字;〔註807〕但時當殷代,質文不同,故又為異說:或殷以『亶甫』

〔註798〕《說文解字注》,頁221。
〔註799〕如檢宗福邦等編:《故訓匯纂》(北京:商務印書館,2003年7月),頁1618
　　　　～1619,未見。
〔註800〕以上均《毛詩注疏》,卷九之三,頁330。
〔註801〕《毛詩注疏》,卷九之二,頁322。
〔註802〕《毛詩傳箋通釋》,頁509。
〔註803〕馮浩菲:《毛詩訓詁研究》,上冊,頁286,然此說與該書頁194略有矛盾。
〔註804〕《毛詩注疏》,卷十四之二,頁478。
〔註805〕向熹:《詩經語文論集》,頁267。
〔註806〕《毛詩注疏》,卷十四之二附《校勘記》,頁486。
〔註807〕按經文、《傳》、《箋》、《釋文》作「父」,疏文作「甫」,《釋文》云:「本亦

為名，名終當諱，而得言之者，以其時質故也。」〔註808〕

按徐璈云：「《呂覽》：『太王亶父，公組之子，號曰古公，避狄難也。狄人，獫狁，今之匈奴』（原注：〈審為〉篇）。趙岐曰：『古公亶甫，亶甫，太王名也，號稱古公』（原注：《孟子注》）。」〔註809〕按此可證先秦兩漢於古公亶父為名或字已有異說，而徐璈所引實為《呂氏春秋·審為》高誘注，不當逕稱《呂覽》，且原文作「太王亶父，公祖之子，王季之父，文王之祖，號曰古公。《詩》曰：『古公亶父，來朝走馬。率西水滸，至於岐下』，避狄難也。狄人，獫狁，今之匈奴」；〔註810〕又所引趙岐語見《孟子·梁惠王下》，無「古公亶甫」四字，「甫」作「父」。〔註811〕

然究為字或名，則施炳華云：「字為正解，名則廣異義，亦疑詞也。」〔註812〕

（5）〈有瞽〉：「設業設虡，崇牙樹羽」，《傳》：「業，大板也，所以飾栒為縣也，捷業〔註813〕如鋸齒。或曰：『畫之』。植者為虡，衡者為栒」，《正義》：「『或曰畫之』，謂既刻又畫之，以無明文，故為兩解。」〔註814〕而「虡」、「栒」即「懸掛編鍾、編鎛和編磬的架子」，虡為立柱，栒為衡梁。〔註815〕

而「或曰」二字，清人有異說，劉師培云：「『或曰』，《說文》作『以白』，自係傳寫之訛（原注：用段玉裁《小箋》說），非《傳》兩解也（原注：《疏》於此條以為《傳》為『兩解』，則文誤己久）」，〔註816〕施炳華說同。〔註817〕

按「用段玉裁《小箋》說」，見《毛詩故訓傳定本小箋》：「『或曰』二字當

　　作『甫』」，知《正義》所據與彼不同，或《正義》「自為文」，此亦經注疏合併之矛盾。
〔註808〕以上均《毛詩注疏》，卷十六之二，頁545。
〔註809〕《詩經廣詁》，卷二十三上，《續修四庫全書》，第六十九冊，頁569。
〔註810〕王利器：《呂氏春秋注疏》，第四冊，頁2649。
〔註811〕《孟子注疏》，卷二上，頁36。
〔註812〕施炳華：〈毛傳釋例〉，頁92。
〔註813〕按「捷業」，疊韻連綿詞，「捷」，上古從母葉部，「業」，上古疑母葉部，分見郭錫良《漢字古音手冊》，頁36、42。亦即古書習見之「捷獵」、「緁獵」，參差貌，參《故訓匯纂》，頁899。
〔註814〕以上均《毛詩注疏》，卷十九之三，頁731～732。
〔註815〕李純一：《中國上古出土樂器綜論》（北京：文物出版社，1996年8月），頁291，陳溫菊：《詩經器物考釋》，頁90～92。
〔註816〕《劉申叔遺書》，頁373。
〔註817〕施炳華：〈毛傳釋例〉，頁92。

作『以白』，字之誤也。《說文》『業』字下曰……」、〔註818〕又見《毛詩注疏校勘記》引段說、〔註819〕又見《說文解字・三上・丵部》「業」字《注》：「許說本毛，毛《傳》『或曰畫之』，『或曰』二字乃『以白』二字之譌，未有正其誤者」。〔註820〕而施炳華云：「段玉裁《詩經小學》詳言之矣」，〔註821〕誤，檢《詩經小學》無此說。

然錢桂森云：「案《箋》云『刻畫以為飾』，『刻』與『畫』自是兩義，非渾言也。則『或曰』二字不誤，毛、許所說自不相妨，無庸改就也」，〔註822〕馬宗霍亦云：「而許所據『虡』字作『巨』，段玉裁謂：『……《墨子・貴義》曰：『鉅者，白也』，『鉅業』者，蓋謂以白畫之與』，馬瑞辰說同。據此，則或三家《詩》有此說而許本之，正可作毛《傳》『或曰』之旁證；但段氏乃又謂『毛《傳》『或曰』二字乃『以白』二字之譌』，似亦未為確論矣。」〔註823〕按以上二說駁段近是，但理據不足，補申如下：

a. 《說文解字・三上・丵部》「業」字云：「大版也。所以飾縣鍾鼓。捷業如鋸齒，以白畫之，象其鉏鋙相承也」，〔註824〕雖與毛《傳》近似，但文仍有出入，未必直引毛《傳》。

b. 《說文》引《詩》作「鉅業維樅」，「鉅」不當解作「白」，「鉅業」自是「虡業」，〔註825〕即〈靈臺〉：「虡業維樅」。〔註826〕

c. 「業」本有刻者有畫者，《爾雅・釋器》：「大版謂之業」，〈靈臺〉《正義》引孫炎《注》：「業所以飾栒，刻板捷業如鋸齒也。其懸鍾磬之處，又以彩色為大牙，其狀隆然，謂之『崇牙』」，〔註827〕又《禮記・明堂位》：「夏后氏之龍簨虡，殷之崇牙，周之璧翣」，鄭玄《注》：「殷又於龍上刻畫之為重牙，以挂懸紞也。周又畫繒為翣，戴以璧，垂五采羽於其下，樹於簨之角上，飾彌

〔註818〕《毛詩故訓傳定本小箋》，《段玉裁遺書》，頁 427。

〔註819〕《毛詩注疏》，卷十九之三附《校勘記》，頁 741。

〔註820〕《說文解字注》，頁 103。

〔註821〕施炳華：〈毛傳釋例〉，頁 92。

〔註822〕丁福保：《說文解字詁林正補合編》（臺北：鼎文書局，1977 年 3 月），頁 1116 上。

〔註823〕馬宗霍：《說文解字引經考》，頁 356～357。

〔註824〕《說文解字注》，頁 103。

〔註825〕「鉅」、「虡」古書有異文，高亨、董治安：《古字通假彙典》（濟南：齊魯書社，1989 年 7 月），頁 872。

〔註826〕《毛詩注疏》，卷十六之五，頁 580。

〔註827〕《毛詩注疏》，卷十六之五，頁 580。

多也」，〔註828〕明非「以白畫之」；又根據考古發現的簨（即「栒」）與虡，如下圖，其「梁的兩端和柱上端前後兩側浮雕獸面紋，腳墩表面雕以對稱卷雲紋，並皆施以朱色彩繪」，〔註829〕可證有刻有畫；

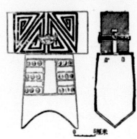

且段氏亦不能舉出有「以白畫之」之它證，則或係《說文解字》誤作「以白」，考「或」與「以」義近，〔註830〕「曰」與「白」古書多有訛例，〔註831〕則「或曰」誤為「以白」亦不無可能。故此例仍當視為毛《傳》存異說。

（6）〈閟宮〉：「閟宮有侐，實實枚枚」，《傳》：「閟，閉也。先妣姜嫄之廟，在周常閉而無事。孟仲子曰：『是禖宮也。』侐，清靜也。實實，廣大也。枚枚，礱密也」，《箋》：「閟，神也。姜嫄神所依，故廟曰神宮。」〔註832〕

而劉師培云：「孟仲子曰……以禖宮與姜嫄廟為一」，〔註833〕向熹云：「按《傳》文……是解釋『閟宮』得名的由來，孟仲子云云，則是另錄或說以備參考。」〔註834〕惟《毛詩正義》云：「『孟仲子曰……』，蓋以姜嫄祈郊禖而生后稷，故名姜嫄之廟為禖宮」，〔註835〕則《正義》以「禖宮」為「閟宮」之別名，然此亦是存異說的一種形式。

〔註828〕《禮記注疏》，卷三十一，頁583，據《校勘記》改。

〔註829〕引文與圖版均據李純一：《中國上古出土樂器綜論》，頁291。另參曹建墩：《先秦禮制探賾》（天津：天津人民出版社，2010年10月），頁325～327。

〔註830〕裴學海：「『以』猶『若』也……一為『若或』之義」，林祁乾編校《新編增訂古書虛字集釋》（臺北：泰盛書局，1977年8月），頁22。

〔註831〕「白」、「曰」相誤之例，見《毛詩注疏》，頁190、731，又《楚辭補注》：「屈原亦自以修飾潔『白』之行」，卷四，頁257，「白」字，《楚辭補注》（臺北：臺灣商務印書館，1979年11月，《四部叢刊正編》景印上海涵芬樓借江南圖書館藏明繙宋本）誤作「曰」，頁83。

〔註832〕《毛詩注疏》，卷二十之二，頁776，據《校勘記》改。按鄭玄說又見《周禮·春官·大司樂》注：「周立廟自后稷為始祖，姜嫄無所妃，是以特立廟而祭之，謂之閟宮，閟神之」，《周禮注疏》，卷二十二，頁340。

〔註833〕《劉申叔遺書》，頁373。

〔註834〕《詩經語文論集》，頁267。

〔註835〕《毛詩注疏》，卷二十之二，頁776。

　　總結上述所修訂之舊說，〈常棣〉、〈瞻彼洛矣〉之例並非存異說；而〈天保〉、〈緜〉、〈有瞽〉、〈閟宮〉之例乃毛《傳》存異說。

六、《毛詩正義》中的「毛以為」

　　因毛《傳》訓詁或簡略，或無說，又通常不釋全章大義，故如何彌縫毛《傳》與經文、《序》、《箋》的空隙或差異，成為《毛詩正義》重要的工作，故種村和史云：「疏家接受鄭玄的方法，融合毛《傳》《鄭箋》進行疏通」；〔註836〕惟個別處，《毛詩正義》或云：「今各從其家，而為之義，不復強為與奪」，〔註837〕又分疏毛、鄭為說，故顧廣圻云：「竊謂讀此書之法，與諸凡注疏微有不同，何也？他經注疏，皆一家之學；《毛詩注疏》，則《傳》、《箋》實兩家之學，孔仲達作《正義》，於此處最為斟酌得宜……今觀『毛以為』、『鄭以為』之所云云，用意粗可概見矣。」〔註838〕而後人或以不此為然，如莊述祖云：「至唐人注疏本，其以《傳》為《箋》、以《箋》為《傳》，《傳》中兼雜王肅語者，悉為是正」，〔註839〕實未推考《正義》之用意。

　　《正義》自剖其「毛以為」、「鄭以為」方法的相關論述中，最關鍵者有二：「推此而言」、「別為毛說」，據「推此而言」，知《正義》熟習全書，多以有說之處補無說之處，以《傳》文互相推證。據「別為毛說」，知其多引後人述毛之說補足毛《傳》。此類疏通工作，《毛詩正義》多以「毛以為」標識，以下歸納其方法論：

1. 系統歸納毛《傳》

　　（1）或據它處同文例者為證，《詩・衛風・伯兮》：「願言思伯」，毛《傳》無說，《毛詩正義》：「毛於〈二子乘舟〉《傳》曰：『願，每也』，則此『願』亦為『每』。」〔註840〕

　　（2）進一步，據毛《傳》全書通例為證，大抵可分三類：

　　a. 個別字句，如《毛詩正義》：「此篇毛《傳》所說不明，但諸言『碩人』

〔註836〕種村和史：《宋代《詩經》學的繼承與演變》，頁82。
〔註837〕《毛詩注疏》，卷十二之二，頁405。
〔註838〕〔清〕顧廣圻：〈答張子絜問讀《毛詩注疏》書〉，《顧千里集》（北京：中華書局，2007年12月），卷七，頁101。
〔註839〕〔清〕莊述祖：〈《毛詩故訓傳》序〉，《珍蓺宦文鈔》，卷五，《續修四庫全書》，第一四七五冊，頁88。
〔註840〕《毛詩注疏》，卷三之三，頁140。

者,《傳》皆以為『大德之人』……推此而言,則『寬邁』之義,皆不得與《箋》同矣」,〔註841〕「推此而言」足作為《正義》自道其方法之證,又如:「于」、〔註842〕「猶」、〔註843〕「嘏」、〔註844〕「戎」、〔註845〕「皇」、〔註846〕「奄」等字,〔註847〕《正義》皆如此作法。

　　b. 興,如:「此章毛《傳》『興』事不明,正以上章類之,知此必為『興』」,〔註848〕此類較少見。

　　c.「改字」、「破字」、「易字」、「變字」,此可視為《毛詩正義》之訓詁理論,其例頗多,茲各舉一證:如:「此二句毛不為《傳》,但毛無改字之理,又『妻』之為『數』,乃常訓也,故別為毛說焉」,〔註849〕又:「毛於《詩》皆不破字」,〔註850〕又:「但毛氏於《詩》無易字者」,〔註851〕又:「則毛不變『敬』字」,〔註852〕然此一理論亦未必盡確,說詳下文。

　　（3）據毛《傳》所體認的全篇大義補說,如《毛詩正義》:「此經雖無《傳》,但毛以此篇為致政之後,不得言年幼而未堪也;當自謂才智淺短而未堪耳。言『未』者,言已得臣之助則堪之,故以無助為未堪也。」〔註853〕

　　（4）毛《傳》無解釋之處,據旁證推測其用意,如《毛詩正義》:「而毛不為《傳》,則毛不變『敬』字」,〔註854〕又或據它處《傳》文:「毛雖不訓,準《生民》之傳……」,〔註855〕又或據後來之說補釋毛《傳》:「毛無別解,明

〔註841〕　《毛詩注疏》,卷三之二,頁128。
〔註842〕　《正義》:「毛氏於《詩》言『于』者,多為『於』、為『往』,所以為王自征耳」,《毛詩注疏》,卷十之二,頁358,為「於」為「往」,指多訓為「於」、「往」。
〔註843〕　《正義》:「又毛於『猶』字皆訓為『道』,則下句『猶』亦為『道』」,《毛詩注疏》,卷十二之二,頁770。
〔註844〕　《正義》:「毛於『嘏』字皆訓為『大』,此『嘏』亦為『大』也」,《毛詩注疏》,卷十九之二,頁718。
〔註845〕　《正義》:「毛於『戎』字皆訓為『大』,知此亦與鄭不同」,《毛詩注疏》,卷十八之三,頁673。
〔註846〕　《正義》:「『皇』多為『美』」,《毛詩注疏》,卷十九之四,頁754。
〔註847〕　《正義》:「《傳》於『奄』字皆訓為『同』」,《毛詩注疏》,卷二十之三,頁795。
〔註848〕　《毛詩注疏》,卷十五之一,頁501。
〔註849〕　《毛詩注疏》,卷十五之一,頁505。
〔註850〕　《毛詩注疏》,卷三之二,頁130。
〔註851〕　《毛詩注疏》,卷三之三,頁137。
〔註852〕　《毛詩注疏》,卷十八之五,頁691。
〔註853〕　《毛詩注疏》,卷十九之三,頁740。
〔註854〕　《毛詩注疏》,卷十八之五,頁691。
〔註855〕　《毛詩注疏》,卷十四之一,頁468。

與鄭同」、〔註856〕「毛既不為之《傳》，意當與鄭同」。〔註857〕

2. 據鄭《箋》補

《毛詩注疏校勘記》：「其仍云『忘憂』者，以鄭說為毛說。凡《正義》以為毛、鄭不異者，其自為文每如此」，〔註858〕按《校勘記》原義雖僅論及校勘問題，其實亦道出《毛詩正義》的基本解經理念，故此處取其語略加引申。如：〈關雎〉：「關關雎鳩，在河之洲」，《傳》：「鳥摯而有別」，《箋》：「『摯』之言『至』也，謂王雎之鳥，雌雄情意至，然而有別」，《正義》：「毛以為……此雎鳩之鳥，雖雌雄情至，猶能自別，退在河中之洲，不乘匹而相隨也，以興情至、性行和諧者，是后妃也」，〔註859〕按「雌雄情至」一語，毛《傳》無，正是《正義》用《箋》為「毛以為」。

3. 據後人申述毛《傳》補

（1）馬融、王肅，如：「馬、王立說，自云述毛……故采其釋經之辭，遺其『寡居』之說」，〔註860〕又：「王肅之說，皆述毛《傳》，今依之以為毛說」，〔註861〕又：「彼王肅為之作說，亦云己與毛同」，〔註862〕又「王肅述毛云……」。〔註863〕

而引王肅時或稱「王述」、〔註864〕「王述之」、〔註865〕「王述毛云」，〔註866〕均即「王肅述毛」之省略，而朱熹〈《呂氏家塾讀詩記》後序〉云：「而王述之類今皆不存」，〔註867〕《毛詩注疏引書引得》分列「王述之」與「王肅」，〔註868〕

〔註856〕 《毛詩注疏》，卷十六之四，頁 571。

〔註857〕 《毛詩注疏》，卷十五之二，頁 517。

〔註858〕 《毛詩注疏》，卷三之三附《校勘記》，頁 144。

〔註859〕 以上均《毛詩注疏》，卷一之一，頁 20。

〔註860〕 《毛詩注疏》，卷十七之一，頁 591。

〔註861〕 《毛詩注疏》，卷三之二，頁 128。

〔註862〕 《毛詩注疏》，卷十八之三，頁 677。

〔註863〕 《毛詩注疏》，卷六之二，頁 221。

〔註864〕 「故王述曰……」，《毛詩注疏》，卷九之二，頁 318。

〔註865〕 「王述之曰……」，《毛詩注疏》，卷九之二，頁 321。

〔註866〕 《毛詩注疏》，卷十五之一，頁 500。

〔註867〕 見《朱子文集》，卷七十六，參束景南：《朱熹佚文輯考》（南京：江蘇古籍出版社，1991 年 12 月），頁 503、343～344，然此句收入《呂氏家塾讀詩記》（北京：北京大學出版社，2009 年 6 月，《儒藏》精華編第 25 冊）之〈序〉時已刪去。

〔註868〕 《毛詩注疏引書引得》（臺北：Chinese Materials and Research Aids Service Center，1966 年），頁 2。

顯然均誤認「王述之」為人名。

　　然馬瑞辰云：「唐人作《正義》，每取王子雍說，名為申毛，而實失毛恉」、〔註869〕馬國翰云：「《正義》於毛、鄭皆分釋之，凡毛所略而不可以鄭通之者，即取王《注》以為《傳》意；間有申非其旨，而什得六七」、〔註870〕皮錫瑞云：「唐作《正義》，兼主《傳》、《箋》。毛無明文，而孔《疏》云毛以為者，大率本於王肅。名為申毛，實則申王」，〔註871〕江瀚云：「孔氏《正義》，於毛、鄭皆分釋，凡毛所略而不可以鄭通之者，即取王（肅）《注》，以為《傳》意」，〔註872〕按以上諸說均失考，《正義》之「毛以為」出處甚多，不徒王肅，且《正義》亦多云王肅不得毛《傳》之意：「王肅雖申毛《傳》，以『汾王』為『大王』，其意亦為屬王之甥」、〔註873〕「王氏之說未必得《傳》旨也」。〔註874〕

　　（2）孫毓，如〈椒聊〉：「碩大無朋」，《傳》：「朋，比也」，《經典釋文》：「比，王肅、孫毓申毛，必履反」，〔註875〕又：「孫毓云……，今以孫說為毛說」。〔註876〕而亦有云孫毓不得毛《傳》之義處，如：「或以（孫）毓為毛義，斯不然矣」、〔註877〕「（孫）毓自云述毛，此言亦非毛旨」。〔註878〕

　　（3）孔晁，如：「孔晁曰：……毛意當然也」，〔註879〕然亦有言孔晁不得《傳》義之處，如：「又孔晁云：『作者歷言三王之法』，此似述毛，非毛旨也。」〔註880〕

　　（4）侯苞，如：「侯苞云：『天行艱難於我身，不我可也』；如肅之言，與上章不類，今以侯為毛說。」〔註881〕

〔註869〕〔清〕馬瑞辰：《〈毛詩後箋〉序》，《毛詩後箋》，《續修四庫全書》，第67冊，頁5。
〔註870〕馬國翰：《玉函山房輯佚書》，《毛詩王氏注・序》，頁547。
〔註871〕皮錫瑞：《經學通論》，卷二，頁1～2。
〔註872〕江瀚：〈《毛詩王氏注》一卷（玉函山房本）提要〉，中國科學院圖書館整理：《續修四庫全書總目提要》（北京：中華書局，1993年7月），頁305，又見〈《毛詩王氏注》四卷（鄰嬛館補校本）提要〉。
〔註873〕《毛詩注疏》，卷十八之四，頁683。
〔註874〕《毛詩注疏》，卷五之一，頁190。
〔註875〕《毛詩注疏》，卷六之一，頁219。
〔註876〕《毛詩注疏》，卷十八之二，頁661。
〔註877〕《毛詩注疏》，卷十六之四，頁568。
〔註878〕《毛詩注疏》，卷十三之一，頁442。
〔註879〕《毛詩注疏》，卷十五之二，頁513。
〔註880〕《毛詩注疏》，卷三之二，頁124。
〔註881〕《毛詩注疏》，卷十五之二，頁516。

第六節 《詩序》與毛《傳》相合相異例證匯輯

1. 《詩序》、毛《傳》相異例匯輯

《詩序》與毛《傳》有相異之處，大抵唐宋人已經指出，其後學者論及者亦不少，如：丘光庭、〔註882〕曹粹中、〔註883〕鍾惺、〔註884〕毛奇齡、〔註885〕朱鶴齡、〔註886〕姚際恆、〔註887〕龔橙、〔註888〕徐灝、〔註889〕吳闓生、〔註890〕袁嘉穀、〔註891〕呂思勉、〔註892〕魏佩蘭、〔註893〕本田成之、〔註894〕張西堂、

〔註882〕〔唐〕丘光庭：《兼明書》，卷二，陶敏主編：《全唐五代筆記》，第三冊，頁2536。

〔註883〕〔宋〕曹粹中云：「《序》若出於毛，亦安得自相違庾如此。要知毛《傳》初行知時猶未有《序》也，意毛公既託之子夏，其後門人互相傳授，各記師說，至（衛）宏而遂著之，後人又復增加，殆非成於一人之手，則或以為子夏，或以為毛公，或以為衛宏，其勢然也」，〔宋〕曹粹中著，張壽墉輯：《放齋詩說》，《續修四庫全書》，第 57 冊，頁 217。

〔註884〕〔舊題明〕鍾惺：〈毛詩解序〉：「則〈小序〉與《詩傳》不同，而漢宋諸儒各有所解，無怪矣」，引自李先耕：《鍾惺著述考》（哈爾濱：黑龍江大學出版社，2008 年 12 月），頁 44。

〔註885〕〔清〕毛奇齡：「則是『傳』，傳者，傳詩文也，然又與『故』、『訓』不必合，又若二人作」，《詩札》，卷一，《四庫全書》，第 86 冊，頁 214，按毛氏認為「故」、「訓」都是指《詩序》，說已詳前。

〔註886〕〔清〕朱鶴齡：〈《毛詩通義》序〉：「觀於毛公之傳〈宛丘〉，不同於《序》說，則首句非毛公所為亦明矣」，《清人詩經序跋精萃》，頁 93。

〔註887〕〔清〕姚際恆：《詩經通論》，頁 3。

〔註888〕〔清〕龔橙：《詩本誼》，《續修四庫全書》，第 73 冊，頁 277～279。

〔註889〕〔清〕徐灝：《通介堂經說》，卷十三，《廣州大典》，第 24 輯，第 4 冊，頁121。

〔註890〕吳闓生：「且《傳》之與《序》，同出一原，必不容其有異；而今《序》、《傳》之不合者，往往有焉」，《詩義會通》（臺北：洪氏出版社，1977 年 9 月），頁10。

〔註891〕袁嘉穀：〈《詩》說十四〉：「或曰，附益者毛、衛均有，則非，觀毛《傳》或異《序》義者可知也」，《袁嘉穀文集》（昆明：雲南人民出版社，2001 年 2月），頁 118。原標點作「或曰，附益者毛衛均有，則非觀毛傳或異序義者，可知也」，誤。

〔註892〕呂思勉：「故知《詩序》之作，確在敬仲以前，特與毛義亦不盡合（原注：如〈靜女〉）」，《呂思勉讀史札記（增訂本）》，中冊，頁 759。

〔註893〕魏佩蘭：〈毛詩序傳違異考〉，《師大月刊》第 30 期（1936 年），頁 92～105。

〔註894〕〔日〕本田成之：「然而《詩序》，有和毛《傳》不合的，是則作《傳》的人，和作《詩序》的人，別有所見」，見氏著，江俠庵譯：《經學史論》，林慶彰主編：《民國時期經學叢書》第一輯，第六冊，頁 208。

〔註895〕鄭振鐸、〔註896〕陸侃如、〔註897〕蔣天樞〔註898〕、姜亮夫、〔註899〕趙
制陽、〔註900〕董治安、〔註901〕蔣凡、顧易生、〔註902〕趙沛霖、〔註903〕戴維、
〔註904〕姚榮松、〔註905〕王守謙、金秀珍、〔註906〕李家樹、〔註907〕洪湛侯、
〔註908〕王洲明、〔註909〕王承略、〔註910〕王妍、〔註911〕程元敏、〔註912〕李錦
煜、趙茂林、〔註913〕袁行霈等俱有說；〔註914〕而亦有辯證上述以為《序》《傳》
不合之例其實並無不合者，如陳慶麒、〔註915〕文幸福、〔註916〕凌麗君。〔註917〕

〔註895〕張西堂：《詩經六論》，頁 129～131。

〔註896〕鄭振鐸：〈讀《毛詩序》〉，《鄭振鐸全集》，第四卷，頁 20。

〔註897〕陸侃如：〈《詩經》參考書提要〉，《陸侃如古典文學論文集》（上海：上海古
籍出版社，1987 年 1 月），頁 218。

〔註898〕蔣天樞：「毛《傳》與《序》說之間，時有不盡符同處，正以《序》、《傳》
非出同時，前人之意後人未必盡解也」，〈論《楚辭章句》〉，《楚辭論文集》
（西安：陝西人民出版社，1982 年 7 月），頁 226，增書名號。

〔註899〕姜亮夫：「《傳》與《小序》必非一人之作」，《詞選箋註》，《姜亮夫全集》，
第 21 冊，頁 410。

〔註900〕趙制陽：《詩經名著評介》（臺北：臺灣學生書局，1983 年 10 月），頁 53～
55。

〔註901〕董治安：〈《詩經》緒說〉，《先秦文獻與先秦文學》，頁 16。

〔註902〕蔣凡、顧易生：《先秦兩漢文學批評史》，頁 400，未舉例。

〔註903〕趙沛霖：《詩經研究反思》，頁 337。

〔註904〕戴維：《詩經研究史》，頁 104、110。

〔註905〕姚榮松：〈詩序管窺〉指出「《小序》與毛《傳》不侔之處甚多」，《詩經論文
集》（臺北：黎明文化事業公司，1982 年 10 月），頁 455。

〔註906〕王守謙、金秀珍：《詩經評注》，頁 412。

〔註907〕李家樹：《詩經的歷史公案》（臺北：大安出版社，1990 年 11 月），頁 20～
23。

〔註908〕洪湛侯：「今綜覽全書，〈序〉、《傳》相應的現象比較普遍，但卻看不出毛《傳》
因襲〈詩序〉的地方，相反的，我們卻找到不少〈詩序〉據毛《傳》立說的
例子」，《詩經學史》，頁 164。

〔註909〕王洲明：〈毛《傳》與《毛序》的同異比較並論及《毛序》的作者〉，《西華
師範大學學報（哲社版）》第 5 期（2003 年），頁 22。

〔註910〕王承略：〈從傳序的關係論詩序的寫作年代〉，《第四屆詩經國際學術研討會
論文集》（北京：學苑出版社，2000 年 7 月），頁 302～311。

〔註911〕王妍：《經學以前的《詩經》》（北京：東方出版社，2007 年 3 月），頁 230。

〔註912〕程元敏：《詩序新考》，頁 91。

〔註913〕李錦煜、趙茂林：〈毛《詩》的《序》《傳》歧異原因析論〉，頁 69～75。

〔註914〕袁行霈、徐建委、程蘇東：《詩經國風新注》，〈前言〉，頁 8。

〔註915〕陳慶麒：〈毛詩傳序相應說〉，《國故》第 3 期（1919 年），頁 1～2。

〔註916〕文幸福：《毛傳鄭箋辨異》，頁 280～292。

〔註917〕凌麗君：〈從「單字相訓」看《毛詩故訓傳》與詩小序的關係〉，頁 334。

　　今僅彙總諸家不合之說，條列如下，但不代表本文亦以為此等處皆正確可從：

前人指出《詩序》、毛《傳》相異表〔註918〕

篇　名	《序》	《傳》	出處（括號為頁碼）
1.〈關雎〉	是以〈關雎〉樂得淑女以配君子，憂在進賢，不淫其色，哀窈窕，思賢才，而無傷善之心焉，是〈關雎〉之義也。	后妃有關雎之德，乃能共荇菜，備庶物，以事宗廟也。	魏（98）、張（129）、李、趙（69）
2.〈葛覃〉	〈葛覃〉，后妃之本也。后妃在父母家，則志在於女功之事。	大夫命婦成祭服，士妻朝服，庶士以下各衣其夫。	魏（98）、張（129）、李、趙（69、70）
3.〈芣苢〉	〈芣苢〉，后妃之美也。和平則婦人樂有子矣。	芣苢……車前也，宜懷妊焉。	魏（98）、張（129）、李、趙（69、70）
4.〈漢廣〉	〈漢廣〉，德廣所及也。文王之道被于南國，美化行乎江漢之域，無思犯禮，求而不可得也。	漢上游女，無求思者。	李、趙（69、71）
5.〈麟之趾〉	〈麟之趾〉，〈關雎〉之應也，〈關雎〉之化行，則天下無犯非禮，雖衰世之公子，皆信厚如麟趾之時也。	公姓，公同姓。	李、趙（69、71）
6.〈鵲巢〉	〈鵲巢〉，夫人之德也。國君積行累功，以致爵位，夫人起家而居有之，德如鳲鳩，乃可以配焉。	鳲鳩不自為巢，居鵲之成巢。	曹、〔註919〕魏（98）、李家樹（30）、李、趙（69）
7.〈草蟲〉	〈草蟲〉，大夫妻能以禮自防也。	卿大夫之妻待禮而行，隨從君子。	李家樹（30）、李、趙（69、70）

〔註918〕本表為避繁瑣，均不加考辨。諸家引文或有誤有刪節，逕改從《毛詩注疏》，不一一註明。而或只標出篇目，未具體指出差異何在，則亦不為之補。若一例各家說法不同，只取一說，不備錄。

〔註919〕曹粹中云：「毛《傳》謂……其說如此而已，而《序》云……」，《續修四庫全書》，第57冊，頁217。

8. 〈采蘋〉	〈采蘋〉，大夫妻能循法度也。	古之將嫁女者，必先禮之於宗室。	魏（98）、張（129）
9. 〈羔羊〉	在位皆節儉正直，德如羔羊也。	古者素絲以英裘，不失其制，大夫羔裘以居。	曹、〔註920〕魏（99）、李家樹（30）
10. 〈小星〉	夫人無妒忌之行，惠及賤妾，進御於君，知其命有貴賤，能盡其心矣。	命不得同於列位也。	魏（99）、張（129）、洪（165）、李、趙（69、70）
11. 〈摽有梅〉	〈摽有梅〉，男女及時也。	不待備禮也。三十之男，二十之女，禮未備，則不待禮會而行之者，所以蕃育民人也。	徐灝、〔註921〕魏（99）、張（130）、洪（165）、李、趙（69、70）
12. 〈騶虞〉			李、趙（69）
13. 〈日月〉	〈日月〉，衛莊姜傷己也，遭州吁之難，傷己不見答於先君，以至困窮之詩也。	不及我以相好。	李、趙（69、72）
14. 〈匏有苦葉〉			李、趙（69）
15. 〈靜女〉	〈靜女〉，刺時也。衛君無道，夫人無德。	既有靜德，又有美色，又能遺我以古人之法，可以配人君也。	鄭（20）、魏（100）、呂（759）、張（130）、董（16）、洪（165）、王洲明（22）、李、趙（69）
16. 〈君子偕老〉	〈君子偕老〉，刺衛夫人也。夫人淫亂，失事君子之道，故陳人君之德，服飾之盛，宜與君子偕老也。	能與君子俱老，乃宜居尊位，服盛服也。	曹、〔註922〕魏（100）、李家樹（30）、李、趙（69）

〔註920〕曹粹中云：「《序》云……其說出於康成，毛無此意也」，《放齋詩說》，《續修四庫全書》，第57冊，頁217。

〔註921〕徐灝云：「今案〈召南〉《序》云〈摽有梅〉……是毛、鄭俱謂女盛年不嫁，過時而衰，與《序》言『男女得以及時』相戾」，《通介堂經說》，《廣州大典》，第24輯，第4冊，頁121。

〔註922〕曹粹中：「《序》文顛倒，非毛意也」，《放齋詩說》，《續修四庫全書》，第57冊，頁202、217。

17.	〈竹竿〉	〈竹竿〉,衛女思歸也。適異國而不見答,思而能以禮者也。	舟楫相配,得水而行;男女相配,得禮而備。	張（130）、李、趙（69）
18.	〈兔爰〉			李、趙（69）
19.	〈將仲子〉			李、趙（69）
20.	〈女曰雞鳴〉	〈女曰雞鳴〉,刺不說德也。陳古義以刺今,不說德而好色也。	「閒於政事,則翱翔習射。」又:「君子無故不徹琴瑟。賓主和樂,無不安好。」	魏（100）、洪（165）、李、趙（69）
21.	〈有女同車〉	太子忽嘗有功于齊,齊侯請妻之;齊女賢而不取,卒以無大國之助,至於見逐,故國人刺之。	親迎同車也。	魏（102）
22.	〈山有扶蘇〉	〈山有扶蘇〉,刺忽也。所美非美然。	狡童,昭公也。	吳（10）、王洲明（22）、李、趙（69）
23.	〈東門之墠〉	〈東門之墠〉,刺亂也。男女有不待禮而相奔者也。	男女之際,近則如東門之墠;遠而難,則茹藘在阪。	魏（102）
24.	〈籜兮〉			李、趙（69）
25.	〈出其東門〉	〈出其東門〉,閔亂也。公子五爭,兵革不息,男女相棄,民人思保其室家焉。	願室家得相樂也。	丘、〔註923〕姚（3）、魏（102）、李家樹（30）、李、趙（69）
26.	〈東方之日〉	〈東方之日〉,刺衰也。君臣失道,男女淫奔,不能以禮化也。	日出東方,人君明盛,無不照察也。姝者,初昏之貌。	鄭（20）、魏（103）、張（130）、洪（165）、李、趙（69）
27.	〈盧令〉	〈盧令〉,刺荒也。襄公好田獵畢弋,而不脩民事,百姓苦之,故陳古以風焉。	言人君能有美德,盡其仁愛,百姓欣而奉之,愛而樂之。順時游田,與百姓共其樂,同其獲,故百姓聞而說之,其聲令令然。	魏（103）、洪（166）

〔註923〕丘光庭:「據此《傳》意,與《序》不同,是自又一取義也」,《兼明書》,卷二,陶敏主編:《全唐五代筆記》,第三冊,頁2536。

28.	〈葛屨〉	〈葛屨〉，刺褊也。魏地陿隘，其民機巧趨利，其君儉嗇褊急，而無德以將之。	婦至門，夫揖而入，不敢當尊，宛然而左辟。	張（130）、李、趙（69）
29.	〈十畝之間〉	〈十畝之間〉，刺時也。言其國削小，民無所居焉。	閑閑然男女無別往來之貌。	魏（103）、洪（166）、李、趙（69）、袁行霈等（8）
30.	〈綢繆〉	〈綢繆〉，刺晉亂也。國亂則婚姻不得其時焉。	男女待禮而成，若薪芻待人事而後束也。「三星在天」，可以嫁娶矣。	魏（103）、張（130）、洪（166）、李、趙（69）
31.	〈羔裘〉			李、趙（69）
32.	〈無衣〉	〈無衣〉，刺用兵也。秦人刺其君好攻戰，亟用兵，而不與民同欲焉。	上與百姓同欲，則百姓樂致其死。	魏（104）、張（130）、洪（166）、趙制陽（54）、李、趙（69）
33.	〈宛丘〉	〈宛丘〉，刺幽公也。	子，大夫也。	吳（10）、董（16）、王洲明（22）、李、趙（69）
34.	〈衡門〉			吳（10、106）
35.	〈月出〉	〈月出〉，刺好色也。在位不好德，而說美色焉。	窈糾，舒之姿也。	魏（104）、趙制陽（53）
36.	〈澤陂〉	言靈公君臣淫於其國，男女相說，憂思感傷焉。	傷無禮也。	吳（10）
37.	〈伐柯〉	〈伐柯〉，美周公也。周大夫刺朝廷之不知也。		趙制陽（53～54）
38.	〈鴟鴞〉			李、趙（69）
39.	〈破斧〉	〈破斧〉，美周公也。周大夫以惡四國焉。	斧斨，民之用也。禮義，國家之用也。	李、趙（69、71）
40.	〈狼跋〉	〈狼跋〉，美周公也。周公攝政，遠則四國流言，近則王不知。周大夫美其不失其聖也。	公孫，成王也，幽公之孫也。	吳（10）、洪（166）、趙制陽（54）、王、金（412）

41.	〈四牡〉	勞使臣之來也。	文王率諸侯撫叛國，而朝聘乎紂，故周公作樂以歌文王之道，為後世法。	吳（10）
42.	〈常棣〉	〈常棣〉，燕兄弟也。閔管、蔡之失道，故作〈常棣〉焉。		趙制陽（53）
43.	〈小弁〉	〈小弁〉，刺幽王也。大子之傅作焉。	高子曰：「〈小弁〉，小人之詩也。」	魏（104）、李、趙（69）
44.	〈魚藻〉	〈魚藻〉，刺幽王也。言萬物失其性，王居鎬京，將不能以自樂，故君子思古之武王焉。	魚以依蒲藻為得其性。	魏（104）、李、趙（69）
45.	〈都人士〉			李、趙（69）
46.	〈靈臺〉			李、趙（69）
47.	〈酌〉	言能酌先祖之道，以養天下也。	養，取。	吳（10）

　　值得注意的是，各家舉證，約九成屬於〈國風〉；而〈芣苢〉等例，各家有以為合《序》，亦有以為不合《序》者，顯見仍須深入檢討，如：上表中有一些例證顯係誤解，如第 2 例說者或只摘引「大夫命婦」，殊不知《傳》文乃一路從「王后」說到「庶士」之妻。第 15 例，《正義》已指出《傳》文之女德乃謂女史，〔註924〕非指夫人。第 29 例，《傳》所謂「閑閑然」即是譏刺之意，說者誤解為「閑閑然自得之貌」，故以為不合。第 32 例，說者以為「不與民同欲」、「同欲」，明係矛盾，此亦斷章取義，按〈無衣〉：「豈曰無衣，與子同袍」，《傳》：「上與百姓同欲，則百姓樂致其死」，〔註925〕這是用直敘的口吻來解釋「豈曰」之反詰語氣，〔註926〕與《序》並未矛盾；此等處文幸福已云：「然亦有《古序》以為『刺』，而毛《傳》以為『美』者，後儒遂謂《序》、《傳》辭意矛盾……凡此，雖看似相反，而實相成，春秋筆法，美此刺彼，詩人之意，亦往往有之，毛《傳》體例，正多如此」，〔註927〕而凌麗君論及王洲

〔註924〕《毛詩注疏》，卷二之三，頁 105。
〔註925〕《毛詩注疏》，卷六之四，頁 244。
〔註926〕參徐仁甫：〈詩經反詰句，傳箋正言之〉，《古詩別解》（上海：上海古籍出版社，1984 年 1 月），頁 19～20。
〔註927〕文幸福：《毛傳鄭箋辨異》，頁 290～291，標點略有補充。

明舉出的 3 個矛盾的例證時，亦以為：「而們認為實際相異的那 3 篇也只是詩的刺義，毛《傳》只是只是從反面去論證了小序的釋義」，〔註928〕二說可從；可知上述各家所舉《序》、《傳》矛盾之例，為數雖近五十，但尚須檢討，真正相異之例並不多。

2. 《詩序》、毛《傳》相合例匯輯

一般多以為《詩序》與毛《傳》相合，故或進一步據此線索推證二書作者，如俞正燮、〔註929〕吳承志。〔註930〕而較詳細論述舉證《詩序》與毛《傳》相合之處者如：周紫芝、陳奐、陳柱、吳步江、黃永武、董治安、李家樹、文幸福、陳勝長、趙制陽、王洲明、李錦煜、趙茂林等。〔註931〕

而洪湛侯云「但卻看不出毛《傳》因襲〈詩序〉的地方」，此失檢，前人雖已舉例若干《序》、《傳》相合之例，但並未齊備，只有文幸福舉證 54 例，60 篇，並詳加考證，〔註932〕且其亦注意到不僅同篇之《序》、《傳》有相合的情況，不同篇之《序》、《傳》也有相合的情況；但其說罕引前人之說，且仍有

〔註928〕 凌麗君：〈從「單字相訓」看《毛詩故訓傳》與詩小序的關係〉，頁 334。

〔註929〕 〔清〕俞正燮：〈毛《詩》《傳》、《序》一人所作論〉，《癸巳類稿》，卷二，《俞正燮集》，第一冊，頁 62～64。

〔註930〕 〔清〕吳承志：〈書俞氏〈毛《詩》《傳》、《序》一人所作論〉後〉，《遜齋文集》（《求恕齋叢書》本），卷三，頁 1 上～頁 2 上，該書已全文掃描公布在：https://ctext.org/library.pl?if=gb&file=96681&page=120#box（498,480,2,2）。又見〔清〕吳承志著，羅凌校注：《橫陽札記》（上海：華東師範大學出版社，2012 年 2 月），卷三，頁 74。

〔註931〕 如〔宋〕周紫芝：〈騶虞解〉，《太倉稊米集》，卷五十，《四庫全書》，第 1141 冊，頁 357。〔清〕陳奐：「毛公之學出自子夏，故《傳》與《序》無不合」，《詩毛氏傳疏》，卷一，頁 2 上。陳柱：〈守玄閣詩學敘〉：「大毛公……依《序》作《傳》，所得尤多」，《待焚文藁》，卷四，林慶彰主編：《民國文集叢刊》，第 1 編，第 120，頁 236。吳步江：「但毛傳鄭箋悉尊詩序」，《詩經義韻臆解》（臺北：黃冠南出版，1982 年 12 月），上冊，頁 1。黃永武：「毛傳與小序契合無間」，〈怎樣研讀詩經〉，《詩經論文集》，頁 27。董治安：〈《詩經》緒說〉，頁 16，舉證〈芣苢〉、〈新臺〉。李家樹《詩經的歷史公案》，頁 27～29，舉證了國風 135 篇，但未舉出相同的內容為何，應當存疑。陳勝長：〈毛詩與序相應舉例〉，《中國學人》第 3 期（1971 年 6 月），頁 15～30。趙制陽〈毛傳評介〉舉了七例，《詩經名著評介》，頁 51～53。王洲明則認為「內容上《傳》與《序》相同或基本相同的，有 83 篇之多」，但未一一舉證，〈毛《傳》與《毛序》的同異比較并論及《毛序》的作者〉，頁 21。李錦煜、趙茂林：〈毛《詩》的《序》《傳》歧異原因析論〉，頁 74，舉證〈駕鴦〉、〈江有汜〉、〈菁菁者莪〉。

〔註932〕 文幸福：《詩經毛傳鄭箋辨異》，頁 232～280。

若干可補證之處；茲匯總《詩序》與毛《傳》相合之處如下表：

《詩序》、毛《傳》相合表

篇　名	《序》	《傳》	備注（括號為頁碼）
1.〈關雎〉	〈關雎〉，后妃之德也。	「后妃說樂君子之德，無不和諧，又不淫其色，慎固幽深，若關雎之有別焉」，又：「言后妃有關雎之德，是幽閒貞專之善女，宜為君子之好匹。」	文（232）、〔註933〕趙制陽（51）
2.〈葛覃〉	則可以歸安父母。	「歸寧父母」，《傳》：「寧，安也。」	
	則志在于女功之事。	女功之事煩辱者。	
3.〈卷耳〉	求賢審官。	思君子官賢人。	文（233）、〔註934〕趙制陽（51）
4.〈桃夭〉	婚姻以時。	宜以有室家，無逾時者。	
5.〈芣苢〉	和平則婦人樂有子矣。	芣苢，馬舄。馬舄，車前也，宜懷任焉。	董治安（16）
6.〈麟之趾〉	〈麟之趾〉，〈關雎〉之應也。	麟信〔獸〕〔註935〕而應禮，以足至者也。	文（233）
7.〈采蘩〉	〈采蘩〉，夫人不失職也。	公侯夫人執蘩菜以助祭，神饗德與信，不求備焉。	文（234）
8.〈草蟲〉	〈草蟲〉，大夫妻能以禮自防也。	卿大夫之妻，待禮而行，隨從君子。	文（234）
9.〈行露〉	彊暴之男，不能侵陵貞女也。	不從，終不棄禮而隨此彊暴之男。	

〔註933〕按文氏引此兩段《傳》文用刪節號，不妥，其下文亦有分開引用而標章數者，較是，雖然亦有漏標者，又其引文有脫字（如本例脫「言」字）；以上情況均逕改正，不一一說明。

〔註934〕按文氏雖引及此例，但其所舉《序》乃「卷耳，后妃之志也」，此其不信「續序」之故。

〔註935〕說見《毛詩注疏》，卷十七之四附《校勘記》，頁638。

10.〈江有汜〉	嫡亦自悔也。	嫡能自悔也。	李錦煜、趙茂林（74）
11.〈野有死麕〉、〈有狐〉	〈有狐〉之《序》：「古者國有兇荒，則殺禮而多昏。」	〈野有死麕〉之《傳》：「兇荒則殺禮，猶有以將之。」	文（235）、趙制陽（51）
12.〈騶虞〉	〈騶虞〉，〈鵲巢〉之應也。……仁如騶虞，則王道成也。	騶虞……有至信之德則應之。	周紫芝〔註936〕
13.〈燕燕〉	〈燕燕〉，衛莊姜送歸妾也。	「之子，去者也。歸，歸宗也。遠送過禮。」又：「仲，戴媯字也。」	文（235）
14.〈終風〉	〈終風〉，衛莊姜傷己也。遭州吁之暴，見侮慢而不能正也。	人無子道以來事己，己亦不得以母道往加之。	趙制陽（52）
15.〈擊鼓〉	〈擊鼓〉，怨州吁也。衛州吁用兵暴亂，使公孫文仲將，而平陳與宋，國人怨其勇而無禮也。	孫子仲，謂公孫文仲也。	趙制陽（52）
16.〈匏有苦葉〉	〈匏有苦葉〉，刺衛宣公也。	衛夫人有淫佚之志，授人以色，假人以辭，不顧禮義之難，至使宣公有淫昏之行。	文（236）
17.〈谷風〉	〈谷風〉，刺夫婦失道也。	「夫婦和則室家成，室家成而繼嗣生。」又：「言黽勉者，思與君子同心也。」	文（237）
18.〈旄丘〉	衛不能脩方伯連率之職。	諸侯以國相連屬，憂患相及。	文（237）
19.〈簡兮〉	〈簡兮〉，刺不用賢也。	「武力比於虎，可以御亂御眾。有文章，言能治眾，動於近，成於遠也。」又：「乃宜在王室。」	文（238）

〔註936〕〔宋〕周紫芝：〈騶虞解〉：「〈騶虞〉一篇，其辭詩與序義相合，坦然明白；而諸儒各出己意，更相附會，使其詞旨不明，至不可曉，甚可怪也」，《太倉稊米集》，頁357。

20.	〈新臺〉	納伋之妻，作新臺于河上而要之。國人惡之，而作是詩也。	水所以潔污穢，反于河上而為淫昏之行。	董治安（16）
21.	〈二子乘舟〉	〈二子乘舟〉，思伋、壽也。	二子，伋、壽也。	文（239）
22.	〈君子偕老〉、〈碩人〉	〈君子偕老〉之《序》：「故陳人君之德」，《箋》：「人君，小君也。或者『小』字誤作『人』耳。」	〈碩人〉之《傳》：「人君以朱纏鑣扇汗，且以為飾」，〈君子偕老〉之《正義》：「〈碩人〉《傳》曰……，亦謂夫人也。」	
23.	〈相鼠〉	〈相鼠〉，刺無禮也。	無禮儀者，雖居尊位，猶為闇昧之行。	文（240）
24.	〈淇奧〉	〈淇奧〉，美武公之德也。	武公質美德盛，有康叔之餘烈。	文（241）
25.	〈竹竿〉	〈竹竿〉，衛女思歸也。	釣以得魚，如婦人待禮以成為室家。	文（241）
26.	〈采葛〉	〈采葛〉，懼讒也。	事雖小，一日不見於君，憂懼於讒矣。	文（242）
27.	〈將仲子〉、〈叔于田〉、〈大叔于田〉	〈將仲子〉，刺莊公也。	〈將仲子〉《傳》：「仲子，祭仲也」、〈叔于田〉《傳》：「叔，大叔段也」、〈大叔于田〉《傳》：「叔之從公田也。」	文（243）、趙制陽（52）
28.	〈山有扶蘇〉、〈狡童〉	〈山有扶蘇〉，刺忽也。	〈山有扶蘇〉《傳》：「狡童，昭公也」、〈狡童〉《傳》：「昭公有壯狡之志。」	文（246）、趙制陽（52）
29.	〈子衿〉	〈子衿〉，刺學校廢也。	「青衿，青領也，學子之所服」，又：「嗣，習也。古者教以詩樂，誦之歌之，弦之舞之」，又：「言禮樂不可一日而廢。」	文（247）
30.	〈雞鳴〉	〈雞鳴〉，思賢妃也。	古之夫人配其君子，亦不忘其敬。	文（249）
31.	〈東方未明〉	挈壺氏不能掌其職焉。	古者有挈壺氏，以水火分日夜以告時於朝。	

32. 〈南山〉、〈敝笱〉、〈載驅〉	〈南山〉，刺襄公也。〈敝笱〉，刺文姜也。〈載驅〉，齊人刺襄公也。	〈南山〉《傳》：「國君尊嚴，如南山崔崔然。雄狐相隨，綏綏然無別，失陰陽之匹。」又：「齊子，文姜也。」〈載驅〉《傳》：「言文姜於是樂易然。」	文（249）
33. 〈揚之水〉	〈揚之水〉，刺晉昭公也。	「諸侯繡黼丹朱中衣。沃，曲沃也。」又：「聞曲沃有善政命，不敢以告人。」	文（251）
34. 〈蒹葭〉	未能用周禮，將無以固其國焉。	國家待禮然後興。	
35. 〈東門之枌〉	〈東門之枌〉，疾亂也。	國之交會，男女之所聚。	文（253）
36. 〈東門之楊〉	昏姻失時，男女多違。	言男女失時，不逮秋冬。	文（253）
37. 〈墓門〉	陳佗無良師傅，以至於不義，惡加於萬民焉。	夫，傅相也。	
38. 〈株林〉	〈株林〉，刺靈公也。	株林，夏氏邑也。夏南，夏徵舒也。	文（254）
39. 〈素冠〉	刺不能三年也。	子夏三年之喪畢……。	文（254）
40. 〈匪風〉	〈匪風〉，思周道也。	下國之亂，周道滅也。	文（256）
41. 〈鳲鳩〉	〈鳲鳩〉，刺不壹也。	「鳲鳩之養其子，朝從上下，莫從下上，平均如一」，又：「言執義一，則用心固。」	文（257）
42. 〈鴟鴞〉	成王未知周公之志。	稚子，成王也。	文（258）
43. 〈東山〉	一章…二章…三章…四章…。	〈東山〉四章，章十二句。	文（258）
44. 〈九罭〉	〈九罭〉，美周公也。周大夫刺朝廷之不知也。	所以見周公也。	文（259）
45. 〈鹿鳴〉	〈鹿鳴〉，燕羣臣嘉賓也。	鹿得蓱，呦呦然鳴而相呼，懇誠發乎中，以興嘉樂賓客，當有懇誠相招呼以成禮也。	文（261）

46.	〈皇皇者華〉	〈皇皇者華〉，君遣使臣也。	忠臣奉使，能光君命，無遠無近，如華不以高下易其色。	文（262）
47.	〈魚麗〉	〈魚麗〉，美萬物盛多，能備禮也。	太平而後微物眾多，取之有時，用之有道，則物莫不多矣。	文（262）
48.	〈菁菁者莪〉	君子能長育人材，則天下喜樂之矣。	君子能長育人材，如阿之長莪菁菁然。	文（263）、李錦煜、趙茂林（74）
49.	〈采芑〉	〈采芑〉，宣王南征也。	宣王能新美天下之士，然後用之。	
50.	〈沔水〉	〈沔水〉，規宣王也。	疾王不能察讒也。	
51.	〈祈父〉	〈祈父〉，刺宣王也。	宣王之末，司馬職廢，姜戎為敗。	文（264）
52.	〈白駒〉	〈白駒〉，大夫刺宣王也。	宣王之末，不能用賢，賢者有乘白駒而去者。	文（265）
53.	〈黃鳥〉	〈黃鳥〉，刺宣王也。	宣王之末，天下室家離散，妃匹相去，有不以禮者。	文（265）
54.	〈正月〉	〈正月〉，大夫刺幽王也。	有褒國之女，幽王惑焉，而以為后。詩人知其必滅周也。	文（266）
55.	〈十月之交〉	〈十月之交〉，刺幽王也。	豔妻，褒姒。美色曰豔。	阮元〔註937〕
56.	〈小弁〉	〈小弁〉，刺幽王也。	幽王取申女，生大子宜咎。又說褒姒，生子伯服，立以為后，而放宜咎，將殺之。	文（267）
57.	〈谷風〉	天下俗薄，朋友道絕焉。	言朋友趨利，窮達相棄。	
58.	〈大東〉	譚大夫作是詩以告病焉。	公子，譚公子也。	
59.	〈無將大車〉	〈無將大車〉，大夫悔將小人也。	大車，小人之所將也。	文（268）

〔註937〕阮元云：「毛《傳》曰：『豔妻，褒姒。美色曰豔』，此受子夏之說，故毅然斷之如此」，又云：「毛《傳》曰：『豔妻，褒姒。美色曰豔』，此依子夏《序》為說也」，《揅經室集》，頁84、96，標點有修改。

60.	〈鼓鍾〉	〈鼓鍾〉，刺幽王也。	幽王用樂不與德比，會諸侯于淮上，鼓其淫樂以示諸侯，賢者為之憂傷。	文（268）
61.	〈何草不黃〉	用兵不息，視民如禽獸。	言萬民無不從役。	
62.	〈文王〉	〈文王〉，文王受命作周也。	「乃新在文王也。」又：「有周，周也。」又：「言文王升接天，下接人也。」	文（269）
63.	〈大明〉	〈大明〉，文王有明德，故天復命武王也。	文王之德明明於下，故赫赫然著見于天。	文（271）
64.	〈緜〉	〈緜〉，文王之興，本由大王也。	起大事，動大眾，必先有事乎社而後出，謂之宜。美大王之社，遂為大社也。	文（271）
65.	〈下武〉	武王有聖德，復受天命，能昭先人之功焉。	三后，大王、王季、文王也。	文（272）
66.	〈文王有聲〉	〈文王有聲〉，繼伐也。	上言「皇王」，而變言「武王」者，皇，大也，始大其業，至武王伐紂成之，故言「武王」也。	文（273）
67.	〈生民〉	文、武之功起於后稷。	生民，本后稷也。	
68.	〈鴛鴦〉	思古明王，交于萬物有道。	太平之時，交于萬物有道。	胡承珙、[註938] 李錦煜、趙茂林（74）
69.	〈韓奕〉	〈韓奕〉，尹吉甫美宣王也。	宣王平大亂，命諸侯。	
70.	〈振鷺〉	〈振鷺〉，二王之後來助祭也。	客，二王之後。	文（274）
71.	〈載見〉	〈載見〉，諸侯始見乎武王廟也。	昭考，武王也。	文（275）
72.	〈敬之〉	〈敬之〉，羣臣進戒嗣王也。	小子，嗣王也。	文（275）
73.	〈般〉	〈般〉，巡守而祀四嶽河海也。	高山，四嶽也。	

〔註938〕胡承珙：「《序》云……承珙案：首章《傳》云……正與《序》文相應。由毛公作《傳》，與《序》別行，故有時用《序》語為《傳》；若謂《序》多毛公所為，則《傳》中所已言，不應又襲之而為《序》也」，《毛詩後箋》，《續修四庫全書》，第 67 冊，頁 539。

74. 〈有駜〉	〈有駜〉,頌僖公君臣之有道也。	言臣有餘敬,而君有餘惠。	文(276)
75. 〈閟宮〉	〈閟宮〉,頌僖公能復周公之宇也。	「周公之孫,莊公之子,謂僖公也。耳耳然至盛也。」又:「諸侯夏禘則不礿,秋祫則不嘗,唯天子兼之。楅衡,設牛角以楅之也。白牡,周公牲也。騂剛,魯公牲也。」	文(276)
76. 〈那〉	〈那〉,祀成湯也。	烈祖,湯有功烈之祖也。	文(277)
77. 〈玄鳥〉、〈殷武〉	〈玄鳥〉,祀高宗也。	〈玄鳥〉《傳》:「武丁,高宗也。」〈殷武〉《傳》:「殷武,殷王武丁也。」	文(278)

第七節　毛《傳》訓詁術語與特色

　　本文主旨討論毛《傳》、鄭《箋》訓詁中較少被系統論證的「經學建構」、「文本意識」,但此二問題涉及既廣,篇幅繁多,不能置於本節訓詁特色中討論;故本節僅討論過去論及毛《傳》訓詁時頗為重視的三個問題:假借、破字;聲訓;《毛詩正義》所謂毛《傳》「非訓…為…」,作為下章討論「經學建構」、「文本意識」的基本知識。

一、毛《傳》改讀假借字

　　傳統曾用以下異稱:「改讀」、「轉讀」、〔註939〕「改字」、「易字」、「變字」、〔註940〕「破字」,來討論兩種不同的概念:破讀假借字、改動經文(如鄭《箋》所謂「字之誤」),〔註941〕正因如此,歷來關於「改字」的討論中,關於「毛

〔註939〕《毛詩正義》中屢見「轉以相訓」、「展轉相訓」、「轉」等訓詁術語,如:〈常武〉:「既敬既戒」,《箋》:「『敬』之言『警』也」,《正義》:「鄭轉『敬』言『警』」,《毛詩注疏》,卷十八之五,頁691。

〔註940〕如《毛詩正義》:「而毛不為傳,則毛不變『敬』字」,《毛詩注疏》,卷十八之五,頁691。

〔註941〕《毛詩注疏》,卷一之一,頁19。而鄭《箋》某些「當作」,《毛詩正義》也認為是改字,如。另參劉文清:〈《毛詩正義》訓詁術語初探──兼論「疏不破注」之意義〉,「龍宇純先生學術研討會」,臺中:東海大學中文系主辦,2018年12月1日,頁12~14。

不破字」，〔註942〕或「毛已破字」，〔註943〕頗為糾纏。故本書建議此後應稱為「改讀」，來定義這種破讀假借字；或在如字可通的情況下，卻以相關聲韻等條件為基礎，將之讀為另一字的訓詁方法。

而關於破讀假借字，《傳》已有之；改動經文，當始於《箋》，陳中凡以為《傳》已直改經文，其實並無根據，〔註944〕以下進一步申論。

1. 引言：《毛詩正義》對毛《傳》破讀假借字的誤解

由於《傳》的訓詁多僅是簡單的「A，B也」，有時被釋詞 A 與釋詞 B 之間很難看出有何關係，此類訓詁有兩種可能：一即《傳》破讀假借字，二即《毛詩正義》所揭示的《傳》「非訓…為…」現象。

《傳》是否已知破讀假借字，只能從其訓詁義項中推測；而《毛詩正義》對《傳》破讀假借的現象，理解並未透徹，故有以下二種情況出現：

（1）不明假借義，故云「未詳」、「未聞」，如：

a.《詩・大雅・緜》：「維其喙矣」，《傳》：「喙，困也」，《正義》：「『喙』之為『困』，則未詳」，〔註945〕馬瑞辰云：「『喙』與『瘉』、『瘵』字通……古蓋多借作『喙』……《正義》不明假借之義，以《說文》『喙』止訓『口』，故不明『喙』之為『困』耳。」〔註946〕

b.《詩・周頌・敬之》：「佛時仔肩」，《傳》：「佛，大也。仔肩，克也」，《正義》：「『佛』之為『大』，其義未聞」，〔註947〕錢大昕認為是「㼌」之假借：「《說文》：『㼌，大也，從大，弗聲，讀若『予違汝弼』』，即此『佛』字，『佛』之訓『大』，猶『墳』之訓『大』，皆同位之轉聲也」，〔註948〕段玉裁認為是「廢」之假借：「此以『佛』為『廢』之假借。古『廢』、『佛』同音，……〈四月〉：『廢

〔註942〕如《毛詩正義》云：「毛無破字之理」，又：「毛無易字之理」，分見《毛詩注疏》，卷一之一，頁20、卷四之四，177。此等語《毛詩正義》至少十見以上，今不一一舉出。

〔註943〕如王念孫：「故毛公《詩傳》多易假借之字而訓以本字，已開改讀之先」，見〔清〕王引之：《經義述聞》，卷首〈自序〉，頁2。

〔註944〕陳中凡：〈《詩經》毛傳改字釋例〉，《陳中凡論文集》（上海：上海古籍出版社，1993年8月），頁352～355。

〔註945〕《毛詩注疏》，卷十六之二，頁550。

〔註946〕《毛詩傳箋通釋》，頁824，又〔清〕嚴元照：《娛親雅言》，卷二〈毛詩〉，徐德明等主編：《清代學術筆記叢刊》，第43冊，頁173，說同。

〔註947〕《毛詩注疏》，卷十九之三，頁740。

〔註948〕〔清〕錢大昕：《潛研堂文集》，《嘉定錢大昕全集》，頁74。

為殘賊』,《傳》:『廢,大也』,用正字;此『佛時仔肩』,用假借字。」〔註949〕

（2）對鄭《箋》破讀而《傳》無說之處,多以「毛無破字之理」之理論通貫全書,藉此在無《傳》說可據的情況下,嘗試擬補出《傳》對全詩的見解;然此說只是疏家彌縫《傳》、《箋》之舉,嚴格來說不應作為《傳》不破讀假借字的證據,而且所謂「破字」等語,概念也不甚明確,說已詳上文。又錢大昕云:「『毛無破字』,其說蓋出于王肅,肅欲與鄭立異,故于鄭所破之字,必別為新義,雖自謂中毛,未必盡得毛旨也」,〔註950〕錢說無據,因為從《正義》引文及佚文而言,王肅並無「毛《傳》破字」的相關論述;〔註951〕且此一系統貫串全書的理論與實踐,出自《毛詩正義》似較合理。

2.「毛不破字」說校理

（1）此說應始見於（六朝）唐人:〔註952〕

孔穎達云:「毛無破字之理」,〔註953〕又:「毛無易字之理。」〔註954〕

魏了翁云:「毛《傳》簡要平實,無臆說,無改字。」〔註955〕

錢大昕云:「毛公《詁訓傳》每寓聲於義,雖不破字,而未嘗不轉音。」〔註956〕

盧文弨云:「案:毛無改字,宜從鄭讀。」〔註957〕

阮元云:「毛不易字,鄭《箋》始有易字之例。」〔註958〕

胡承珙云:「毛無破字之例。」〔註959〕

〔註949〕〔清〕段玉裁:《詩經小學》,《清人詩說四種》,頁229。

〔註950〕〔清〕錢大昕:《潛研堂文集》,《嘉定錢大昕全集》,頁233。

〔註951〕較詳備者見康義勇:《王肅之詩經學》(臺北:國立臺灣師範大學碩士論文,1973年),又載《國立臺灣師範大學國文研究所集刊》第18號(1974年6月)。

〔註952〕唐人五經正義中有六朝舊疏,故云,但如何分別,尚未有定論,參程蘇東:〈《毛詩正義》刪定考〉,《文學遺產》第5期(2016年)。

〔註953〕《毛詩注疏》,卷一之一,頁20。

〔註954〕《毛詩注疏》,卷四之四,頁177。

〔註955〕〔宋〕魏了翁:〈《白石詩傳》序〉,〔清〕朱彝尊:《經義考》,卷一〇九,頁583,又見〔宋〕王應麟:《漢藝文志考證》,《二十五史補編》(北京:中華書局,1955年),第二冊,頁1396引。

〔註956〕〔清〕錢大昕:《潛研堂文集》,《嘉定錢大昕全集》,頁232,又見《十駕齋養新錄》,卷一,頁20。

〔註957〕〔清〕盧文弨:《經典釋文考證》,頁69。

〔註958〕〔清〕阮元:〈《毛詩注疏校勘記》序〉,《毛詩注疏》,頁24。

〔註959〕〔清〕胡承珙:〈復陳碩甫書〉,《求是堂文集》,卷三,《續修四庫全書》,第1500冊,頁257。

鄭獻甫云：「毛《傳》不破字；鄭《箋》多破字，且於此破之，旋於彼引之。」〔註960〕

林柏桐云：「而《傳》例不破字（原注：與《箋》有別）。」〔註961〕

程晉芳云：「案毛於文字未嘗有所改更，至鄭而多異義。」〔註962〕

陳宗侃云：「及毛公作《故訓傳》，不敢易字，而以引申叚借之例發明之，其瀏亮可匹《尒疋》，故許叔重作《說文解字》多襲之也。」〔註963〕

章星垣云：「毛《傳》不破字，鄭《箋》多破字，其臆斷之失，固不能免；然亦自有據當時讀本而破之者，有古今字異而破之者。」〔註964〕

（2）毛已破字

王念孫云：「故毛公《詩傳》多易假借之字而訓以本字，已開改讀之先。」〔註965〕

朱珔云：「學者每以《詩毛傳》無破字之例，而鄭《箋》多改字為疑；余考之，其說殆不盡然……用備舉之，以見毛《傳》非不破字。」〔註966〕

馬瑞辰云：「《正義》泥於《傳》無破字之說，每誤以《箋》之申毛者為易毛義。」〔註967〕

黃以周引黃式三云：「舊說《傳》不改字，《箋》改字，辨之曰：毛氏以叚借為訓詁，不改字而已改之。」〔註968〕

陳玉樹云：「或謂毛《傳》無改字之例，予曰：『不然。……皆毛公改字之例，但不曰某讀為某，某讀若某，此臨文繁簡之分，西漢之異於東漢者，此

〔註960〕〔清〕鄭獻甫：《愚一錄》，卷三，《叢書集成續編》，第 13 冊，頁 39。

〔註961〕〔清〕林柏桐：《毛詩通考》，頁 2。

〔註962〕〔清〕程晉芳：《毛鄭異同考》，卷一，《續修四庫全書》，第 63 冊，頁 379。

〔註963〕〔清〕陳宗侃：《毛傳說文異同考》，《四編清代稿鈔本》，第 175 冊，頁 6。

〔註964〕章星垣（章奎森）：〈毛詩鄭箋破字解〉，《國學雜誌》第 2 期（1915 年），頁 1～9。

〔註965〕〔清〕王引之：《經義述聞·自序》，頁 2 引。

〔註966〕〔清〕朱珔：〈毛《傳》鄭《箋》破字不破字辨〉，《小萬卷齋文槀》（哈佛燕京圖書館藏光緒 11 年〔1885 年〕從孫臧成嘉樹山房重刊本），卷四，頁 12 下～17 上。全書已掃描公布在：https://books.google.com.tw/books?vid=HARVARD:32044067915645&printsec=titlepage&redir_esc=y。

〔註967〕〔清〕馬瑞辰：〈《毛詩後箋》序〉，《毛詩後箋》，《續修四庫全書》第 67 冊，頁 5。

〔註968〕〔清〕黃以周：〈敕對徵仕郎內閣中書先考明經公言行略〉，《儆季文鈔》，卷五，《清代詩文集彙編》，第 708 冊，頁 514。

也。』」〔註969〕

彭兆蓀云：「雖毛《詩》本古文，多假借字，《詁訓傳》往往以正字解經。」〔註970〕

陳倬云：「毛《詩》用古文，三家《詩》用今文；古文多假借字，《傳》每釋以本字，而三家亦有此例。」〔註971〕

胡樸安云：「邑前輩朱蘭坡先生珔，嘗著〈毛《傳》鄭《箋》破字不破字辨〉，雖未成書，而例則嚴密於陳氏（陳喬樅）。其例二十有二……統觀二十二例，可謂極其嚴也矣，苟本此例以考證毛、鄭之異同，則成書當視陳氏為精。」〔註972〕

陳中凡云：「昔陳喬樅《毛詩鄭箋改字說》，於鄭玄改字釋《詩》，考之備矣。獨於毛公改字，未嘗言及。豈以其語文簡直，不如鄭說之顯明，故不復措意及之邪？」〔註973〕

吳國泰云：「至於通假，則難究知，懿彼毛公傳詩，首啟筆路。」〔註974〕

趙振鐸云：「古人抄書，會出現同音假借現象。毛《傳》對這種現象只是在釋義上表示出假借的那個字的意義。」〔註975〕

羅邦柱云：「毛以本字釋借字，也就是破字改讀……孔穎達不明毛時還沒有讀為當為之例，故數云毛無破字之理，這是不對的。」〔註976〕

鄧聲國云：「眾所周知，歷來學者多謂毛《傳》無破字例……其實此乃泛言。毛《傳》常亦易字為說，只不過大多未明言之，有的只借義訓釋，有的表面未易字，而據鄭氏《箋》始明其例實屬易字為說者。」〔註977〕

〔註969〕〔清〕陳玉樹：《毛詩異文箋》，《續修四庫全書》，第74冊，頁239。

〔註970〕〔清〕彭兆蓀：《潘瀾筆記》，卷上，徐德明等主編：《清代學術筆記叢刊》，第38冊，頁251～252。

〔註971〕〔清〕陳倬：《戩經筆記》，徐德明等主編：《清代學術筆記叢刊》，第70冊，頁421。

〔註972〕胡樸安：〈樸學齋讀書記：毛詩鄭箋改字說〉，《國學周刊》第49期（1924年），頁2～3，又見〈樸學齋讀書記：毛詩鄭箋改字說〉，《國學匯編》第二集（1924年），頁19～21。今據前者。

〔註973〕陳中凡：〈《詩經》毛傳改字釋例〉，《陳中凡論文集》（上海：上海古籍出版社，1993年8月），頁352～355。

〔註974〕吳國泰：《《經傳釋詞》臆正》，頁1（頁碼每種另起），據該書附記，其書成於1959年，收入《居易簃叢書（六種）》。

〔註975〕《訓詁學史略》，頁48。此添書名號。

〔註976〕羅邦柱：〈毛傳聲訓舉例〉，頁74。

〔註977〕鄧聲國：〈《毛詩箋》申明《傳》義說略〉，《文獻學與小學論考》（濟南：齊魯書社，2007年7月），頁111。

孫永選、闕景忠等云：「（毛《傳》）並且多有破假借之字而訓以本字、本義之例，開改讀之先。」〔註978〕

王懷宜云：「今考詩毛《傳》，破字立訓之法有四種形式：1.以正字釋借字而明之者……2.以正字之義釋借字者……3.譯句中直接以正字代借字者……4.譯句中以正字之義明之者。」〔註979〕

（3）小結

前人所以於毛《傳》「改字」與否有諸多異說，乃因「改字」實包含二概念：一指破讀假借字，二指改動經文，故今後指稱《傳》、《箋》破讀假借字，應稱「改讀」；至於論《箋》之改動經文，不當再用「改字」一詞，如此庶幾可以避免混淆。

此外，進一步應當思考的是：今人乃從毛《傳》的訓詁義項判斷其已知破讀假借字；但毛《傳》為何以此二字相互訓釋，並無說明，亦即：可否以後人的假借字觀念，作為毛《傳》訓 A 為 B 的解釋？可能毛《傳》訓 A 為 B，在後人看來合於破讀假借字的條件，但毛《傳》本身並無破讀假借字的觀念與意圖，這也是應該注意的問題。

二、聲訓

前人關於毛《傳》「聲訓」的論述，大抵可分為通論、歸納聲訓條例、探求語源、義理聲訓四類：

1. 通論毛《傳》多用聲訓

錢大昕云：「毛公釋《詩》，自《爾雅》詁訓而外，多用雙聲取義……或兼用同位相近之聲」，〔註980〕祁雋藻、林春溥說本此。〔註981〕錢氏又謂：「毛《傳》多轉音」，〔註982〕按：所謂「轉音」，應與其《聲類》合觀，郭晉稀解釋錢氏所謂「同位」云：「什麼叫同位？就是聲位相同」，亦即「凡出、送、收

〔註978〕孫永選、闕景忠主編：《新編訓詁學綱要》（濟南：齊魯書社，2007 年 12 月），頁 267。

〔註979〕王懷宜：〈《詩毛傳》訓詁隱形理念初探〉，頁 15。

〔註980〕〔清〕錢大昕：《潛研堂答問》，《潛研堂集》（上海：上海古籍出版社，1989年），卷六〈答問三〉，頁 81。

〔註981〕〔清〕祁雋藻：〈《毛詩傳箋異義解》敘〉，〔清〕沈鎬：《毛詩傳箋異義解》，《續修四庫全書》，第 73 冊，頁 301、〔清〕林春溥：《開卷偶得》，卷三，《竹柏山房箚記三種》，頁 10 下～11 下。

〔註982〕《十駕齋養新錄》，卷一，頁 20。

相同者為同位變轉。」〔註983〕亦是較重聲母。

　　不過這一說法仍比較簡略，故各家多進一步歸納毛《傳》聲訓的條例。

　　2. **歸納條例者，如筱竹、**〔註984〕**何容心、**〔註985〕**陳應棠、**〔註986〕**史玲玲、**〔註987〕**羅邦柱，茲將各家所列條例比較如下**

姓　名	筱　竹	何容心	陳應棠	史玲玲	羅邦柱
條例	同紐同韻	雙聲上中下三篇	同聲為訓	同音為訓	以音同字相訓
	同韻轉紐	疊韻	雙聲為訓	雙聲為訓	以音近字相訓（韻部相同而聲紐有別）
	轉韻同紐	合音上中下三篇〔註988〕	疊韻為訓	疊韻為訓	以音轉字相訓
	轉韻轉紐	疊字類	聲轉為訓	音轉為訓	同字相訓
	同聲系（乃二字所從偏旁音聲相同者也）		聲近為訓	聲轉為訓	以本字釋借字
			語根為訓	韻轉為訓	以今語釋古語
			依聲比訓	同字為訓	以今字釋古字
			同聲轉訓	同聲母為訓	以本字之本義釋借字
			聲近轉訓	聲母訓其聲子	借聲音推求語源
			同聲借訓	聲子訓其聲母	
			聲近借訓		
			雙聲借訓		
			疊韻借訓		
			聲轉借訓		

〔註983〕〔清〕錢大昕著，郭晉稀疏證：《聲類疏證》，頁12～13。「出、收、送」見《十駕齋養新錄》：「不知聲音有出送收三等，出聲一而已，送聲有清濁之歧，收聲又有內外之歧。」這是錢氏對聲母的三種分類，詳見《聲類疏證》，頁13、31～32。

〔註984〕筱竹：〈毛傳訓詁釋例〉，《河南民國日報副刊》第8～11期。

〔註985〕何容心：〈毛詩聲訓類纂敘例〉，《學風》第5卷第8期（1935年），頁1～4。

〔註986〕陳應棠：《毛詩訓詁新銓》，頁72～198。

〔註987〕史玲玲：《毛傳音訓辨證》。

〔註988〕上篇「二字合成一音，即反切之法也」，中篇「以轉音同入聲者為一例，例同雙聲」，下篇「以三合四合之音為一類」。

			聲同通訓		
			聲近通訓		
			聲轉通訓		
			同語根通訓		

　　然各家之說，有若干可議之處，一則「以今語釋古語」、「以今字釋古字」等，與聲訓關係較小，二則何容心所論「合音」之例，似不能成立，三則各家所歸納，多只是後見之明地歸納解釋詞與被釋詞的關係，而不是作為前提的方法，只有論證毛《傳》「推原」者，較具備方法論的意義。

3. 探求語源

　　清末以來，因聲求義說的流行，逐漸發展為對語源的關注，遂也導致學者在觀察訓詁學著作時，特別重視探求語源的這一面向，如：陸宗達云：「知毛亨解詩，常根據聲音線索推求語源」，〔註989〕羅邦柱云：「漢初毛亨傳《詩》，聲訓的方法早已用得很精到，大多是本於聲音而求得字義的解釋。」〔註990〕可以注意的是：陸氏稱毛《傳》「常」推求語源，但是根據馮浩菲的觀察，《傳》推源者不足十例，〔註991〕並且有些例證還有商討的空間，比如下文要討論的「京，大也」一條；所以用「探求語源」來論證毛《傳》或其它早期訓詁，一方面反映晚出訓詁學理論形成時，學者汲汲追溯早期例證，以證明其確有根據；一方面卻也帶來可喜「洞見」、「新見」後的「不見」。

4. 毛《傳》的「義理聲訓」

　　聲訓本與儒家思想密切相關，〔註992〕而被釋詞與解釋詞之間，雖具備一定的聲音條件，但是同聲者多，何以取此不取彼，當有深意可說，故劉青松從三個方面論證毛《傳》的聲訓中多有義理可言：〔註993〕

　　（1）根據聲音線索選擇更適合闡發義理的版本（此類中劉氏主要是指鄭《箋》選擇異文以更符合毛《傳》的義理闡發）、

　　（2）以興為比、

　　（3）暗換詞義，

〔註989〕《訓詁簡論》，頁103。按頁146解「推原」為「訓詁解釋詞義的另一種方法，是根據詞的聲音線索，探索詞義的由來。這種方法叫推原。」
〔註990〕羅邦柱：〈毛傳聲訓舉例〉，頁73。
〔註991〕馮浩菲：《毛詩訓詁研究》，頁204～206。
〔註992〕張以仁：〈聲訓的發展與儒家的關係〉，《張以仁語文學論集》，頁54～70。
〔註993〕劉青松：〈《詩經》毛傳、鄭箋的義理聲訓〉，頁336～342。

但其文只舉若干例證，分類也過於似簡略，未見層次區分，且似亦不必將比興納入討論範圍，而毛《傳》藉聲訓所詮釋的義理，在其全部義理系統中的重要性為何？劉氏並未詳述；劉氏未詳述的原因，與其考察視角的限制有關，這就涉及「聲訓」在毛《傳》訓詁中的意義與重要性：首先，相較其它訓詁、經學著作來說，聲訓在毛《傳》中並不佔重要的地位，這一方面顯示毛《傳》自身的特色，一方面也可能是時代的因素使然。其次，毛《傳》藉聲訓來發揮思想的例證也非常少；偶然藉以發揮的思想，在其全部思想系統中，也沒有關鍵的影響。所以，聲訓固然往往有義理，但義理的闡發卻不必然以聲訓為主要的手段，故以此聲訓的角度來討論毛《傳》，所得實為有限。

三、《毛詩正義》所謂毛《傳》「非訓……為……」

毛《傳》訓詁，有一特殊現象，即釋詞與被釋詞之間，除了最基本的意義相等外，還存在多種不同的關係。這一現象，《毛詩正義》已有清楚的認識，並以「非訓……為……」、「不訓……為……」、「非謂……」、「無取……義也」等術語表述，而以「非訓……為……」最多見，例均見下表。而近代以來，學者對此亦有進一步的闡釋，如金鶚仍據義疏學舊轍、〔註994〕蕭璋稱為「義隔相通」、〔註995〕馮浩菲稱為「間空訓例」，〔註996〕張樹波云：「但是由於毛《傳》行文簡古，有的字詞訓釋雖然正確，卻省略了中間環節，割斷了被解釋詞與解釋詞之間的聯繫，因而到了後來或者難以被人理解，或者反而被人曲解」，〔註997〕王顯勇稱為「義隔相訓」，〔註998〕凌麗君稱為

〔註994〕〔清〕金鶚〈天子營國之制考〉：「孔疏約據〈緜〉《傳》『王之郭門曰皋門』，謂（皋門）〔郭門〕即王城南門（引按：孔廣森〈五門考〉：「《毛詩》〈緜〉《傳》曰：『王之郭門曰皋門』，郭門即王城南門」，《禮學卮言》〔臺北：藝文印書館，百部叢書集成影印《指海》本〕，卷二，頁6上，據此，「皋門」應作「郭門」），不知『皋』、『郭』聲相近，毛特以郭門名皋門，非謂即以郭門為皋門也」，見《求古錄禮說補遺續》。

〔註995〕蕭璋：〈談「義隔相通」──讀注札記〉：「義隔相通指注釋家所選用的注釋字與古書上的被注釋字，詞義隔閡，實際相通……我們把握古注中的這一條例，……既避免了輕易地否定古注，又避免了把異義詞當作同義詞」，《文字訓詁論集》，頁15。

〔註996〕馮浩菲：《毛詩訓詁研究》，上冊，頁150～153。

〔註997〕張樹波：〈《詩經》異文簡論〉，《詩經國際學術研討會論文集》，頁472。

〔註998〕王顯勇：〈《詩經》毛傳「某，某；某，某也」形式之義隔相訓初探〉，《黃石理工學院學報（人文社會科學版）》第28卷第1期（2011年2月），頁60～62，又頁67。

「不等值訓釋」。〔註999〕上述各種說法中，「不等值訓釋」較名實相符，茲取此說。

然各家於此現象雖有認識，但均未系統梳理《毛詩正義》，儼然如為今人創說；故另彙總《毛詩正義》以降各家所舉例證如下表：

編號	經文、注文	相關論述、頁碼〔註1000〕
1	〈羔羊〉：「素絲五紽」,《傳》：「紽，數也。」	《正義》：「此言『紽，數』，下言『總，數』，謂『紽』、『總』之數有五，非訓『紽』、『總』為『數』也。」(57)
2	〈羔羊〉：「素絲五總」,《傳》：「總，數也。」	
3	〈騶虞〉：「彼茁者葭」,《傳》：「茁，出也。」	《正義》：「謂草生茁茁然出，故云『茁，出也』，非訓為『出』」(68)，丁忱：「《傳》之此訓謂草茁茁然，非訓『茁』為『出』耳。」〔註1001〕
4	〈綠衣〉：「綠兮絲兮」,《傳》：「綠，末也。絲，本也。」	《正義》：「織絲而為繒，染之以成綠，故云『綠，末』『絲，本』，以喻妾卑嫡尊也。」(76)
5	〈燕燕〉：「燕燕于飛」,《傳》：「燕燕，鳦也。」	馮浩菲：「經文『燕燕』疊字足句，《傳》連舉而釋一，等於說『燕，鳦也』，非謂以二字為物名。」〔註1002〕
6	〈北門〉：「其虛其邪」,《傳》：「虛，徐也。」	《正義》：「但《傳》質，詁訓疊經文耳，非訓『虛』為『徐』。」(104)
7	〈君子陽陽〉：「左執翿」,《傳》：「翿，纛也，翳也。」	《正義》：「然則『翿』訓為『纛』也，『纛』所以為『翳』，故《傳》并引之。」(150)
8	〈大車〉：「毳衣如菼」,《傳》：「菼，鵻也，蘆之初生者也。」	《正義》：「『菼，鵻』，〈釋言〉文，郭璞曰：『菼，草色如鵻，在青白之間。』《傳》以經云『如菼』，以衣冠比菼色，故先解菼色，又解草，言菼是蘆之初生。」(154)、凌麗君〔註1003〕

〔註999〕凌麗君：〈言內語境下的《毛傳》不等值訓釋分析〉，王寧主編：《訓詁學與詞匯語義學論集》（北京：語文出版社，2011年3月），頁40～54。

〔註1000〕為便觀覽，此表不一一出注，僅附頁碼供覆核。經、《傳》、《正義》文字皆用《校勘記》改。

〔註1001〕丁忱：《爾雅毛傳異同考》，頁23。

〔註1002〕馮浩菲：《毛詩訓詁研究》，上冊，頁146。

〔註1003〕凌麗君：〈言內語境下的《毛傳》不等值訓釋分析〉，《訓詁學與詞匯語義學論集》，頁45～46。

9	〈大叔于田〉:「火烈具揚」,《傳》:「揚,揚光也。」	《正義》:「言舉火而揚其光耳,非訓『揚』為『光』也。」(164)
10	〈清人〉:「二矛重喬」,《傳》:「重喬,累荷也。」	《正義》:「《傳》解稱『高』之意,故言『累荷』。」(165)
11	〈蟋蟀〉:「無已大康」,《傳》:「已,甚。」	《正義》:「『已』訓『止』也,物甚則止,故『已』為『甚』也。」(216)
12	〈揚之水〉:「素衣朱繡」,《傳》:「繡,黼也。」	《正義》:「傳言『繡,黼』者,謂于繒之上繡刺以為黼,非訓『繡』為『黼』也。」(219)
13	〈杕杜〉:「胡不佽焉」,《傳》:「佽,助也。」	《正義》:「佽,古『次』字,欲使相推以次第助之耳,非訓『佽』為『助』也。」(224)
14	〈羔裘〉:「摻執子之祛兮」,《傳》:「祛,袂也。」	《正義》:「〈喪服〉云:『袂屬幅。祛尺二寸』,則袂是祛之本,祛為袂之末。〈唐·羔裘〉《傳》云:『祛,袂末』,則袂、祛不同;此云『祛,袂』者,以祛、袂俱是衣袖,本末別耳,故舉類以曉人。」(224)
15	〈小戎〉:「陰靷鋈續」,《傳》:「鋈,白金也。」	《正義》:「〈釋器〉云:『白金謂之銀,其美者謂之鐐』,然則白金不名鋈,言『鋈,白金』者,鋈非白金之名,謂銷北白金,以沃灌靷環,非訓『鋈』為『白金』也。」(237)
16	〈小戎〉:「厹矛鋈錞」,《傳》:「錞,鐏也。」	《正義》:「言『鐏,鐏』者,取類相明,非訓為鐏也。」(238)
17	〈東門之池〉:「可以漚麻」,《傳》:「漚,柔也。」	《正義》:「然則『漚』是漸漬之名,此云『漚,柔』者,謂漸漬使之柔韌也。」(252)
18	〈鴟鴞〉:「予所蓄租」,《傳》:「租,為。」	《正義》:「『租』訓『始』也,物之初始必有為之,故云『租,為』也。」(294)
19	〈九罭〉:「九罭之魚鱒魴」,《傳》:「鱒魴,大魚也。」	《正義》:「驗今鱒、魴非是大魚,言『大魚』者,以其雖非九罭密網,此魚亦將不漏,故言大耳,非大于餘魚也。《傳》以為大者,欲取大小為喻。」(302)
20	〈伐木〉:「鳥鳴嚶嚶」,《傳》:「嚶嚶,驚懼也。」	《正義》:「言此鳥為驚懼而鳴耳,『嚶嚶』非驚懼之聲也。」(327)
21	〈出車〉:「雨雪載塗」,《傳》:「塗,凍釋也。」	
22	〈庭燎〉:「夜未央」,《傳》:「央,旦也。」	《正義》:「《傳》言『央,旦』者,旦是夜屈之限,言『夜未央』者,謂夜未至旦,非謂訓『央』為『旦』也。」(375)

23	〈小弁〉:「予之佗矣」,《傳》:「佗,加也。」	《正義》:「此『佗』謂佗人也,言舍有罪,而以罪與佗人,是從此而往加也,故曰『佗,加也』。」(422)
24	〈巧言〉:「君子信盜」,《傳》:「盜,逃也。」	《正義》:「毛解名曰『盜』意也。」(424)
25	〈大東〉:「有捄棘匕」,《傳》:「棘,赤心也。」	《正義》:「《傳》言赤心,解本用棘之意,未必取『赤心』為喻。」(438)
26	〈四月〉:「六月徂暑」,《傳》:「徂,往也。」	《正義》:「是取暑盛為義,喻王惡盛也。由盛故有往,是以『往』表其盛,無取于『往』義也。」(442)
27	〈甫田〉:「如茨如梁」,《傳》:「茨,積也。」	《正義》:「《傳》言『茨,積』,非訓『茨』為『積』也,言其積聚高大如屋茨耳。」(471)
28	〈頍弁〉:「先集維霰」,《傳》:「霰,暴雪也。」	《正義》:「以比幽王漸致暴虐,且初為霰者,久必暴雪,故言暴雪耳,非謂『霰』即『暴雪』也。」(484)
29	〈大明〉:「大任有身」,《傳》:「身,重也。」	《箋》:「『重』,謂懷孕也」,《正義》:「以身中復有一身,故言『重』。」(541)
30	〈大明〉:「會朝清明」,《傳》:「會,甲也。」	《正義》:「《傳》云『會,甲』,(王)肅言『甲子昧爽』以述之,則《傳》言『會,甲』,長讀為義,謂甲子日之朝,非訓『會』為『甲』。孫毓云:『經傳詁訓,未有以『會』為『甲』者』,失毛旨而妄難說耳。」(545)
31	〈緜〉:「爰契我龜」,《傳》:「契,開也。」	《正義》:「『契,開』者,言契龜而開出兆,非訓『契』為『開』也。」(547)
32	〈緜〉:「行道兌矣」,《傳》:「兌,成蹊也。」	《正義》:「則蹊者,先無行道,初為徑路之名。『兌』是成蹊之貌。」(550)
33	〈皇矣〉:「是絕是忽」,《傳》:「忽,滅也。」	《正義》:「『忽,滅』者,言忽然而滅,非訓『忽』為『滅』也。」(574)
34	〈生民〉:「先生如達」,《傳》:「達,生也。」	《正義》:「『達,生』者,言其生易如達羊之生,但《傳》文略耳,非訓『達』為『生』也。」(590)
35	〈生民〉:「實發實秀」,《傳》:「發,盡發也。」	《正義》:「《傳》以『發』為『盡發』,不解『發』意,故(《箋》)云『發管時』。」(593)
36	〈行葦〉:「以祈黃者」,《傳》:「祈,報也。」	《正義》:「『祈』訓為『求』,但從求善言而報養之,故以『祈』為『報』也。」(603)

37	〈公劉〉:「芮鞫之即」,《傳》:「鞫,究也。」	《正義》:「〈釋言〉云:『鞫、究,窮也』,俱訓為窮,故轉鞫為究。此鞫是水崖之名,言其曲水窮盡之處也,故《傳》解其名鞫之意。」(621)
38	〈泂酌〉:「可以饙饎」,《傳》:「饙,餾也。」	《正義》:「然則蒸米謂之饙,饙必餾而熟之,故言『饙,餾』,非訓『饙』為『餾』。」(622)
39	〈蕩〉:「文王曰咨」,《傳》:「咨,嗟也。」	《正義》:「『咨』是嘆辭,故言『嗟』以類之,非訓為『嗟』也。」(642)
40	〈抑〉:「言緡之絲」,《傳》:「緡,被也。」	《正義》:「〈釋言〉云『緡,綸也』,綸則繩之別名。『言緡之絲』,正謂以絲為繩,被之于木,故云『緡,被』,不訓『緡』為『被』。」(648)
41	〈江漢〉:「秬鬯一卣」,《傳》:「鬯,香草也。筑煮合而郁之曰鬯。」	《正義》:「鬯非草名,而此《傳》言『鬯,草』者,蓋亦謂郁為鬯草。」(687)
42	〈臣工〉:「嗟嗟臣工」,《傳》:「嗟嗟,敕之也。」	《正義》:「『嗟嗟』,嘆聲。將敕而嗟嘆,故云『嗟嗟,敕之』,非訓為『敕』也。」(722)
43	〈噫嘻〉:「噫嘻成王」,《傳》:「噫,歎也。嘻,敕也。」	《正義》:「為歎以敕之,《傳》因其文,重分而屬之,非訓『噫嘻』為『歎敕』也。」(725)
44	〈載芟〉:「驛驛其達」,《傳》:「達,射也。」	《正義》:「苗生達地則射而出,故以『達』為『射』。」(748)
45	〈閟宮〉:「朱英綠縢」,《傳》:「縢,繩也。」	《正義》:「此云『縢,繩』者,縢亦為約之以繩,非訓『縢』為『繩』。」
46	〈泮水〉:「魯侯戾止」,《傳》:「戾,來。止,至也。」	《正義》:「『止』者,至而止住,故云『至』,非訓『止』為『至』也。」(768)
47	〈烈祖〉:「既戒既平」,《傳》:「戒,至。」	《正義》:「言『戒,至』者,謂恭肅敬戒而至,非訓『戒』為『至』也」(792)
48	〈玄鳥〉:「正域彼四方」,《傳》:「域,有也。」	《正義》:「『域,有』者,言封域之內,皆為己有,非訓『域』為『有』也。」(795)

統觀上表,此類「不等值訓釋」,大抵均因「A,B也」的形式過於簡略所導致,亦即毛《傳》在後世看來應該平行對等的「A,B也」中,包括了解釋文義,探求被釋詞語源等工作,凡此《毛詩正義》均已有大抵正確的認識,並有接近固定的術語,頗為難能可貴。

然而進一步推闡此類「不等值訓釋」,則應拾遺補闕,總結毛《傳》全部用例;再則求諸所有先秦兩漢此類型的訓詁,澄清誤讀誤用,並考察此一類

型是否成立；〔註1004〕最後，思考此一現象是否可建立理論，或修正以往訓詁
學對此類訓詁的認識。

　　而此類訓詁，先秦兩漢為數甚多，義疏家亦往往深有體會，除上述《毛
詩正義》之論述外，《周禮・地官・里宰》：「以歲時合耦于鋤」，杜子春云：
「『鋤』讀為『助』」，《疏》云：「杜子春讀『鋤』為『助』，謂相佐助也，於義
合；但文今不足」，〔註1005〕「文今不足」者，「今」字疑衍，〔註1006〕則「文
不足」者即指杜子春之改讀不合文義，乃闡釋全文語境，非「鋤」訓為「助」，
即「不等值訓釋」。

〔註1004〕如《毛詩正義》已指出《爾雅》亦有此例：「(《爾雅》) 又曰：『晏晏，旦旦，
　　　　悔爽忒也。』謂此婦人恨夫差貳其心，變本言信，故言此『晏晏』、『旦旦』
　　　　而自悔；解言此之意，非訓此字也」，《毛詩注疏》，卷三之三，頁137。
〔註1005〕《周禮注疏》，卷十五，頁238。
〔註1006〕《周禮注疏》卷十五附《校勘記》云：「『文今』疑誤」，頁242，然未指出
　　　　應如何校正。